麹町中屋敷跡考

近代の序幕を告げる土地の記憶

徳光 祝治

西田書店

「麹町全図」（地図データは今八商店提供）

①四谷門から半蔵門をみる
（明治18年、ビゴー画／宇都宮美術館蔵）

②四谷門を四谷側からみる
（明治20年、野口睡雪画／新宿歴史博物館蔵）

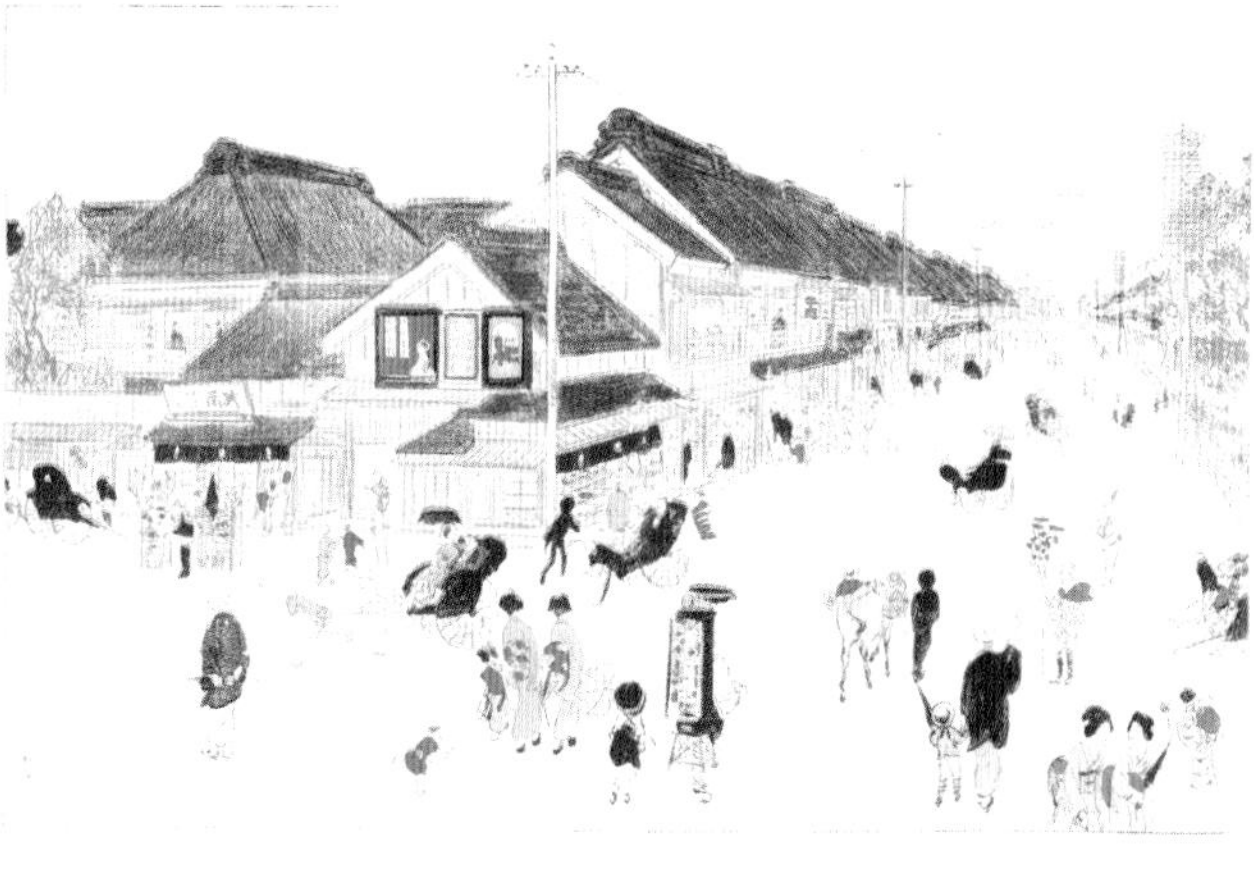

③半蔵門から不二（富士山）をみる
（明治30年／「風俗画報」）

④岩城升屋の図
（1856年／国文学研究資料館蔵）

⑤伊勢八の絵馬
（千葉県長者町天神社蔵）

⑥地租改正の絵馬（左）
（栃木県星宮神社蔵）

⑦一珠斎国員画「浪花隊」（右）
（大阪府立中之島図書館蔵『浪速百景』より）

まえがき

はじめにカバー絵（口絵とも）を紹介しよう。この作品はフランス人ジョルジュ・ビゴーが明治18年頃の麹町の街並みを描いた「こうじまち」である（宇都宮美術館所蔵）。ビゴーはこの3年前に来日し、住処とした麹町を足場に、日本の政治社会を数多くの風刺画等で表現していた。千代田区麹町、ここは東京の中心にあり、江戸～明治まで400年余りの間、政治、社会の中心的位置となったまちである。

この絵は二つの点で貴重である。

第一に、この絵は今のＪＲ四ッ谷駅を背にして半蔵門（皇居）に向かう麹町大通りの街並みを描いたものである。この角度から麹町を描いた当時の写真や絵が全く見つからない。戦災のせいだろうか、近代化の速さがこの街を通り越したのだろうか。

二つ目は、この絵で道行く人の服装が和服であるが、この時期は和服から洋服への転換期である。そして江戸時代から続いた老舗の呉服屋が一つまた一つと店を閉じ、道端には明治の街灯がともる、鹿鳴館でダンスを踊る、そういったまちの変化が背景にある。一方、政治の世界では立憲君主制に向けて初の内閣制ができ、帝国憲法発布の準備がなされている一方、人口の半分近くを占める農民は、デフレの影響で米価が急落したため、かつて経験しなかった程の苦境に陥り、急速に小作化が進む。中江兆民らの自由民権運動がピークを越え、過激さ故に壊滅に向かっている。その後は国内秩序と対外軍事力の強化へと続いたのである。

日本を幅広く学んだビゴーは何のために、何を思いながら筆を動かしたのであろうか。

さて、本文に入る前に、カバー絵に沿って麹町を簡単に紹介しよう。

絵の中央の大通りは尾根伝いにあり、麹町大通り（新宿通りの一部）と言う。右奥手前にある紀尾井町には、かつて広大な三大名の江戸屋敷（尾張藩、紀州藩、彦根藩）があった。右奥一帯（平河町）には平河天満宮や蘭学等西洋文化の揺籃の塾があった。大通りを挟んで左側奥一帯（番町）には幕府直参の旗本屋敷が整然と立地し、武家社会を形成していた。大通り沿いには江戸時代からの「岩城升屋」、「伊勢八」等の呉服屋が華やかに建ち並び、明治に入っても半蔵門近くには、「おてつ」という牡丹餅屋や「助惣」が武家・町民問わずのグルメがあった。

今、大通り突き当たりの半蔵門から左（北）に行くと、千鳥ヶ淵を経て九段の靖国神社があり、また右（南）に行くと、最高裁判所、国立劇場、霞が関がある。絵の右手前の尾張藩麹町中屋敷跡には上智大学キャンパスや教会があるが、動乱の犠牲者、維新の尽力者、新実業家の家々があった。

筆者は様々な縁で麹町の趨勢にかかわりあいを持ったが、この地域を語ることは、単なる一郷土史だけでなく、日本全体の歴史と関係があると常々思っていた。教科書、まちの標識、ネット情報などは断片的で脈絡がないためすぐに忘れてしまう。しかし、麹町の一区画、一区画ごとに歴史に繋がる過去をもっていることも事実である。そこで具体的情報を正確に整理し、誰が、いつ、どこで、どのように生きたか、背景は何か、現代との関係は何かを知るために適切な麹町という地域を特定し、この道、あの角、そこの地域で起きた事柄を地歴調査により近代社会の変遷と立体的に結びつけて残して置こうと思った。

そこで本稿では、このまちで起きたことを次の通り時系列的に整理し叙述してみた。

第一章から第三章までは時代背景、即ち、人々の生活、政治体制、経済環境について述べた。

第一章では、江戸時代の人々の服装と商い、嗜好、住まい、日用品、都市と農村との関係などについて、また、それらを一変させた倒幕運動と幕府中枢の尾張藩の対応、市ヶ谷、四谷を占領した官軍の動きなど間近にあった戊辰戦争を描いた。

第二章では、明治維新となり、新政府による富国強兵をモットーにした新体制構築の過程を纏めた。

即ち第一に中央集権国家体制の構築、それに対する不平等な権力と貧困に起因する多くの自由民権運動、第二に海外脅威に対抗した軍事力の強化と警察による治安対策、並びに憲法、民法など法体制の整備、第三に経済力を高めるための財政健全化を述べた。そこでは屋敷を取り上げられた武士と新政府役人との地位の逆転があった。

第三章では、新政府の財政を立て直した地租改正による土地制度改革はどのようなものであったか、その結果としての地価がどのような影響を国民生活に与えたか、農村と麹町における売買実例による地価動向分析を行った。同時に市民生活では変革のなかで取り残された人々の厳しい実態を述べ、新政府や民間人がどう対応したか、福祉の系譜を辿った。欧米文化の流入による住まい、教育、文化等における社会変化が顕著であった。

第四章以下においては、以上の社会的変革のなかで、JR四ッ谷駅前にひとかたまりとなって広がる尾張藩中屋敷跡を例にとって具体的な地歴調査を行い、どのようにして現在の上智大学や教会の姿になったのかを調査した。維新後、紀尾井町の大名屋敷はどのようになったのか、その後を述べることは近代史解明の一助となる。

第四章では、地租改正から幕末に溯り、この尾張藩麹町中屋敷跡地は最初に十津川郷士の深瀬仲磨が所有したこと、そこで十津川郷とはどのような地域なのか、奈良県山奥の山村を訪ね、幕末から倒幕の魁となった草莽の志士達の姿を考察した。倒幕の原点となった尊皇攘夷の思想がどのように発生し、発展し、どのように影響したかを述べた。

第五章では、跡地北側には明治末期から終戦直前にかけて井伊家、板谷家の長屋群があり、そこにおける当時の情緒溢れる下町文化について古老二人の具体的証言を紹介した。

第六章では、跡地南側は宮内省、香川敬三の所有となり、中央部分は薩摩関係者、地元有力者、斯界を代表する新実業家達の所有となった。彼らはどの様な経歴を持った人々であったか、どのようにして上智大学が用地取得に至ったのか、その経緯を地歴調査した。

第七章ではとくに、大学用地取得の核となったのはもと陸軍大臣高島鞆之助邸である。そこにあった築100年の、今日まで不明のままであったクルトゥルハイムについて。誰が、いつ、何のために、どうして売却したのか、誰が施主で、誰が設計したかを明らかにすることにより、政治経済の実態を明らかにした。

最後に第八章で、今日の上智大学と教会に至った、四ッ谷周辺における身近な記憶と平和への思いを付言した。

㊟：尾張藩中屋敷跡の土地名義や利用はイエズス会と上智大学とが錯綜し紛らわしいため表現上の区分は、大学用地は上智大学、教会用地はイエズス会とした。大学設立前はイエズス会とした。

2023年3月20日

筆者　徳光祝治

麹町中屋敷跡考◆近代の序幕を告げる土地の記憶◉目次

まえがき

第七章　上智大学ができるまで

第八章　身近な記憶

麹町中屋敷跡考

――近代の序幕を告げる土地の記憶

第一章　麹町のあらまし

麹町の範囲は、それぞれの目的により異なっている。東京府麹町区といえば、大手町・有楽町・八重洲・霞ヶ関等を含み明治11年にできた主要な行政区である。その麹町区は昭和22年に神田区と合併し、現在の千代田区となった。そのうち、本稿での対象地域は神田や丸の内オフィス街を除いたまちである。まずは麹町の江戸文化から始めよう。そして麹町の衣食住、農村との関係、尾張藩中屋敷について述べよう。

1　江戸のはじまり

江戸は平安から鎌倉時代にかけて秩父一族の江戸氏が支配していたが、彼は1180年に源頼朝に従ったあと、次第に表舞台から姿を消した。

1457年には太田道灌が居城の川越と鎌倉の中間地点にあたるこの地に拠点を構築して江戸城を築いた。それは後の家康の城と比べてずっと小規模で、石垣もなく、竹林が繁り、城下には茅葺き人家が100軒ほどしかなく、漁師や農家が散在している程度だったという。太田道灌が主人の猜疑心により暗殺されたあと、小田原城の重臣が江戸城を守っていたが、小田原落城前に降伏し開城した（鈴木理生『千代田の歴史』）。

1590年、小田原城の北条氏を攻める豊臣秀吉は、家康に三河から江戸への移封を内示した。秀吉の意向を知った家康の行動は素早く、直ちに配下の内藤氏に命じ、その内藤氏は部下三人と共に四谷の五郎兵衛という者を訪ねて下調べし、翌月には秀吉に同意している。「よつやの五郎兵衛来る。いろいろ世話を焼くゆえ。このみの鮭を買うてやる。四谷角筈に住み、関野五郎兵衛など見えたり」（天正日記）。

　このように寂れた地域であったが、家康は従容としてこれを受け入れ、先祖から築き上げた三河の地から移住してきた。築城の条件が、天然の要塞ではなく、もはや道路、海上輸送など兵員や物資輸送の便否に移っていたからである。また伊勢と江戸間では海運交流が盛んで、また朝鮮など外国船も渡来していた。この先見の明により首都としてふさわしい東京の素地ができた。

　既に城の南東には海からお茶の水にかけて日比谷入江が侵食していた。その東に江戸前島という半島状の低湿地（日本橋から京橋までの銀座に相当）があり、北の本郷台地とつながっていた（図版①）。ここは鎌倉円覚寺の寺社領であったが、家康はこれを併合して市街地の範囲を拡大した。円覚寺は多くの寺領を持ち、江戸時代の期間に匹敵する長い年月の支配を前島に築いていた。　１３１５年に鎌倉幕府により前島は円覚寺所領地であるとされ（円覚寺文書目録）、また１４１９年の寄進状に江戸前島内森木村とあることから存在が証明されているが、幕府は円覚寺資料を全て抹殺したため、残された資料は僅かしかない（鈴木理生『江戸はこうしてつくられた』）。

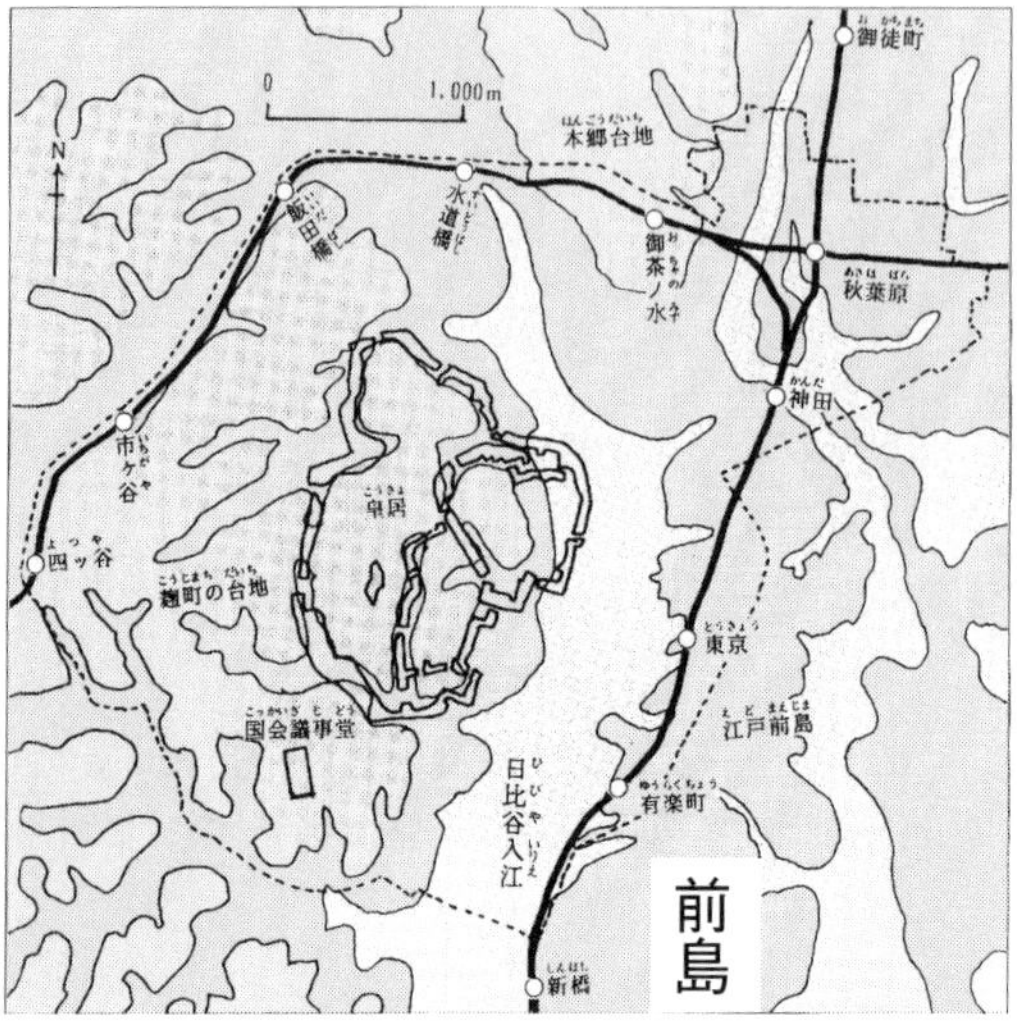

①古代までの東京湾（「目で見る千代田区」千代田区）

■麹町という名のいわれ

　幕末の儒学者・寺門静軒（１７９６～１８６８）『江戸繁昌記』（東洋文庫）に、「麹街は西郭の劇地、東西髪の如く、郭門を貫く……」とある。つまり、麹町は城の西部では最も繁昌していた所であり、東西に髪のように細い道が走り、四谷見附の門を貫き、十三町で構成される、と記す。

家康が江戸城入城12年後の「別本慶長江戸図」（１６０２）には、半蔵門という土橋から「国府方より角筈へ出、甲州道四つや通り」と現在の麹町大通りにあたる一本の道が示され、「よつや」の字が記されている。

番町の辺りは横山村といわれていた（図版②）。また、東京府志料（東京都庁の前身である東京府庁と東京市役所が収受しまたは作成した公文書）や「文政町方書上」によれば、慶長・元和（徳川幕府が開いた１６０３年の頃）から豊嶋郡矢部村糀町とされていた。１６３２年（寛永9年）武州豊島郡江戸莊図には半蔵門のところに「こうじ町口」、「小路町」と記されている。１７０４年（元禄16年）山王祭町触に麹町の名がある。１８０８年（文化5年）の武家名鑑では糀町、１８５８年（安政5年）江戸切絵図では麹町になっている。

②永禄江戸図1559年（島根大学図書館）

麹町の名のいわれは諸説ある。武家屋敷内の小路が多いこと、麹をつくる室が各所にあったこと、武蔵の国府（現在の府中市大國魂神社辺り）に至る道にあったこと等々が挙げられている。麹を起源とすればアイヌ語kamutachi（黴菌かびたち）に相当する。半蔵門の濠端に麹御用を務めた麴屋三右衛門の屋敷３０５坪があったからという説がある（「麹町区史」）。

平成6年の遺跡調査において、今の聖イグナチオ教会辺りの土地から、尾張藩邸ができる前よりあった麹室が発掘されている。「糀屋　糀町拾一丁目」（「江戸鹿子」１６８７年）とある。当時の拾一丁目は教会辺りである。このような室はまちの各所でも発掘されている。麹室とは、味噌・醤油等の製造過程で原料醗酵のために用いる麹をつくる地下の室である。地下室だから隣家の地下室まで掘ってしまう弊害があり取り締りが行われた。現教会敷地にあるマリア像の前の四角い石畳は麹室の側壁で、丸い飛び石は長屋門の礎石を利用したものである。麹室の存在は尾張屋敷拝領（１６３７）以前に大通り沿いに町屋があったこと、その後に尾張屋敷に吸収されたことを示す。

■麹町の骨格

半蔵門と四谷御門の間の麹町大通りは、城と外部を結ぶ尾根伝いの高台にあり、秀吉影響下の信濃を支配するための重要な道であった。家康は、この大通り沿いに武家に必要な生活物資の商いを従来の町人にさせ、その背後に旗本や大名の住まいを配置した。家康入国（１５９０）の時に既に先住し、又は三河から移住した一族を草分け地主と言うが、大通り沿いの町人地の名主を代々、矢部家とした。麹町の名主としては武蔵国の出の矢部家しかない。

家康は、直轄の武士のために、手間のかからない地形を選び宅地を与えるように指示した。１６０４年神田山（今の駿河台辺り）を切り崩して水路や日比谷入り江を埋立て、切り崩し後の駿河台を三河から移住してきた武士達の格好の住まいとし、番町とともに武家の宅地30町を造成した。番町は麹町大通りの北に広がり、もとは今より起伏の激しい土地であったが、これを宅地造成し、いざという時に直ちに城に集結できるように、直参の旗本等を住まわせた。

旗本屋敷の区画割りは各戸とも正方形で、今日以上に整然としていた。それぞれの区画は５００坪以上で、門扉は黒く塗られ、樹木が鬱蒼と生い茂り、夜は真っ暗であった。燈はまちの所々にいる辻番のもので、家々は燈心が一本のみで明かりが外にもれることがなかった。江戸の西北には町らしい町はなく、僅かに麹町だけであった。

武家の生活は行商で用を足していたから、麹町や飯田橋（とくに中坂）の商人は屋敷に出入りして大変繁盛した。小売り商人でも大きな店はあった。（戸川残花「江戸史蹟」明治45年）。

六番町の江戸中期における旗本・大熊善太郎の屋敷間取図が残る（日本建築学会『日本建築史図集』）。大熊は小金井周辺の代官時代に桜の植樹を大規模に行った。孫の大熊喜邦は国会議事堂の設計にかかわった。

こうして将軍直属の大番衆の一番から六番組までをここに置くこととしたことから一番町から六番町までの町名が今日まで続いている。怪談の番町皿屋敷も麹町の武家屋敷の一つとも言われる。平河天神は現平川門辺りにあったが、家康入城に伴い、現在地に移された。

周辺には高台の地域もあれば、池沼のような土地もあった。永田町に近い平河町にも貝塚と呼ばれる沼地があり、増上寺（当時は光明寺）はここにあった。

溜池は、明治44年までに徐々に埋め立てられるようになり、今は官庁やビジネス街となっている。昔は浮世絵などに描かれており、渡し船が設けられたのは明治5年である（『東京市史稿市街編』第52）。縁の浅い幅広の田舟に12、13人乗せていた（篠田鉱造『明治百話』）。明治維新で会津から東京に出てきた会津藩・士族の柴五郎（後記）が「虎の門から四谷に行くにはどうしたらよいか」と人に聞くと「溜池の渡船に乗って行けば近道で、料金は片道一文」と言われた、とある。帯刀者は乗船料が不要であった。

■水のはなし

都市の成立に欠かせないのは水の問題である。

江戸の六上水のひとつ玉川上水は１６５３年、玉川兄弟により、多摩の羽村から四谷大門の水番所までの43㎞に構築された。明治4年より三多摩地方（北多摩、西多摩、南多摩）は神奈川県に属していたが、明治26年に東京府のなかに移されている。この理由として、玉川上水を２００年前から江戸住民が利用してきたこと、森林保護や衛生上から東京府が一括管理したほうが良いこと、交通が東京に集中していることを挙げている。東京都の形が東西に細長いのはそのせいである。

麹町の井戸は底深く、流れが早い。その水はどこに行くのか、二度と戻ってこない。このことから人生の深きこと、元に戻らないこと、落ちて取り難いこと等さまざまな譬えに引用された。麹町三丁目の泉屋ビルの前に、今でも尚泉水という井戸がある。これは垣見家の庭にあった江戸時代からの汲み上げ井戸である。碑に曰く「震災の時に被災者の喉を潤した」と記されている。この井戸は今でも麹町大通りに、お稲荷さんとともに見ることができる。

近くにあった岩城升屋の絵にも井戸水のサービスが描かれている。

2 麹町の日常生活

■麹町の衣

江戸時代の商業中心地は大阪で、日本の台所といわれた。その源流は近江商人である。近江のなかでも日野家は全国への行商により顧客を広め、有望地域で店舗展開した。一方、伊勢商人も近江の影響を受けつつ、領主の要請に積極的に反応、江戸等大都会への進出に焦点を絞り、問屋を形成して市場を牛耳った。中世から北条氏の時代に小田原城下で成功し、次いで家康に従って江戸で定着し、頻繁に往来するようになった。呉服は恒久的需要のものがあるため江戸初期より呉服商が繁栄した。江戸では本町に100店余あったが、その他地域でも商業の中心となった。麹町では岩城升屋（桝屋、舛屋ともいう）や伊勢八が中心で、山の手最大の呉服商であった（カラー口絵④）。

今日、近江出身の企業として双日、西川、東レ等があるが、麹町ではワコール、垣見家等が残る。伊勢出身の企業は三越、国分、にんべん、イオン等がある。

狂歌江戸砂子集に、「みちのくの　いわき升屋か　目移りに　心のうこく　反物のしま」（斎藤隆三『近世時様風俗』）とある。

網野菊『ゆれる葦』には次の記述がある。「義祖母が娘時代に行儀見習いに行った麹町の呉服屋では、店と店との仕切り戸があって男女の雇い人の間は武家同様大変きびしく取り締まられていた。商家でも小間使いの義祖母はいつも高島田に結わされていた」。

『麹町区史』『麹町略誌稿』には、衣食住にわたる華やかな江戸の姿を見ることができる。心法寺の阿弥陀如来参詣を口実にするなど武家女性の外出が多いことが麹町風俗の特徴だという。

岩城升屋は、江戸初期に創業者の岩城九右衛門が武士を捨て近江での米穀商をへて呉服商になったことから始まった。京都、大阪に次ぎ１６９０年には、今の麹町三丁目の大通りに面した店を構えた（現、みずほ銀行辺り）。麹町店は、旗本・大名屋敷へのご用聞き、幕府の御用達、扶持ちで繁盛し、従業員は５００人と11棟の土蔵を擁し「おはい、おはい」と客を招いたという。「江戸人は元金を取り戻そうとするが、大阪人は元金を捨て、利息で取っている」と自信をもっていた。

しかし、幕府がついに倒れ、得意先地盤がなくなると同時に、武家への売上代金の回収不能が重なり、さらに空前の不況に加え、呉服が大衆化すると一般庶民が往来する大街道に立地するほうが有利（越後屋のように）になったこと等が原因で、斜陽化した。「かつては三井、大丸とならび称せられて富み、小判を以て百人一首の遊戯をし、妓と遊んでも取るに任せて惜しまず、商売で10万両の損失でも泰然としたが、先代で家運傾き、財宝全く夢と化し、兄弟親族も亡び、寺院で静かに余生を送っている身である」と書き残されている（明治45年「岩城升屋資料」）。

岩城升屋は明治17年閉店後、店舗地は地元の名士・垣見新次郎を経て高羽惣兵衛の所有となった。高羽惣兵衛は屋号が大黒屋という羅紗屋の高羽商会を経営し、同19年東京洋服商工同業組合初代組合長（頭取）となった。高羽商会は陸軍施設が近くの隼町にあり、また警視庁分署が紀尾井町にあったことから軍服修理加工をして繁盛した。特に西南戦争で使った中古軍服は需要が多かった。近辺にうなぎの「丹波屋」、下駄の「森田屋」、軍人将校宿泊の「相模屋旅館」、中央市場、プリンス通り繁華街があり、この辺りは麹町の中心市街地であった。「丹波屋」のうなぎの匂いは今でも古老達の想い出に残る。その向いにあった「北川楽器店」は琴の名工であったが、大正天皇崩御の際の「音曲禁止令」で演奏ができない時期があり麹町から去った。娘の故・中村美音子さんは床のなかで芝浦沖の船の汽笛を聞いた。また目の前の幅広の市電を皆は「デブ電」と呼んだ。故山本坦さんは「麹町の人々のつきあいはベタベタしない、だが何かあるとパッと結束する習慣がある」と語っていた。

岩城升屋から高羽商会への所有権移転は、まさに和服から洋服への時代転換を象徴する出来事である。洋服は種子島での鉄砲とともに到来したが抵抗が多く、平戸の医者が知識人の証しとして使われていた位である。本格的な再来はペリーら外国人の来航であり、それでも海外からのアイロンはキリシタンの魔法といわれ、洋装が襲撃の対象とされることもあり、洋服禁止令も出された。しかし、日本人使節が海外視察をするようになると、和服は外国人から好奇の目でみつめられた。新政府は和装か洋装かで激論したが西郷隆盛のひとことで洋装が決定した。明治5年、礼時には洋服採用との太政官布告が出た。洋服製作を担った足袋職人の給料が破格に高いことから洋服仕立人が増え（別記）、その裁縫経験から、文具の銀座伊東屋が生まれた（「東京洋服商工同業組合沿革史」）。

カラー口絵①に見る明治18年のビゴーの絵をみると、道行く女性は和服であるが、この3年後に皇太后が洋服で行事に参加し、公式衣裳は洋装と決められた（明治20年「婦女服制の思召書」）。

一方、伊勢屋八兵衛（加太《かぶと》八兵衛）の呉服商「伊勢八」は、山手の呉服店の首位を岩城升屋と競った。幕府により各地から来た商人はそれぞれの出身地の名を屋号にして商売し、伊勢屋、三河屋、近江屋などが有名であった。特に越後屋や松坂屋など伊勢商人の進出が多く、「一町の半分は伊勢屋」（江戸前期の「落穂集」）とか、「江戸名物、伊勢屋、稲荷に犬の糞」と言われるほど伊勢屋は多かった（図版③）。

本能寺の変のあと、家康は伊賀の険しい山道を経て加太峠を越え領国の三河を目指して脱出した。その時に貢献したのが、服部家や加太家らであった。その事から服部半蔵は江戸城間近に居を構える家臣になった。

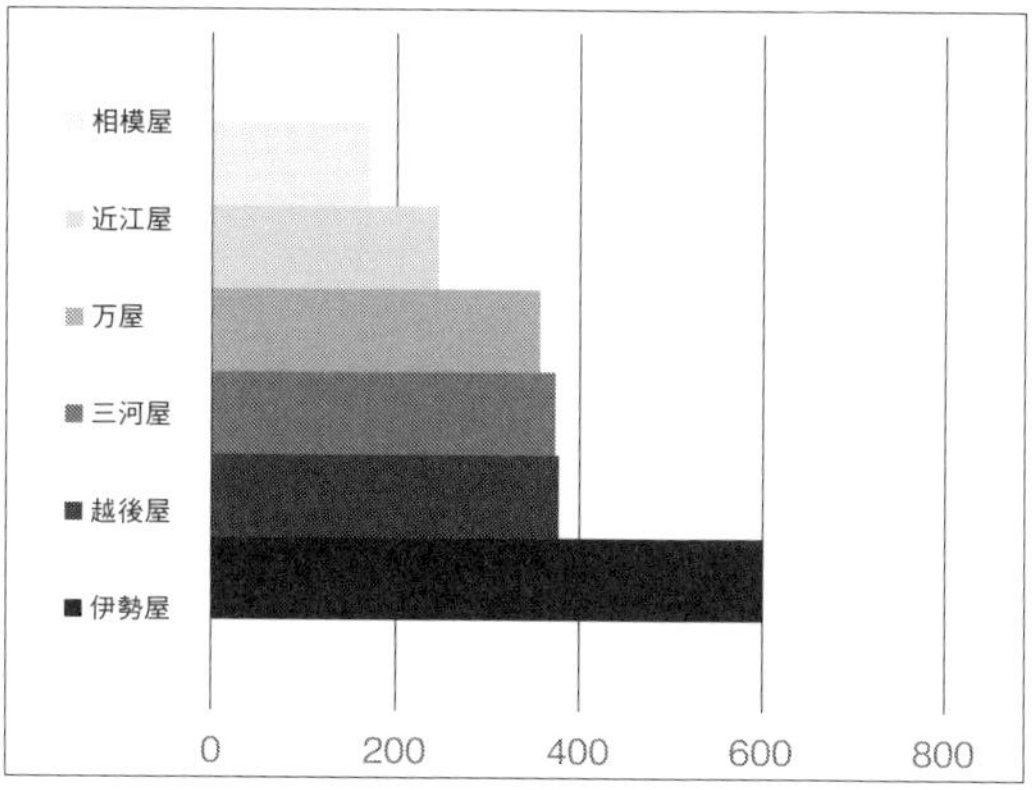

③屋号別の江戸商家数（「三井文庫論叢」6号）

一方、伊勢桑名出身の加太八兵衛は江戸城出入りの商人の地位を認められ、伊勢屋を名乗り、また質屋への金貸し業で町人になり、御用達商人として名字帯刀を許されるようになった。

加太八兵衛が大呉服店を構えたのは、旧地番の麹町七丁目8番辺り（１８５1年、旧幕引継書『諸問屋名前帳』による）で、現在の麹町四丁目オリコ本社ビルの東側にあった。横浜開港（１８５９）にともない輸出絹物商を開業した。江戸で、汗の発散に良く、女性に好まれるファッション性がある木綿の衣服を着用するようになったのは伊勢商人の影響といわれる（柳田國男『木綿以前の事』）。

伊勢の木綿は木綿布の最上として評価され（江戸時代の百科事典「和漢三歳図絵」）、伊勢商人が江戸に進出するもととなった。

伊勢八の当主・加太八兵衛の所有地は麹町大通りだけでも7カ所７７４坪がみられ（明治6年沽券図）、さらに江戸に28カ所の別邸と、中野の小淀山に別荘「成趣園」を所有した。「成趣園」はその後、一万二〇〇〇坪の山岡鉄舟の別荘となり、伏見宮家別荘を経て、今は高歩院となっている。成趣園には官軍も強盗も彰義隊も目をつけ、千両箱を取るために、子孫の山下肇氏（ドイツ文学者）の曾祖母を麹町まで案内させたという。

商売は大変な繁盛であったが、文久元年（１８６１）、浪士が商人を糾弾する張り札が伊勢八にもあり、外国貿易で得た莫大な利益の半分を国民に出さないと殺すという脅迫があったので麹町の家一軒に白米一斗ずつを配った（「嘉永明治年間録」）。翌々年に幕府歩兵隊ができたため、伊勢八は靖国神社の屯所に給食をして協力した。しかしこの伊勢八も幕府が崩壊すると傾き、隆盛の安田善次郎（別記）に麹町の土地を書入れ（抵当）して借金したが、明治17年に倒産し閉店して、堀留から両国へ移転したという（「麹街略誌稿」）。時代の変化に対応できなかったのである。伊勢八当主・加太八兵衛は堕ちぶれて下町の六畳ひと間に窮貧していたが、その家には諸大名や武士の伊勢八に対する借用書が一杯であった。それをも展示即売しようとしたが売れず（徳川幕府借金証文展覧会）、その後横浜で祈祷士になったという（加太こうじ・山下肇共著『ふたりの昭和史』、明治事物起原・石井研堂『伊勢八の没落史』）。

前記「成趣園記碑」に加太氏が引用した中国の言葉「因謂成立之難如升天、覆墜之易如燎毛」がある。即ち、成り立つことは天に昇るように難しいが、覆墜《ふくつい》は毛を燎《や》くように易しいと。時空を超えての真実である。

ところで従来、伊勢八に関する記述はあるものの絵や写真が残されていなかったが、このたび伊勢八の店頭風景を描いた絵馬を、千葉県いすみ市の長者町駅の天神社で見つけた。天神社は1661年創建されたが、所在する長者町は江戸中期には豪商が軒を連ねたという（清水豊『長者天神社の歴史』）。ここにある板絵馬「伊勢八店の図」（カラー口絵⑤）は、伊勢屋という呉服問屋の店頭風景を描く。この絵馬でいう伊勢屋は麹町の伊勢八と思われ、絵には、伊勢から運ばれる木綿や呉服の商品とともに店先に集う多くの美人が描かれている。部分的に消えているが、貴重な絵馬である。絵馬の裏に奉納者の名前として「伊勢八店・忠兵衛」の名が、また奉納時期が「文政五壬午年」（1822）と墨書されている。そして「加」に「山」のマークをのせた屋号がその額縁に見られる。

作者・魚屋北渓は葛飾北斎の高弟であった。忠兵衛は、この岬町長者の出身で伊勢八に奉公し、その思い出を故郷の天神社に奉納したものと思われる。ちなみに、ここの領主の江戸屋敷は台東区下谷長者町といわれ、御徒町駅そばにあった。長者伝説はいろいろあるが、天神社のある長者町駅と同じなのが興味深い。

麹町の食

当時の食生活はどのようであったのだろうか。今日のゴミ収集車のような清掃体制のない江戸時代では自分のゴミは庭に捨てた。遺跡調査でこれにより当時の食生活が推測できる。

江戸末期の1860年、隣の紀州藩にいた下級武士・酒井伴四郎が書き残した日記（青木直巳『下級武士の食日記』生活人新書、『江戸東京博物館調査報告書』23「酒井伴四郎日記」）がある。髪結いは月7回、湯屋は月4回利用し、年間支出のうち、衣料費が28％、食費が20％、住居費（その4分の1が薪炭費）5％に対し、小遣い娯楽費と交際費が34％もある。これは封建社会のしきたりの負担の大きさを物語るものでもある。酒井伴四郎の食生活の支出額割合は、魚65％、野菜20％、惣菜15％である。この日記のなかに「麹町へ行き、おてつにて牡丹餅を食い」とある。牡丹餅は江戸時代より最も好まれた菓子であった（九段中坂にいた滝沢馬琴の「馬琴日記」）。

当時、麹町大通りからひとつ入った麹町一丁目に「おてつ（お鉄、または於鉄ともいう）」があった。その牡丹餅は麹町の銘菓として有名であったが、とりわけ主人のおてつが大変な美人だったようである。近くに武芸稽古場があり（今の麹町警察署辺り）、この稽古場にきた若い武士達が帰りに「おてつ」見たさに立ち寄ったという（図版⑤）。

「お鉄へと這いれる客も上中下　三色に分けて出す牡丹餅」（狂歌江戸名物誌）

1830年頃（天保）の創業で、江戸では名物であったが、一盆に6つ入って24文、小さくて団子のようだと言われた。明治4年、高島鞆之助や山岡鉄太郎が天皇の侍従であったが、ある日天皇が酒飲みの山岡に甘い物はどうかと聞いたところ好物ですと答えた。そこで後日、天皇はおてつ牡丹餅を用意して、山岡に勧めたところ、彼は一度に7皿を食べたという（長井実編「先帝と居家処世」）。

明治の作家・岡本綺堂はおてつ牡丹餅の近くに住んでいた。「おてつの店から貰った湯飲み茶わんで茶を飲むと、湯気の間から、蜃気楼のように江戸が朦朧とよみがえる。おてつの店に出入する文金高島田の武家の娘と供、そそくさと風呂敷を背負った丁稚、平河天神にお参りに行く二人ずれの女、大小をさした鉄扇を持って悠々と座り、煙を強く吐き出し「おてつ」の白い顔を見ながら頼山陽の詩を吟ずる若侍、時々あがる調練場の鬨の声など」を回想し、「かつてこの茶椀に唇を触れた武士も町人も美人も皆それぞれの運命に従って落ちつくところに落ちついてしまったのだろう」と懐かしむ。

「おてつ」は江戸の代表的な食通の店であり、江戸では向島の言問団子と並び繁盛した店である（「紫草」）が、言問団子より前から存在した。また浮世絵「江戸之華名勝會」の2点にも名が残る（東京都立図書館アーカイブス）。この絵は元治元年歌川豊国ら浮世絵師が横浜で描いたものである。

「おてつ牡丹餅」の店はどこにあったのだろうか。

安政5年（1858）の番町大絵図には、「おてつ」の位置が明記されており、現在にあてはめると麹町大通りから北一つ目の角地（郵便局隣）に該当する。綺堂によれば元園町1丁目19であり、後に「萬屋という酒屋」が入ったという。今では同名の店が100mほど南にある。周囲の土地調査した結果、6棟ほどあるこのブロックはすべて萬屋《よろずや》のもので、その中で状況に応じて店舗位置を臨機応変に職種を変えながら移動したと思われる。「昔はいろいろ商売を替え苦労したようです」と現店主は言われる。おてつの場所は武芸訓練所の隣の放生寺拝借地の一部にあった。放生寺は尾張藩下屋敷に隣接し、藩主祈願の寺で早稲田馬場下にある穴八幡別当である。この放生寺拝借地はここと神楽坂にあり、神輿のお休み所となっていた。人が集まる所だから食べ物屋が必要だった。もともと麹町大通りには東西に長い火除け地があったが、空閑地のままではもったいないので次第に生活上必要な店舗の設置が認められていったのである。

武芸訓練所は安政3年にできた「講武所」の一つである。ここでは焙烙《ほうろく》訓練が行われた。それは参加武士が東西に分かれ、相手の冑につけた土器を先に打ち破ったほうが勝ちという、今の騎馬戦のような訓練である。当時の人気物で、見物の群衆が山の如く（「嘉永明治年間録　五」）とある。周辺道路もそんなに広くないから当時の混雑ぶりが想像できる。忘れ物、落とし物が多く、なかには武家の刀などもあり、武家は叱責されたとある（『東京市史外編第三』）。講武所通いの武家に講武所風という髷がはやり、新たなファッションを生んだ。のちに神田三崎町に移転し、近くに花街「講武所」ができた。

この前の坂の名は永井坂といい、永井という旗本の家が両側にあったからだと千代田区の標識説明にある。

実際は、永井家は当時の「おてつ」の向いにあり、標識より200m南にあった。「藤岡屋日記」（別記）によれば、店向かいの永井家中間《ちゅうげん》部屋から出火し3軒に類焼したという記載がある（1856）。「おてつ」が類焼しなかったことは、翌年に前記、酒井伴四郎が通ったとあるから類推できる（前掲「下級武士の食日記」）。

この日記の作者、藤岡屋由蔵は、街道に筵をひき、道行く人から世の中の出来事を聞き取り、今の週刊誌のような話を纏めて販売していた情報屋であった（図版④）。

この前1859年（安政6年）に、この「おてつ」の実家で次のような刃傷事件があった。

神田に勇作夫婦がおり、評判のきれいな娘「よね」がいた。近くの植木屋の息子伊之助37歳が「於鉄牡丹餅」に奉公にきた。ところが女性にはもてるが甲斐性のない伊之助が「よね」と親しくなったので、両親が心配して彼女を川越の良家の息子と婚約させた。伊之助はどうせ自分に戻ってくるとタカをくくっていたが、一向にその気配なく祝言の日が迫ってきた。ついに伊之助は気が昂ぶり包丁を持って家に押しかけ、彼女の母親を傷つけ逐電した。

④藤岡屋由蔵、聞き取り調査の模様
（芦乃葉散人「絵本風俗往来」東洋堂）

欠出して来るかと待て伊之助も
落てハこなひ　棚の牡丹餅
（藤岡屋日記、原文のまま）

「よね」は良家に嫁いだようだが、その後、離縁したのだろうか。維新時に、「おてつ」は何かの事情で一時休業した際に、徳利などの備品を近所に配ったというが、今の萬屋は土中から発掘した徳利を保有している。

岡本綺堂が見た「おてつ」は既に40歳位で子連れだった。「おてつ牡丹餅」近くに住んだ綺堂は女主人のことを「おてつ」と言うが、本名「よね」のことだろう。江戸時代に既に

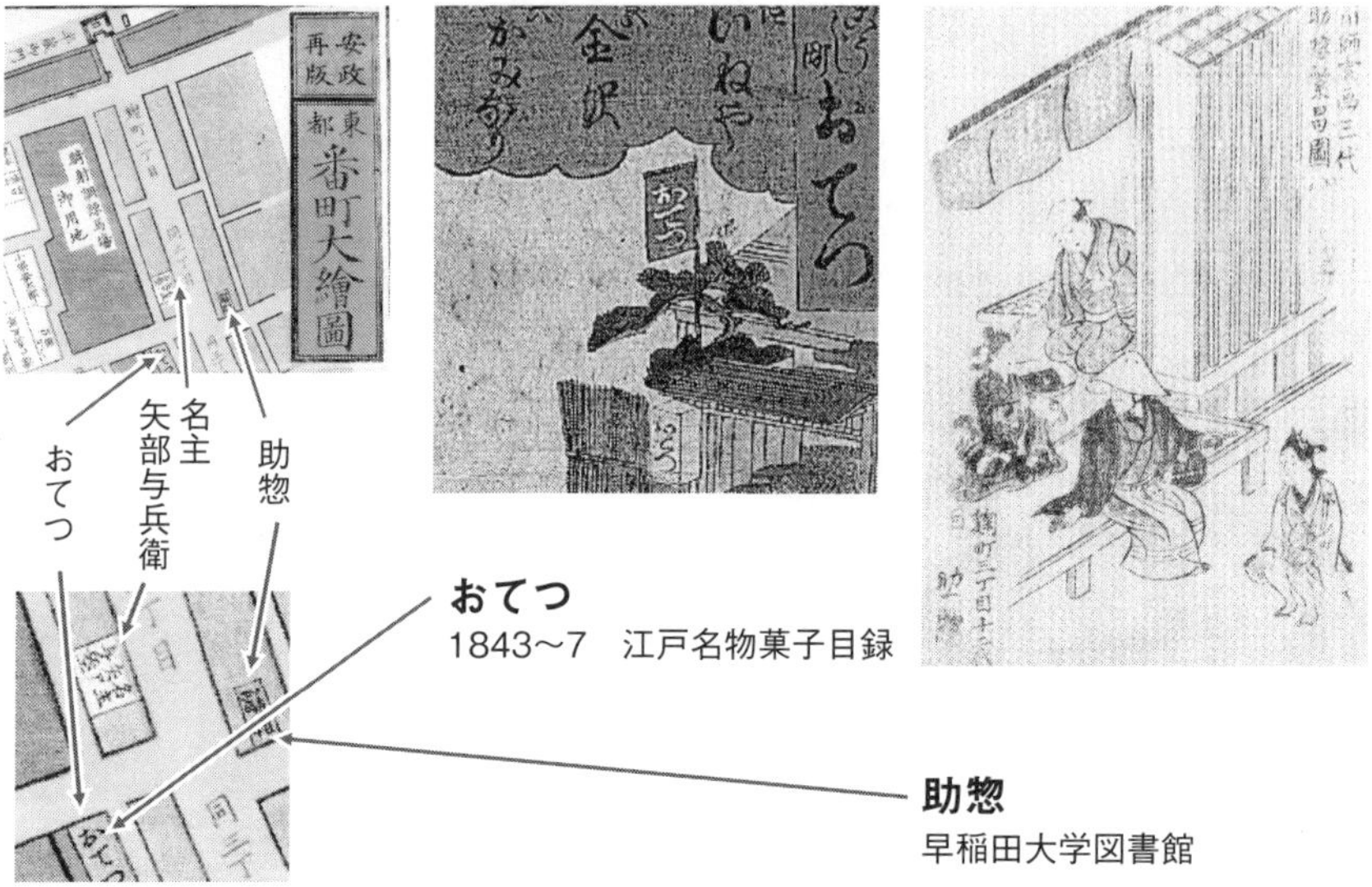

⑤おてつと助惣と名主（早稲田大学図書館、国文学研究資料館）

「於鉄牡丹餅」の商号があり、於鉄の名は先代の名と思われる。綺堂が彼女を40歳過ぎと記憶したのが明治15年だとすると、騒動の時の「よね」が満21歳（「藤岡屋日記」）とあるから、綺堂がいう「おてつ」がちょうど45歳になる。汁粉も牡丹餅もあまり旨くないと綺堂は言っているが、嗜好も顧客も変化しただろう。同17年頃麻布方向へ移転したというが、いろいろな事情が想像され、これもまた楽しい。それにしても「おてつ」は武家社会か明治維新にかけて、多くの客層に接し、時代と人の変貌を身近に見届け多くの貴重な体験をした庶民の証人であろう。訓練所帰りの武家、幕末の志士や元勲らも立ち寄って牡丹餅を頬張ったと思うと、「おてつ」を通して身近な存在として親しみを感じる。世の中では、安政の大獄が始まり吉田松陰らが、また長崎では浦上キリシタンが投獄された頃の話である。

橘家の「助惣《すけそう》」も有名だった。おてつ牡丹餅の大通りを挟んで向かい側にあり、「助惣とおてつ　近所でうまい仲」という川柳があったほど麹町の名物といわれ、どら焼の元祖のようなものを売った。助惣は、飢饉や三井の江戸進出があった時代の１６００年代（慶長年間）に江戸最古の菓子店を創業、明治まで存続し、その後は三田に移った。最初はその店は麹町十丁目南側とあるから今の聖イグナチオ教会側の大通りにあった。その後この町屋区域は尾張藩麹町屋敷に吸収されたので、麹町警察署筋向いの麹町三丁目に移った（図版⑤）。

麹町の住環境

四ツ谷駅そばの六番町・雙葉学園の東側に、犬山城主でもあった成瀬家の屋敷があった（敷地3000坪）。成瀬家は尾張家の御附家老（将軍から指名された家老）であった。

平河町には元禄15年赤穂義士の隠れ家があった。あの討入の時、成瀬屋敷では長屋の建前があり、大工らは仕事を放ったらかしにして義士の引き上げを見に行ったそうである。従ってその日は大雪だったという義士ドラマはフィクションだと地元では言われる。

江戸名所図会（1834）は1800年前半より斎藤月岑3代にわたって江戸各地の姿を描いているが、麹町大通りの道行く人の姿も見られる。麹町大通り沿いは江戸時代より、小店舗の立ち並ぶ商業地であったが、元禄文化さながら山手における「銀座」のようであった。文政半ば（1823）、平河天満宮の歳の市では「三丁目の大通りは人を押し分けるばかりで群衆は神田明神の市の4倍」だったという（「麹町区史」）。その背後には武家屋敷が大きな画地を形成していた。心法寺は江戸に出てきた庶民のためにと家康から寄進を受け建立した。檀家に尾張藩士が多いため尾張藩古御殿の寄進を受けている（「麹町区史」）。近くの常仙寺と栖岸院《せいがんいん》は杉並区に移転している（図版⑥）。

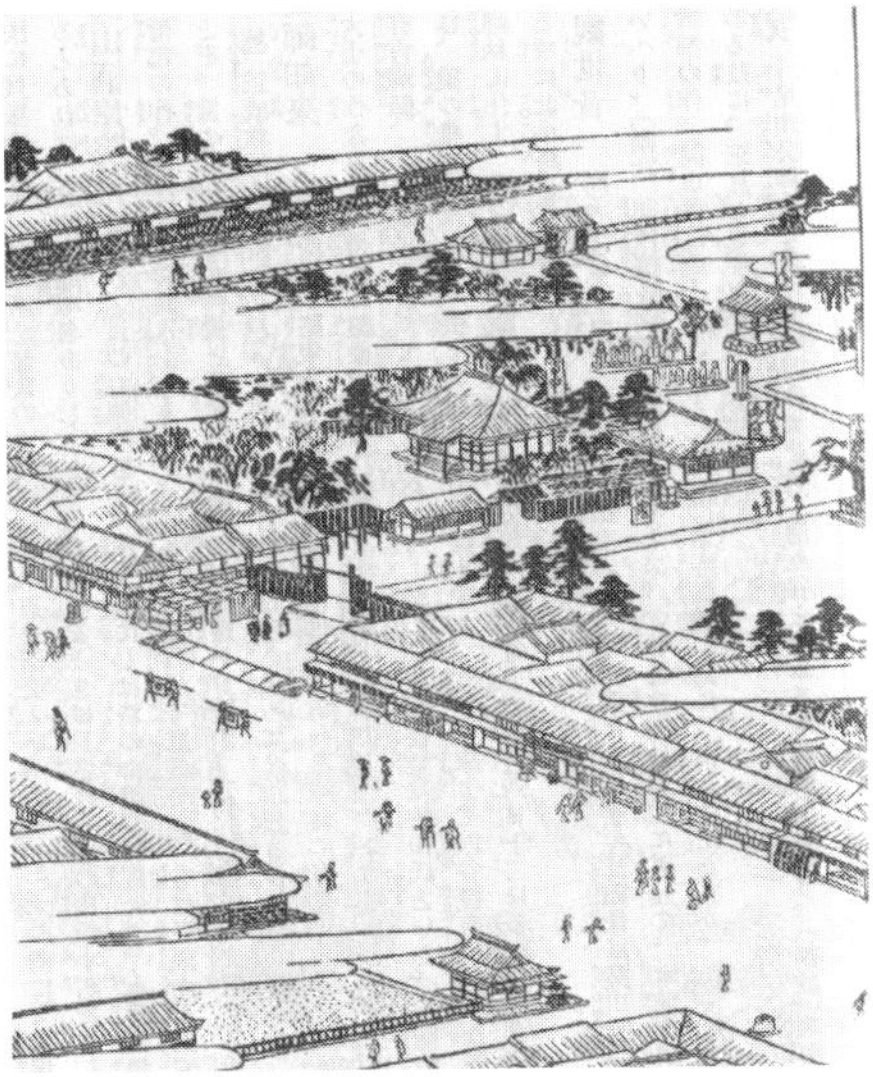

⑥江戸期の麹町大通り。上に心法寺、成瀬屋敷、下に中屋敷が見える（江戸名所図会）

四谷は、庶民のまちである。「江戸繁昌記」には、「見附より西は、水利の便がないので多くの運搬は馬によっている。そのため新宿から見附までの間は馬の往来がはげしく、やかましい。かけ声、牛、車も加わって、見附に向かって輻湊して進み、その半分は見附の中に入り、あとの半分は見附の外で四方に散ってゆく。四谷は馬でいっぱい」と、記している。嘉永年間（1848～54）の諸問屋名前帳によれば業種別割合では、炭薪仲買商が27％、春米屋《つきまいや》（米販売店）21％と他を圧倒する。米と燃料が生活必需品だからである。

「慶長の初年より娼家僅かに三所なりき、一は麹町にあり……」（寺門静軒『江戸繁昌記』）。

麹町遊郭というのが、上智大学の東側にある清水谷崖下辺りにあった。江戸時代初期、他にあった遊郭をもまとめて1606年に吉原（旧）に移されたが、そこで麹町の出は京町一丁目という一画を占め、もともと京都六条からきたことを誇りにしていた（図版⑦）。

吉原遊郭の設置（1617）後、吉原（元吉原）は新吉原に移転（1656）した。

一方、四日市には近江商人の荷が集まり海運基地として発展した。とくに知多半島は海運の発展に貢献した。新吉原では、その後押しと海運の発展により、知多の内海船の船主は江戸の遊郭で遊び、揚屋をも開業するようになった。これを機に新吉原遊郭の大半を尾州廻船の船主が占めるようになり、遊郭と尾州船主の接点となり相互発展をもたらした（「愛知県史」、南知多町「南知多歴史・文化」）。

⑦**吉原京町の花魁**（国立国会図書館）

三河からの若い武士集団の移動に伴う遊郭の存在は家康の意向を強く反映している。尾張藩屋敷に隣接して麹町遊郭があった理由が推察される。

1634年頃に城の防衛上、江戸城外濠の普請があった。それにより赤坂・四谷・食違・牛込間の大掘削工事が行われ、その掘り出された土で周辺大名屋敷の造成、低地や斜面等の造成が行われた。これに伴い、四谷御門、食違門、牛込門、市谷門などに全部で36の見附門が設置され、江戸城西方の構えができた。この3年後、尾張藩徳川義直が四谷見付内のこの地に土地を与えられた。同年、天草の乱と言う、島原城主の苛政に対する農民一揆がキリシタンと共に起きている。

この外濠ができたため、麹町は分断し、一～十丁目は麹町側に、また壕外に代地として、四谷側に移され、麹町十一丁目から十三丁目とされた。現在の三栄町通りの両側（十一～十二丁目）と新宿通り沿い（十三丁目）に相当する。今の麹町は半蔵門～四谷間の一～六丁目だけである。

この門内外の接点を見附ともいい、○○見附というのはそこからきた。城門の中から番士が外から城内に入ろうとする人を「見付ける」という意味である。夕六つ（午後6時）の太鼓が鳴ると門が閉まることになっているので出入りができなくなる。門のそばには、辻番が数人で見張り、巡回を行った。番人は当初は武士で、次第に町人が行っていたが、明治になって自身番屋や床番屋を含め、明治7年に巡査と交番所に変化し、今日に至った。

現在、麹町と四谷とは二つの橋で結ばれている。麹町大通りの大きな橋と並行して駅の脇に古い橋がある。駅前ロータリーから見える雙葉学園前の石垣脇の狭い橋である。ややこしいが、古いこの橋は「新四谷見附橋」といい、最初は寛永年間に建造された土橋であった（大正14年、鉄筋に変えられたため「新」がつく）。今は麹町大通りが中心となったため、人通りがまばらである。外濠が1636年に出来て直ぐに、四谷御門という城門が設けられた。明治5年に撤去され、石垣のみが雙葉学園の前に残っている。江戸時代、半蔵門から新宿方面へは、今日のように真直ぐ新宿方面に行かなかった。土橋を通って外濠通りを横切り（図版⑧）、新宿方向に行き、次の十字路を左折し（大横町といわれた繁華街）、再び新宿通りに出た。このように迂回したのは、江戸城防衛上の配慮からで新宿方向からの敵の直接の侵入を避けるため、意図的にコの字型に造ら

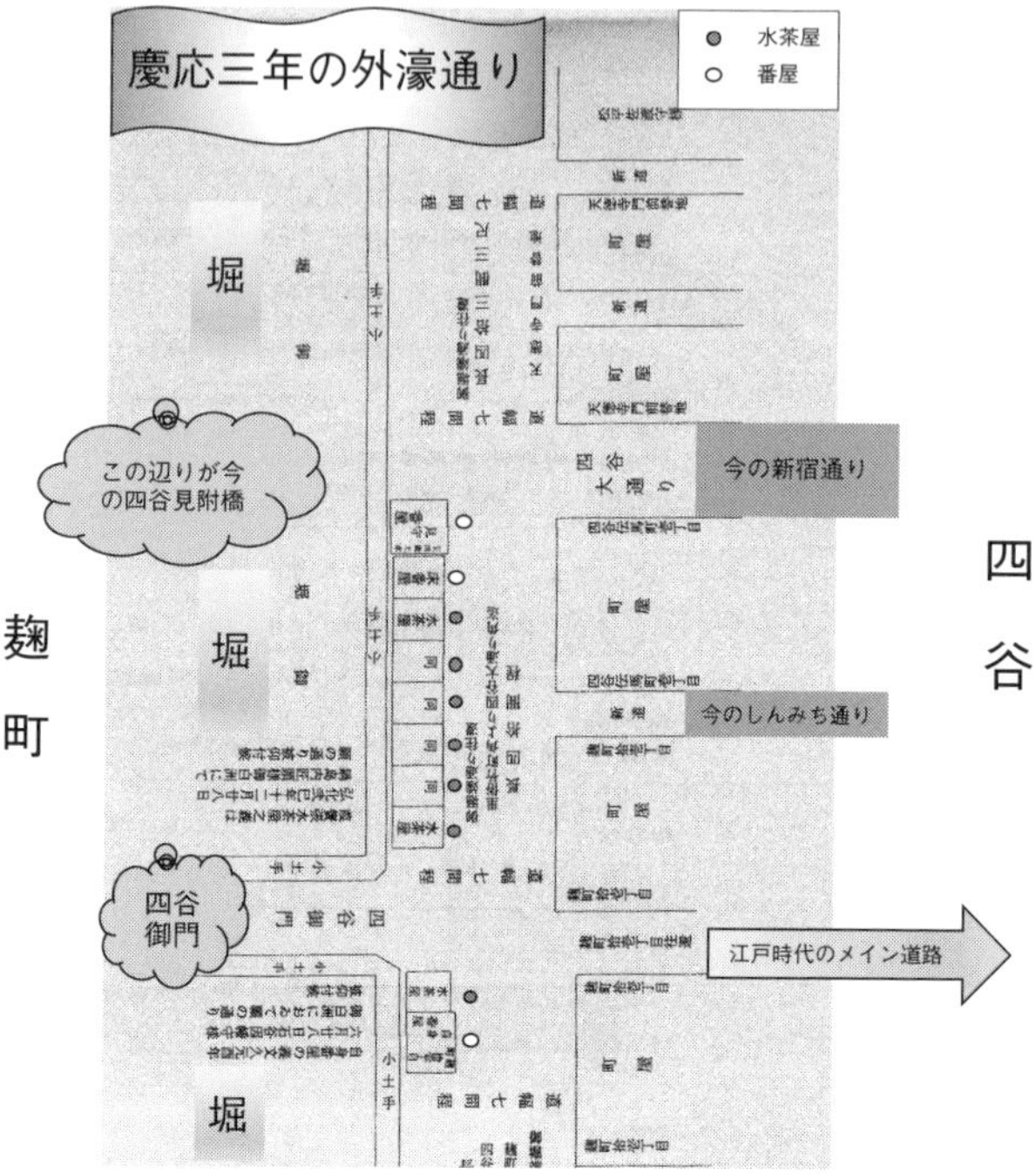

（四谷塩町一丁目御用留より作成）

⑧外濠通りの店舗。慶応3年
（四谷塩町御用留〈江戸東京博物館〉より作成）

れ、周りには枡形の石垣と門で固めた。

四谷御門の四谷側から見た、四谷御門外配置地図（慶応3年）がある（図版後出⑬）。これによれば水茶屋が多く、往来の多い姿が見られる。当然ながら町人による自身番屋や床番屋がある。また、今のように麹町大通りが直線でないこと、しんみち通りがあったことが示される。

明治20年の美しい絵もあり、まだ石垣が多く残されている（カラー口絵②）。

この四谷御門の渡櫓《わたりやぐら》は明治5年撤去された。

火事と喧嘩

家康入府以来、江戸は無秩序に膨張したが、火事が相次ぎ、とくに1657年の明暦の大火は世界三大大火の一つともいわれる。本郷・小石川・麹町三丁目から次々に発生した火事は北から南へと、折角つくった江戸の町並をなめつくした。市街の6割が焼き払われ、死者は10万人ともいわれる。

「紀州大納言、尾張大納言の蔵屋敷十六箇所ことごとく塵灰となる……。やうやう鎮まるかと思いしに、糀町五丁目（現三丁目）の民家より別に火もえ出て……」（浅井了意『むさしあぶみ』）。

江戸城天守閣も明暦の大火で焼失し、再建の話もあったが戦さのなくなった時期には不要とのことで、以後、再建をすることはなかった。その後の市街地改造は江戸の都市の骨格を形成した。

またこれを機に、江戸城内にあった徳川御三家屋敷が城外に移された。そのため四谷周辺に尾張、紀州徳川家の屋敷が、小石川に水戸徳川家の屋敷ができた。

尾張藩が麹町御屋敷（麹町十丁目新御屋敷という）1万7870坪を拝領したのは明暦3年（1657）である（『東京市史稿・市街編』第7）。また、多くの大名屋敷や旗本屋敷並びに寺社を移転し、隅田川以東に市街地の拡大など大幅な都市改造を実施した。半数の旗本は南千駄ヶ谷に移転した。そのあとに医師、軍師、検校、浪人らが住むようになった（麹町区史）。とくに、類焼を防止するために立ち退いた武家屋敷跡に江戸の各所で火除け地を指定し空地化を行った（図版⑩）。

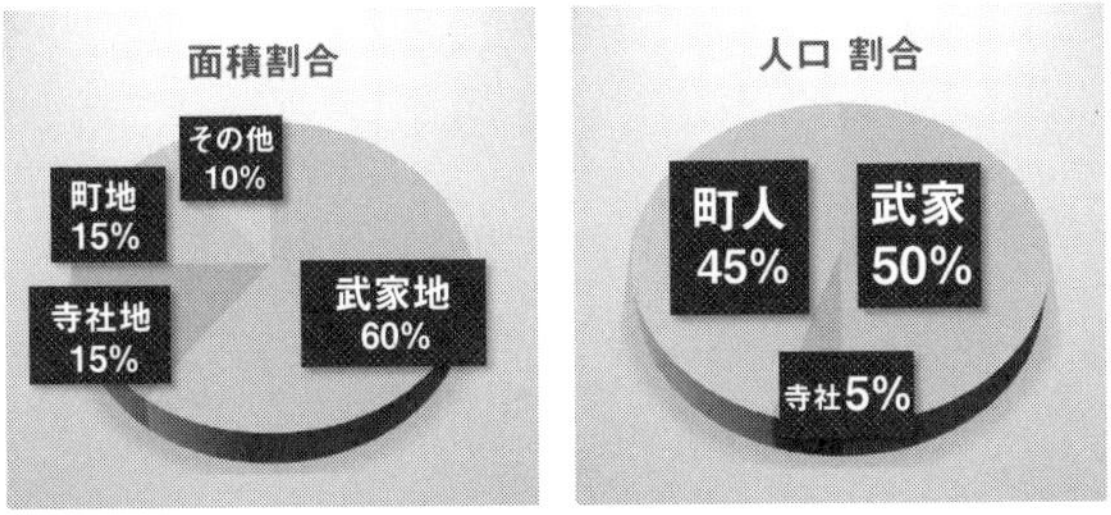

⑨江戸の人口と居住面積（「目で見る千代田区の歴史」千代田区）

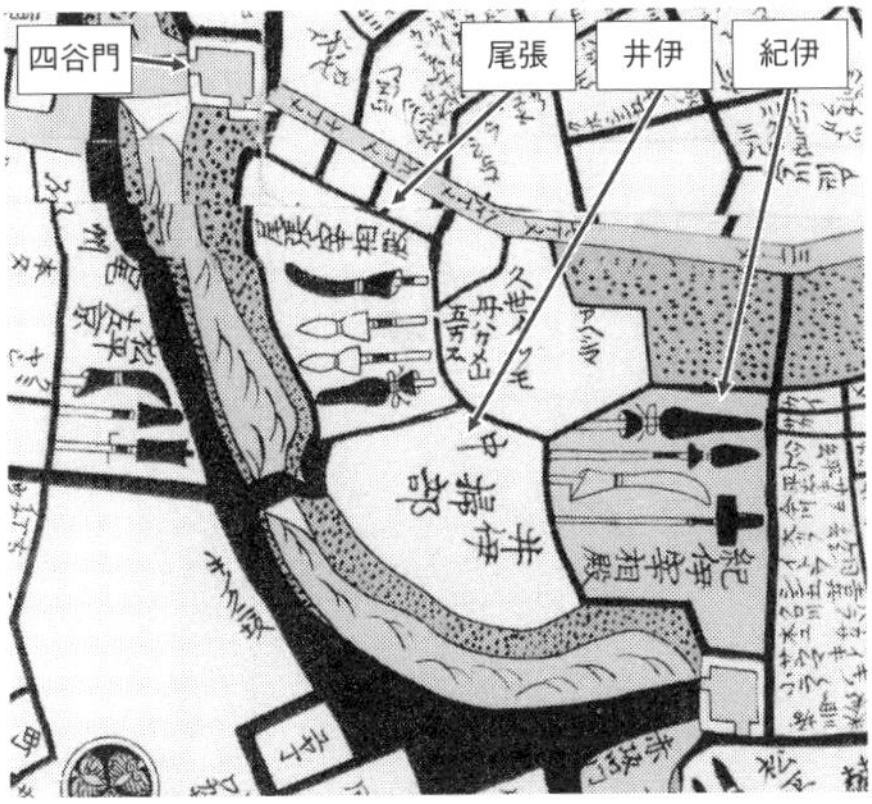

⑩ 江戸図正方鑑。元禄6年
（東京都中央図書館）


「火事は江戸の華なんて、もってのほか、恐怖そのものである。助け合いは義理のてっぺんだった」（高村光雲）。

市街地の面積構成は、武家地60％、寺社地15％、町人15％であった。一方、人口の50％は武家で江戸居住面積の60％を占めるが、45％の町人は面積15％のなかに押し込まれている。町人にとって人口の割には居住面積が圧倒的に少なかった（図版⑨）。このため火除地が漸次活用され、町人文化が栄えた。

江戸の華といわれた喧嘩。ある日、

港区芝からきた商人が「しんみち通り」に仕入に来て「八文にまけろ」と言われたとして、「馬鹿にするな」と芝商人衆が四谷に大勢駆けつけ、大立ち回りした事件があった。結局、「八文まけろ」と言ったのを芝側が「八文にまけろ」と聞き間違えしたことが原因とわかり、和解したと前出『藤岡屋日記』に記されている。

■四谷杉

江戸の杉の銘木として「四谷丸太」という名がある。四谷が市場又は産地として盛んな時もあった。周辺の中野・淀橋・千駄ヶ谷等でも杉の植栽が盛んで小丸太を産出していた。江戸時代の需要として足場用の木材に使われ、また、屋敷を囲む境界林にも使われた。しかし、安政6年、原宿から高田馬場まで焼けた大火があり、杉とともに焼死した人々が多かった。次第に西方の高井戸から村山方面に生産地が移り、取引の場としてのみ四谷の名が残ったものである（日本森林技術協会『林業技術』）。天保年間、三番町に住む清水徳川家家臣・村尾正晴は暇さえあれば郊外旅行をして「高井戸辺りに杉林多し」と記している（「嘉陵紀行」）。

■寺社とまち

麹町の寺社は歴史がある。江戸時代以前にも心法寺をはじめ寺社は数多く、紀尾井町の清水谷公園辺りや一番町にかかる局沢地区等の谷筋に集中していたが、江戸城増築に際して1600年代に殆ど移転させられている。善国寺は坂の名前だけ残して今は神楽坂に移転している。四谷1～5丁目の寺院35のうち25寺院はもともと麹町にあった（新宿近世文書研究会「寺社書上」）。

東京の主な祭礼といえば、天下祭りで、山王権現（日枝神社、6月15日）と神田明神（9月15日）は、100余町の氏子を擁し、町内に神輿を繰り出し、その行事は最も華やかな祭りとなっている。

増上寺は1395年、平河町で創建し、徳川家康が江戸入府の折にたまたま門前に通りかかり、源誉存応上人と対面した。それが縁で徳川家の菩提寺となった。この寺は1598年明暦大火で焼失し、芝に移転した。

「半蔵門」（麹町御門とも言われた）は、西にまっすぐ向かう麹町大通り、甲州街道の実質的な出発点の位置にあり、現在、皇室行事以外は閉鎖されているが、以前は竹橋まで通行が認められた時期もあった。一般には半蔵門の名の謂われは諸説あるが定かでない。半蔵の息子が辻斬りをしたかどで四谷見附に移されており、伊賀者が四谷に多くいた。１６３６年に、外濠ができた時、伊賀者が東の原と言われたこの地を開墾したという（山中笑（または共古）『伊賀衆の話』）し、また西の要所の守りとして配置されたともいう。山中笑は１８５１年、西念寺近くの伊賀者の家で生れ、民俗誌を残し、そのなかで江戸から明治にかける四谷の風俗を伝えている。

知られていないのが「大池」の場所である。それは今の水道橋から飯田橋、神保町一帯で、書籍店舗が密集している地域である。九段坂の上からみても、この辺りの低さがわかる。１２０１年には大津波が押し寄せ流された記録があるが、このせいで大手町にあった築土神社が高台にある九段の中坂に移されている。急坂の中坂は、昔は九段坂より繁盛した通りであった。九段坂濠の牛ヶ渕は、牛が勢い余って濠に落ちたとされるが、講談「お富与三郎」で、与三郎を強請った船頭が殺され抛り込まれたのもこの濠である。蕃書調所、明治女学校や頌栄女学校の発祥地もこの近辺である。

象が麹町屋敷や江戸城まで持ち込まれて（１７３０）見世物となり、中野の象小屋で死んだ。１８６１年には四谷二丁目福寿院（現四谷税務署裏）で虎の見世物興行が行われた。

3　尾張藩麹町中屋敷―始めと終り

１６１５年大阪夏の陣が終わり、翌年に徳川家康が没している。この時、徳川御三家を始め側近有力大名の屋敷が江戸城吹上のなかに配置され、１６１６年（元和2年）、尾張家初代の屋敷は鼠穴邸《ねずみあなやしき》として徳川家より拝領した。

徳川家康の九男の義直が当主の尾張徳川家（名古屋）は、十男の頼宣・紀州家、十一男の頼房・水戸家とともに御三家の一つと言われ、そのなかの最高位の家柄である。当主は代々「徳川」を称し、葵紋を使用することが許されていた。

幕府からこの麹町中屋敷が下賜されたのは１６３７年、初代藩主義直が拝領した。１６５０年この屋敷で義直が亡くなる。一時上地のあと、１６５７年明暦大火後、城内の鼠穴邸を返却し、麹町中屋敷を再拝領した。

御三家と譜代筆頭の井伊家の屋敷（現、憲政記念館とホテルニューオータニ）は、いざという時にすぐに江戸城に駆け付けられるように麹町に配置された。一方、外様といわれる大名屋敷は中央区、港区など郭外の位置に配置された。

大名家の江戸藩邸は、徳川家から与えられた拝領屋敷（尾張徳川家の場合78％）と、各大名が所有する抱屋敷（同22％）とからなる。拝領屋敷に、藩主のいる上屋敷、代替用の中屋敷、別荘としての下屋敷、年貢米等貯蔵用の蔵屋敷がある。江戸全体のうち、武家地は70％、そのなかで大名の屋敷地は60％、その大名屋敷地の11％を御三家が占め、なかでも尾張藩は４％（31万坪）の最大地主であった（岩下哲典『金鯱叢書』第20輯）。

尾張藩の江戸屋敷は、ここを含めて43箇所あり、大きいものから、戸山の下屋敷13万6０００坪、市谷の上屋敷７万5０００坪、築地の蔵屋敷２万8０００坪、麹町の中屋敷1万7０００坪（当時）等である（千坪未満切捨）。この外、成瀬・竹腰の附家老など陪臣の邸宅は24箇所3万7０００坪もある（「諸向地面取調書」第一冊）。

上屋敷は藩主が常駐する屋敷で、市ヶ谷（現、陸上自衛隊駐屯地）にあった（当時、土地7万5２０５坪）。中屋敷である麹町屋敷は、藩主が何らかの理由で上屋敷を使えないときの、臨時の邸宅としての役割を担っており、世継ぎや隠居用でもあった。

以上のうち、尾張藩の麹町中屋敷跡地が本件調査の出発点である。その区域は上智大学と聖イグナチオ教会を中心とする四方を道路に囲まれ、長方形状のまとまりのある一帯である。江戸城に近く、風光明媚な屈指の立地条件を備えている。また屋敷北すぐに四谷御門、南側すぐに喰違御門があり、外壕とあわせ江戸城防衛の要の位置にある。

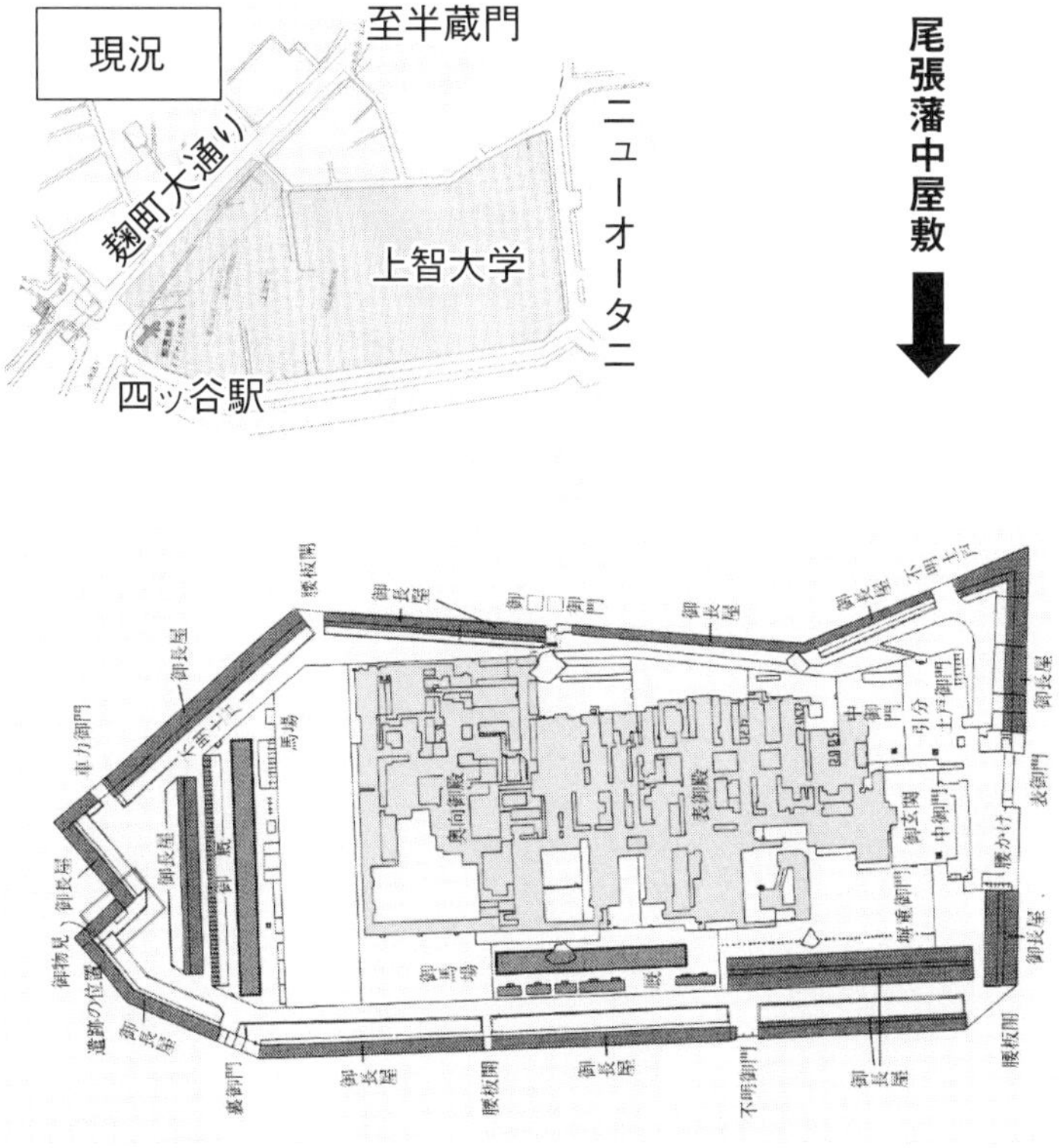

⑪**麹町中屋敷**（イエズス会・遺跡調査会「麹町六丁目遺跡」）

尾張藩中屋敷の土地は、現登記簿上の面積で１万９９１０坪あり、うち上智大学のあるカトリック関係の土地は１万８４３０坪である。総面積については、史料では多々の異なった面積がある。

全体の地勢は南東方向に傾斜していたため、江戸時代に切り土や盛り土による大規模造成工事が行われた時は、周辺数十町四方の土民、年寄りから子供まで動員したとされる。

麹町中屋敷の１７２５～１７４２年「藩邸之図」配置図をみると、殿様の屋敷はその中央にあり、道路沿いには殿様を警護する武家の長屋敷が囲むように建ち並んでいた。北側の現教会入口辺りには常住の藩士が、南側の長屋には参勤交代で江戸に来る藩士が居住した。また表門はニューオータニ側にあり（当初は教会入口辺り）、教会のある北側と土手沿いの西側には厠や馬場が設けられていた。詳細は、イエズス会ほかの発掘調査「麹町六丁目遺跡」に記載がある（図版⑪）。

1661～1666年「新御屋敷御長屋差図」の屋敷絵図をみると、北側の麹町大通りに面する部分が表門で、南部（紀尾井ホール辺り）には厩が、もと福田屋の北には犬小屋があった。また東側には築山や泉水という庭園があったが、この位置は今のクルトゥルハイムの庭に相当する。

尾張藩麹町中屋敷跡の大通り沿いで聖イグナチオ教会がある場所には、浄土真宗の法雲寺（寛永5年設立）という寺があった。元禄年間に屋敷が手狭になったため愛住町に移転させられた（地下鉄丸ノ内線四谷三丁目駅近くに現存）。同寺は尾張家へは毎月訪問して、お目見えを許された。かつては拝領した葵御紋つきの袈裟等があったが戦災で焼失したという（維新後の屋敷跡については第四章以下で述べる）。

■幕末のできごと

徳川三百年とは、徳川家康が征夷大将軍に任じられた慶長8年（1603）から江戸城明渡しをした慶応4年（1868）迄の265年間である。その末期は、商業資本の台頭、農業の商工業化が鮮明になり、幕府は経済地盤が脆弱化してきたうえに、海外から開国を迫られ、また中国からはアヘン戦争の情報が伝わってきた。我が国の舵取りが論じられた騒然たる時代となった。

1782年、伊勢桑名発の尾州回船・神昌丸が江戸に向かう途上で漂流し、幾多の困難をへてロシア女帝エカテリーナに保護され、船頭の大黒屋光太夫らが9年後にロシアの使節を乗せて帰還した。そこで通商使節に松平定信が長崎開港の許可書を与えた（1794）。光太夫は帰港後、のちの靖国神社にあたる薬園に新築住宅を貸与され、武家並の厚遇を得、幕府関係者や蘭学者などにロシアの情報を伝えた（桂川甫周「北槎聞略」、山下恒夫編「大黒屋光太夫史料集」)。薬園は火除地を活用し本草学者・渋江長伯が管理していた植物園の一つで、栽培場や武家の植物展示場になり、その後は最後に靖国神社と変遷した。

アメリカではカルフォルニア州が合衆国に編入されて太平洋に面した国となり（１８５０）、アジアへの航路は大西洋回りでなく、直接に太平洋のアジアとの交易が可能となった。次第に、アジアへの中継基地として日本の存在が脚光を浴びることになった。そしてアメリカのペリー、ロシアのプチャーチンなど異国船の立ち寄り（嘉永6年１８５３）と開国要求が続き、独、仏、英もアジア進出の機会を模索するようになり、鎖国の幕府にとり驚天の事態となった。

ロシアは大黒屋事件より１００年前から漂流民保護と共に日本語学校を開設し、交易を求めたが、女帝エカテリーナ2世の死後、次第に交易や国境利害で強引となった。１８６１年ロシア艦が対馬に上陸し、傍若無人に測量や物資の略奪を行い、永久租借を要求した。しかし幕府要請によるイギリスの介在により立ち退いた。ロシアはパリ万博時に幕府に資金提供を申し出たが、拒絶したのは幸いであった。

日本は武力行使をしないアメリカと対照的に、ロシアには緊張感をもつこととなった。

ペリーが来港した時に会見したのが浦賀奉行（大目付）井戸弘道で、翌年（１８５４）再来港した時に会見し日米和親条約を締結交渉したのは長崎奉行井戸覚弘（弘道あとの大目付）であるが姻戚関係ではなさそうだ。後者は番町小学校向いに居住した。

幕府は国際関係の重要性を認識し、川路聖謨《としあきら》など有能な幕臣の抜擢（１８５２）、浦賀の造船所建設（１８５３）、大船建造の許可（１８５３）、日章旗の制定（１８５４）、長崎海軍伝習所の創設（１８５５）、洋式軍事訓練の実施（１８５５）、蕃書調所での海外知識習得（１８５６）を行った。

安政3年（１８５６）、アメリカのハリス総領事が来航し、日本に通商条約締結を求めた。

アメリカは来日にあたり砲撃を禁ずる大統領の指示があったが強硬な交渉態度のため海外情勢に直面した幕府は井伊直弼を大老にして日米修好通商条約を締結した（１８５８）。さらに小栗忠順、勝海舟、福澤諭吉らをアメリカに派遣し、批准書を交換した（1860）。彼らはアメリカ議会で議員らが大声で議論する様をみて「日本橋の魚市のようだ」と感じたという。これより日本は鎖国から開国に踏み切った。

しかし、この過程で幕府が天皇への報告、各藩への意見打診をしたことが裏目に出て、幕政批判の火種となった。そして関税自主権がなく、領事裁判権のない不平等の条約を勅許なしに行ったとして批判された。勅許の必要性に批判があるものの、同時に起きた将軍後継者の選任問題において、大老井伊直弼は一橋慶喜派並びに宮廷人に対し、強引な処分を行った（1859）。幕府体制は儒教の流れの朱子学に基づき個人の道徳が社会秩序につながるという考えから維持されてきたが、井伊批判からこうじて王たるもののあるべき姿の模索が始まり、尊王思想が高まった。

長州の吉田松陰は、江戸で安積艮斎《ごんさい》や佐久間象山らに学び、畿内では森田節斎や梅田雲浜《うんぴん》と交わり松下村塾を開いた（1856）。そして橋本左内・高杉晋作・久坂玄瑞・伊藤博文ら多くの志士を育てたが、幕府批判を先鋭化し、梅田らとともに学問よりも行動に移すべきとした。これら吉田、梅田、橋本らはともに幕府に処刑された（1859）。安政の大獄はあまりにも過酷な弾圧であったため、井伊は桜田門で殺害された（1860）。

世界の実情と鎖国主義からの脱皮のため開国主義が妥当であったことは維新後の結果からわかる。井伊の性急な反対派弾圧と天皇宮廷派からの反発は、ともに世界的視野の欠如のせいとされる。

海外と接触した幕府は他藩以上にいち早く視野を拡大した。文久元年（1861）と、その翌年に遣欧使節団を派遣し、慶応3年（1867）にパリ万国博覧会に出品参加した。同時に幕府は戦費不足のためフランスから借款しようとしていた。しかし、先に薩摩が出品し、幕府も自らと同じく日本の一つの州であると吹聴していたため借款はフイになった。その翌年に栗本鋤雲《じょううん》が駐仏大使として渡欧し日仏友好の修復に貢献したが、彼はナポレオン法典が欧州の法体系をもたらしたことを認識し、日本に持ち帰った（明治2年）。これが明治になってから民法制定の基となった（栗本鋤雲「暁窓追録」）。

一方、海外を認識しない下級藩士や草莽の志士を中心に攘夷論が盛んとなり、各藩でも様々な立場で揺らぎが生じた。

尊皇攘夷とは、「王を尊び、夷を攘《はら》う」の意である。朝廷内では、その方法として皇女和宮の降嫁など、朝廷と幕府とで互いの権威を利用して共に国の建直しをはかろうとする公武合体論を岩倉具視や土佐藩主の山内容堂らが主張した。しかし、朝廷権力の復活を願う三条実美らが公武合体を選んだ岩倉具視を隠遁させ、攘夷決行の勅命を期限付けで幕府に迫った（1862）。幕府側の小笠原長行は反クーデターを試みたが家茂の反対で実行されなかった。

そして長州藩は文久2年（1862）尊王攘夷に転換したが、海外4か国連合艦隊に砲撃され、単独での攘夷が困難という現実を実感した。

土佐では、勤王党（武市半平太、坂本龍馬、中岡慎太郎、吉村虎太郎など）が尊王攘夷の中心となり、朝廷では岩倉具視など公武合体派からの転向者もふえた。

薩摩藩主・島津久光は1862年、寺田屋で攘夷派藩士を粛正したが、イギリス人を殺傷した生麦事件もあり、その翌年に薩英戦争が起き英国との軍事的劣勢を体験した。こうして「攘夷」と「尊皇」が分離し、攘夷を実行できない幕府を打倒する機運が増幅した。

一方、朝廷では三条実美ら攘夷派が大和行幸に名をかりて倒幕を計画した。文久3年（1863）奈良県十津川村では朝廷の中山忠光を頭にした土佐勢に十津川郷士が呼応して挙兵が発生し、「五条新政府」樹立を唱えた。これは討幕活動の魁となり（後記）、天忠（誅）組の乱、大和の乱、大和義挙などとも呼ばれた。

しかし、その翌日、この乱の背後にいる長州藩を過激と思う孝明天皇の意を受けた中川宮（伏見宮家王子・青蓮院宮或いは粟田口とも呼ばれた）が薩摩藩と会津藩とともに討幕派の長州藩と三条ら公家らを京から追い落とし、穏健な公武合体派が実権を握った（同年8・18七卿落ち事件）。

1864年、長州藩連合が朝権回復を唱えて上京し、薩摩藩や会津藩と交戦したが敗走した（禁門の変又は蛤門の変)。新選組が土佐や長州の攘夷派志士を襲った池田屋事件があり、水戸天狗党が敗北し、尊王攘夷の軍事行動は敗北した。

幕府は長州藩追討の第一次征長戦争を行い、長州が敗北を認めた。しかし、長州内では農民ら一般人も加えた奇兵隊が藩論を支配し倒幕へと向かった(1863~1864)。これに対し幕府は第二次征長を命じたが(1866)、尾張藩、薩摩藩、広島藩などが出兵を拒否し解兵に終わった。長州が敗れると、次に薩摩が狙われるからだ。これで幕府軍の劣勢が明らかになった。

慶応2年(1866)、土佐勤王党を結成した坂本竜馬や中岡慎太郎が西郷隆盛を説得したため、薩摩藩は倒幕論に転換し、長州との提携により海外の脅威に対抗する、いわゆる「薩長同盟」が成立した。長州は蛤門の変で薩摩に恨みがあったが、結果的に薩摩から武器供与を受け軍事力を強化した。同年、徳川家茂死去により徳川慶喜が将軍となった。奇しくも同年孝明天皇が崩御し(岩倉が下手人との噂があった)、朝廷では倒幕派の中山忠能が実権を取った。翌慶応3年(1867)、薩士も討幕の盟約を結び、岩倉は中岡らの説得により三条の同意を求め、10月大政奉還と倒幕の密勅が下りた。12月に主な藩や朝廷の代表による小御所会議が行われ、山内容堂、松平春嶽らの公武合体派を押し退け倒幕が決定された。次いで王政復古の大号令が出され、徳川慶喜に辞官納地(内大臣を辞職し、幕府領地を奉納すること)を命じた。

平和的政権移行を唱える土佐の坂本竜馬・中岡慎太郎が暗殺されたのは11月である。岩倉と薩長は幕府強硬派を恐れ、武力倒幕を決めていた。

10月以降、薩摩兵による江戸城二の丸への放火が噂され、薩摩兵による暴力的煽動が相次ぎ、犬猫も殺されていなくなった。

当時、三番町で今の市ヶ谷駅前で漢学塾を開いていた与力の清田黙は、江戸市中に武器を持った強盗がたびたび入り込み、放火をしたり、千両箱を盗んだりして品川沖に停泊した薩摩の軍艦に逃げ込んだと、のちに番町小学校の生徒らに頻繁に語っている(同「維新前後の政争と小栗上野の死」)。さらに12月に庄内藩兵による薩摩江戸屋敷の焼打ちがあり、市中は険悪な状態となった。

薩長の煽動に対し、徳川慶喜はやむなく新政府軍と戦った（慶応4年1月１８６８）が、西洋式装備に劣り、敗れて大阪城から逃亡し指導力を失った（鳥羽伏見の戦）。次いで五箇条の誓文が布告され、新政府軍は関西の富農富商の資金と大阪城の分捕り品をもとに江戸に向け行軍した。政府軍が勝てたのは、海外から得た洋式武器と「錦の御旗」を掲げたせいである。

後記する深瀬仲磨の入牢（１８６５）は、このような中岡らと接触していたため幕府に狙われたのである。そのなかで十津川郷士に思想を与えた梅田雲浜は長州と十津川郷を京阪との物産交易でまとめていた。

■尾張藩の立場

尾張藩の徳川慶勝は新政府を代表して大阪城を受け取り、佐幕派と一線を画した。幕末において朝廷派か幕府側かをめぐっては、尾張徳川家の立場は極めて重要なものであった。もともと、幕府には、尾張徳川家、紀州徳川家、水戸徳川家の御三家がある。征夷大将軍となる宗家の世継ぎがないときは、養子を出す親藩最高位の家系である。ところが、御三家の一つとはいえ、幕府は田安家、一橋家、清水家の御三卿をつくったことにより御三家以外の将軍に道がひらかれ、そのせいで尾張徳川家には将軍の席はまわってこなくなった。このため紀州徳川家など他家から将軍を迎える幕府に対し尾張徳川家としての確執が明らかとなった。もともと尾張徳川家は初代義直（家康の九男）に尊王思想が強い。

尾張藩第4代・吉通は名君といわれ、6代将軍・家宣は彼を後継者として考えていたほどであったが、その吉通は１７１３年に23歳で謎の死を遂げた。１７０５年、実母の本寿院を幕命で麹町邸に蟄居させたが、その背後には絵島生島事件と関連があり、将軍後継問題の反映ともいわれる（朝日重章『鸚鵡籠《おおむろう》中記』下）。

１７０９年綱吉死去。

結局、将軍は家宣の子・家継（7代）から吉宗（8代）へと継承される。

1725年頃の尾張徳川家江戸屋敷では、市谷上屋敷が類焼したため、中屋敷の存在が大きくなり能舞台を充実させた時もあった。

さて、尾張藩主をしりぞけ第8代将軍となった紀州藩主の吉宗は不況を乗り切るために享保の改革（1716～1745）を推進し、質素倹約を徹底させる。これに対し6代尾張藩主・宗春は規制緩和をして民の楽しみを政策の中心とし、また朝廷との関係を大切にした。

宗春は1732年、自らの意見をまとめた「温知政要」を配布し、自由経済を推進した。1725年、火事で焼失した市谷の江戸上屋敷が新築再建されたことに伴い麹町屋敷から移ったが、その際の派手な行動が問題となり、吉宗より詰問された。同時に尾張藩自体も多額の財政赤字があり、御附家老・竹腰正武が成瀬や宗春の留守中に、緩和政策を廃止するクーデターを起こす。このような状況で宗春は蟄居の身となる（1739）。その後、幕府は田沼意次らによって緊縮政策を撤回し、名古屋もかつての賑わいを取り戻した。

鸚鵡籠中記の1716年4月には多くの川柳がある。

世の尾張　いかに成瀬と思いしに

はやと（成瀬隼人）りあえず　きい（紀伊）の城入り

宗春を表立って肯定すると将軍家の権威を否定することになり、宗春の謹慎は死後も続き、墓石には金網がかけられていたという。

■青松葉事件

ホテルニューオータニと上智大学や紀尾井ホールの間に紀尾井坂と呼ばれる広い道路がある。江戸名所図会では清水坂とある。この道路沿いの本件調査地の一角に、江戸初期は坂上から坂下まで「竹腰山城守」の拝領地があった（1642年の寛永江戸図、1644～47年の正保年中江戸絵図、図版⑫）。

竹腰山城守とは誰であろうか。竹腰山城守の祖は、1612年名古屋城造営を成瀬家と共に行い、名古屋城防衛のため１６１９年には義直から美濃の今尾を知行地として与えられた。１６３２年の「武州豊嶋郡江戸庄図」（天守閣が絵で示されているのが特徴）をみると、江戸城吹上の（今の半蔵門近くに）尾張大納言の名で尾張徳川家邸があるが、その向かいに竹腰家と成瀬家の屋敷が配置されている。明暦大火（１６５７）によりこれら三家は鼠穴邸から紀尾井町に移転し、この麹町屋敷を挟んで北に成瀬家、南に竹腰家の屋敷を設けた。両家は幕下御付属衆と言われる重臣で、将軍に直接拝謁できる家柄であった。

両家は家康からの御付家老であるが、藩主次第で地位が反転した。竹腰家は幕府寄りの「鞴党《ふいご》」で徳川茂徳を支持し、成瀬家は尊王攘夷の朝廷寄りの「金鉄党《きんてつ》」で徳川慶勝を支持した。

尾張では経済の活況をもたらした宗春への評価が高く、宗春を失脚させた竹腰家の評価は低いものがある。

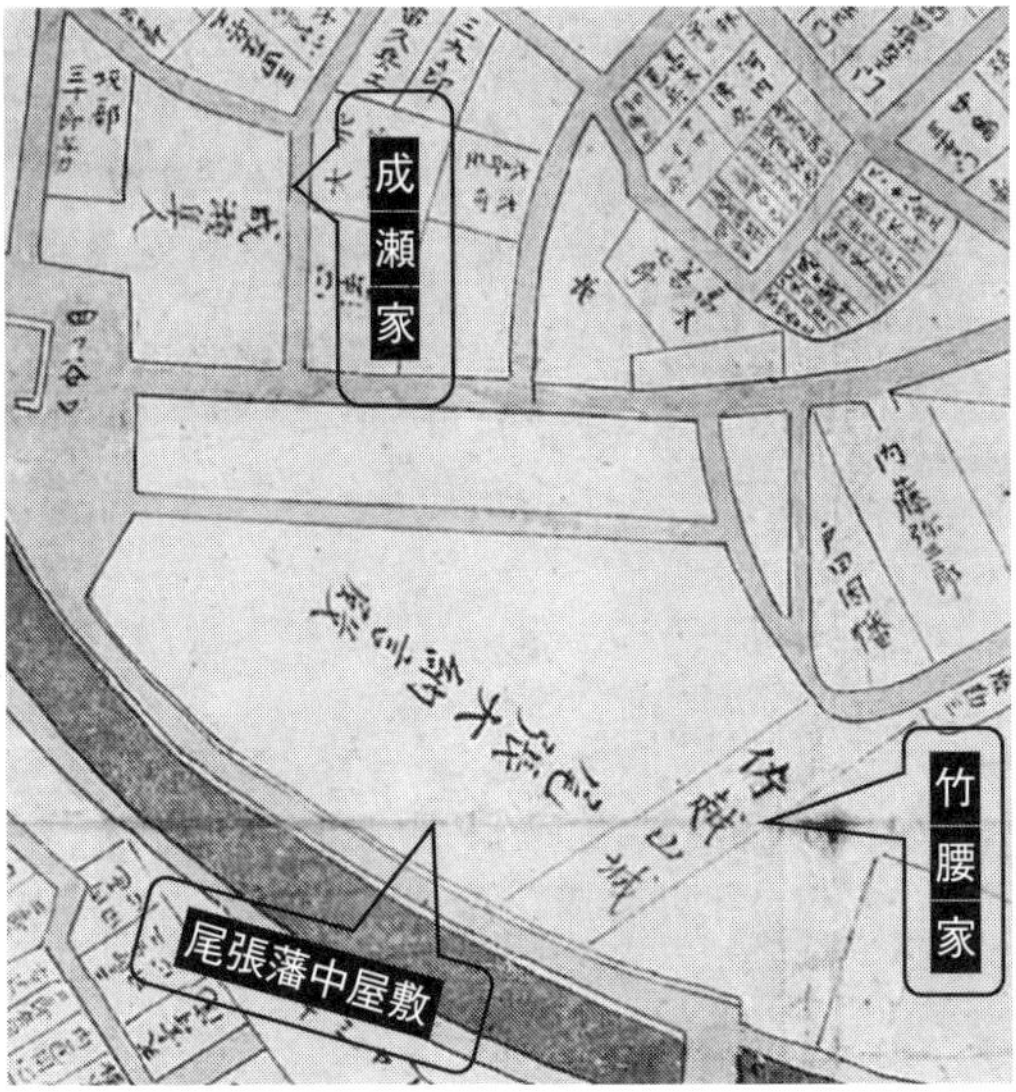

⑫中屋敷と成瀬家・竹腰家の位置
（正保年中江戸絵図、1853）

竹腰正富は尾張家に子がない時、将軍家から養子を迎え、幕府寄りの立場をとっていた（文政元年、１８１８）。

14代藩主徳川慶勝は尊王攘夷の立場から開国派の井伊直弼と対立し、安政の大獄（１８５８）により蟄居の身となり、弟の15代藩主徳川茂徳が藩政を取り仕切った。このため金鉄党は衰退、鞴党の竹腰が実権を取った。

しかし、１８６１年の桜田門外の変で、井伊暗殺後の幕府による長州征討が成功せず、王政復古に傾いてゆくなかで、徳川茂徳と竹腰正富は相次いで隠居を強いられ、朝廷派に属した前藩主徳川慶勝が復権した。日本が内乱により外国に乗じられるのを回避しようという大局観があったのであろうか、義勝は鳥羽伏見の戦いで官軍となり、慶応4年（1867）には新政府の議定という立場にあった。

鳥羽伏見の戦い（1868）で幕府が敗退した後、岩倉具視に明確な行動を迫られた時、藩主徳川慶勝は一方的に藩内の輔党一派34名を幕府と内通したとの理由で斬首などの処罰をした。これを「青松葉事件」という（水谷盛光「青松葉事件資料集成」など）。

竹腰家は1868年、旧幕府支持した経緯から新政府からも蟄居とされたが、後に赦免されたものの配下は四散した。一方、朝廷派の成瀬家は新政府より賞典を与えられ（藤田英昭『金鯱叢書』第45号）、六番町に大きな屋敷を構え、戦後は自己の所有地を宅地分譲し、犬山城や犬山市文化史料館にその名を残している。

■四谷に見る戊辰戦争

慶応4年1月鳥羽伏見の戦いで勝利した新政府は有栖川宮熾仁親王を東征大総督にし、東海道、東山道、北陸道、奥羽に分けて行軍した。慶勝は江戸に進む途上、各藩に使者を派遣し、新政府に恭順する「勤王証書」を提出するよう求め、それに困惑し、また非難した藩もあった（前掲書）。この過程で尾張藩が朝廷側についた影響は大きく、徳川幕府崩壊への大きな要素になったが、同時に徳川家存続の一助ともなった。

江戸城については、有名な勝海舟と西郷隆盛の会談により総攻撃が回避された。江戸市民を災禍から守り、海外諸国に隙をみせたくなかったからである。城の明け渡しは尾張藩の仲立ちでなされ、これが他藩だったら無事にはすまなかっただろうといわれた。4月に官軍大総督が薩長藩に守られ、江戸城に入城、徳川家へ処置を申し渡す。徳川慶喜への死罪を条件付きで免除、その条件とは江戸城を尾州藩に明け渡し、皇室を尊ぶこと等である。徳川慶喜は恭順のしるしとして江戸城、兵器、食料を朝廷に献じ、後に尾州邸に預けた（「土佐藩資料集成」）。しかし、幕府の小栗をはじめとして、勝や山岡鉄太郎は恭順を装って陰で檄徒を促し、事を四方に起こさせる策を取ろうとすると官軍からいわれた（「片岡健吉「東征記」）。

新政府は江戸城引き取りに続いて、幕府への忠義を尊ぶ東北に兵を向ける体制をとった。後記する十津川郷士２００名は慶応4年4月第一御親兵隊に入り、北陸道軍として長岡攻撃に向かったが、死傷者が多く、増員を余儀なくされた。

東山道軍は甲州道を進み、先鋒隊は板垣退助が率いた土佐藩兵を主力として進み、甲府で新選組を主力とする甲陽鎮撫隊を破り、3月に板橋で一時進軍を止め鎮撫総督府の本営を置き、次いで新宿内藤藩邸を経て要害のある尾張藩上屋敷に落ち着いた。甲府では板垣の先祖が武田家の重臣であったことから地元の協力があった。江戸では輪王寺宮（北白川宮能久親王）からの使者の僧侶が侵入中止を求めたり、江戸の治安を降伏の幕兵に任せたり、官軍内の意見不一致があったりと混乱があった（板垣退助陳述「維新史料編纂会講演速記録」）。

奥羽鎮撫隊（副総督は前記した澤宣嘉、参謀は醍醐忠順）は3月、東北地方の藩を説得するための小隊の先遣隊を仙台藩に進駐し会津討伐を要求した。そして長州奇兵隊出身の下参謀・世良修蔵は会津藩武力討伐を固執し、東山道軍の支援を求めた。しかし、官軍兵の乱暴狼藉が多く、世羅は仙台藩主を愚弄したため、仙台・会津藩の恨みを買い福島市内で殺害された。東北諸藩は世良を蛇蝎の如く恨み、米沢藩士の宮島誠一郎（別記）は「皆万歳ヲ唱エ、天誅愉快」と記す。世良が引き立てられた最期の家は福島市郊外の民家園に保存されている。この事件がもとで東北各藩は奥羽越列藩同盟を結成し、政府軍との間で戦争となり、多くの犠牲者が発生した（高野狐鹿「福島における天誅組の最期」昭和6年）。

十津川郷士の池田健太郎（中村小次郎）は、天忠組（後記第四章）の乱の生き残りで、当時長州軍兵として従軍し小隊長であった。しかし世良に引き続き、仙台藩士達により福島滞在中に惨殺された。池田の遺体は、地元民により福島市の宝林寺に葬られている。

それでは東北に向かう前、四谷、市ヶ谷の辺りはどのような状況であったろうか。

土佐藩士の片岡健吉は日記を残している。「三月我が隊は板垣退助を頭に錦旗を擁し、市ヶ谷尾州邸（尾張藩上屋敷）に入る。半蔵門には幕府兵が厳備していたので、官兵は麹町辺に放火した、東海道の官兵（品川遊郭に遊ぶ薩摩兵のことか）は徳川降伏とみてだらけている。我らはその尾州（尾張藩上屋敷）邸に入り兵営を置いた。」（「東征記」）。

尾州邸（市ヶ谷）は大総督府の本営と決まっていたが、御用の時は返上するとして漸く承諾を得た。尾州邸は江戸城の出丸というべき要地である。土佐藩兵は四谷、市ヶ谷、赤坂喰違いの三見附の警備を東山道総督府から命じられた。

「尾州候御やしきへ官軍入り候」とある（「斉藤月岑日記、元年3月」）。

邸に入って、土手を切崩し、堤を築き、大砲89門を備え江戸城を砲撃する態勢にした。因兵（鳥取藩）は四谷に着き幕府の砲薬庫を見付けて、この中にあった焼弾を多く分捕り、19日尾州上屋敷に移った。この場所は別記する鳥羽藩上屋敷向い、即ち中屋敷北東部崖地と思われる。20日は「桜の花がちらほら咲くなか」広庭で訓練をした。

さらに土佐藩前哨隊の隊員・宮地團四郎日記によれば、甲陽鎮撫隊（新撰組主体）と戦ったあと3月に尾州屋敷に入り、御旗（錦旗）の守護をした。板垣退助率いる土佐藩迅衝隊は鳥取の因幡藩兵とともに市ヶ谷の尾張徳川家の上屋敷と中屋敷（本件調査地）を占拠した。尾張藩兵はその前月に江戸から藩主ともども江戸から立ち退いていた。上屋敷は明治2年に尾張藩に戻ったので、離宮にする案があったが、それが赤坂紀州藩邸に変更されたので、同4年に薩摩藩主体の兵部省（同7年に陸軍士官学校）に上地された。なお、戸山にあった尾張藩下屋敷は名庭園であったが、静岡藩、皇居親兵の屯所を経て陸軍戸山学校（現、国立国際医療センター）となった。

4月頃土佐藩兵が中屋敷に進駐し、百姓中村甚右ヱ門が従来通りの尾張藩に続いて土佐藩より藩邸の内掃除の請負をすることになった（後記中村家文書）。

土佐藩はその間に四谷門（図版⑬）の守備をし、当時の様子を書き残している。幕臣同士の斬り合いがあ

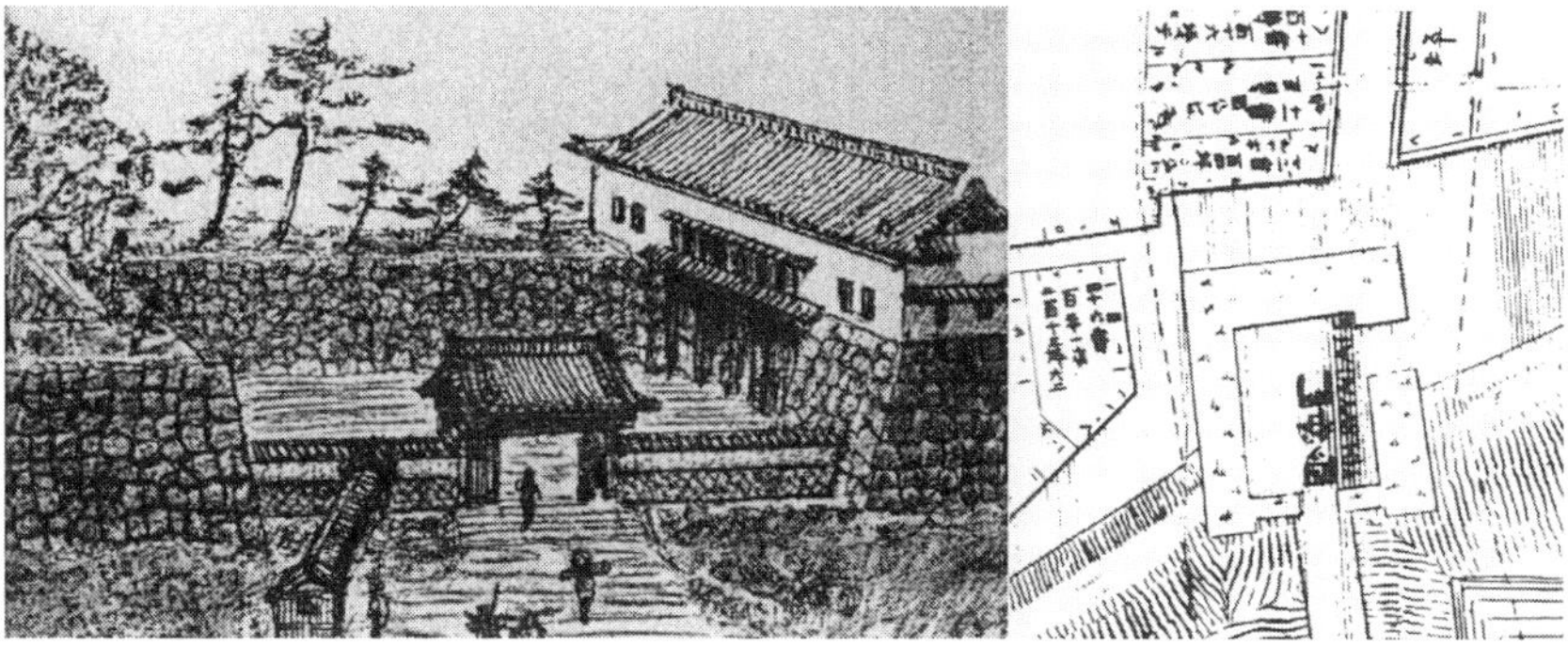

⑬ **四谷門**（四谷側から）**概観と地図**（教会資料等筆者編集）

り怪我をしたほうが謝り収まった。四谷・新宿辺りに大火事があり、また仲間の因州藩士が殺害された。残存する幕兵の襲撃があったようだ。

維新前後のまちなかでは、明治初年、「西京大坂戦争ありて人心おのずから穏やかならず、四谷御門外麹町十一丁目より出火、この辺五町ほど類焼せり、三月頃より強盗、辻切、闘いが多く、歩兵が市中で暴行に及ぶこと屡々なので陸軍が出張して召し捕り鎮まる」とある（斎藤月琴『武江年表』）。幕府時代に雇った町人や農民の募集兵は無頼が多く、5月1日をもって徳川方の市中巡邏は廃止され官軍が警備することとなり、薩摩兵1342人中680人が中屋敷周辺に駐屯した（復古記第9）。

一方、幕府側では2月に一橋家家臣が徳川家再興を願い、四谷・鮫河橋の円応寺（現存せず）に集まり彰義隊結成を誓ったが、上野戦争では薩軍のアームストロング砲により敗走した（5月）。彰義隊々長・天野八郎は鮫河橋の借家に隠れる寸前に捕まった。渋沢栄一の従弟である渋沢成一郎は円応寺会合の中心人物であったが、彰義隊を脱退し西東京市の下田家（別記）の横で振武隊を結成した。最後は一橋領の飯能に拠ったが、官軍に敗れた。維新後は栄一の支援を受け事業を営んだ。

尾張屋敷には次々と北関東での一進一退の戦闘情報や東北の情勢が伝わってくるなか4月に東北地方の鎮撫に兵を向けた（小美濃清明「宮地團四郎日記」）。尊王派の三春藩の河野広中は板垣に帰順し、9月会津藩は降伏した。河野は維新後、福島に発生した自由民権運動の中心となる。板垣も維新後に士族不満を取り込んだ自由民権運動に共鳴したが、大正4年に大隈重信内閣の時、農商務大臣となっている。

慶応4年三番町にいた千人ほどの幕府兵は統率がとれず、九段下に向け脱走した。海軍奉行の勝海舟は半蔵門外で馬上にいた時、官兵に狙撃され落馬して一時気絶した。留守宅には官兵がきて武具等一切を奪い去った（勝海舟「氷川清話」）。

この東北戦争では政府軍と東北諸藩で多くの犠牲者を出し、とりわけ会津藩兵の末路は悲惨であった（石光真人『ある明治人の記録―会津人柴五郎の遺書』）。この戦争は長州の復讐であると言われる。東北地方は国策から捨て置かれ、「白河以北一山百文」といわれた。

明治元年3月、伊勢神宮の札降りにより人々が熱狂し、麹町では辻番所が空き家となり、市中に掲げた幕府の制札が新政府の制札に替った。本件調査地の向いにある心法寺では馬の曲芸が催された。

5月に彰義隊が鎮圧され、8月に江戸が東京となり、9月に元号が明治となる。4～9月の間に東北諸藩が降伏したのち、10月、天皇が江戸城に入った。天皇の行幸は前記した大和義挙で挫折した行幸の時から5年かけて遂に実現したのである。11月には東京府民に「御酒下賜」がなされ、府民は「天盃頂戴」という行事が町々で行われ、その四谷での様子が錦絵として江戸東京博物館に残されている（奈倉哲三「天皇が東京にやって来た」）。将軍から天皇に主権が変わったことを人々にデモしたもので、全国に回った。翌年3月再び東京行幸がなされ、東京が首都として定まった。東京府（最初は江戸府）が誕生し、府庁を大和郡山藩柳澤家上屋敷（日比谷）に定め、江戸城を東京城と改称、翌年に皇城とし、同21年に宮城、昭和22年に皇居とした。

■戊辰戦争をふりかえる

王政復古の大号令が出たが、宮廷に岩倉具視のほかに人材がないため、薩長藩が宮廷人に接近し天皇の名を借りて幕府に替わり政権を取った。討幕運動はフランスのような民衆からの革命ではなく、薩長が他の諸藩や志士を巻き込み起こしたクーデターである。非主流の陸奥宗光ら他藩出身者や中江兆民らは自由民権運動で抵抗した。

一般庶民に政権交代が浸透するには時間を要し、政治・法体系が確立するのに20余年もかかった。幕府が倒れたのはその封建体制の弊害が原因とする見方が判り易いが、勝ち組を中心とした歴史観が明治以降強く継続したことは注意すべきであり、封建体制の崩壊としての見方を過大視するきらいがある。

江戸城引き渡しでもお女中達は一時的引っ越しでまた戻ると思っていたようである。

人々は「上からは明治だなどと言うけれど、治明（おさまるめい）と下からは読む」と言われた。

明治25年に高島鞆之助の盟友である薩摩武闘派の樺山資紀海軍大臣が国会で「世人は薩長政府といって攻撃するが、今日あるは誰の力ぞ」と演説して混乱を招き、松方内閣が崩壊したことがある。のちに自分の誤りを認め、国民の力であると弁明した。

渋沢栄一は、「実験論語処世談」にて言う。「何事も仲間だけで政治を行おうする同党伐異の精神が薩長に強い。仲間の非を隠し、仲間を優先する。旧幕の人は非を隠してまでも仲間の栄達を図ろうとする私心がないため薩長人に押し込められる。薩摩人は団結心が強かったから戊辰戦争に勝った。長州は有名な「毛利元就の矢の遺訓」に従い、勝つための団結心が強い」。

開国主義は幕府が先行していた。

軍事力増強には鉄砲等洋式訓練の必要性があったが、武家はこれを嫌ったため、小栗上野介忠順《ただまさ》などが文久改革（1862）により百姓を入れ、歩兵隊を創った。屯所を江戸に4カ所設け、のちの靖国神社の場所には三番町屯所があった（三番町屯所隊章は○の中に縦三本）。そして兵賦令（文久2年）を出して知行地に服役するか金納にするかの命令を出した。近郊農民から応募したのは8000人位で乱暴者が多かったが、給料制で賄いつきだった。隊内で不平があると鉄砲をパチパチ撃って始末に負えなかった（『戊辰物語』）。武家と異なりドライだったが各地で奮闘した（野口武彦『幕府歩兵隊』）。このなかに訓練指導の桃井春蔵（後記）、坂本龍馬暗殺容疑者の今井信郎（後記）がいた。屯所の食事を請け負ったのが麹町の伊勢八である（別記）。

小栗は栗本鋤雲の協力を得て海軍力強化のため慶応2年横須賀造船所を建設した。幕府が劣勢の時であるため今時つくるのは如何といわれて、「造船所は単に幕府のために造るのではない、日本の国のために造るのだ。地面付き売り家を造るのと同じだ」と答えた。明治政府はこれを継承して明治7年に竣工した。造船所が今日あるのは小栗らの賜である（『明治事物起源』）。また日露戦争に勝てたのは小栗のおかげと東郷元帥が言ったという。

筆者は今から50年前、土地調査の際に複数の境界標（海軍、陸軍）をみつけ地歴を調べた結果、そこは下瀬火薬製造工場跡地であった（第七章）こと、明治以降に東京北区一帯に広範囲に陸海軍兵器工場が設けられ、工場労働者のまちになり、戦前まで存続したことを知った。既にその近くに幕末に小栗上野介ら建設していた兵器用反射炉があった。そこは慶応3年オランダ留学生澤太郎左衛門が苦労して習得した火薬製造技術が生かされたのである。

また小栗は慶応3年、貿易利益を外国商社が独占していたので、国益のため「兵庫商社」という初の株式会社compagnie（コンパニュ）を設立させた。これは幕府使節団時（慶応元年）に習得したもので、フランス人の指導と関西商人の出資によるものである。後に渋沢栄一も株式会社を実現させている（坂本藤良『兵庫商社を創った最後の幕臣小栗上野介の生涯』）。

薩長はこの基礎工事の上に成り立っただけという。海外知識を引き継いだ新官僚は小栗ら幕府が習得した西欧知識などをベースに上乗せして発展させたともいわれる。

小栗は薩長への武力抵抗を慶喜に進言し免職され、群馬県に隠居した。しかし東山道総督府岩倉友貞（具視の子）の命令で、地元の官軍側の無知により裁判もなく、優秀な海外通の部下ともに斬首された。

倒幕は、鎖国のために不案内な外国人への不信感から攘夷、そして尊皇へと拡大し、天皇を奉じたクーデターに軸足を変えたのである。早大教授の津田左右吉は昭和15年、天皇家の神話を否定し不敬罪で有罪となったが、戦後に文化勲章を受章した。

　彼によれば明治維新について、不逞の輩達が幕府の真摯な開国政策を不当に破壊したという（『津田左右吉全集第8巻』）。裁判時、津田左右吉は麹町3丁目に住んでいたが、その奥のニューオータニ前に青葉山事件（前記）の竹腰家屋敷があった。彼はその家臣の出である。佐幕派の竹腰家の無念の思いを奇しくも筆で返したことになる。

　幕府は戊辰戦争で敗れたが、西欧文化の芽は新政府が引き継いだ。そして身分制の廃止、土地制度の改革、国内体制の一本化などで改革がなされた。幕府体制が温存された場合は海外への対抗で遅れがあったと思われる。しかし、新政府になって、国内の相次ぐ反乱と海外侵攻（台湾・朝鮮）に伴う戦費が歳出の最たるものとなり、多くのヒトとモノを失い、新政権における権力とカネの恣意化があったため、維新とは徳川から薩長へ権力者が交代しただけだ、という意見もある。

　司馬遼太郎は「明治時代、政治家や官吏、教育者の汚職というのが殆どなかった」（同『明治という国家』）というが、これは本書で述べる通り、過ちである。磯田道史は「司馬論の半分は正しく、半分は間違い。所詮、小説である」という。また、「司馬の小説には心地よさがあるが、そこから歴史を学ぼうとする恐ろしさ」があるという（原田伊織・森田健司『明治維新　司馬史観という過ち』）。

　幕末の動きにつき、幕府側から、会津側から、奇兵隊側から、また地域振興や観光から、個人の生い立ち等から様々な歴史観がある。

　いわゆる元勲らの豪華な建物をみて感嘆し、或いは学校の教科書にみる事項の知識だけで流されるのではなく、真実を見定めることが必要である。

4　都市と農村の関係

麹町中屋敷は、江戸時代全ての期間にわたって中屋敷機能であったわけではない。建築後261年のうち132年は中屋敷機能を維持していたが、1767年に市ヶ谷・上屋敷の添地を取得し、1777年に西屋敷を新築したことで、上屋敷が中屋敷機能を兼ねることになった。維新前の70年間は空き家の状態が長く続き、御殿は解体され、畑及び藩士の長屋として使用されるようになったのである（イエズス会ほか「麹町6丁目遺跡」千代田区麹町6丁目遺跡調査会）。そこにも都市と農村の関係が見えてくる。

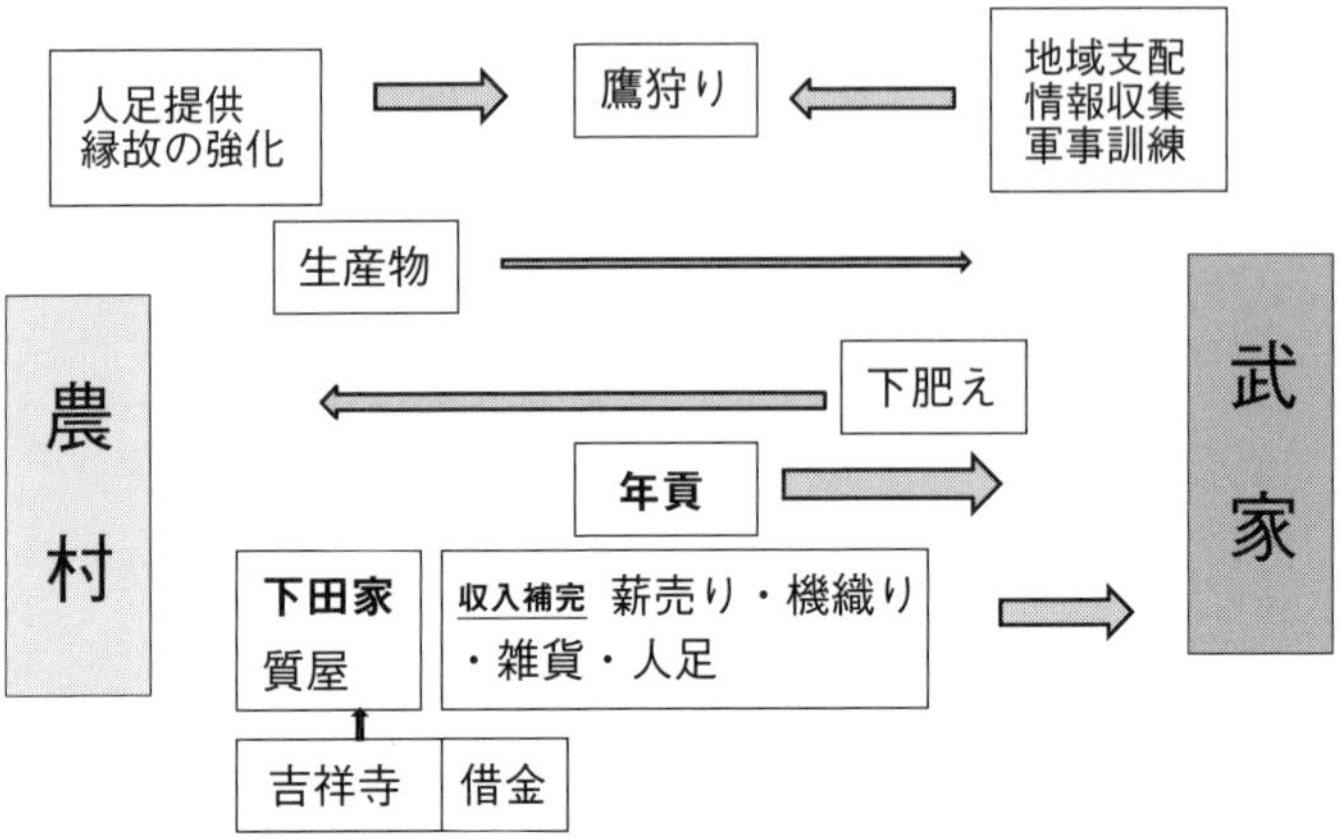

⑭都市と農村の関係（筆者作成）

筆者は西東京市立図書館で偶々、明治12年の1枚の小さい建物見取図を見つけた。興味深いことは、添え書きの住所が麹町二丁目十八番、木造二階建十一坪と記されていたことだ。調べてみると、その住所は現在の麹町警察署の前である。何故、大画地の多い武家屋敷の麹町に多摩の農家が小さな建物を利用していたのであろうか、そこは今の西東京市の農家・下田家の出先だったのである。そのことから、都市と農村の相互依存関係を見ることができた（図版⑭）。

下田家は農家の生産物を荷車にいっぱい積んで麹町に来る。生産物を麹町周辺に売った後、下肥を買う。それをいっぱい樽に入れて持ち帰り、近郊農家に売る。農家は麹町の良質の下肥を競って買うからである。また下田家は麹町に来たついでに炭薪や工作物を売り、手間作業もする、逆に農村にない都会の物を買っていた。そこで交わされた多くの領収書類もあった。ともあれ、下田家の葬儀（1861）の際には400人も集まり、麹町からの参列者も多かった。これは都市と農村のつながりを物語るものである。

農家は生産物の収入と下肥等の支出の差額で生活する。この回転のためには下肥を買う資金がないと回らない。資金は生産物、雑貨、醤油の販売、手間仕事等の農間稼ぎでもって調達しなければならない。それが出来ない農家は借金を申し込んだ。当時は、良い下肥を手にした農家が良質の生産物を作り、高く売ることができる。こうして農業社会にも貧富の格差が発生する。下田家のような資金を得た農家は、このような動きの中で、農家への金融、労働の動員力などで資本家的役割を果たしつつ富裕化したものと思われる。

さて、麹町中屋敷は、江戸時代、その空き地3000坪を、断続的に畑使用として、1745年に保谷村・徳右衛門に、1748年に伊賀町・政右衛門に貸与している。

中村家の甚右衛門は1750年以降、高田馬場の戸塚村（昭和50年まで新宿区戸塚町といった）の名主で、広範囲で物資や人足を調達した元締めである。中村家は、1808年尾張藩より下掃除をする権利を譲り受け、そして麹町中屋敷のうち2000坪を開墾して畑作をした。また飼葉、庭石、樹木、丸太等納入、厩や長屋の不浄掃除から始まり、ここから得た下肥を近郊農家に転売して利益を得た。この畑作の実績をみた藩士は1815年に自ら手作りの耕作をするようになったが、中村家はその代わり1865年、排泄物の汲み取り権を含む掃除一般の請負願いをしたのは賢明であった。この良質の汲み取り権の確保は必要とする農業社会に強い影響力をもち、更に市ヶ谷の上屋敷や川田久保屋敷（新宿区河田町）の権利も取得して事業を拡大した。尾張屋敷の管理者が土佐藩、兵部省、薩摩藩とめまぐるしく交代するなかでも、中村家は卒なく下肥権利を繋いできたのである。むろん、同業者との競争や、飼葉の価格変動のリスクもあったが、動員力は大で隆盛であった（村井文彦『尾張藩御用聞』、新宿歴史博物館『中村家文書』、安藤優一郎『大名屋敷の謎』集英社）。

下肥処理は江戸から大正まで、家主の自由であったが、武家にとってもその処理代金を得ること、農産物と交換することは主要な家計であったようだ。この権利は、このようにインプット（食べる）と、アウトプット（排泄する）との食生活の両輪の一翼として重要であり、それゆえに経済活動の不可避な事柄である。

下肥と農産物の循環が食生活のベースであった。気候や相場に左右される作物よりも、これは安定的な収入源を確保したことになり、明治期までこれによる富の蓄積をしたことは興味深い。このように士農工商という江戸の伝統的階級制度にもかかわらず、商人並びに大農家の商業システムが武士より実質的に優位に立つ、階級秩序の逆転はこのような事実からも推測できる。

福沢諭吉が『福翁自伝』において、江戸市中の下肥処理権を財源に困惑する明治政府が一括取得することも議論したという。下肥は重要で、少なくとも天候や景気に左右されない安定資源だった。

明治末期の交通手段は圧倒的に荷車であるが、この荷車に肥桶や野菜を満載し都心で売り、帰りは肥桶に下肥を入れて持ち帰る荷車が延々と続いた（きちんと蓋をするようにと指示あり）。人糞、とくに高級住宅地のそれは貴重であったようで、四谷見附交差点では混雑を極めたようだ。農家は下肥を取らせて貰ったお礼に味噌や野菜を家々に置いていったという。田無の岩本家は明治になって上智大学東門の入口で炭屋をしていたが、電力の普及で廃業したという。紀伊國屋書店の創業者・田辺鉄太郎も薪炭商であった。後述（第六章）の比留間家も武蔵村山の出身で絹織物販売により教会前の大通りに進出していた。

更に、時代が下って、大正～戦後1950年頃迄、鉄道事業が糞尿輸送を行っており、堤家が創業した西武鉄道は一時、西武農業鉄道といい、下肥を運ぶことで収益をあげようとした。次第に化学肥料に取って代わったため、電車はヒトを運ぶようになった。

今も下肥配分の駅跡は空地として残っており、また商業施設などにも転用されている所もある。地元の農家の古老でも、競ってこの良質の下肥を手に入れようと肥桶を担いで集まったと語っている。そういう都市と農村のつながりの構図なのである。

なお、上記のような生産物を介しての都市と農村の関係とは別に、鷹狩りを介しての支配者（大名）と農民との関係も無視できない。

西武新宿線小平市周辺は、江戸時代に尾張家の鷹狩りの場所であり、鷹狩りの行事は年間4度行われ、その目的は軍事訓練、情報収集、地域との連携強化である。従って御三家のみに認められた特権であった。尾張家の訓練区域として、荒川、多摩川、練馬、羽村に囲まれた多摩中心の地域であった。鷹狩りのお伴は361名、その陣頭は家老の成瀬隼人正で、多摩の93軒に分宿し、地元人足1166人を駆り出した記録がある。所要日数は平均12日であるから大変な負担であったに違いないが、反面、権力者との接点でもあった（蛭田廣一『多摩のあゆみ』51号）。農家にとりビジネスでもあった。この風習も幕末には大分薄らいでいたようである。

■江戸の土地制度

明治新政府における財政再建の主軸は、地租収入であった。これを説明する前に、江戸期以来の土地制度に触れてみよう。

江戸時代、土地は大名に分割され、その下で武家地は賜邸・受領地・拝領地・抱屋敷などの種類があった。農民は領主の保護下での単なる耕作者である。町人の居住地は町地《まちち》といい、一部の商業地で土地所有を認められており、これが「沽券地」といわれたものである。沽券地は間口に応じて税金が決められていた。万一、商売に失敗して既存特権である沽券地を手放すことになれば面目ないということで「こけんにかかわる」という言葉が生まれた。沽券は江戸時代末期に発展したもので、それでもこの所有権は様々な制約があり、近代法で言う完全な土地所有権ではなかった。とはいえ、現代の土地所有権に最も類似したものと言える。

ともあれ、この時代は土地使用への納税義務者は農民と商人であり、農民の納税は生産物による物納が原則であった。商人は町奉行支配地では地租はないが土地の間口に応じた町用の出費、公役（労働、のちに銀納）負担など町入用《ちょういりよう》が必要であった。

武家地はもともと所有権の対象ではなく、藩からの拝領であるから家賃もなく、非課税である。武士は基本的に武家地以外の土地を取得できず、町人への貸付も禁止されていた。

武家住宅は江戸中期には豪華なものになったが、格式にこだわり負担の多いものであった。町人も武家地を取得できず、他の領地の取得も認められなかった。

農家は集団的な囲いの中の生活であった。土地異動は生活の反映であり、様々な態様が時代ごとにみられる。農地については、鎌倉時代にはすでに質入れという形で土地移動が行われていた。

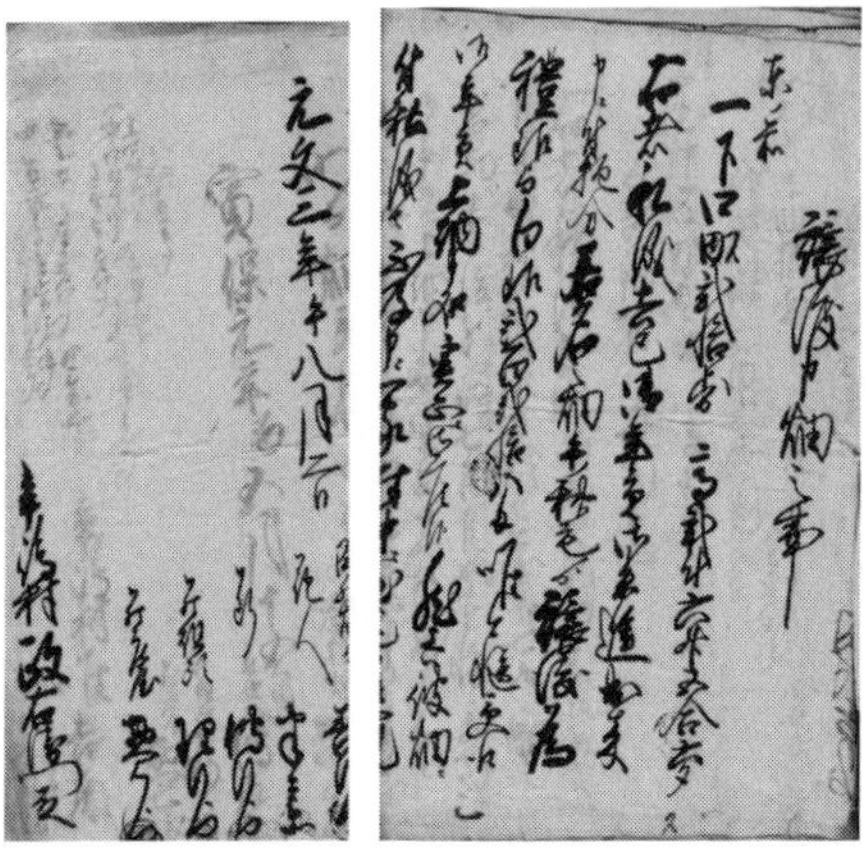

⑮農地の質入れ証文（筆者所蔵）

江戸時代も売買が行われたこともあるが、これを放任すると、田畑の放棄や領民の流出、年貢の把握が困難になるなど財政政策に齟齬を生じるようになるという懸念が幕府側にあった。そのため、寛永20年（1643）、幕府が全国の代官に田畑永代売買禁止の指示文書を出した。しかし、時代の進行とともに田畑の売買は質入れと買い戻しの形でも行われるようになる。筆者の家にも先祖から元禄時代以来の質入れ証文が数多く伝わる。幕府が田畑流質禁止令を出しているのは農民経済の疲弊を反映するものである（図版⑮）。

一方、町地については、沽券地のように町人どうしの売買は行われたので、地方豪商が江戸町家を買うことは盛んだったようである。商人は、武家の相対的地位の凋落、農民の困窮に比して、繁華を極めた様子は『世事見聞録』（武陽隠士）に残されている。

これによれば、銀座の町地の値段は１６５８年から１７０年で１００倍になったという。

商人地について土地・建物の権利割合をみよう。町家のなかでは地主は少数（全体の５％）で、それを借りて自分の家を建てた者（地借《じがり》、同10％）、建物を借りていた者（店借《たながり》、同74％）があり、店借が主であった。四谷側の旧麹町11～13丁目では地借りが22％、店借が54％であった。また維持管理や家賃取立てを行う不動産業のような者（地守《ちもり》・家守《やもり》、同９％）もいた。その敷地の合間に会所地という空き地が介在していた（文政10年、町方書上）が、これは後述の社会福祉に役立つ。江戸初期の１６５１年（家光没年）、店を借りるときは必ず請人を定め、逃亡したら請人の責任とするとの布告がある（「大成令」）。今日でいう不動産仲介業者のような地面売買口入れ世話人もおり、その者への礼金は売主より代金の３％（今日の仲介手数料と同じ）を払ったという。ただし、これとても制約された条件での所有権であった。江戸の土地制度は領主と封建的法制約の下での動きであり、自由なものではない。

近代法にいう土地所有権とは、不動産を自由に取得し、利用し、処分できるということであり、そのひとつが欠けても完全所有権とはいえない。この意味の法的裏付けのできた所有権が発生したのは明治の地租改正からである（第三章１）。

第二章　明治維新で起きたこと

日本近代化の基礎を築いた明治時代、それは45年間の長い、波乱に満ちた時代であった。後述の通り、最初の10年は特に重要であった。黒船来航など海外からの圧力が具体的になり、我国は挙国一致で対抗する必要が出てきた。そのためには全国の藩の力を中央に一本化すること、経済力を持つこと、軍事力を強めることに取り組まねばならなかった。

1　中央集権国家をつくること

新政府は富国強兵により中央集権による新体制を示す必要があった。そこで従来の領主に代わり、廃藩置県という県による統治上の組織替えを行い、また議会制による政府の意思決定、憲法‐民法等の法体系を構築した。さらに対外的に権力者の基盤を誇示するため華族制度を設け権力者への優遇を行った。しかし、それらの反動として農民一揆、自由民権運動が頻発し、また政府関係者による不正問題が多発した。

①立憲君主制の夜明け

大久保利通は「明治の最初の10年は変動期（兵多くして創業時間）、次の10年は調整期（内治を整え、民度を殖する）、その次の10年は発展期（後進賢者の継人修飾するを待つもの）」、と語った。

その最初の10年の翌年に暗殺された。彼の時代予測は慧眼であった。

新政府の立役者には、公家から岩倉具視、三条実美、薩摩からは西郷隆盛や大久保利通、長州藩からは木戸孝允（桂小五郎）、伊藤博文、土佐藩からは後藤象二郎、板垣退助、肥前（佐賀）藩からは江藤新平、大隈重信らがいた。行動力のある薩摩の存在は大であり、また長州は薩摩に比べ小藩ながら他藩士を受け入れるなど思考的に柔軟性があり、同時に農民らを含めた奇兵隊を中心とした武力倒幕を一貫して通したため両藩は明治政府でも主役となった。土佐、佐賀、広島などの他藩は公武合体から転じたものの藩主への気兼ねから対応に遅れた。

幕末から明治時代は、当時の流行語の4文字熟語で表現することが流行った。

大政奉還、富国強兵、殖産興業、憲法発布、等である。そして新政府は新国家建設のため、まず版籍奉還と廃藩置県を行った。版籍奉還（明治2年）とは、版（土地）と、籍（人民）を天皇に返すことである。廃藩置県（明治4年）とは、藩をなくして県を創設して中央の傘下にすることである。財政難の藩は躊躇なく応諾した。

明治4年6月、富士見町の山縣邸に奇兵隊の仲間である鳥尾小弥太らが訪問し廃藩置県の実行を迫った。そこで山縣は薩摩の西郷隆盛の了解を取りに出かけた。すると、すぐに出会い頭に近所（現、区立九段中等教育学校）に住む長州の木戸が乗る馬車と出くわした（徳富猪一郎『公爵山縣有朋伝』）。そこは近くの九段坂かそれと並行する中坂であろう。中央集権国家が具体的にスタートしたのはこの九段とも言えよう。

それから山縣は蛎殻町にある西郷邸に向かった。山縣の藩の廃止と県の設置の提案を聞いた西郷は、あっさりと承諾した。これで薩長一致した廃藩置県が決定されたのである。明治維新を実現したのは尊皇攘夷運動後の廃藩置県である。

それに先立ち、西郷は既に同3年末に深瀬仲磨の密使で中央集権国家の必要性を決意し、明治4年3月に入京し、参議となるやすぐに六番町にいた紀州藩士もと執政・津田出《いずる》を訪問していた。政権を取ったものの、どのような国家づくりをするかというヴィジョンを新政府は持たなかったため空白な時間が流れていた。（司馬遼太郎『明治という国家』日本放送出版協会）。

ヴィジョンなしで倒幕に向かったとすれば、幕府には勝つことだけが目的であったと言われても仕方ない。本当にそうであろうか。津田出（１８３２～１９０５）は紀州藩内では藩政改革の実績があった。彼は武士を廃止し、百姓にプロシャ式軍事訓練で徴兵させるという考えを持っていた。彼が総裁で配下の北畠道龍が指揮する農兵・法福寺隊というのがあり、あの天忠組と戦い、また第2次長州征討では長州の奇兵隊をもたじたじとさせた。道龍は豪傑の逸話があり、後に二番町の日本テレビの所にあった陸軍幼年学校の教官もしたが、麹町の津田出、野津鎮男、大隈重信ら多くの改革派と交流した経緯で大学設立構想を持ったが、会計係の不正で没落した（津本陽『幕末巨竜伝』ほか）。妻の西巻開耶《さくや》は明治14年に男女同権を演説した女性運動家のはしりであった。

津田は鳥羽伏見の戦後に和歌山に政治府を設け、郡県制度、徴兵制等のような明治政府を先取りした機構づくりをしており、陸奥宗光、鳥尾小弥太（妖怪といわれた）もその配下にいた（石塚裕道「明治初期における紀州藩改革の政治史的考察」『歴史的研究』第１８２号）。

廃藩置県の考えは幕府の小栗上野介も郡県制度の提案（１８６０）をしており、大隈重信は、「我々の行っている近代化というものは、小栗上野介の模倣に過ぎない」と述べている。廃藩置県の実施は、幕府によりパリ万博に参加した栗本鋤雲がナポレオン法典を持ち帰った時（１８６６）より5年後のことである。

戊辰戦争時に徳川御三家の紀州藩藩主は新政府に疑念をもたれ軟禁されていたが、それを救ったのが津田である。津田の新施策は国内外から有名になり、大久保、木戸、三条、岩倉も続々として教えを乞うた。西郷は彼を元勲らの上に置こうと考えていたほど評価したが、津田は賞典禄授与で不正ありとする長州藩の意見があり失脚した（岡本柳之助『風雲回顧録』）。不正の真実性にも疑問があるが、彼の基盤が紀州藩だったからであろう。いずれにせよ津田は政治の大舞台から消えた。消えたというより消されたと言う方が正しいかもしれない。幕末より各藩は藩政改革によって新時代での領主的土地保有の試みがなされ、津田出は紀伊藩では最も優れた改革をした。しかし、薩長ら勤王雄藩は既存の封建地代のまとまった部分（明治2年40％）を手中に入れようとしたのが「廃藩置県」である（前掲古島敏雄）である。津田は旧幕領・東北佐幕藩領からの地代を勤王諸藩にできるだけ分け補うこととした。新政府にとり津田出は貴重な実践者であるが、ノウハウを聴取すればどうでも良い存在なのである。新時代を自分達で主導したいのである。

ところが、津田が閉門処分となった時と、山縣が関与した山城屋事件（後記）が発覚した時期とが共に、明治5年11月である。津田の失脚原因は山縣や井上らの長州藩の大事件に比し極めて小さく、しかも山縣が短期に復職していることから、国として鼎の軽重が問われる事件である。

大久保は明治4年に大蔵卿に就任し、岩倉使節団の副使として欧米を訪問する。その留守の間に様々なことが生じた。廃藩置県後に行われた官制改革で総理大臣格の太政大臣に三条実美がなり、参議に西郷・大隈・板垣が就任し、中央集権体制を築いた。

同5年には土地永代売買の禁が解かれ、同6年にはキリスト教の公認、地租改正条例の公布、秩禄処分の実行、留守政府内の内紛などがあった。

そのいくつかを特筆すれば、人権問題になったのがマリア・ルス号事件であった。

同5年ペルー船が中国の苦力《クーリー》230人を乗せて横浜に寄港した際、日本側が裁判権を行使して不当な扱いを受けた苦力らを解放した。この時、ペルー側が弁明のために日本にも人身売買があると主張した。それは娼妓や年季奉公などの日本特有の人権問題を指摘したものである。この時の外務卿は副島種臣、裁判長が大江卓で（別記）、江藤は司法卿として人身売買の禁止を示達した。副島はこの処理で清国から信頼を得て対清外交にあたった。

財政にかかわる出来事は江藤が司法卿の時に起きた陸軍省御用商人による山城屋事件（同5年）と三谷三九朗の公金事件（同6年）である。いずれも陸軍省公金横領事件で山縣有朋が一時的に辞職した。

同4年には井上馨が秋田県の尾去沢《おさりざわ》銅山を強奪するため井上所有の立て札をしたとする事件があり、江藤はこれを追及したが、長州閥の抵抗で井上の大蔵大輔辞職のみに終わった。井上は藤田伝三郎との贋札発行事件など問題が多い。明治期には、このような政府官吏のカネにまつわる事件が横行した。

同6年、小野組転籍事件もあった。豪商小野組が東京府への移籍を申請したが京都府が財源喪失を恐れ拒否した事件である。江藤は北畠治房を裁判長として小野組の戸籍送付を命令したが、京都府は長州閥で牛耳られていたため行政訴訟となった。転籍は認められたが、江藤死後、京都府へは罰金刑のみで終わった。北畠はもと天忠組（天誅組）の生き残りであった。

同6年、プロシャなどの視察から帰国した大久保は留守中の政策を実施した西郷、板垣、三条に代わって内務省を設置し、自ら初代内務卿となった。内務卿とは内閣制度が明治18年にできるまでの実質的な総理大臣である。そして富国強兵や殖産興業政策などで我が国の近代化に尽力し積極的な政策運営を実施した。

しかし、彼の強権的行動力に対し、全国に各種の反乱や暴動が多発した。同7年の江藤新平の佐賀の乱、明治10年の西南の役で各地の反乱が終わることとなった。

大久保の暗殺は俗に「紀尾井坂の変」といわれるが、紀尾井坂（ホテルニューオータニと上智大学の間の急坂）ではない。現場は清水谷公園の横で、大きな哀悼碑がある（図版㊲）。

暗殺の動機は、西郷の復讐（高島談）、財政悪化とインフレ、廃藩置県の処理問題である。暗殺された時に、生前の西郷から送られた手紙を持っていたという（高島鞆之助談）。

江藤は、明治4～6年にかけて人権擁護の諸改革を推進した維新の貢献者である。文部省を創立し、司法卿となり、三権分立を唱え、また民法制定に貢献し、自由民権運動の嚆矢となった。在任中に、穢多非人の称廃止、職業選択の自由、仇討ちの禁止、人身売買の禁止、切支丹禁制の高札廃止、僧侶妻帯の許可などを推進した。司法卿としてマリア・ルス号事件で人身売買の禁止を示達した。山城屋事件、小野組転籍事件、井上馨の尾去沢銅山事件で長州派の不正を排斥した。

江藤は、大久保利通とことごとく対立し、明治6年朝鮮関係の方法においての意見相違で西郷・板垣らと共に辞職（明治6年政変）、明治7年に佐賀の乱を起こして敗走、斬首され晒し首になった。処刑の日の大久保日記に「今日は都合良く相すみ大安心」とあった。その処分には批判が残った。

江藤の死後、彼とそっくりだった弟がいちど大久保を見たいと思い、大久保の通常の出勤コースである赤坂仮御所に向かった。「狢」の舞台の紀ノ國坂で待っていたところ、やってきた大久保と偶々目が合った。それ以後、大久保は出勤ルートを人気の無い弁慶坂方向に変えた。そこには石川県士族の暗殺グループが待ち伏せていたのであった（江藤新平の孫・鈴木鶴子「江藤新平と明治維新」）。暗殺現場からわずか400m先には江藤新平所有地があったのは不思議である。

なお、明治7年、江戸三十六見附のひとつ「喰違見附門」で事件が起きている。そこはホテルニューオータニと紀尾井ホールの間から外濠通りを結ぶ所にあった。右大臣であった岩倉具視が征韓論の暴漢に襲われ、壕の陰に落ちて辛うじて助かった。奇しくも自分が支援した香川敬三の自宅（後出図版㊿）があり、女官養成所の奥に岩倉の所有の家もあったようである。江藤新平の土地や大久保利通遭難地が近いのも不思議な因縁である。

大久保利通は、西郷隆盛や木戸孝允とともに維新三傑といわれ、復古功臣として三条実美と岩倉具視に次いで賞典を得ている。西郷隆盛、高島鞆之助、宮井友美らと同じ薩摩高麗村の出身の薩摩藩士である。薩摩藩主島津久光により藩政に参画、慶応3年、武力による新政府樹立の中心にいた。この短期間で大久保が尽力した改革は世界でも高く評価されている。

大久保の有能さは誰しも認めるところで、同郷の西郷と不仲であったという人は少ない。だが、人情味に欠けるきらいがあり、また西南戦争による財政悪化とインフレは経済危機を招いていた。とはいえ他の権力者と異なり、金銭には潔白で公金で私腹を肥やすことをせず、公共事業には私財を投じたりしていた。そのため没後には多額の借金が残っていた。

但し、大久保・西郷両人と親しかった高島鞆之助によれば、「西郷と接すると心持がさっぱりとして胸が開け、何とも知れず愉快な心持になり、春のようになる。その後、大久保と話すとたちまち厳粛な冬の気分になる」（白柳秀湖「大久保利通」）。

赤坂御用地は、江戸時代、紀州徳川家の上屋敷であったが、明治維新後に皇室財産となり、戦後、国有財産として皇室の用に供せられている。明治6年皇居が焼失したあと、明治21年まで仮皇居としていた。赤坂御用地の北東に隣接して迎賓館（旧赤坂離宮、明治42年建築）がある。この辺りは昔から茜が咲く山であったことから茜山とか赤根山とかいわれ、赤根山に向かう坂の辺り口を赤坂といい（「江戸町方書上」）、これが今の紀伊国坂《きのくにざか》である。昔から寂しい坂であり、小泉八雲の「貉《むじな》」の舞台と言われる。

「京橋のある商人から聞いた話。彼が夜更けに紀伊国坂を歩いていると、道端でしゃがんで泣く娘を見つける。心配して何度も声をかけると娘はくるりと向き直った。その顔はつるりとして何もなかった。びっくり仰天して男は転がるように坂を駆け逃げると、幸いにもそこに夜泣きそばの屋台があった。男は化け物が出たことを息せき切って屋台の主人に告げると、主人は男に向かって「もしかしてその化け物は、こんな顔かえ」と自分の顔をつるりと撫でた。それは卵のようなつるりとした顔だった」。

三つのステップ

大久保が言うように明治期を三つの区分に分けた時、最初の10年間は新体制への軋轢から各地で一揆や反乱が生じた。それは横井小楠の暗殺（明治2年）、江藤新平の佐賀の乱（同7年）、各種不平士族の反乱、地租や徴兵などへの農民らの反対騒動などで多くの有能な人物が犠牲となった。内乱の終結は同10年の西南戦争であった。西郷は江藤同様に周囲に押されて反乱軍の頭となったが、天皇をはじめ彼の死を惜しむ声が多い。

この過渡期には中央や地方で権力を担った官僚が思うままに財と権力を蓄えた一方、変化に対応できず窮乏した人々も多かった。

西郷隆盛が岩倉具視に返信した書簡（明治3年12月）には、「家屋や衣服を飾り、美妾を抱え蓄財をすることでは維新の功業は遂げられない。維新の戦死者に面目ない」とも述べている（「西郷隆盛全集第三巻」）。島津家側近の森有礼の兄・横山正太郎は朝鮮派兵に反対し、新政府の腐敗に憤慨し、抗議書を残して太政官正院の前で切腹した。

次の明治10年代は調整期で、西郷、大久保、木戸、岩倉の亡き後、政治面では伊藤博文、大隈重信が、軍事面では山縣が中心となった。

大隈は、佐賀藩という後ろ盾が弱いものの、自宅（築地梁山泊といわれる）において、伊藤博文等のちの有力者のほか、全国から有志（深瀬仲磨も含め）を集めて自由な議論を重ねさせた。

維新の4年前、「天誅により殺害した」との立札が三番町にあった（「嘉永明治年間録」）。尊王攘夷の盛んな頃、麹町三番町で塙保己一の四男・塙忠宝《ただとみ》（国学者）を伊藤俊輔（博文）らが殺害した。塙忠宝が孝明天皇の廃位を計画していると伊藤が思い違いしたのである。塙保己一は盲目で、若い頃に九段坂・牛ヶ渕に投身するところを助けられ、後に聞取り調査で得た日本の国学・史学を「群書類従」で編纂し検校となった。文学史上きっての貢献者となり、この地に和学講談所を設立した。ヘレンケラーも尊敬した人物である。「番町で目明き盲に道を聞き」という川柳は、まさにこの時の伊藤博文に聞かせたい言葉である。

その翌年、伊藤は井上馨らとともに攘夷の研究のためイギリスに渡航し、逆に西欧の文化の高さに「目が明き」、攘夷派から開国派に転じた。そして薩英戦争の情報を聞き、急遽帰国した。その時得た経験が開国における交渉力と政治論の大きな力となった。そして伊藤は大久保亡き後の政治で中心的役割をなした。

この10年間に我が国の政治で大きな転換点が二つあった。

一つは明治12年の政変である。天皇親政を唱える宮中派（元田永孚・佐々木高行・田中光顕・香川敬三など）が天皇を支える侍補《じほ》制度を設け、侍補が天皇の代理として政治的関与をする主張を明治10～12年に行った。

これに対し立憲君主制を標榜する伊藤博文ら薩長藩閥らは天皇を説得し、総理大臣が閣議の主宰者であることを確認して宮中の介入を阻止した。

もう一つは、明治14年の政変であった。議会の在り方をめぐっての対立である。大隈重信、福澤諭吉らが主張する政党優位のイギリス議会制度がよいか、伊藤、山縣、井上馨らが学んだドイツのローレンツ・フォン・シュタイン教授推薦の君主型議会制度（国王の下に立法・行政府がある）がよいか、という対立となった。後者は山縣らが海外視察の際、抑えのきかない民衆による政治混乱を見聞したためである。薩長中心の政治に批判的だったのに対し、長州の伊藤は大隈の考えに同感したが、緩やかな実施を望んでいた。

議会制度については先駆者もいた。紀尾井町にもいた米沢藩の宮島誠一郎（別記）もそのひとりで、独自の立国憲義（同5年）を提案したが、時期尚早とされた。

ところが、このような時、官有物払下げ事件（明治14年）が暴露された。北海道開拓使長官・黒田清隆（薩摩出身、第2代総理大臣）が北海道でロシアへの軍事的対抗措置のため投下した開拓使官営事業が挫折したため、格安で五代友厚（薩摩出身、実業家）に官有物を払い下げようとしたと報道された。この払い下げは中止されたが、この不正を裏から公にしたのが大隈ではないかとの声が薩長勢力から出た。結局は梁山泊の盟友として伊藤が大隈を説得し、大隈を参議から退けさせた。伊藤の師の吉田松陰は彼の才能を「周旋屋」と表現している。

大隈は下野を余儀なくされたが、その代わり伊藤に国会開設を認めさせることとなった。

憲法制定にあたり、伊藤は「国家を存立させるのは、欧米のキリスト教のような軸となる宗教がなければならない。しかし我が国には神教も仏教も民衆の機軸とはなっていないので、天皇を機軸にするのが良い」と述べている。

このようにして天皇の権威のみを取り込み、天皇は国家の主権者だが、憲法の条規（帝國憲法第4条）により総攬する、とした明治憲法（帝國憲法）を明治22年公布、翌年に国会を開設した（笠原英彦「天皇親政」など）。

草案作成に三番町に住む民権派の金子堅太郎、一番町に住む長州出身の青木周蔵が係わった。

大隈は下野後、早稲田専門学校創設と共に、立憲改進党を結党した（同15年）。これに対して、山縣は自由民権運動とともに、大隈が主張するイギリス議会制についても批判した。

後述する高島鞆之助は薩摩出ながら山縣同様に陸軍々人である。紀尾井町の自宅に近くの中江兆民が訪問した折、「大隈はけしからん、屁理屈のみを並べ立てる、内閣から放逐されたのは当然だ」と大変な剣幕だったので中江は早々に退散したという。同29年、大隈は松方内閣入閣時に陸軍拡張削減を条件にしたことに高島が反対している。

西郷や大久保という薩摩の「核」が亡くなり、大隈が去り（同14年）、岩倉が亡くなり（同14年）、その結果、伊藤や山縣ら長州人が不戦勝のように勝ち残った。

同18年太政官制が廃止され内閣制が始まり、伊藤が初代総理大臣となった。閣僚は薩長中心であった。陸軍は普仏戦争に敗けたフランスに代り、ドイツ軍人メッケルを指導者に迎え、訓練を強化した。最後の明治20年代以降では、憲法、民法、商法、刑法など法整備が進み、板垣や大隈をも取り込んだ法治国家としての体制ができた。

伊藤は明治18、25、31、33年と4度の総理大臣を経験し政府与党の立場にあった。総理大臣は伊藤、黒田、三条、山縣と短期に変転し、明治24年松方正義が総理大臣となるが、再び伊藤（同25年、第二次伊藤内閣）に戻った。

ただし、伊藤は論理の相違はあっても大隈が必要であり、大隈は再び政界の表舞台に立ち明治31年、大正3年～5年に総理大臣になっている。

同29年の松方との提携による松隈内閣では、高野事件（別記）をきっかけに樺山資紀・高島らの排除を試みたが不成功であった。同31年でも板垣との提携による第一次大隈内閣（隈板《わいはん》内閣）が誕生したが、薩長の攻撃で内部崩壊し、伊藤は韓国や中国との摩擦に伴い明治42年ハルピン駅で暗殺された。

このような政権変動の過程において絶えず軍事の影がつきまとい、天皇の権威と軍部のあり方が大きな転換点とあった。

平民宰相で有名な原敬（1856～1921）は、奥羽越列藩同盟として官軍に敗れた南部藩の出身である。彼は明治5年岩手から上京し、苦学して16歳で麹町の堀端一番丁（今の三番町）にあったパリ外国宣教会の神学校に入学した。そこは現在、千鳥ヶ淵にあるイギリス大使館の北側、皇居を見下ろす超高級マンションが建並ぶ地域にある。

その学校は宣教師養成学校（のちにパリ外国宣教会のラテン学校）であったが、授業料もとらず食事・衣服も支給されたので、若くて金がない原敬には幸いであった。この時に洗礼を受けた。寮の生徒同士で薩長打倒論を大声で議論した。伝道の手伝いが必要なフランス人エブラール神父に伝道の手伝いとして新潟までついて回りながら17～20才までフランス語を習得した。彼の出世のもとはフランス語と国際感覚である。とくに神父から得た自由民権や殉教者論は原の思想の根底を醸成した。エブラール神父の先輩のヴィリオン神父は原敬のほか渋沢栄一、鮎川義介、西園寺公望らを教え、気軽に交流し助け合う関係となった（狩谷平司『ヴィリオン神父の生涯』大空社）。

興味深いことにこのラテン学校の土地建物は亀井勇之助という旗本から借りていた。勇之助は本家の津和野藩主亀井茲監の分家であるが、本家から戊辰戦争で官軍への協力を指示されたにもかかわらず、徳川への忠義から拒否し、断絶していた。本家の亀井茲監は福羽美静（別記）とともに津和野藩の国学者で、配流とされたキリシタンに弾圧を行った人物である。その分家の勇之助がラテン学校に土地を提供したのは皮肉である。ここは間もなく手狭となり、神田に移転した。それが水道橋駅近くのカトリック神田教会で、国の登録有形文化財に指定されている。

ところで原の伝道生活は、岩手の兄から国事にかかわる道を勧められたことから方向転換する。上京後、司法省法学校に一時在籍、一番町にあった中江兆民の仏学塾で翻訳などによりフランス語に磨きをかけ、報知新聞に3年ほど在籍し、翻訳、論文執筆等を行ったが、同社は大隈重信派が買収することになり執筆陣から外されたため退社した。これ以後、原は大隈嫌いといわれるほど相性が悪い。

原は取材の途上で井上馨に認められ外務省御用掛に採用された（同15年）。薩長子弟が幅をきかす他省と異なり、当時の外務省には語学ができれば入れたので不遇の東北人が多かった。入省の翌年に天津領事となり、伊藤博文に認められて彼の秘書官となった。同18年パリ公使館の駐在代理公使としてフランスに滞在し、帰国後は同23年農商務大臣陸奥宗光の影響を強く受け、千鳥ヶ淵の山縣邸に隣り合った農商務省官舎に住んだ。その後は伊藤の意向で国会議員の道を辿り、立憲政友会創設の際に入党し、逓信大臣となる。東北人として初の大臣であった。彼は大学教育の推進、地方発展のための交通手段の充実、選挙権の拡大などで貢献し、大正7年に総理大臣になった。初の政党内閣であった。外交では中国、英米との協調路線を歩んだ。

山縣は、総理大臣となり引退後も元老として政界を左右した。当初ロシアとの提携を選択したが、ロシア帝国の崩壊により原に従った。原は維新後、政友会に属し議会政治を主張した。ロシアでなくアメリカを選択する一方、軍備の近代化、産業、交通、教育の充実により国力増強を唱えた。中国とは外交を改善するなど国際協調路線を選んだ。

原は大正10年皇太子の外遊を企画したとして、国粋主義の鉄道員に東京駅で暗殺された。

興味深いことは、この原と鮎川義介（第六章）が若い頃に、同じカトリックのヴィリオン神父（1843～1932）の指導によって国際的な教育を受けたことである。鮎川義介は満州開発を米国資本導入によって行い、日米開戦回避のために努力した。しかし、原が暗殺されたことでこの遠大な計画は挫折し、鮎川は日本に戻り、満州は陸軍のために戦場と化したのである（井口治夫『鮎川義介と経済的国際主義』参考）。

原と山縣は生い立ちから対照的であるが、思想面でも反対の立場である。そして原が亡くなり、その翌年に山縣が亡くなり、その前に中間的思想の大隈が亡くなったのは印象的である。

原も大隈も明治大正の近代化を担った貴重な政治家である。いわゆる元勲達は1830年生まれ前後が多く、そして明治10年、大正10年をピークとして次々に亡くなった。

「ご維新から今日まで、いろいろなシーンが目の前にちらつく。維新の功臣もまだ若く箱馬車を駆らせて通って行くのを見送った。その功臣も老い且つ凋落した。功業が成った暁にさびしく死んでゆかねばならない人間の悲痛な事実がひしと私の胸を塞いだ」（田山花袋『東京の三十年』）。

② 自由民権運動

自由民権運動は明治7～23年を中心とした全国を巻き込んだ政治思想運動である。それは今日の人権問題でなく、政治参加を広く求める運動である。その原点は明治元年の五箇條の御誓文にある「万機公論ニ決スベシ」の文言である。しかし、そもそも明治政府は民衆革命でなくクーデターより起きたもので、中心勢力は薩長藩へ偏在し、それに対する「はじかれた」他藩や不正士族からの不満が生じた。万機公論ではないのである。

⑯ビゴー作「中江兆民仏学塾」明治18年
（高知市立自由民権記念館蔵）

民間での理論的先駆者は中江兆民である。兆民は高知県士族の出で、フランス語を学び、大久保利通に直訴し、明治4年より岩倉使節団としてフランスに留学した。同7年帰国後一時司法省に勤務し、麹町に住み、仏学塾などで、留学により得た政治・経済・法律など広範囲な知識と人脈により自由民権思想を広めた。彼は仏和辞書も出版し、またルソーの「社会契約論」を翻訳した。それは、人は本来平等であり、国家の根拠を人民との契約に求めるものであった。明治7年より六番町から隼町まで転々と住み、仏学塾を開き、教師に風刺画家・ジョルジュ・ビゴーもおり、高島鞆之助とも交流があった（図版⑯）。

弟子は2000人を超え、板垣退助、原敬なども学んだ。同7年、土佐の板垣退助・後藤象二郎・江藤新平らによる民選議院建白書が政府に提出され、「税を納める義務ある者は政治に参加できる権利がある」と主張し、専制政治批判や納税者の国政参加を求めた。

同8年に大久保、木戸、板垣の三者会談（大阪会議）が行われ、国体の方向づけが論議されたが、板垣は国会開設の主張が認められないため、民間からの民権運動に転向した。これに対する政府の弾圧は激しいものであった。兆民も一時追放されたが、衆議院議員にもなった時がある。晩年は様々な事業を試みたが挫折した。

後藤象二郎はフランス流の革命的な自由民権と国際平和を唱える自由党を結党し（同14年）、また中江兆民を含めた自由民権運動は多くの共鳴者を伴った。しかし自由党は内部分裂や不法的活動（別記の静岡事件等）があり、立憲改進党は三菱の岩崎弥太郎との資金関係を自由党から指摘され、同17年頃両党とも解党した。

自由民権運動は、言論の自由、不平等条約の撤廃、地租増税への反対で高まり、それが先鋭化した暴動が明治17年をピークに日本各地で激化した。同19年に民権派が大同団結したが、政府は保安条例を発布し弾圧を強化した。この弾圧の激しさに続いて、板垣退助が爵位授与に同意し、政府費用による海外留学を受諾したこと、閣僚参入に組込まれたこと、急進派の暴発が危険視されたこと、中江が議会を去ったこと、また議会制度が推進されたこともあり、同33年実現した隈板内閣（大隈と板垣）の解消とともに自由民権運動は完全に衰退した。奇しくも中江はその翌年に没した。

ジョルジュ・ビゴーはこのような明治15年に来日した。大隈が追放された翌年である。彼は同18年中江兆民の仏学塾の仏語教師となり、近くの上二番町に居住する。同32年帰国するまで日本政治を批判的に風刺画で描き、多くの業績を残した（第四章）。この時、大隈が追放され、板垣が政府指示の外遊をして挫折し、反対に伊藤が政府を君主制へと舵取りし、華族令の施行、参謀本部の設立、保安条例の施行を経由して、同

22年の帝国憲法発布、山縣内閣の誕生に至っている。後記するが、同18年奇しくも警視総監樺山資紀が表紙絵の右奥にある警察署横の土地を低価で払受けしている（第七章）。

ビゴーは、このような軍事強化への転換期を体験し、多くの風刺画をもって「これでいいのか」と我々に問うたと思える。ビゴーに対し、当時の山縣の大隈宛書簡には「当面治安を乱すものではないが、警戒を要する」ものとしている。

表紙にみるビゴーの絵の明治18年頃、政治の世界では内閣制ができ、立憲君主制の体制ができあがり、陸軍が強化された。同時に、欧米にならい鹿鳴館が誕生したが、デフレの影響で農村不況が深刻化し自由民権運動は行き詰まる。そういう時代の作品である（図版⑰）。

同38年、民権派の河野広中（大正4年大隈内閣で農商務大臣）が四谷で声高に演説する様子が残されている（富田均『聞書き・寄席末広亭一代』）。

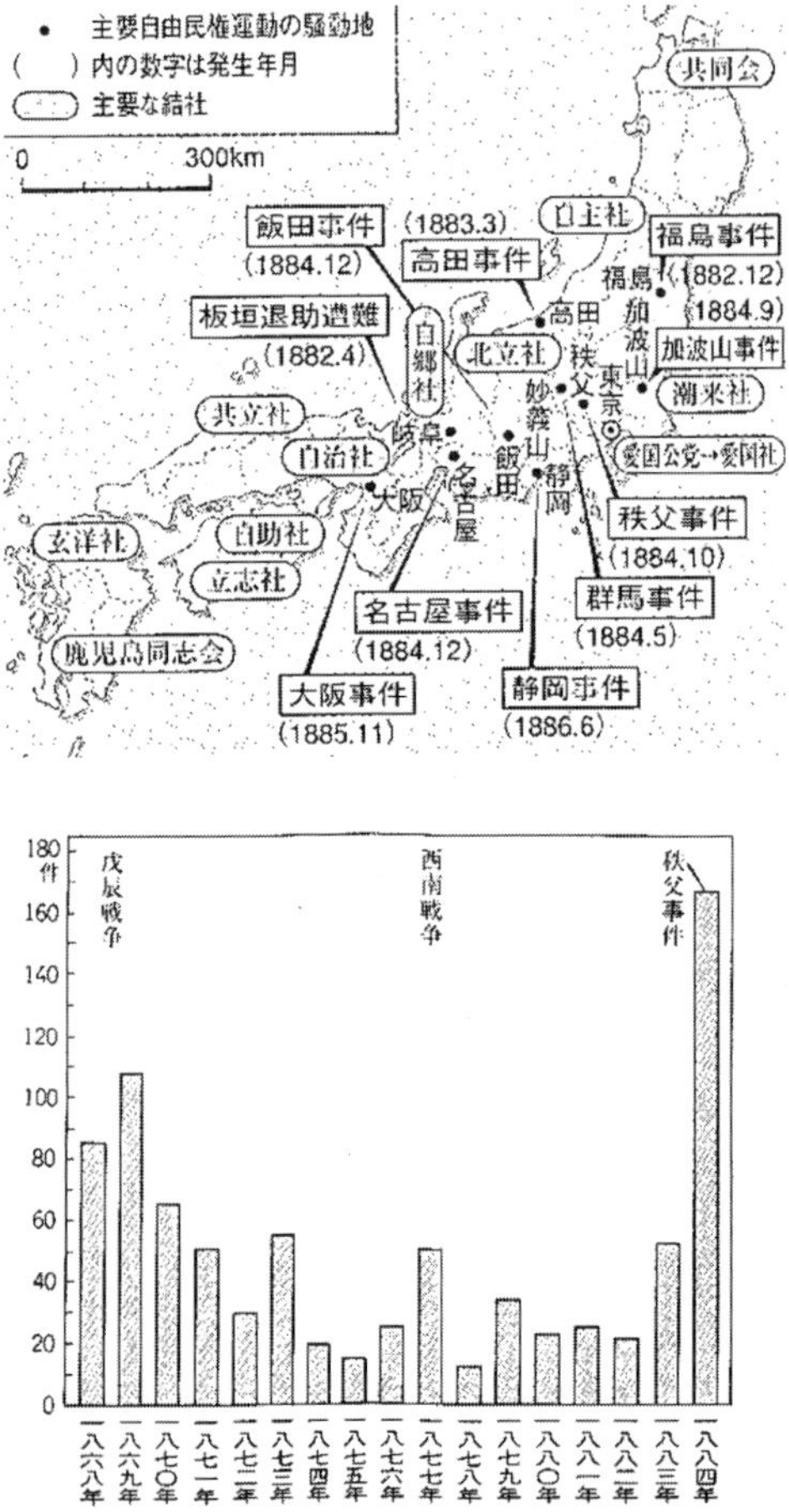

⑰明治17年までの農民一揆、自由民権運動
（「日本史研究」山川出版社）

明治30年代はロシアの進出に対し多くの社会主義者と内村鑑三らキリスト教徒は非戦を唱えた。中江兆民に学んだ幸徳秋水らは自由民権運動を社会主義に発展させたが、山縣有朋らは対ロ強硬姿勢の見地から、共産主義に

連なる集団として一斉に消滅しようとした。明治42年、社会主義弾圧の有名な大逆事件が発生した。これは冤罪事件であったが幸徳秋水、大石誠之助ら12人が絞首刑となった。

　後の第二次世界大戦後になってからの民主主義の国内的基盤はここにあると言ってよい。普通選挙、戦争反対、平等と差別廃止、教育の自由などが叫ばれ、多くの人が麹町に住んだ中江兆民の影響を受けた。日本社会党を結党した堺敏彦も新宮に来て大石と交流した。堺の自宅は上智大学の東門向いにあった。

　大正時代は、表面的には比較的安定した時代であったが、山縣や上原勇作陸軍大臣ら軍人が治安維持法等で力を蓄えてきた時代でもある。

③ 大国らしくする

維新政府は大国らしく権威を持つためには、欧米のように権力者が豊かであることを示したいと考えた。それには先進諸国並みに、我が国にも歴史的に反映された確固たる貴族制度に政治的・経済的基盤があることを示さねばならない、とした。そのために宮内省（昭和24年より宮内庁）関連の土地を増やし、貴族社会の編制と彼らへの土地保有、財産の保護、法体系の確立を計ろうとした。

　後述する鮎川義介は商談のためにヒトラーと会談した時、ヒトラーが「自分にないものが一つだけある、それは日本の天皇制のような伝統がないことだ」と述べている。

　華族制度は、明治17年と明治40年の華族令による。公爵・侯爵・伯爵・子爵・男爵に区分、家格や石高により爵位を与え、新政府に功績あるものを華族に加えた。これにより公債利子賦与や華族財産への差し押さえ禁止による財産保護（明治19年世襲財産法、但し昭和22年廃止）を行った。地租改正の発案者である神田孝平（後記）らは一般商業を害するとして反対したが、結局、華族の土地保有が加速化した。

　皇室は岩倉具視らの進言により、皇室財産確立のために御料地拡大を積極的に行った。皇室の御料地が、官有山林原野で占める割合は明治20年の0.2％から明治23年の17％に増えた（古島敏雄『日本地主制史研究』）。

華族の土地保有は活発化したが、地代をとる小作制へと移行した。また明治10年の華族銀行設立、鉄道建設の計画などがあったが、これは昭和2年の恐慌で消滅した。

幕府体制下の旧領主は新華族となった。廃藩置県や地租改正により従来のような土地保有の道を閉ざされたものの、政府殖産事業として銀行・鉄道などの基幹産業への投資や北海道その他地域への開墾事業に、10分の1に減じられた家録を投じ、利子補給等の援助を受け、経済的基盤を再構築した。

旧公家に対しては京都を退去し東京に移住させ、皇居に近い麹町などの武家地跡に邸宅を与えるようにした。明治10年東京府統計書によれば、皇宮地41万2０００坪、皇族地2万1０００坪、宮内省1万坪となっている。

地租改正以降、旧領主の土地所有は否定されたが、旧領主の北海道開墾は保護され、尾張藩徳川慶勝の５００町歩開墾、屯田兵制度、福島県安積疎水、千葉県小金原・佐倉の国営開墾などが続いた。また下級士族出身の新官僚らへの那須貸下げも行われた。しかし、旧領主の経済的基盤は秩禄処分で低下したとはいえ、明治2年の財政改革では、総石高の1割は知事（もと藩主）のものとされた。それらの所得は、殖産政策の誘導に沿った鉄道、銀行、工業への投資家利益を享受させるように誘導、保護されたが、これも景気変動の影響では損害も大きかった。

法体系の整備は、不平等条約破棄の前提として緊急の課題で、近代国家を世界に誇示するため急務とされた。とくに開国により外国人は次第に居留地の外に溢れるようになり、日本人との間にトラブルが発生したので国際的にも通用する法律が必要となった。そこで政府は司法卿江藤新平の意向を継いだ箕作麟祥《みつくりりんしょう》に命じて、ナポレオン法典の翻訳を「誤訳でもいいから」とせかせ、ドイツ民法と合体して民法草案を明治11年に作らせた。そして改良を重ね、明治23年にできた旧民法はフランス法の丸写しの翻訳であったので施行されず、修正のうえ明治29年になって民法第一編・第二編・第三編（総則、物権、債権）が、明治31年に民法第四編・第五編（親族、相続）が、同年7月から施行された。

箕作麟祥は神田孝平に学んだ。「不動産」と言う言葉はこの師弟の間で考案した。

さて日本では「不動産」という時、不動産の所有者は別々で、複数の権利に分かれているのが特徴である。ところが、日本で参考とされたフランス民法典では、土地も建物も一体として同時に所有権が移転される。

このような日本特有の権利分離はどうして生じたのか、それは当時の民法学者による法典調査会の決議（明治27年）による。日本の慣習のなかに少数ながら家券という建物のみの権利もあり、土地と建物の利用が異なる性格であったことなどがあり、決議した結果、賛否同数となり、議長の箕作麟祥に最終判断を委された。意外にもフランス通の彼は、別々の権利と決定した（稲本洋之助東大教授）。以後、人口の都市集中で借地需要が膨大となったが、地主の権利が強く、借地人の権利が弱かった。そこで戦後、借地法や建物保護法で借りる側の権利を擁護し、その結果、現在では銀座の借地権価格が土地価格の99％となるような特異性が発生し、これが土地供給を抑え地価高騰の要因となった。そこで近年、定期借地権制度などにより借地権に期限を付けて貸し易くした。

2 軍事力を強化すること

安政年間で不平等条約を押し付けられたため、富国強兵策は幕末期の開国派・攘夷派を問わず共通の認識だった。とくに、アヘン戦争の悲劇を中国から学び、外国勢力に蹂躙されないための軍事力の強化が必要とされた。こうして明治2年に市ヶ谷の尾張藩上屋敷跡に兵部省を設置し、大阪・十津川に出張所を置いた。同5年廃止。海軍省及び陸軍省に分離した、同4年薩長土の兵を中心に御親兵を編成（翌年近衛兵となる）した。そして徴兵令（明治6年）を公布、皇居周辺に装備と軍事用地の確保を行った結果、陸軍用地の占める割合が全官庁用地の3分の1となった（東京都公文書館「明治初年の武家地処理問題」東京都）。徴兵制は、当初の薩長依存の軍事力から脱却し、「全国民による」兵力づくりをしたことに意義があった。

国軍として一本化したのは、宮中入りした深瀬仲磨（後記）に与えられた密使の成果と思われる。

■国際緊張と山縣有朋

その前の明治4年、琉球人69名が台湾に漂着し現地人に虐殺された事件が起きた（後記）。そこで台湾を事実上放棄した清に代わって、明治7年、日本は薩摩兵主体で台湾に出兵した。そして同年、台湾蕃地事務局を設置、大隈重信を長官、西郷従道を都督（司令官）とした。後記の中屋敷跡の所有者・三原經是も陸軍大尉で事務局入りし、大島久直（別記）も後に台湾総督府の参謀長となった。この時、台湾征討には賛否両論があった。しかし薩摩や不平士族の不満の捌け口を朝鮮から台湾に振り替えようとした。その時、大久保利通は全権大使として清に出向き、日本人である琉球人を台湾に居住する現地人が殺害した責任を追及した。そして日本への賠償金を取得し、副次的効果として琉球の日本帰属を認めさせた。これは日本による海外への軍事進出の始まりで、次いで朝鮮に武力攻撃をする（明治8年江華島事件）。

同19年（1886）、突如、清の北洋艦隊が長崎に寄港した。その50年前にアヘン戦争を経験した清はその反省から海外資本導入により軍事力を高め、世界一の艦隊をつくり、日本の戦艦の戦闘能力を遥かに凌ぐものになっていた。その清の水兵が長崎に上陸し警察官に乱暴狼藉を行い、見かねた市民が警察官に加勢し大乱闘で多くの死傷者を招いた（長崎事件）。幸いに清からの砲撃がなかったから長崎は存続した。福沢諭吉は「もしこれが東京で行われていたら日本の歴史は変わっただろう」と述べた。

この教訓から日本も軍備増強をし、日清戦争（明治27〜28）において清の戦艦を破った。この日清戦争は朝鮮半島をめぐる日清の競い合いでもあった。清は敗戦に伴い、日本に巨額の賠償金を支払い弱体化し、その弱みを突いて欧米が中国に進出した。

日本は自身が受けた欧米の開国要求や植民政策と同じ道を辿り、それをアジアに向けた。そこには太平洋に面したアジアをしつこく狙い南下するロシアの存在があり、アジア共通の脅威となっていたのである。同時に朝鮮自体は、日清露の争いのなかで被害者としての「通過国」となるために自立性が損なわれ荒廃した。明治期におけるアジアの争いは、日朝中ロに欧米を加えた、朝鮮という統一性の弱い国を犠牲にした利権戦争である。

軍事的独立の点で、国内、国外を通して、山縣有朋の存在は大きいものである。

長州における倒幕の出発点は貧農や被差別者らを取り込んだ平等な民間武装の奇兵隊である。それは高杉晋作により創設され（初代総督、文久3年）、総督2代目は生野の変に加担して死んだ河上弥一で、3代目が赤根武人（後記）である。足軽の子・山縣有朋は赤根を粛清し、維新後には奇兵隊反乱をも鎮圧して奇兵隊の中心になった。赤根は梅田雲浜の門下（後述の深瀬と同じ）で、中岡慎太郎らの公武合体派と強調したとされ殺された。維新後、山縣は同2年大村益次郎が暗殺された後、戊辰戦争で北陸道鎮撫隊参謀として木戸孝允の知遇を得て、明治期の陸軍閥を形成し国軍の中心となった。

彼は同3年に欧州視察から帰朝後、兵部少輔となり、陸海軍の設置、兵部省の廃止など軍制の近代化を行って陸軍卿となった。また薩摩のみでなく全国民による「徴兵制」を制定し（同6年）、軍人による天皇批判を封じる「軍人訓戒」（同11年）を行った。

ところが同5年山城屋事件が暴露された。長州奇兵隊出身で陸軍御用商人の山城屋和助が山縣から預った陸軍の公金を私的に流用（国家予算の約1.5％強）したことが発覚し、和助は陸軍省玄関で割腹自殺した。資金運用を委任した陸軍大臣の山縣は辞任した。しかし、明治6年政変で西郷・江藤が参議を辞め、反山縣派が薩摩に戻ったため、山縣は陸軍に必要とされ、数か月後には初代陸軍卿として復帰した。後押ししたのは奇兵隊である。この時、入牢したのは陸軍省会計責任者であった船越衛である。船越は大村の膝下にあり、山縣と姻戚関係にあり（後記参照）、山縣の身代わりになった。

同様の事件が豪商・三谷三九郎事件である。陸軍資金の不正支出で三谷家が破産し、山縣、船越らへの疑惑があった。

薩摩の陸軍少将桐野利秋は近衛兵とともにこの事件を追及したが、山縣に敵視され、不遇のまま西南戦争で西郷隆盛とともに死亡した。その翌年に西南戦争の戦後処理の不満から起きた竹橋事件があり、近衛兵らは山縣に厳しく処断された。山縣を復活させた奇兵隊の団結は山縣を経て軍事国日本につながるのである。

西南戦争では山縣は実質的指揮官となり、高島鞆之助の奇襲作戦が成功し政府軍に勝利をもたらし、参謀本部を設立した（同11年）。同14年政変後、彼は伊藤の欧州視察旅行の際に創設された参事院議長代行を務め、軍事を超えて政界に進出した。のちに軍事では元帥（同31年）、政治では総理大臣（同22、31年）となった。また、自由民権派を弾圧する一方で、地方自治制度の体制づくりを行った。これは地方有力者による地方議会と藩閥政治とのつながりを構築し、中央集権を確固とするためであった。

さて、天皇の権威と軍部のあり方は重要であった。彼は大山巌とともに大陸侵攻派で、明治15年に「軍人勅諭」を出し参謀総長となった。勅諭は天皇の統帥権を明記し、陸軍に配布されて軍国主義の原点となった。

山縣は明治33年現役武官制を定めた。それは陸海軍大臣を現役武官のみに限定し、これにより軍務に政府の関与を認めないこととした。帝国憲法第11条は天皇が統帥権を持つことを明記し、軍事の命令には首相の副署が必要であったのを、同40年には陸軍大臣の副署だけでよいこととした。こうして統帥権の議会への優位を認め、主要ポストを陸軍関係者で占め、政府を超える組織づくりを行った（伊藤之雄「山縣有朋」）。政治が軍隊に波及しないようにした、狭義の統帥権独立である。

そして同年の「国防方針」で、専守防衛ではなく、攻勢をもって本領とし、ロシアを第一仮想敵国とした。内閣や議会が軍に関与するのを拒絶する攻撃的なものに転換したのが昭和前期の統帥権独立である（加藤陽子「天皇と軍隊の近代史」）。これにより軍が国策の決定権を掌握し、以後の戦争につながる土台となった。

海外動向のめまぐるしい変化により、富国と強兵が喫緊の課題となっていた。この点から軍事を「必要悪」とする考えもある。山縣が軍事を優先したのは、国が成り立つ根拠は富国よりまず軍事にあるという点である。誰かが担うべきことであるが、その運用には何のためにするかという国民的な合意が大切である。

海外に目を向けると、軍を掌握する山縣は「自国領域である主導線の前に、自国に利する利益線として中立的に朝鮮を考える、その先には清国がある」と根拠づけている（坂井一登「伊藤博文と明治国家形成」、岩井忠熊「大陸侵略は避け難い道だったのか」）。これはドイツのシュタイン教授の教示によるものである（同22年）。

この利益線論は、突き詰めてゆけば利益線は外に向かって際限なく拡大する危惧があると当時でも認識された。相手の清国からみても同様な考えとなり衝突は避けられない。

当時、軍事の強化は国家独立性の必須の要件であるものの、彼の軍事偏重と庭園趣味は国民感情に相容れないものであった。

大正11年、山縣死去の葬儀は見送りが文武高官千人ほどの寂しい国葬であった。山縣の「政府の施政には一点の私心なし、民心の離反は猜疑よりくる」という言葉は空しい。

参列者が並んだ距離は、大隈の場合、大学から神田橋（約5㎞）まで続いたというが、２０２２年の英国エリザベス女王の８㎞には及ばない。これに対し、山縣よりひと月前の大隈の葬儀は国民葬で、告別者数30万人は東京府人口３６０万人の１割にも達する。英女王の場合もロンドン市の１割であった。

■陸軍施設

軍備増強のため陸軍施設の確保が必要とされた。武家地は「打出の小槌」のように新たな権力者となった政府、陸軍関係者の邸宅に振舞われた。軍用地が官庁用地の三分の一を容易に占めることができた。三宅坂～九段の一帯は陸軍関係地が多く、隼町の殆どは陸軍省関連地で、東京衛戍《えいじゅ》病院は同3年創立の陸軍管轄病院である。今は国立劇場、最高裁判所となっている（図版㊱）。

江戸時代の中心軸が半蔵門から東西に、つまり甲府に向けてあったのに対し、明治維新後の中心軸は、半蔵門の南北に、つまり九段下から隼町をへて三宅坂、霞が関に向けてできたのである。個人的にも山縣有朋をはじめ陸軍関係者が靖国神社周辺の土地保有に執心したのは陸軍施設に近いからだ（図版⑱）。

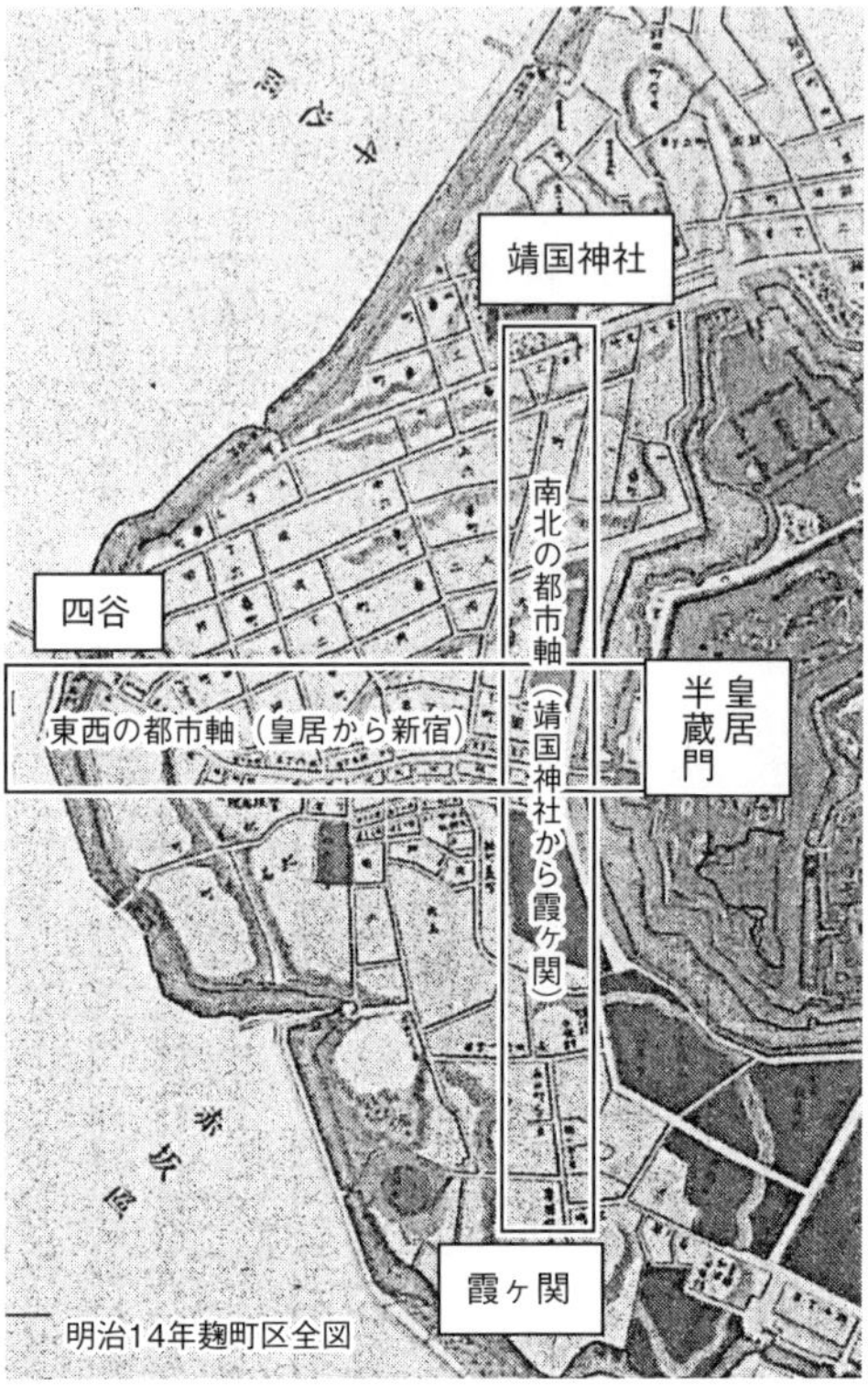

⑱麹町の都市軸（筆者作）

九段坂上の靖国神社は、もとは招魂社に由来する。文久2年福羽美静（別記）らが、官軍の戦没者慰霊のために建立した京都の小祠が次第に招魂社として各藩に建立されていた。それを尾張藩主徳川慶勝らの意向でひとつにまとめた東京招魂社を、大村益次郎の意見により九段上に創立した（明治2年）。この地はもと旧幕府歩兵屯所であったが、のちに陸軍用地となり、同3～31年まで陸軍主催の競馬場が開催されていた。同12年に東京招魂社に神官をおいて格式をあげた靖国神社に改称した。しかし、官軍に抵抗した西南戦争の西郷隆盛ら反乱兵、長州藩内で山縣に敗れた奇兵隊士、彰義隊兵、戊辰戦争の東北諸藩兵らは除外されている。

周辺の国をみると、清は儒教誕生以来、「華夷秩序」により中国を文明の中心とし、他国を野蛮の夷とし、日本や朝鮮を東夷とした。これに対し、日本は朱子学と鎖国による閉鎖性のために、天皇＝日本とし、天皇を国内のみならず世界の中心とする思想があり、各国の国家論と対立が生じた。親に従うという道徳が、国家にも従うことも道徳となったのだから、国家が行う戦争が正義となった。

対外思想として、吉田松陰、佐田白茅、森山茂、外務省顧問リゼンドルなどの対外進出論、坂本龍馬、横井小楠、勝海舟のようにアジアとの協調論もあった。

一番町の新椿山荘

山縣には庭園趣味があった。山縣は明治3年上京し、仮住まいした後、富士見町に住み、その後、千鳥ヶ淵（明治7年）、椿山荘（同10年）、五番町の新椿山荘（同20年）の邸宅用地買収、その間に小田原・京都などに計9つの大きな庭園つき別荘を取得している（図版⑲）。

靖国神社の前身・東京招魂社創設の4年後の明治6年、山縣は景勝の千鳥ヶ淵の土地（今の農林省共用会議所一帯）を借地し、翌年土地払下げを受けた（5607坪）。それを同13年に品川弥二郎（一時、嘉納治五郎の道場）、渋野清彦（現インド大使館）、藤井一虎（現高級マンション）、同16年に鳥尾小弥太に売却している。

彼らはすべて奇兵隊の仲間であり、残りの3599坪が山縣の所有となった。低価払下げ価格より16倍の利益を得た。同14年の政変後、農商務省が設立され、山縣は同19年農商務大臣に就任した（～20年）。就任の前年同18年に山縣自身の邸宅を建築し、土地とともに同20年に農商務省に売却し大臣官邸とさせた。建築を設計したのは片山東熊で、彼もまた奇兵隊に属し、山縣がからんだ山城屋事件関係者の弟といわれる。建築費は山縣の支払いではなく、農商務省が出したと推測する。山縣が折角造ったものをすぐに売却するのは不自然である。建築即官庁売却は、官有物払下げ事件（明治14年）と同様で、後記の高島鞆之助の先例である。山縣が農商務大臣になり反対派軍人を更迭した絶頂期にあり、また農商務省は官邸が必要で、山縣を迎えるために建築したのであろう。こうして九段一帯は奇兵隊と因縁が深い。

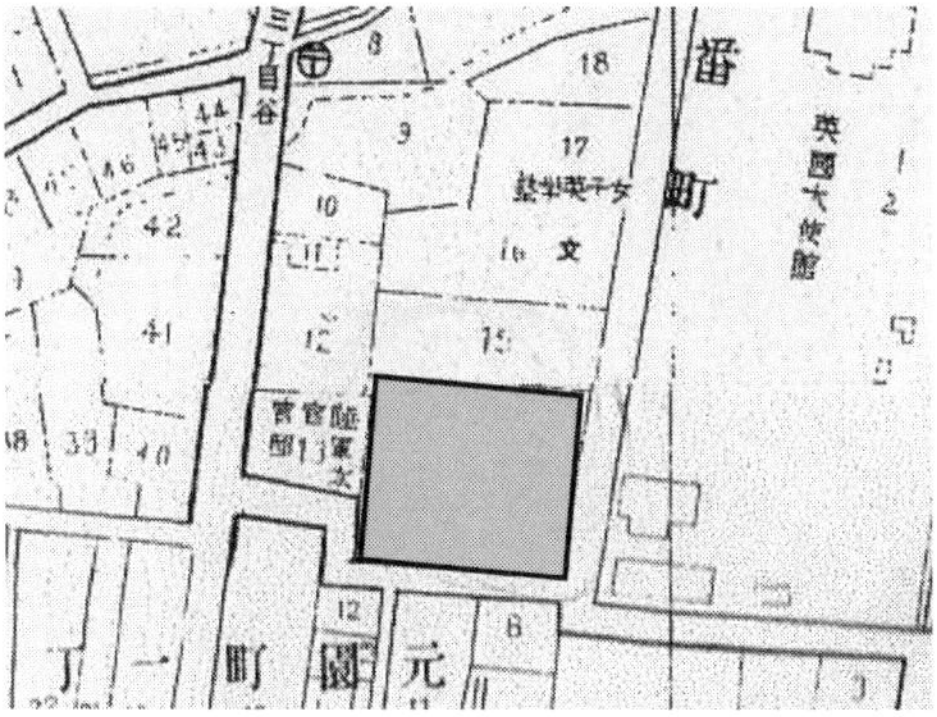

⑲山縣有朋新椿山荘の位置
（番地界入東京市拾五区区分図）

同10年、西南戦争での恩賜公債により目白椿山荘となる武家屋敷

（1万8000坪）の土地を購入していたが、同20年になって千鳥ヶ淵の不動産売却資金をもとに、今の早稲田大学を見下ろす名勝の高台に現椿山荘となる邸宅を建築、30年ほど所有したが、晩年になり管理費用がかかるため盟友の井上馨の仲介で大正6年に藤田平太郎（後記の久原房之介及び鮎川義介と縁戚関係、陸軍の製靴で発展）に売却した。藤田組を創設した藤田伝三郎（奇兵隊出身、後記）の長男である。椿山荘には能舞台もあった。

椿山荘の隣地6千坪には山縣に従った田中光顕（別記）が同30年蕉雨園という邸宅を構え、松尾芭蕉が一時住んだ芭蕉庵を含め、山縣邸の管理もあわせて行った。田中は中岡慎太郎の陸援隊にも加わり、幕府に追われた時、深瀬仲磨の手助けで十津川郷に隠れた時期もある。維新後、深瀬が大隈に近い存在になったのに対し、田中は長州藩の縁で山縣の手足となり出世した。

椿山荘を売却した時期、農商務省官邸近くの五番町（現一番町イギリス大使館の横）に、自らの思いによる庭園住宅「新椿山荘」を建築した。ここは中央官庁やイギリス大使館との情報交換に便利であったことがあげられる。敷地は当初は400坪を所有し、その後取り広げて西隣に200坪、北隣に100坪、計700坪となった。土地を取得したのは明治20年頃、建築されたのは大正6年とある。土地は山縣有朋唯一の実子・船越松子（別記船越衛の長男・光之丞に嫁す）に417坪を分割（十四番）している。西側に隣接して陸軍用地と材料置き場があり、これらを陸軍省から借地し、併せて700坪である。陸軍用地は必要とあれば融通する旨の文書（同5年）あり、陸軍から借地又は無償取得したとも思える（佐藤信「山縣有朋とその館」）。この西側隣地（十三番）はもともと北陸道征討軍総督寺西繁人（山縣とともに米沢藩を降伏させた）の所有から陸軍に渡ったものである。又、その北隣は陸軍大臣・田中義一（昭和2年総理大臣）の妾宅であった。田中の「随感雑録」（明治29年）は対露を含めた国防方針が示され、山縣や陸軍に大きな指針となったが、政策上の失敗で昭和天皇に叱責され、この家で急死した。最後の長州閥内閣であった。

大正12年の関東大震災で、この新椿山荘も津田英学塾も含め、靖国通りから平河町まで、イギリス大使館を除いて全て焼失した。震災後は、近所の野田医院野田眞男氏の話では松屋創業者の古谷家があり行き来していたが、戦時中（昭和20年5月）Ｂ29が近くに墜落し炎上した。そばで理容店を営む故・根岸幸三郎さんも「警防団員だったので現場に駆けつけた」。搭乗兵は全員亡くなったが、戦後、アメリカの遺族が来日し追悼した。

山縣は幼くして母親を亡くし、祖母に育てられたが、その祖母は出世してゆく彼の足手まといになるからと、山縣から贈られた衣装を身にまとい入水自殺をした。祖母はこの庭をどのように思ったであろうか。

新椿山荘の場所は今のイギリス大使館の西向い、半蔵門病院の北向いにあった。その北側一帯に陸軍出入り業者であった阪川當晴（別記）の牧場があった。それは牧場の草分けのひとつである。

牧場跡地に同36年、津田梅子が創立した女子英学塾ができた。津田は明治4年最初の女子留学生として渡米、帰国後に伊藤博文の知遇を得、下田歌子が設立した一番町の桃夭《とうよう》女塾（のちの実践女子学園）、四谷仲町の華族学校（のちの学習院）、下六番町の明治女学校で教え、明治33年女子英学塾を開いた。そして一番町をへて、同36年この五番町に移転してきた（昭和5年小平市に移転）。

そこは津田の友人渡辺（石井）筆子が校長の女史教育の静修女学校があったが、その廃校後の土地建物であった。筆子はこの後、夫の石井亮一が我が国初に設立した知的障害児者施設・滝乃川学園（同24年創立）を引き継ぎ、身体不自由児のために貢献した人物である。同園所蔵のピアノは同18年製造された輸入ピアノ（国立市文化財）で、あの渡辺昇（別記）が斡旋したものという。

筆子・梅子の学校前路上（英国大使館裏）では、昭和51年田中角栄側によるピーナッツ（賄賂計3億円）交換が行われた（ロッキード事件判決文より）、対照的な出来事である。

周囲には奥羽鎮撫副総督であった醍醐家（後記）など戊辰戦争関係者の家が多い。公家の醍醐忠順の長男・醍醐忠敬は奥州鎮部隊副総督として進軍中、仙台藩に九條総督と共に軟禁されたが、謀略により開放された。維新後、半蔵門駅横の大邸宅に住んだが内輪の不幸な出来事で亡くなった。没後、荒廃した建物は化け物屋敷といわれ、津田梅子が女学校として一時使用したことがある（山崎孝子『津田梅子』）。

3 経済力を高めること

江戸幕府が倒れ、政権を担った新政権は、近代国家の確立のため、安定した経済基盤をつくり富国強兵策を推進することが急務であった。しかし、その前に立ちはだかったのは、幕府が残した財政破綻であった。財政収支を見ると、明治元年の租税収入が少なく、歳出はその8倍にも上るという赤字財政であった。そこで、まず、財政再建が焦眉の課題となった。その柱は、①収入を増やす、②支出を減らす、の2点であった。

① 収入を増やす

幕府の主な収入は米納年貢であり、それは米の収穫量と、その売却時の米相場によって決められる。しかし、その米価は長期低落傾向にあり、幕府財政は慢性的赤字であった。

新政府となりこの収入体系をどのようにするかが課題であった。そこで前記した桑茶栽培による輸出も企画したが失敗であった。財政収入を増やす方法はいくつか考えられたが、当時は多様な貨幣や藩札が勝手に流通した問題を抱えていた。

幕末の各藩は藩財政の赤字を補填するため勝手に大量の藩札を乱発していたが、維新後、海外から新政府に兌換を追求されたため明治4年になって旧藩札を新貨に一定比率で換金整理した。新貨条令で両を円に1：1で換金整理を始めた。旧藩札が消滅したのは同7年からであった。この交換比率の情報を事前に得た岩崎弥太郎や安田善次郎が藩札を安価で大量に買い集め新紙幣に換え、巨大な利益を得た。情報管理が杜撰だった時代のため、こうして巨富を得た商人がいた。制度転換、災害、復興、戦争、イベント、このような時には被害者と反対に巨富を得る人がいる。

政府はまた太政官紙幣の発行を行ったが豪商からの借入金に頼り、その発行額は明治2年までは歳入全体の70％（当初は93％）も占めた。

新政府では、財政改革として年貢による税収入をどのように安定的に合理的に得るか、市街地で非課税とされてきた武家地からどのように収入を得るかが焦点となった。幕府下では、武家の土地は、江戸の面積の60％を占めるものの無税であり、年貢や商人からの沽券税に依存していたからである。

この両方の課題を解決したものが地租改正である。地券（後記）を交付し、国民全てに所有権を付与することにより地租収入を取る新制度である。それは土地所有者が直接、国に支払う租税である。このようにして得た地租は明治7～8年には政府租税収入の90％にも達し、新政府はその租税収入により財政再建を果すことができたのである。その後は資本主義的経済活動の近代化により、他の諸税の割合が増えた（図版⑳）。ちなみに令和4年度計画額では、国及び地方税に占める固定資産税と都市計画税の割合は15％で、所得税29％、法人税19％、消費税31％の割合となっている。

こうして明治6年になり歳入が歳出を上回り、財政基盤が立ち直った。同時に、国民の負担増と不平等、土地資本主義によるバブルと崩壊、大地主制などの近代的課題をもたらした。この点については後述する。

②支出を減らす。

新政府にとり、江戸時代からの各藩の累積債務や武士への秩禄支出は過大な負担であった。江戸時代の武士は各藩からの世襲の家禄（秩禄）を支給されていたが、明治時代に入って政府から支給され、それは新政府予算の歳出のうち、明治1～8年で26％もあり、年々負担が増加していた（図版㉑）。

しかし、明治6年の徴兵制の施行により家禄支給の根拠がなくなり、それは明治9年で最後となった（秩禄処分）。その代り、秩禄奉還者に対して現金と期限つき公債を付与することにした。その公債の償還は明治9～18年まで続いた。ただし、この公債は5～8％の高利子であったため、多くを与えられた旧領主らは

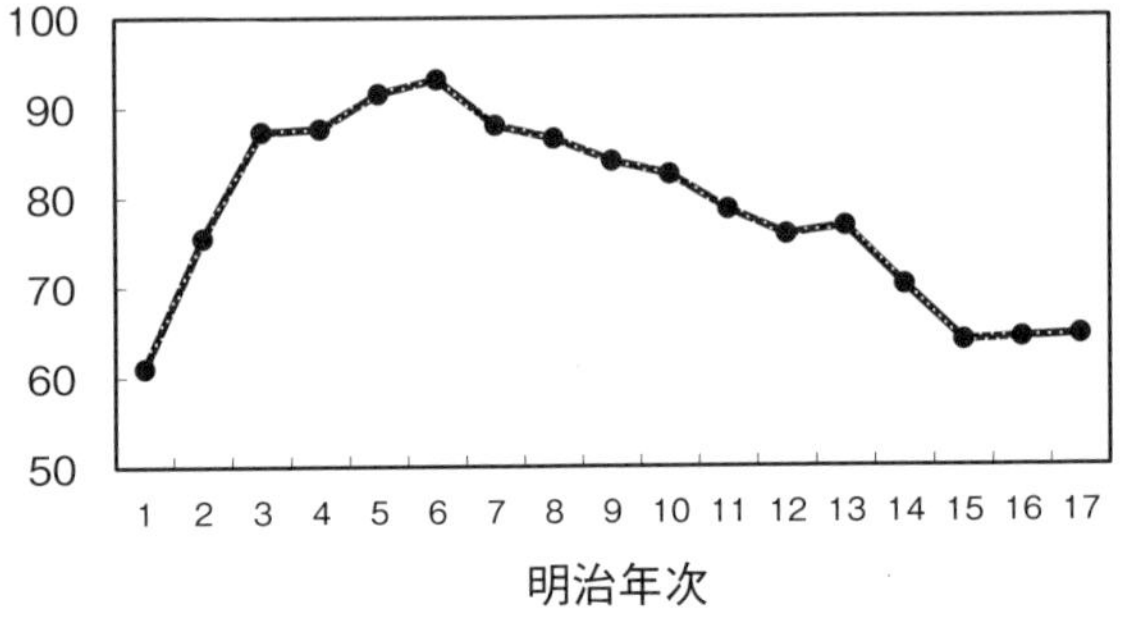

⑳租税収入に占める地租の割合（筆者作成）

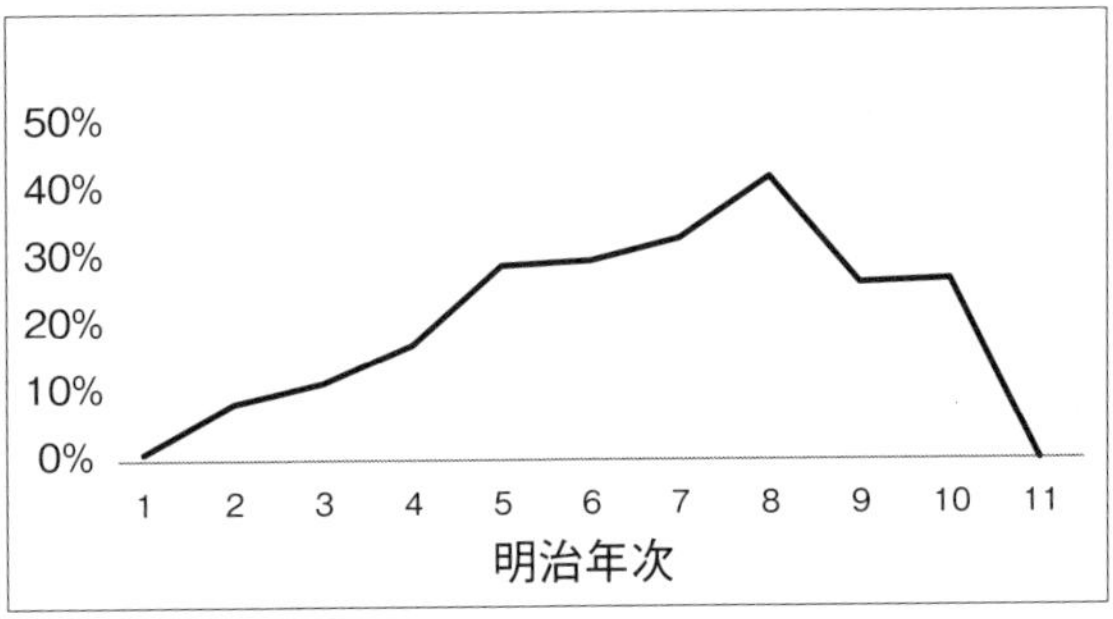

㉑経常支出に占める秩禄負担割合（筆者作成）

ますます豊かになり、少数所有の下級武士は苦しい生活となった。

このような過程で、秩禄支出が維新より10年で60％削減したため財政の黒字化を達成した。

4 東京の行政と治安

次に明治維新後、今日の東京がどのようにしてつくられたかをまとめてみた。まず、首都を何処に定めるかは大事な事柄であった。

京都の公家からは、天皇が東京に行くのではとの不安が大で、クーデター計画もあったほどである。また大阪遷都説もあったが大阪は既に商業の盛んな過密都市であり、江戸への遷都が妥当とされた。江戸は武家が立ち退いた空白地帯で、新政府機関の受け入れ地が充分であった。白紙からのスタートは自由な発想と経済発展を導く基であった。

「江戸の人口は150万人もいる。この地で幕府から扶持を貰っていた武士や武家屋敷に出入りする町人などの生活根拠がなくなった。その上、江戸は商売が盛んでなく、物産もない。新たな職業を与えねばならない。ただ政治の中心だから人が集まっていただけである」（勝海舟『氷川清話』）。

そこで西の京と東の京の併存ということにして、次第に東の京に重点を移して明治元年7月に江戸を東京とする布告を出し、明治4年に天皇を東京に定住とした。

行政区分

東京の行政区分は次の通り変遷した。大総督府は江戸に鎮台府を設置し、幕府体制下の三奉行（町奉行・寺社奉行・勘定奉行）を廃して、それぞれ市政裁判所、社寺裁判所、民政裁判所に改編した（慶応4年4月）。また東京府は、市政局と郡政局の両局に分担し（明治元年）、郡政局が最も重要な租税・庶務・営繕・駅逓など府市事務を管掌し、その役所を麹町の尾張藩邸に設けた。「麹町ニ出役所を設、市中郡村之庶務ヲ判断ス」。郡政局は同2年に東京府に吸収されたが、当初の錯綜した行政組織（東京府以外に、明治2年に旧幕府領管轄のために三つの県と各武蔵知県事がおり、品川県、小菅県、大宮県となっていた）を整理し、品川と小菅の両県市町村141を東京府に編入し、市域を拡大する役割をした（注、品川県は、山手線西南部［練馬から東・南多摩までの広大な地域］を管轄。小菅県は、足立区など東京北東部の地域を管轄）。

同4年、廃藩置県後の東京府に「大区小区制」が敷かれ、6大区に分け明治11年まで続いた。同年、麹町区・四谷区などの15区が制定された。麹町辺りは第三大区で（図版㉒）、そのなかの第1小区は平河町・隼町、第2小区は麹町・紀尾井町、第3小区は番町、第4小区は飯田橋とした。大区には区長、小区には戸長を置き、これには江戸時代からの庄屋・名主・年寄・大庄屋などを採用した。

㉒第三大区の表示
（平河天満宮）

麹町区では明治11年発足して三代まで麹町区長を務めた矢部家が自発的に区長を辞任している。長州戦争で江戸に残る長州藩士の残党狩りに協力したせいか、薩長中心の関与に嫌気がさしたのか、これも時代の流れであろう。

そして明治22年、東京府内15区を東京市とし、東京市麹町区となった。市と府が併存したが、市長と府知事は兼務であった。

東京市の面積は、現、山手線の内側エリア（四谷区・牛込区など）から江東区の西側半分（深川区・本所区など）までの範囲で、現在の8分の1であった。昭和7年に周辺を吸収し35区となったが、昭和18年東京府・東京市が廃止されて「東京都」が設置され、昭和22年に23区が特別区とされ、千代田区が誕生した。

■空洞の東京

幕末における江戸の治安状態は第一章で述べた。明治元年、大政奉還や江戸城明け渡しをへて幕府体制下の土地利用は否定され、上地命令により、大名や武家の土地は新政府のものとなり、大名は藩士とともにそれぞれの国元に帰ってしまい、武家は屋敷を明け渡した。

上地命令で、朝臣にならなかった幕臣は土地を取り上げられ、彰義隊で有名な上野戦争で新政府側についた武士には屋敷居住を認められた。

人口は江戸時代の150万人から（推定最大値）50万人に減少した。麹町の旧旗本等は各地に脱出した者、とりわけ静岡に移住する者も多く、戦争で戦死する者もあり、屋敷は荒れ放題になった。塀は破れ、番町でも自宅を壊して土地を売り払う者が多かった。実に当時の東京の土地の60％は武家地であったので、東京はもぬけの殻の空き家だらけになったのである。

旧幕府体制で生活を支えていた人々には過酷な試練であり、路頭に迷う人々は主のいない広大な大名屋敷跡に身を寄せ雨露をしのぶ有様であった。旗本の土地は上地されたが、建物は自分の物として処分可能であったとはいえ、買い手はなく、解体し湯屋の焚き物として二束三文で売られた。

「江戸の警備は戊辰戦争以来、手薄となり、ならず者が横行し物騒でしょうがなく、火災の危険性もあった。旧屋敷は官軍諸藩の兵どもが勝手に入り乱れて使ったが、出入り不便なため、近傍の屋敷や寺院に移った。そのうち、盗人が横行し、空き屋敷の門・柱とも金具を剥ぎ取り、軒先の樋を外して掠め取りなどした。武家のほうでも長屋住まいしたり、秘蔵の物を売る道具屋になったり、自分の知行所に出かけて体のよい無心をしたり、明治半ばまで昔の縁故に厄介をかけたりした者もいた。四谷御門など三十六の見付門は、弓・鉄砲・長柄の槍を並べ、番士数十人、足軽で守ったが、今は鎖すら無く開け放たれ、出入りを咎むることもない」（前掲「武家地処理問題」、「徳川制度下」岩波書店）。

しかし江戸に残った町奉行の旧与力・同心はわずかで、江戸市中取締には無力に等しかった。慶応2年では押込み強盗が多く、町奉行所は歩兵千人を雇い入れたが歩兵の乱暴が多かった。

大木喬任の回想によれば、知事就任（明治元年12月）前に、人手不足のため東京の警察業務に常備兵を使ったが、それは地方の博徒、浪人、ゴロツキを集めたもので、強盗、食い逃げをする、他人の土地に勝手に上地という看板を立てて、苦情を言う地主から金をせびる、という無政府状態だった。そこで、直ちに常備兵を穏便に解散することにした。その解散の調停を与力であり剣客でもある下村彌助という侠気のある者にやらせた。しかし解散の翌月深夜、八丁堀組屋敷の自宅に入り込んだ常備兵に殺され、大騒ぎした。その時の妻の態度が美談になったというが、その後、遺族の生活が窮していると聞き、大木が探し出し支援したという（大木喬任『奠都三十年』、子母沢寛『游侠奇談』、原胤昭『旧蔵資料報告書』）。その後、警察は広島、山口、高知の三藩にやらせた。

大木の追想にある「弥助」というのは、幕府の北町奉行所の五番組与力・下村弥助のことであり、維新後は東京府の断獄方調役（明治元年6月）、庶務方調役（9月）という行政の重職を担ったが、幕府崩壊後も常備兵制圧に尽力し、治安維持に大変な意欲があったのである。

ところが明治2年1月「行政官御用留」に「下村弥助宅に盗賊忍び入り、同人に疵付け衣類等を奪取逃亡」とある。弥助宅は広い屋敷で、身分の高い家並にあり八丁堀の河川と橋に近い角地で見通しが良い位置にあった。殺害した盗賊は夜中の4、5人である（『斉藤月岑日記』）。常備兵で怨恨とはいえ世相を反映し金品まで略奪している。下村は桃井春蔵（別記深瀬磨仲の項参照）門下で師範役の剣客であったが、就寝中で、しかも相手が多ければ剣客でも負けるのが常である。

一方、政府は都市の空洞化の実情を鑑み、管理するのも大変であった。無償でもいいから家屋敷を使って欲しい、当初の地代は無償でもいい、ということで住まい手を探したほどである。民間でもただで譲渡され、「江戸の地は宛然望み無き哀れの街《ちまた》となり果てつ」（前掲「徳川制度下」）。

幕府から取得した土地には明治元年の1年間のみ地代を無料として貸していたが、同2年になると役所に土地拝借願を出した者には地代をとって貸し与えた。地域ごとに相当の地代が定められ、麹町は百坪につき金三分二朱とされ東京では2番目に高いものであった。

大臣へは邸宅が貸し与えられ、武家地をとり放題という状況であった。旗本屋敷には上地命令が出される一方、江戸に残り朝臣を願った者、お貸人で百坪未満の家では、千坪・二千坪の大きな屋敷への屋敷替えを願うことが流行り、物件探しをするほどであった。

旗本八万騎といわれた武士のなかには幸いな者もいた。それは代官、勘定方、作事方、屋敷改、宝蔵番、外国奉行付属、蔵方などの仕事をしていた者で、役所の仕事を続けるうち朝廷へお貸人《かしびと》と称し、勤続の身となり、「朝臣を願ったのでなく、当分、お貸人である」と言って、上地の札を掲げず、従前の拝領地にて、家族に商法を授け、食住の二つに事欠かぬ心強さであったが、人々の羨（ママ）みとなった。

徳川家に忠誠な武士は奥州に走り、会津では7分方死んだ。反対に新政府の朝臣を願った者は人非人、不甲斐ない侍と言われた。知行取りや百俵以上の武士3万人ほどは全て駿河の徳川家の随行を願い脱走し、人々はその意気を尊敬した。駿河随行者や脱走者は自分の屋敷を返し、門の扉に「上地　何の誰」と筆太に記した木札を掲げた。上地の札を掲げず安住する家があると、道行く人がこの屋敷は朝臣を願ったな、腰抜け侍だと、嘲笑った。番町・駿河台などの旗本屋敷の6割に相当する徳川に従って駿河に行った者には代地が支給されなかった。これらの人々は馴れない仕事と狭い土地で苦労し、うち3割は脱走、1割は帰農者となった（前掲「徳川制度下」）。

そして体制の変化に加え、明治元年から2年にかけて大飢饉が発生し、路頭にさ迷う人が増えた。そこで明治2年5月には郡政局（本件調査地にあり、のち物産局として移転）が開墾事業として桑茶栽培政策（明治2～4年）を行い、その資金で救育所（別記）を設置する事態が生じた。

徳川のため脱走した者の遺族は、相当代価の半額で払い渡すと言われ、借金をして、上地された屋敷跡を購入して開墾し、桑茶を植え自活の道を歩んだ。小川町・九段下・番町などの過半は桑茶畑となり哀れだったという。桑茶植付け所と記された棒杭が立った。商いした者は、紅梅焼き、団子店、古道具売りなどしたが、明治2年には跡形もなく消滅した。博物館にあった鯱鉾の鱗が三枚紛失し、捜査したところ、四谷伝馬町の古道具屋に売りに来た者がおり、捕えたところ、立派な士族様だった（『史話明治百年』）。

こうして武家屋敷は一時空き家となったが、「その後諸国より新たに追々人が入り新たに家作をなし町家となり、屋敷町は無しが如し。大名は一時領地へ行きたれど再び華族となりて僅かの家来を遣い、従来の10分の1にも足らぬ屋敷に住めり。旗本・御家人もまた借家して住する者多し（幕府の御徒組の幕臣の「山本正恒日記」）。

札差など武家への貸金で豪華な暮らしをした者は、回収ができなくなり凋落した。辻番の老人や屋敷の中《ちゅう》間《げん》は餓死した者もいる。四谷の杉大門にあった尾張屋の子孫の話では、「尾張藩士を顧客にして大小を取って質屋にしていたが、維新後、廃刀となったため倒産した」という（山中共古）。

同2年には武家地の土地管理は東京府が行うようになった。明治3年、藩邸は1ヶ所、旧大名私邸は1ヶ所だけとし、あとは政府が買い上げた。明治4年、建物を許可なく取り壊すことを禁止し、その有効利用を図った。大名を華族として、東京居住を義務とする布告を出した。公家達は東京への移住を強制されたが、京都と同じ面積が与えられた。皇族地や皇宮地付属地（上智内にもあった）へは3000坪を限度として入札払いが行われた外、官庁や軍用地にも大きな武家屋敷跡が充当され非課税地とされた。

これにより旧大名や華族の大土地所有が可能となった。

同3年頃になると、上地命令には抵抗が出始め、旧大名から代価を要求されるようになった。明治4年6

月以降は、建物は買い取ってくれとか引っ越し移転料を要求した。そのうえで代替地を貰うように変化した（前掲の「武家地処理問題」）。明治4年8月には上地命令は廃止された。

そのうち、東京の人口も増え、行政機関の整備に伴い新政府の官員らが増加の一途のため住宅難になったほど借り手も増えた。一方、貸地管理の手間費用が嵩み財政負担が増大したため、貸すより払下げした方が良いということになり、明治5年には官員ら土地を借りていた人に低価格で払下げするようになった。そして新政府に仕えた官僚の大土地保有が始まったが、東京府の役人には一坪なりとも買ってはならないとされた。

こうして取り上げた武家地を活用し、空白の土地を官庁や軍用地にして、新たな時代の行政基盤が出来たことは幸いであり、京都や大阪のような既存都市においてはできないことであった。今日の麹町が整然とした町並みを形成しているのは、このような大画地を購入・保存する資力のある新勢力が土地取得をした背景があったからである。

また、幕府下の土地を維持してきた武家地の間接的効果であったともいえよう。同時に武家の残存資金が銀行や産業に集中し、その労力が開墾事業で成果をあげ、近代産業の育成に貢献したという皮肉な面もある。

土地払下げの事情につき、福沢諭吉が『福翁自伝』で次のように述べている。「今まで住んでいた湿気の多い新銭座（浜松町駅北側）を引き払い、適地探しをしていたら、芝三田の島原藩中屋敷跡が高燥で眺望もよい。そこで東京府に拝借申し入れ、混乱していた警察法の翻訳と引き換えに島原藩を上地させ、その後で自分に1万数千坪（1万2000坪）を貸し渡すようにした（明治4年）。価格は五百何十円という無代価に近い値であった」。新政府も治安対策に困惑していたのでフランス警察法の翻訳は貴重だったという背景がある。ただし、前年に既に幕府の栗本鋤雲がパリ見聞記で紹介している。

仮に550円とすれば坪0.05円となる。当時、明治8年飯田町一丁目公定地価の坪平均0.36円や、明治6年6月紀尾井町の尾張徳川家麹町屋敷の土地の法定価格1万4741坪（深瀬仲磨所有地）4135

円（坪0・28円）に比べ、買った価格がいかに格安であったかがわかる。但し、不当に安いといわれた「借地していた官員への明治5年払下げ価格基準」0・025円（麹町）に近い（東京都公文書館所蔵資料：地券御下渡願その他参考）。

福沢は「そのうち、屋敷地払下げの情報が知れ渡るようになり、島原藩がやってきて、もともとこの土地は自藩のものだから払下げ願いたいと再三言ってきた。それで自分は政府から払下げを受けたのだから、直談判することではない、と突っぱねているうちに来なくなった」と言う。

大隈重信は明治2年から12年にかけて財政責任者であったが、同年5月築地の旗本屋敷5000坪（後記の梁山泊）を政府から無償で払い下げを受けた。修繕は営繕司が行い自己負担なしであった。名目上は東京府所有で借家であった。そして参議になったが、海軍省用地に指定され、日比谷に移転した。岩倉使節が出発後の新体制構築の頃である。さらに同7年神田錦町、同8年に雉子橋へ移転し、さらに同17年に今の早稲田に移った。

同14年政変で経済的に困った時、渋沢栄一が仲に入りフランス大使館に売った（同好史談会「実話明治百年」）。同15年、もと井伊直弼下屋敷跡を購入し早稲田大学の用地とした。周辺の鶴巻町一帯の沼地を茶畑山からの土で整地し、坪8厘で貸し出して下町からの入居を促進し、早稲田のまちをつくった（伊藤之雄「大隈重信」、早稲田大学資料センターほか）。

警察制度

高島鞆之助邸の東側道路向いには、明治初期、麹町警察署があった。東京の警備は、維新後の藩兵、府兵の変遷を経て、同5年に司法省の警保寮が置かれ、それは同6年に内務省に移管された。これに伴い、川路利明の建議により警察制度ができた。そして、同7年東京警視庁が設立され、同8年東京警視庁の第三大区麹町警視出張所が上智大学の隣地にできたが、同10年の西南戦争で廃止された。

同6年の沽券図（東京都公文書館蔵）には、第三大区警視出張所官庁地4，999坪とあり、また他の地図には警視第三病院とか消防第三分署の表示もある。西南戦争療養にはうってつけの南傾斜の快適地である。同14年に新警視庁が生れ、初代警視総監は樺山資紀であった。警視総監は旧東京警視庁初代から十代迄薩摩出身である（第7代が田中光顕）。同16年にこの地に第三方面麹町警察署が設置され、同36年に現在の半蔵門に移った。高島も樺山も薩摩出身である（図版㉓）。

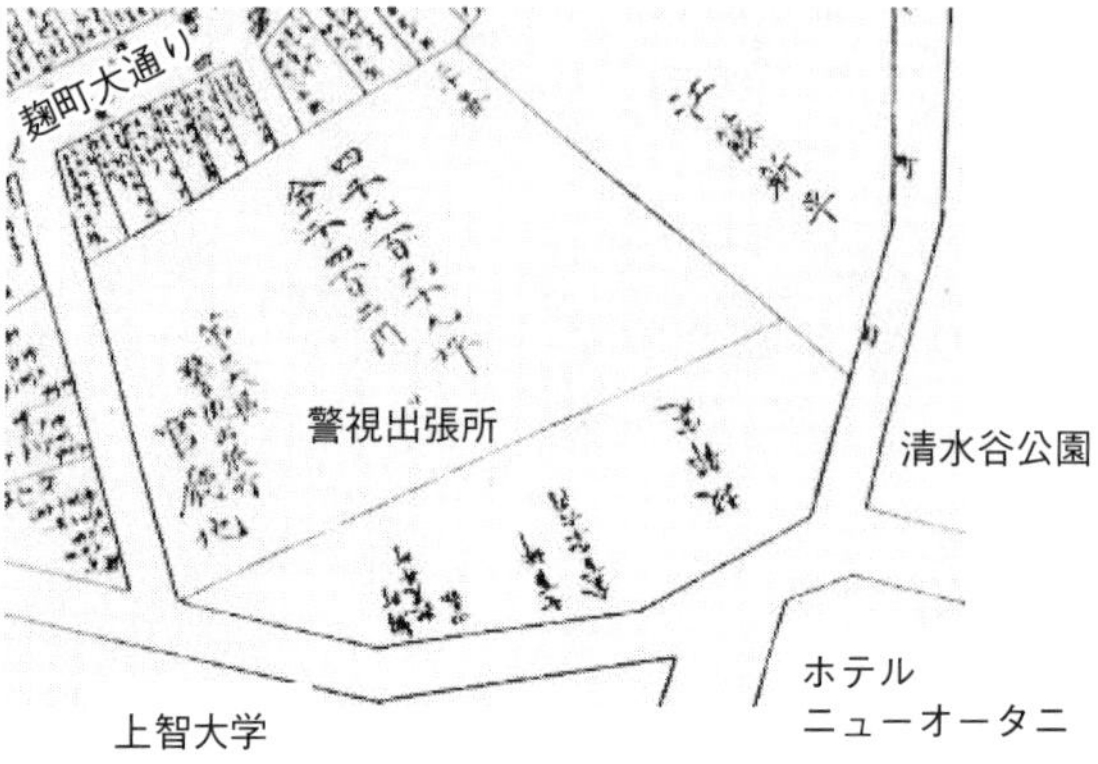

㉓警視出張所跡地　明治12年（「実測東京全図」）

同18年に樺山資紀はこの土地の半分2，113坪の払下げを受けている。購入価格坪1円70銭であり、当時の相場は坪5〜7円辺りだから著しく低価である。東京府への払い下げ願には拝借地とあり、西南戦争後から借りていた可能性がある。つまり借りている自分の土地に警察署を誘致したのである。樺山は熊本城参謀として西郷軍に屈しなかった功績で与えられたと思える。同年、地元の田中武兵衛（別記）は警視庁に坪29円90銭で隣地を売却している。その間に樺山がどう動いたかのからくりは不詳であるが、資産が18倍近く上ったことは間違いない。

幕末ではこの一帯は鳥羽藩の江戸上屋敷であった。鳥羽伏見の戦いでは鳥羽藩は幕府軍に属していたため敗軍となり、藩主は謝罪したがもともと財政難であったうえに官軍への軍資金提供を求められた。このため維新当初から鳥羽藩上屋敷は中屋敷とも薩摩の管理下に置かれたようだ。

この上屋敷に生まれたのが鳥羽藩士・近藤真琴である。彼は特に航海術で四谷坂町にて今の攻玉社前身の塾を開き、また幕府や新政府の海軍操練所でも教え多くの海軍士官を生んだ。その生徒に日露戦争で活躍した海軍大将の川村純義がおり、西郷隆盛は川村の保証人となり、攻玉社を推薦した（豊田穣『夜明けの潮　近藤真琴の教育と子弟たち』）。

■桑茶政策

大木喬任は東京府第二代知事として明治元年11月就任した。知事になってすぐに困ったのは、大名や旗本の邸宅が荒れ果てていたことであり、すべて東京府へ払下げとした。邸宅に大修繕費をかけて京都の公卿を東京に移転するようにした。そこで出てきたのが明治2年の桑茶政策である。

彼は上地された屋敷跡を人気のあった桑茶をつくる土地にして産業振興をしようと目論んだ。

そして東京に桑茶畑300万坪をもくろみ、できたのは102万坪であったが、この方法は京都や地方にも及んだ。一方、人家変じて桑茶畑となり物騒となった。また桑茶にした者も製茶や蚕のことは知識もなく、損をする人、桑茶に過大投資する者がいた。さらに、この桑茶が自家消費にのみにまわり、生産性が低く発展に寄与しないことがわかり、貸家経営に回す者が増えてきた。

そのうちに首都機能拡大により官有地の用地不足がクローズアップされてきた。大木の退任とともに、桑茶政策は明治4年で廃止された。同時に救育所も廃止された。このように桑茶政策は大木喬任知事が自ら一生のしくじりとして認めるように効果的ではなかった。

当時の川柳「広いお江戸も桑茶を植えて　くわでおれとは人を茶に」。

第三章　市民生活

前章で中央集権体制、治安体制、経済体制の構築過程を述べた。そして特に地租改正による財政の仕組みに敷衍したが、それが市民生活にどのように影響したかを記述する。また幕府崩壊後の混乱のなかで、貧困に喘ぐ一般市民がいた。江戸時代からの七分積金、維新時の救育所などの福祉政策、民間人による二葉保育園、滝乃川学園等ができた。一方、西洋文化の流入により牛乳、ビール、洋服、ダンス等衣食住の生活の変化もあった。

1 土地資本主義の道—年貢から税

大地はすべての母であり、世界でも土地問題は基本課題である。我が国の土地制度には、過去に4大土地改革といわれるものがあった。

一番目は紀元後702年頃の大化の改新で、大宝律令が制定され、私有の廃止と公地公民制への移行が行われた。二番目は豊臣秀吉の検地で、この頃は領主管理の時代であった。三番目は明治維新後の地租改正で、土地私有制度が導入され、地主的な土地支配を発生させた。四番目は戦後の農地改革で、自作農の土地所有が認められた。

なかでも三番目の地租改正は、今日の土地制度の原点である。

江戸時代において、武家地は領主の土地であり、俸禄のようなもので所有権はなく、従って納税義務はない。商人地は江戸時代以来、沽券地であれば非課税とされ、所有権の譲渡は行われていた。ただし、地域ごとに慣例が異なり、様々な形態があった（「全国民事慣例類集」）。

人口の85％を占める農民には領主の庇護の下で所持（共同体成約下の）を認められた耕地はあるが、完全所有権を持たない。しかし、期間20年などとして利息をつけて質入でき、取り戻しができない時に、初めて他者に売渡される。これは利用権の譲渡である。

諸大名は与えられた所領地で、農民に土地所持を認める代りに、年貢の米を徴求する。年貢の米は上納され、金銭に交換されて幕府の財政収入となっていた。これでは、農民の生活や国の財政は米価や気候により左右され、不安定となる。

さて明治維新となり、従来の領主を廃し中央集権国家を志向する時、必須事項は財源の確保であり、それは廃藩置県の実施を行う場合、不可欠の要素であった。そこでまず、封建領主の土地領有を廃止し、旧慣通り百姓の土地利用を認めることを宣言した（明治元年12月8日太政官布告第１０９６号）。

そして明治2年2月、からっぽであった幕府の財源を目の当たりにして新政府は議案提出権を持った公議所を開院した。公議所は議論百出でまとまりがなく1年半で解散したが、財政につき提案された諸内容は旧態依然のものが多かった。そのなかで、神田孝平の「税法改革ノ議」（同2年）、「田租改革建議」（同3年）は他と比べ出色で、２３０年振りに田畑永代売買禁止を廃止することを提案した。

それは元の土地から米の代りに金銭を直接的に地租として徴収するというもので、当時としては発想の転換となる画期的な提案であった。即ち、従来の土地領有性を廃止し、土地の自由売買を認め、地租の反対給付として土地所有権を国民に与え、その証として「地券」を発行する。即ち、地租の金納を実現し、市街地や山林・原野にも耕地と同様に課税する、これは封建的な租税制度を根底から覆すものだった。まさに従来の共同体的、領主的な社会構造を解体し、また職業如何にかかわらず、納税者を主体とする変革であった。

これにより自主的に産業育成を計ろうとした。

こうした神田孝平の提案を受け、政府は陸奥宗光が実務の責任者として、農地について同4年に「田畑勝手作を許す」として米の生産のみに限定されていた田畑に他の生産物も作ることを認めた。ただし、農地の課税価格については基準がないので困難を伴った。神田孝平の売買価格と陸奥宗光の収益価格（収入から種肥料や村入費を控除したものに一定利率で割った金額）の違いがあったが、大久保利通ら政府陣は両案折衷して土地生産力と便否を勘案して定めるものとした。

同5年2月、地所永代売買を許すと公布し、壬申地券を東京・大阪・京都に発行した。その目的は税を取り、全国地価の総額を把握することであった（福島正夫「地租改正の研究」）。

武家地については藩主が所有者の場合は東京府管轄としたが、藩士の場合は所有権がなく非課税であった。そして武家が立退き、居住者もいなくなり、物騒な幽霊屋敷の状態となった。そこで、ここから税を取ることをすれば財政再建にとり大きな進展となる。そして地券を発行して所有権を認め税を取ることとした（壬申地券）。その結果、武家地と町地の呼称を廃止し、同等とし、町名と地番がつけられるようになった。

維新になって、東京に来た政府高官には宿屋では困るので、建物を無償で貸し与え修繕費も出した。しかし次第にそれは財政負担となってきた。また空洞化対策もあり、いったん東京府が管理した武家地について必要なものを残して払い下げるようにした（前掲の「武家地処理問題」）。

そのうえ新政府に協力した新官僚や華族たちに土地を低価売却し、税率も1％とした。払下げ価格は、地域ごとの一定価格で武家地を払い下げた。即ち、麹町・築地・虎ノ門外など12地域は官有地を千坪につき25円（坪当り2銭5厘）、番町・駿河台・飯田町・赤坂・本郷など15地域は20円で、四谷・市ヶ谷・青山など22地域は15円等の基準を示した。「皇城付近の拝借地はあきれるほどの低価で、殆ど官員さんに払い下げられ、華族とともに新しい住宅地的展開」となった払下げ申込は四谷門外（今の聖イグナチオ教会辺りと思われる）にて時刻を定めて行われた。武家地処分は同7年で終わった（前掲の「武家地処理問題」）。

壬申地券は地租改正の準備段階として大きな意義があったが普及せず短期間で廃止され、第二段階として、全国に地券を交付することにし、改正地券に替った。即ち、明治6年7月太政官布告第272号によって、従来の年貢米に代わる金納の「地租改正法」を公布し、その反対給付として同8年に全国一般に地券発行し、税率を一律3%とし、こうして土地私有制を全面的に推進し、これが今日の登記制度につながった（図版㉔）。

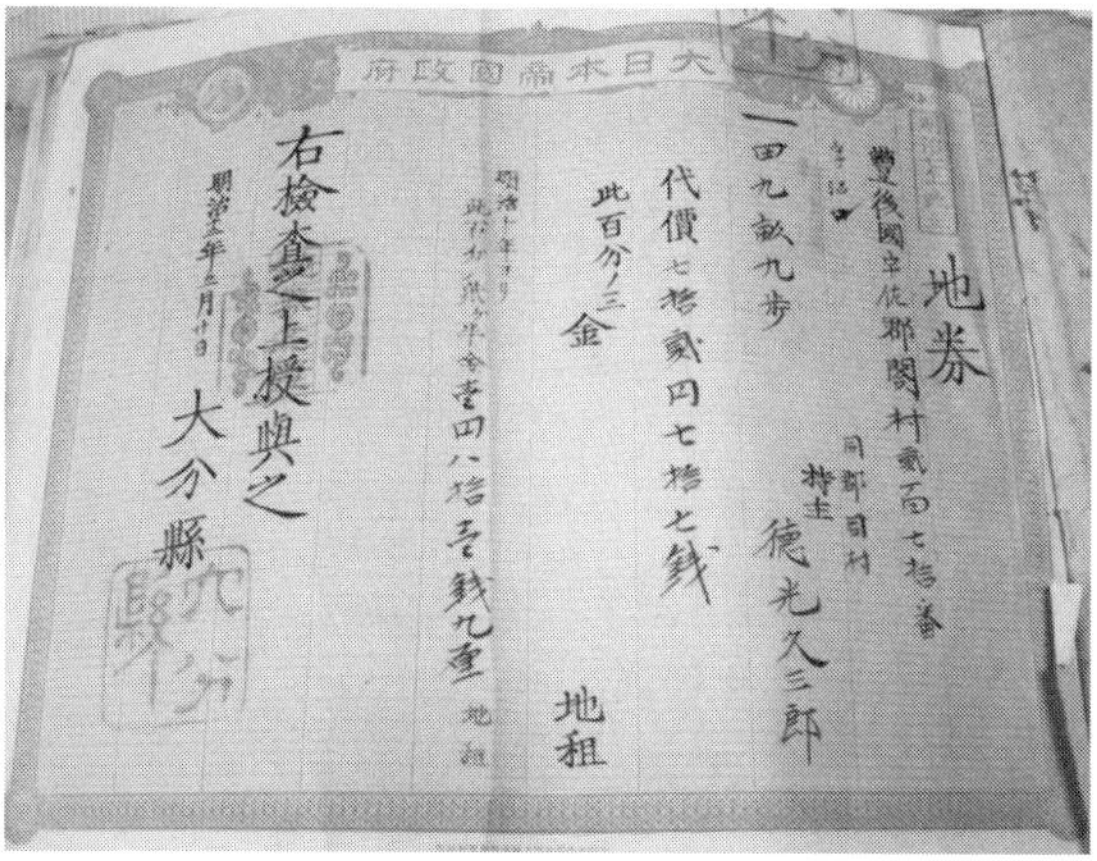

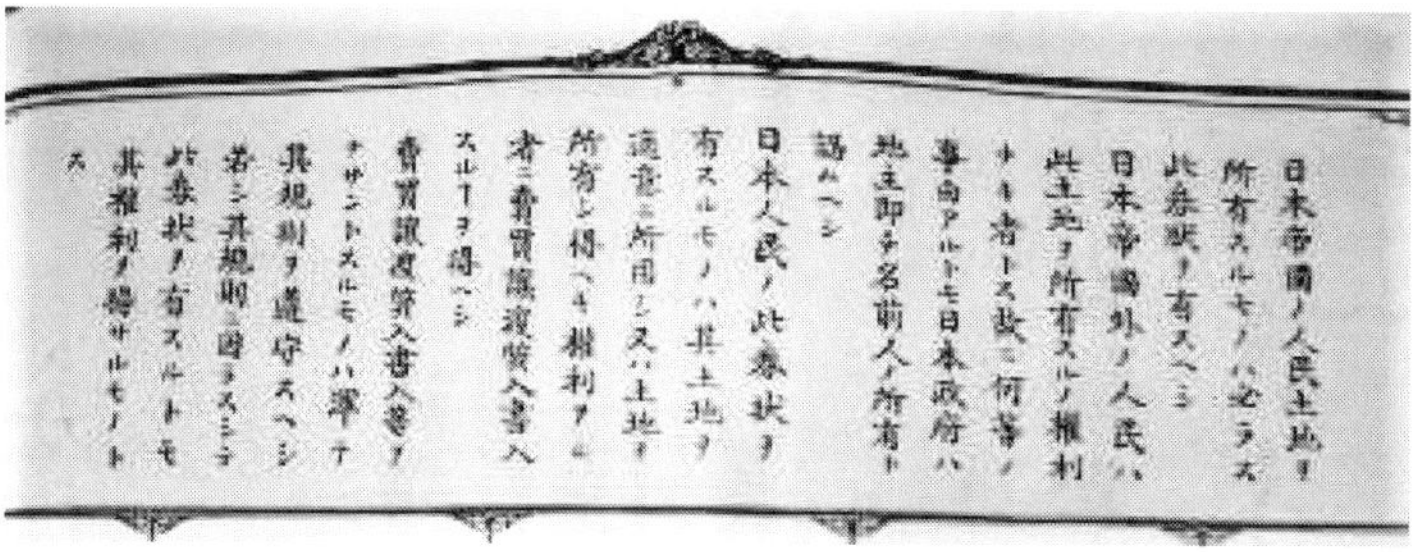

㉔地券（裏面に「帝国ノ人民土地ヲ所有スルモノハ必ラズ此地券ヲ有スベシ」とある。筆者所蔵）

しかしこの地租改正は農民への負担が大きかった。一方、地租改正法による税率は、実際に計算すると、種肥代や地租、村入用費の支出合計は農家年収の30%に相当し、天候不調も加われば農民にとり、3%の税率は大きな負担となることがわかった。また、都市の税率が低いのは不平等だと認識し、また政府の告諭が徴兵義務をフランス語の血税と誤訳したこともあり、全国で30カ所を超す一揆が発生し、萩の乱、秋月の乱等が全国的に発生し、やむなく大久保利通は、10年1月、税率を2.5%まで下げて鎮静化させた。「竹槍でチョイと突き出す二分五厘」は当時の川柳であった。

ただし地租改正は、基本的に税の公平化をもたらす一方で、国の財政基盤をつくることにより政権を安定させる効果があった。同時に、所有権が金銭と交換に自由に移転できる社会となった。また多くの騒動に対処し定期的に税率の逓減を定めた。しかし、当時の内務卿で中央集権を強化しようとする山縣有朋は税の引下げに反対し、地租改正法を廃止し、同17年に地租条例を創設した。そして不平を生ずる細民の自由民権運動を防ぎ、地方自治を富裕者で構成する地方制度改革を断行した。

その後、昭和6年の地租法で課税価格は賃貸価格とされ、昭和25年のシャープ勧告で路線価格に変更してゆく。土地移転の法制度上では、地券台帳は、明治22年の土地台帳、同19年の登記簿により、その使命を終えた。

ともあれ、当時、土地所有権の付与は国民にとり衝撃的出来事だった。奈良県山辺村永原町の人々は地券証を貰った時、自分らも殿様と同じになったと、石上神宮の神官を招き村民一同で参拝し歓喜した（明治6年奈良日新紀聞）。また、栃木県の星宮神社には地租改正の世相を見事に描いた絵馬がある。それには地租改正の趣旨を説明する役人と村民の寄合から貰った地券を神社に奉納するまでの村民の高揚した姿が8枚つづりで美しく描かれている（カラー口絵⑥）。

明治8年3月、「地租改正は民の大事業で、村民緊要の義務であるから、芝居・手踊・相撲興行等を行うことはもってのほかである」との戸長指示がある（倉田喜弘『明治の演芸』）。そして、土地の所有権は国民に行き渡った。

神田孝平

神田孝平《かんだたかひら》（天保元年～明治31年、号は淡崖という）は幕末より蘭学を学び西洋文明研究から多くの著作を残した。土地売買の自由と登記制度の前身たる地券の発案者である（図版㉕）。このため彼はわが国土地制度の「父」といわれる。また「不動産」（蘭語Onroerende goed）という言葉を初めて使った人である。彼は美濃国岩手村（現、岐阜県垂井町）に生まれ、安積艮斎に漢学を、杉田玄白の子・成卿に蘭学を学んだ。

安積（後記）は福島県郡山出身の朱子学者で、吉田松陰、箕作麟祥（法学者）、小栗上野介、十津川郷の松本奎堂（天忠組の乱にて戦死）、井伊直充（与板藩主）、岩崎弥太郎、高杉晋作ら多くの有名人を輩出した幕末における学問の中心人物であった。一時、平河町の平河天満宮そばにも塾を持ち、米露の国書翻訳も行った。

神田孝平は国家論に活動を広げる。「農商弁」の冒頭で「商を以て国を立つれば其の国常に富み、農をもって国を立つればその国常に貧し」と宣言したのは維新前の1861年であるからかなり大胆な発言であった。この時、神田は幕臣でありながら幕府を無為無能と見限っていた（神田乃武「淡崖遺稿」）。

明治維新後は、兵庫県令として5年間務め、貴族院議員を歴任した。九段上の木戸孝允邸近くに一時住み、廃藩置県の際に頻繁に交流した。神戸の英国総領事は「神田孝平は王政復古に大きな役割を演じた国粋主義に凝り固まった狂信的神道家にはいささかも共鳴しなかった。漢学・蘭学者として一流であった」と言う。御茶ノ水駅そばの淡路町の終の棲家は師である安積艮斎宅や昌平黌に近い。近くの政府高官邸と比べ簡素であった。今、その居宅跡に碑ひとつ無いのは驚きである。

㉕神田孝平

神田は養子として神田乃武《かんだないぶ》を迎えた。神田家に入った乃武は、すぐにアメリカに留学し、8年後に帰国した。父と再会したときは日本語をすっかり忘れ、通訳を通して会話したという。明治34年、住まいは暁星小学校前であったが、のち中野（JR中野駅南側㈱丸井の寮辺り）に移転した。英語教育界や外交面で功績を残し、我が国最初のコンサイス辞書（大正11年『袖珍コンサイス英和辞典』三省堂）を編集し、東京外国語大学初代学長にもなった。

所有と割替え

土地所有の形態には、①完全所有権、②総有、③共有、という類型がある。このような土地所有の動きに対して、①は何らの制約を受けない所有権のことであり、③も所有権を持つが他の共有者の制約を受ける類型である。これに対し②は組織としての所有であり、個人の持分がないものである。

ところで、我が国の農地には、「割替え」という慣習があった。類似のものは16世紀のロシア修道院領、ドイツマルク地方、インド等にあった（恒田嘉文『水と土地に関する判例慣行実例要義』）。新潟県西蒲原郡の割替えは、土地を村単位で所有し、特定の土地所有者を定めない、誰が何処の土地を耕作するかをくじ引きで決めるというシステムである。その地域では3年に一度とか、5年に一度とか、くじ引きを行う。名前の入った筒と、地番が入った筒をそれぞれ振ると、それぞれに出てきた竹の箆《へら》に記された名前や地番によって向こう数年間の耕作地を引き当てる、こういうシステムである。このようにすれば、いつも特定の人が豊かな土地を耕作し、富裕となる、このような不公平がなくなるわけである。図版㉖は新潟市巻郷土資料館にて撮影したものである。

このような共同体的慣習は江戸時代から慣行として、日本海側を中心に全国20ヶ国に及び、特に洪水頻発の低生産力地域で行われていた。この始まりは、領主の年貢取立てに対し、村が共同体として均等に負担する仕組みであり、水害などによる自然的な土地変動、新田開発に伴う村の土地利用の変化、土地生産力の変化などで不平等が発生しないようにしたためといわれる（『福井県芦原町史』）。このような慣習に対し明治政府は断固として禁止した。明治5年太政官布告１１８号に「不定地年季を定め割替致候向きは、向後持主相定可申立事」とし、割替えをせず、持主を定めるようにと割替え禁止を示達した。一方、国土は天皇のものという国民借地人説での岩倉具視らの反発もあった。

明治5年、大蔵省１１８号「各地の風習旧慣を私法とする等の禁止」では、旧慣による権威の振舞を禁止するとある。その内容を例示すると、旧慣というものの実態がわかる。

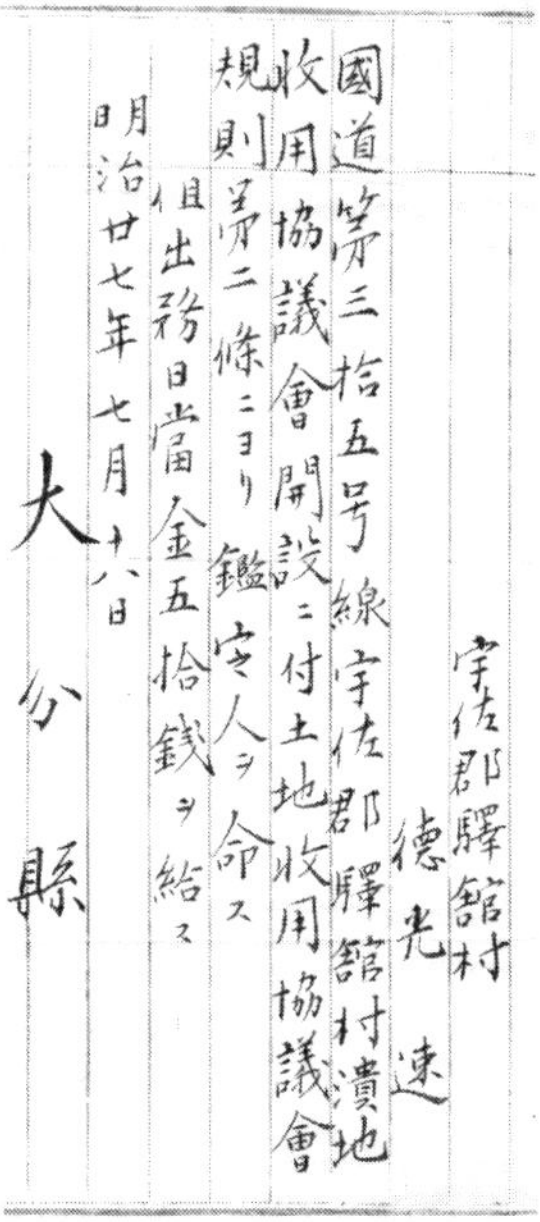

宇佐郡驛舘村
徳光速
國道第三拾五号線宇佐郡驛舘村潰地
収用協議會開設ニ付土地収用協議會
規則第二條ニヨリ鑑定人ヲ命ス
但出務日當金五拾銭ヲ給ス
明治廿七年七月十六日
大分縣

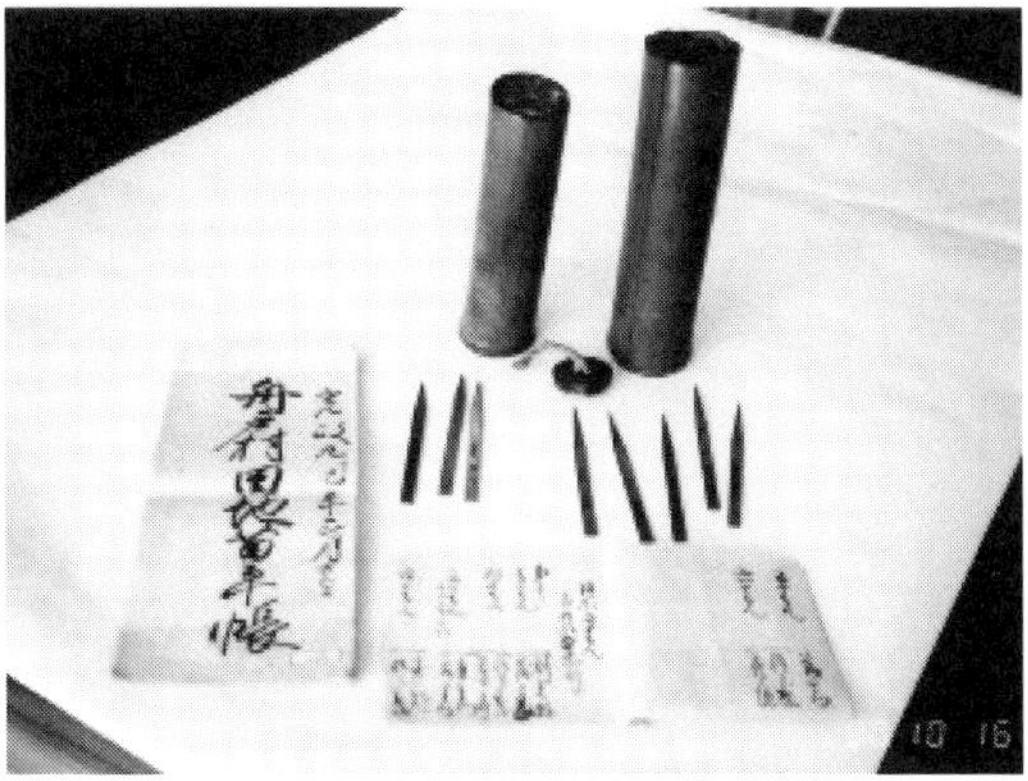

㉖割替え用のくじ一式（新潟市巻郷土資料館蔵）
左は、鑑定人任命書の実例　明治27年（筆者祖父のもの）

一、代々仕えた者をいつまでも家来のように扱ったり、他よりの入村者を水呑と言ってはならない。
二、草分けは旧家だからといって鼻に掛け他人を軽蔑してはならない。
三、耕地畦畔にみだりに遺骸を埋葬することを禁ずる
四、年期を定め割替えをする者は今後、所有者を定めるように。
五、農業の傍ら商業を営むことを禁じてきたが、今後は自由である。

これら列挙事項には興味深いものがあるが、割替えの禁止を挙げている。割替えこそ自由な活力を阻害し怠惰に貶め、資本主義的な近代化に反するものとした。確かに、農地の時限的利用だと満期近くになれば手を抜くという弊害もあった。一方、所有権を堅固にすれば長期計画的に肥沃化を志し勉強するから産物も増え、収入も増え、経済が発展する。個人所有は人間の本性に合致するものだと政府は断じたものである。自由による利益の偏重と平等による修正は人間本性の反映でもある。

2 地価変動の分析

明治初期の地価

明治期で地価と言う時、3つの概念がある。①明治初期の武家地の払下げ価格、②地券上の法定価格、③市中での売買上の相場、である。それぞれがどのように展開したかを区分けしなければならない。また地目別にも考慮する必要がある。地目別には収益価格を反映した畑の価格は低く、そして実勢を反映した宅地価格が高い。その後は早くも、明治11年には地図ごとに売買の実勢価格と開きが出ていることがわかる。その開差の度合いは畑の方が多い。

大きな目でみれば、従来は地租のリスク負担は国家、そして村の共同体であったが、地券交付によりリスクは個人に移った。自由な耕作や売買があったとしても、目先の納税問題は個人で解決しなければならない。土地についての全国の暴動は自由な個人意識の発現でもあった。また、地租負担できない農民は大地主に土地を買い取って貰ったり、金銭付で引き取って貰ったりして、農奴化してゆき、大地主制度が発生した。もっとも地券を交付された人々のなかには従来からの所有者もいたが、もともと旧領主に貢租を負担してきた百姓、開墾を実施した実力者、質入れ等で土地集積をしてきた資産家などは多く、地券交付が大土地所有に輪をかけたのである（「日本の土地」建設省）。筆者の手元にも徳川中期からの質入れ証が残っている（大分県、前出図版⑮）。ともあれ東京市では、明治39年、人口の0.5％の人が1万坪以上の土地を持ち、合計すると全市の4分の1に相当した（竹内余所次郎「平民新聞」）。

また、幕府所有の山林等は明治元年に官有となり、天皇家は山林原野の30％を所有することとなった。入会地も官有とされ、従来農家らが共同で利用した権利が消滅し、新しい時代に期待していた彼らを落胆させた様子が島崎藤村の「夜明け前」に如実に語られている。古くからの農民の権利であった入会権、永小作権、底土権と上土権、慣行小作権も民法の発展とともに消滅していった。今日の担保入れでも訴訟の可能性を持った土地として注意が払われている。

次に、個々の所有権の範囲をどう確定したか、所有権者は誰なのかを特定することは手間取ったようで、手続きは東京府の地券掛員と大蔵省租税寮官員の協力で行われた。沽券地については、面積は従来のものが採用された。武家地については検査のうえ、安政年間の御府内沿革図書のものを援用した。

一般地については、外形上で所有していると判断された者が優先され、境界の確認は自然の地形を利用した榜示《ぼうじ》などによった。旧慣に従い、かつ知識のあった者の協力で明治10年、地価と面積を示した「改租図」ができた。

当時はまだ測量技術は不十分であったので家伝による方法が用いられ、境界は自己申告をもとにしたために曖昧さが残存し、今なお登記簿面積と実測面積に差異があり、不整合だったりし、今なお争いが残る。国土交通省は全国に地籍調査を実施し、登記簿面積と実測の一致をめざしているが、まだ完成度は全国で52%、東京都で23%（2022年10月1日時点）である。

土地価格の判定については地域ごとに知識人を鑑定人とし裁定させた（図版㉖）。

深瀬仲磨（後記）がこの土地の払下げを受けた当時、紀尾井町においての実勢価格は、後記（第五章、東京府の回答価格）の通り、坪1円と思われる。もはや地目の差を考慮しないレベルに接近している。深瀬仲磨への払下げ価格は資料がないが、北村への売渡価格は

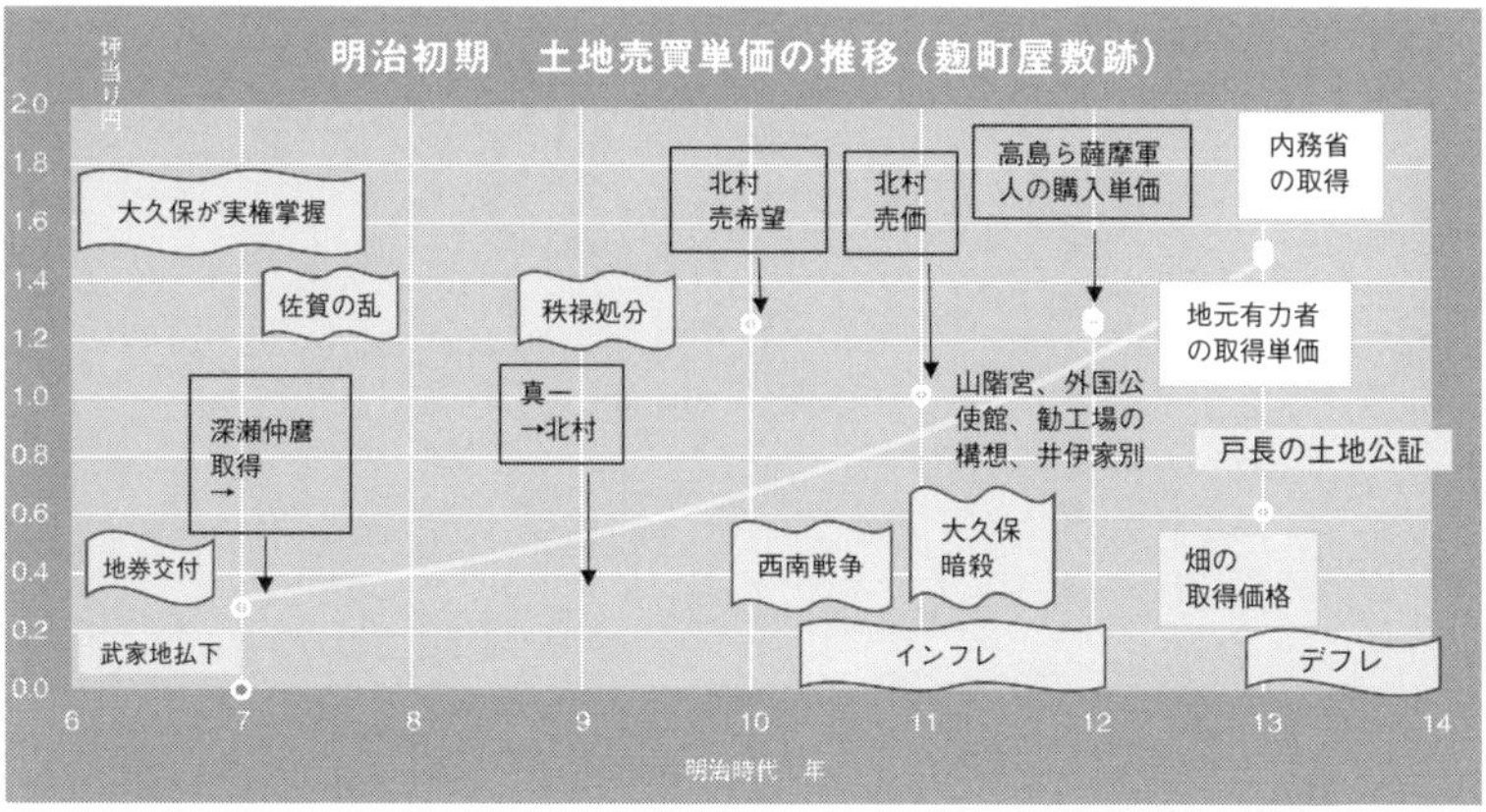

㉗明治初期の土地価格推移（筆者作成）

把握できる。転売利益は同族間なのでないものとする。深瀬・北村間の売買価格は4135円、これを1万4741坪で割ると坪0.28円となる。一般に、宅地の地券（法定）価格に対する倍率は宅地では約4倍である。上記した官員への払下げ価格は0.02円（番町）だから、それと比べると14倍である。いかに新政府官員が豊かになったかを示す。

ちなみに、同10年、麹町八丁目二十番地（今の参議院議員宿舎）は坪45銭、紀尾井町一番地（皇族賜邸）は坪75銭とされている（「武家地処理問題」）。

ある薩摩人が四番町（当時は市ヶ谷近辺）において払い下げで取得した土地は明治元年で坪2銭8厘、それを菊栄の祖父が同5年に坪14銭で購入したが、それはもはや5倍となっていた（山川菊栄『おんな二代の記』）。

バブル

一方、人口は江戸時代には最多で150万人（諸説あり）と言われ、幕末から明治初頭に50万人に減少したものの、動乱の鎮静化と首都機能の整備に伴い増加に転じ、明治11年より100万人を突破した。

一方、政府は我が国にも欧米華族と同様、それに匹敵する華族制度があることを誇示するために莫大な下賜金を華族に提供した。また、旧勢力に代わる新官僚や軍人の給与の高さ、ニュービジネスの隆盛、華族への厚遇などがあった。これらの過剰資金の対象は限定的で偏りがあった。その結果として、資金使途がいまだ育たない経済体制のなかで余剰資金が発生し、それが土地や新規ビジネスに流れた。そして前記の通り、地価のバブルと崩壊は語り継がれている。

明治8年8月の東京日々新聞は「東京の土地は1年で5割増しから2倍にもなっているが、この原因は流行や賭博のせいではなく、土地に余分の利益があるわけでもなく、また、担保提供のためでもない。争って土地を求めるからだ。そうまでして土地を求めるのは、土地以外に資本運用の方法がないからだ。金一升、土一升という言葉は、江戸時代では土地の繁栄を意味したが、今では財産を有利に運用する方法が行き詰まって、土地の値段が高くなった、それを憂う言葉となっている。財産運用を担当する官民は、資本流通の道につき責任を持ってほしい」と述べている。バブルと崩壊は、資本主義下では付き物であった。

もっとも、このようなバブル現象は土地以外にも見られた。むしろ政府の殖産につらなる銀行・鉄道・船舶・工業、鉱山、桑茶への投資、ペットの兎への投資に集中した。兎は、輸入した珍種の兎に高値がついたことから明治4年頃から投機的売買が横行し、値段が高騰した。そこで政府が課税や取引規制をしたため明治8年よりブームは鎮静化した。買い手の大名や武士が資産を喪失した狂気であった。兎の品格番付（明治6年）に麹町二丁目と六番町の兎が載っている（日比谷図書文化館「文化都市千代田」）し、最近でも古家の壁に兎のマークが大きく塗り込められていた。しかし、値崩れ後には濠の土手に捨ててゆく者がふえた（山川菊栄「おんな二代の記」）。

明治中期の地価

国家経済の状況をみると、明治10年代に西南戦争の戦費調達の多大な出費や大量の紙幣発行（紙幣発行高は明治元年24百万円→明治11年165百万円）によって、インフレが発生、米価は急騰して地租改正時の3倍以上になった。そこで、松方正義は明治13年より緊縮財政策を取り、開拓使官有物払下げ事件、輸出政策の不振、維新以来の膨張財政を批判し、政府紙幣の全廃、日本銀行券の発行、増税や政府予算の圧縮等による財政収支の改善によりインフレを押さえた。しかし、逆に深刻なデフレーション（松方デフレ）を招き、物価は下落し、農家は収入が減少したうえ租税負担が増加し、我が国経済は大きな不況に陥った。このようななかで、明治14年から同22年の8年間、小規模宅地所有者は3分の2に減った。

一方、土地担保金融の促進により、借入れによる土地取得が増え、書入（今日の抵当権に相当）件数は、明治20年の35万件から明治31年の91万件に増え、これに伴う抵当流れも急速に増えた。農家では、農産物価格の急落と増税により、インフレ下の生活向上から一転し、困窮を極め「異常な経験」をした（古島敏雄「日本地主制史研究」）。借金をしている者が70～80％、抵当に入った土地が30～50％という状態であった。明治17～19年に抵当流れになった金額は2億300万円（土地価格）で、この時の抵当権の貸付金額1億6500万円を上回った。そしてこの3年間に全土地の8分の1が抵当流れになった（「日本産業資料体系」、「日本の土地」）。

重い租税負担と先行き不安から、田畑の明治17年の地価は、明治13年の3分の1までに下がった（祖田修『地方産業の思想と運動』）。

地主から小作人になった者が多く、農業規模が縮小して全耕作地に占める小作地の割合は明治6年27％に対し、明治20年40％、大正5年には45％になった（古島敏雄「日本地主制史研究」）。反面、大地主は日清・日露戦争後にかけて増えていった。官庁統計では怠慢による税滞納額に対し27倍の公売処分額となり、その公売価格も実勢価格の20％であった。そこに高利貸しが入り込み農村の貧困化が深刻となった（平野義太郎『日本資本主義社会の機構』岩波書店）。郡役所では、公売催告状とともに土地売渡証への奥書が目立って多くなった（色川大吉『近代国家の出発』）。

その後、財政が健全化すると、軽工業を中心に景気が回復したが、農業は低迷し、都市部市街地では人口の都市集中が発生したため都市の地価が高騰し、富農や高利貸し等への土地集積が生じた。このように我が国において地価の問題は、国民生活と大きな関連を持った。

不動産価格の推移は統計的にどうであったか。戦後の動向については統計的に知ることは可能であり、様々な分析が可能である。しかし、残念ながらそれ以前、とくに明治期を通しての統計は見当たらない。伝承として今日を上回る規模の地価変動があったことが部分的に伝えられるのみである。

そこで今回、麹町に範囲を絞り統計的に実証することにした。そのためには売買事例を数多く収集した上で、分析することが前提となる。その結果、数多くのデータを手にすることができたので、そのうちから有効なデータを精選し、分析した。そこから分かったことは、当初の地券上の価格と比べ、この明治20年までの実勢地価は10倍位になったようである。ちなみに麹町区史によれば、同20年地価は、商業地の麹町が坪10～15円、住宅地の番町が7円～10円とある。同5年7月武家地払下げ価格に比べ同20年の地価を10円とすれば400倍である。

麹町では明治10～20年位までは上昇と下落があったため、通算して過激な上昇ではなかったようである。同17年の取引件数の異常な多さが目立つ。全国的には不況と農地価格の下落があり、その余波が個々の取引事情に反映し、個別差があったのである。麹町の地価は一般的動向とは対照的に、都市集中と立地条件の良さを反映している。

地価高騰は、これ以降、つまり不動産登記法、民法など土地制度の法的裏付けができ、軍事景気が発生してから拍車がかかった。明治19年にできた不動産登記法は複数の不動産をまとめて登記され権利の種類も限定されていた。そして、それらの事務は戸長から裁判所に移され、第三者対抗要件を備えてきた。これが明治32年に現行登記法の一不動産一登記用紙となった。その後、裁判所から登記所に移管（昭和23年）、土地家屋台帳事務も税務署から登記所に移管（昭和25年）、一元化（昭和35年）された。

恒久的に日本の国土は狭く、都市集中や経済成長が続くなか、程度の差はあれ、ひずみは発生するものである。リスクは資本主義社会につきものである。そのリスクは発生頻度と、一回当たり被害の大きさとからなる。不動産のリスクは、長期的なサイクルで見なければならないが、変動の波に耐える備えが必要である。

明治末期の地価

当時の二六新聞によると、明治は三つの時期に分けられる。元年より明治20年迄は旧物破壊の時期、20年～25年の間は準備期間、25～大正元年は新物建設の時期で、東京市の発展はこの時期だという。まさに明治後期になると、市街地においては地価上昇、地方農地においては下落という二極化が発生した。すなわち市

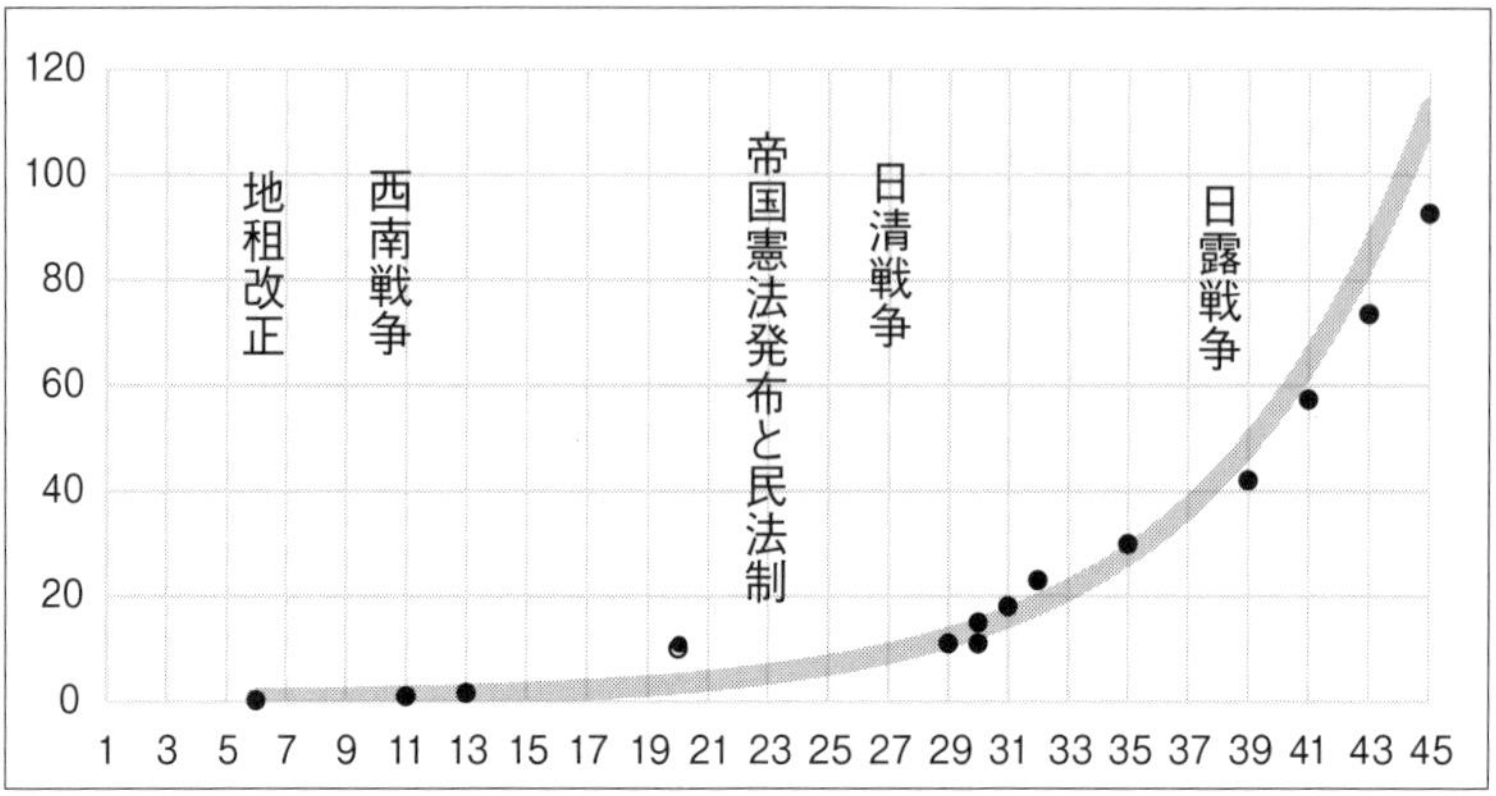

㉘**麹町における明治期の土地価格**（円/坪、筆者作成）

街地においては、人口の都市集中、戦時景気、過剰資金、それに加え、土地に関する法整備の完成が拍車をかけたのである。

福島正夫『地租改正』によれば、明治23年から大正元年にかけて田の価格（全国平均1反当たり）は63円から２８６円に、畑は同じく、26円から１３５円に上昇したと記される。日露戦争後の地価はうなぎ登りで、報知新聞（大正2年）によれば麹町の地価指数は明治35年に比べ同45年は3.1倍に上昇したという。上智大学東、もとの警視庁の売買事例（田中武兵衛から東京都へ）が坪２９·９円であり、上智の取得価格（明治45年）は坪１００円だからに3.3倍である。坪１００円という取得価格は、深瀬仲磨が本件調査地を明治6年に低価で取得したのは坪０·２８円に対し、ざっと３６０倍である。また、別の側面から、大正2年頃は明治5年の１００倍位になっていたとの説もある。実勢価格ベースでは、明治6年が坪1円とすると明治45年には１００倍になったことになる。地券に表示された価格は、宅地が実勢価格の４分の1であったので、その法定価格よりは実勢価格は４００倍になったことがわかる。

このような上昇倍率を見ると、明治当初の政策的な価格設定の意図がわかる（図版㉘）。

一方、維新前は、地主といえども自由な権利ではないため、借地人に無理な立退きを求めなかったが、明治に入ると、借地人に地代値上げを主張し始め、これに対して借地人も貸家を建てて利益を追求するようになり、地主・借地人・借家人等の日本特有の複雑な権利関係が発生した。

明治末期になると、不動産転売の利益を得るために、借地人や借家人を追い出す方法として、いわゆる「地震売買」が行われた。地代を不当に高く要求したり、土地売却を仮装したりした方法である。この悪弊を防止するために明治42年に「建物保護ニ関スル法律」が制定された。借地人が借地上に登記した建物を有する場合、その借地権を第三者に対抗できるようになった。

日露戦争後の人口の大都市集中により、東京の路面電車は超満員で、足を踏まれ、頭を小突かれるのが日常であった。そのため大正5年以降の地価は上昇の一途であったが、その後は大正9年の恐慌、大正12年の関東大震災により打撃を受けた。

ちなみに株成金、電力王といわれ、福沢諭吉の養子となった福沢桃介は「貯蓄と投資」（大正6年）にて不動産投資を勧め、東京市60地点の明治30年～大正2年の地価を記載している。これによれば、従来見向きもされなかった地域が遊興地などになり著しく地価上昇となったこと、地域ごとにばらつきがあった地価が次第に平準化されていった。土地価格は、一般的要因（自然・社会・経済・行政）、地域要因、個別的要因によって形成される。麹町地域は社会変動の影響度が他地域と比べ低く、近年が伝統性と希少性の故に一層上昇し、住宅地として我国の最高水準にある。その背景には、本稿で述べるように、江戸の町づくり、明治政府の拠点形成において歴史的に重視され、整備され、その二つの中心軸が重層してきたことである。奇しくもその交差した地点が半蔵門である。

3 取り残された人々

■七分積金

江戸時代はたびたび飢饉に襲われた。江戸幕府が成立して130年後であるが、享保（1732）、天明

（1783）の大飢饉が全国を襲っている。天明の飢饉（1782〜1787）による餓死者は100万人〜140万人で、江戸の三大旅行家の一人、菅江真澄（1754〜1829）の『遊覧記』（東洋文庫）には、人が人の死体を食べる凄惨な状況が書かれている。また天保の飢饉（1833〜1839）は1829年の大豊作のあとに到来した。江戸でも、青山・赤坂から始まり、8千軒の打ち毀しに広がったという。

江戸時代の困窮者対策として有名なのが、七分積金の制度である。この制度の生みの親は松平定信（1783年白河藩主となる）で、貧困対策の先覚者である。彼は高齢者や知識人の集まりである尚歯会の設置も行った。食料不足の折、定信は他藩より食料調達をして自領の奥州白河藩で犠牲者を最少にとどめた。その実績を買われ、江戸の老中になった。

1792（寛政3年）年、松平定信は、町人に町費の節減額をさせ、その節約額の7割を万一のため備蓄させた「七分積金」の制度を定め、また町会所《まちかいしょ》を設置した（1792〜1872）。この町会所とは、町会ごとに奉行所などからの町触を伝達し、また住民からの届書を作成する事務を行っていた機能のことである。これを町名主の役宅で行い、貧しい人に低利で資金を融資した。この町会所は七分積金の積金と糗倉を管理する場所ともなった。麹町の古地図にも町会所の表示が各所に見られる。

困窮

明治維新となって、社会の仕組みが根本的に変わったが、人々の生活は過酷な状態となった。従来の生活を支えてきた幕府体制がなくなり、江戸人口の半数を占めていた武家が失業し、それに依存していた人々が生活の糧を失ったことである。士族200万人の禄は明治3年、5分の3以上減禄された（『明治文化全集』）。上級武士でも大名に伴って国許に帰ることができた者、官軍に恭順であった上級の旗本や新政府に士官した者は幸いであるが、土地を没収され、仕事のなくなった下級武士や彰義隊など飽くまで幕府に忠義であった者は困窮した。それは、一企業の倒産どころでない。すべての企業がなくなり、戦災で灰燼と化した都市を想像してみると良い。農民層も分解し、新たな東京という都市に農民の一部が流入し、大名などの空き家となった屋敷跡に貧民街が形成された。

武士の商法と言われるように失敗した例も多い。食べ物屋など手近な商売から生活の糧を得ようとしたり、また地券を質入れして金を借り、長屋を貸して収入を得たりして失敗した例もある。逆に才覚を発揮し成功者となった奥方もいた。個々人の知恵と生活力が試されたのである。幕府にあくまで忠義であった人々にはとくに苦難が待ち構えていた。

会津藩上級武士であった柴五郎は、生前の遺書（前出『ある明治人の記録』）で、その生涯を語る。会津戦争で敗れ、青森に移送されて掘立小屋で始まった生活は、ぼろを纏い、死んだ犬の肉を何日も食べた生活であった。ついに江戸に学問を求めて上京し、伝手を求めてみじめな思いで知人宅を彷徨して歩いたという。薩長へ恨みは大きなもので、西南戦争では政府軍として参戦した。その後、学問と人柄が身を助け、困苦のなかから這い上がり、最後は陸軍大将になり、中国通として各国から信頼を得た。

東京府日誌（明治2年）には、東京府人口50万人を区分けして、次の記載がある。

富民（地主地借）29万6670人、貧民（床借）20万1760人、極貧民（床借御救戴候者）10万3470人、極々貧民（床借救育所入相願者）1800人（塩見鮮一郎『貧民の帝都』）。

明治期の生活困窮ぶりは当時のいくつかの書物からも把握できる。そういう貧困は麹町近くにもあった。江戸時代では岡場所として、明治時代では下谷万年町、芝新網町と並ぶ三大貧民窟のひとつ、と言われたのが有名な鮫河橋地区である。四谷若葉町から信濃町千日谷ホールにかけての谷底状の地域にあり、その中心には今も案内の石碑が建っている。もとは伊賀者の小給武士の拝領地の一部であったが殆どは店借人であった（北原糸子『都市と貧困の社会史』図版㉙左）。

明治26年刊行された『最暗黒の東京』は、松原岩五郎が明治中期の貧民街を描いたものである。親を亡くした彼は余りの貧しさ故に養父先から幼いながら家出した。山越えの途中、山賊に出会ったが、松原少年の

㉙左が鮫ヶ橋（「風俗画報」）、**右が飴売り**（「近世商買尽狂歌会」）

あまりのみすぼらしさに同情し、お握り2個をくれたという。その彼が後に新聞社員として、山手一の貧民街と言われた「鮫ヶ橋」地区を潜入体験した。ここには0.1㎢に１３７０戸、５０００人が住んでいた。松原は朽ち果てんばかりの家の残飯屋の下男として潜入した。この地区の人々は、工場、病院、市ヶ谷の兵学校（もと尾張徳川家上屋敷）などの残飯をかき集め貧民街に持ち帰れば、彼らを待ち構えた人々はこれを炊き直し、残りは弁当にして売るという毎日であった。職業は人足、車夫、芸人が多かったが、そういう地域に付きもののあくどい質屋、日済《ひなし》貸し、無尽講、損料屋、流れ物を商いする糴市《せりいち》、古物商などの姿を「最暗黒の東京」には詳細に記している。天保年間、飴売りの姿が大人気であった（図版㉙右）。

勝海舟は、「紀州屋敷へ行った帰り道に裏店社会に立ち寄って不景気の実情をみたが、為政者は始終裏店社会に注意してなければいけないよ」と言っている（『氷川清話』）。この貧困につき官民あげての対策がなされた。多くの人々がこの時期に貧困であったことは海外の目から見た渡辺京二『逝きし世の面影』にも語られている。「キリスト教圏にみられるような貧民区域の悲惨さに比べ、日本の貧困は様相を異にしている。日本には貧乏人は存在するが、貧困なるものは存在しない。人や環境の清潔さは金持ちだけでなく貧者にもお供する」。

さかのぼって１５４９年フランシスコ・ザビエルの手紙には「日

本は他の異教国に見られないほど優れている。善意で悪意がなく、名誉心を重んじる。大部分は貧しいが、武士もそうでない人も貧しいことを不名誉とは思っていない」。

この地区に永年住んでいた長尾保二朗の「鮫河橋放談」（『帰仁』）によれば、「皆、稼業に精を出す助け合い社会で、陰惨さはない。ここから巣立って大成した人も多い」という。朝に金銭で喧嘩しても夕には和気あいあいとして雰囲気に戻ると書かれている。

明治の作家・岡本綺堂は、英国大使館書記長に「日本の街はシンガポールや香港に比べて穢い。でも日本の街を歩くと、皆の笑顔が絶えない。だから自分も楽しくなる。しかし東京の街は今にもっと綺麗になる。その時、皆が今のように楽しそうであろうか」と言われたという。江戸の密集地に2年間居住したが口論や罵り言葉をみたことがない（ロシア革命家メーチニコフ『回想の明治維新』）。

㉚設立時の二葉保育園　明治33年（二葉保育園）

「この進歩は本当に進歩なのか。この文明はほんとうにお前のための文明なのか、この幸福な情景に西洋が重大な悪徳を持ち込もうとしている……」（『ヒュースケンの日本日記』１８５５）。

当時、路上に置いてきぼりにされた幼児らに教育の機会を与えたキリスト教系の二葉保育園があった。当初は明治33年に敷地43坪で開園し、麹町の番町小学校の筋向いにあった。山崎朋子共著『光ほのかなれども』には設立当時の悲惨な社会が描かれている。その後、鮫河橋の御料地を借りて貧困児童１００名を収容し、昭和25年には敷地を購入、現在も福祉教育事業を拡大している（図版㉚）。また、仏教系では、この地域の子弟を教育する「三銭学校」などが寺の住職らによって明治19～34年まで存続した。

明治30年頃より地域の発展、就業機会の増大、車夫の転業という都市化現象で人口構成の変化がみられ、それに乗れなかった居住者は他の地域に流出していった。昔日の面影が少なくなり、明治44年には鮫の名称が消えた。

明治元年10月〜2年8月までの棄児・縊死者200人、餓死300人といい、子供たちにも厳しい現実があった。

江戸時代は名主には行き倒れ人の救護義務があったが、明治6年では横死人の掲示板が大区ごとに定められており、第三大区では麹町大通りの現三菱UFJ銀行麹町支店辺りにもあった。

■救育所

明治元〜2年大飢饉があり生活困窮者が街にあふれた。東京府は町会所の籾蔵を開いて救済したものの、この年は不作と米代高騰が重なり、一時しのぎだった。紀尾井町の大名屋敷跡には旧体制で生活していた下級武士や町人が流浪の民として身を寄せるようになった。それは大名屋敷を取り巻く長屋敷が残っていたからであろう。

そこで大名屋敷跡にも帰順しない、もと武士や浮浪の生活困窮者をまとめて同2年、下総小金原（現在の柏市・松戸市・八街市・白井町など千葉市西部一帯）の開墾に活用しようとした。しかし同4年の戸籍法制定・廃藩置県・同5年の開墾局の廃止により衰退した（北原糸子『明治初年東京府における窮民授産』、同好史談会『史話明治初年』、岩瀬謙超編『小金原開墾之不始末』）。

同2年、政府は食糧援助を行う「救育所」を設置した。目先の対策として老幼の困難者、乞食、浮浪者を収容する救小屋として救育所を三田に設置した。次いで高輪と四谷見附近くの麹町（尾張藩麹町中屋敷など）へと、三つの救育所を設置した。麹町救育所には、他の救育所と異なり労働力となるものが多かった。

また深川にも窮民収容所を設け、授産所にもなった。瓜生岩子はここで実習体験を受け、会津その他で貧民救済事業を行い、日本のナイチンゲールといわれた。

明治40年東京案内には、「尾張徳川氏邸は一たび救育所、授産所となし」と記述している。東京府史料・

㉛救育所　明治4年
（吉田文三郎「東京大絵図」人文社）

巻の39は、「名古屋藩邸は維新後救育所授産場となり又廃して市廛を開き、和歌山藩邸は中教院となれり」と記している。つまり、一時的に救育所があったが、廃止後、市廛《してん》、即ち、商店にある町屋、市街地となったことを記している。

東京府は救育所に収容した人々に食料援助をしていたが、明治4年4月より経費増で行き詰まってきたため、明治5年になって廃止やむなしとした。収容人員は、三田1825人、麹町2436人、高輪577人であった。そこで、官有地の払い下げ代金、桑茶税はすべて救育所の費用に充当することとした。それでも財政負担が多く、収容者の自活のため、手に職を持たせることが大事であるとして、職業指導をすることに転換した。

麹町救育所での職業訓練は、車力（荷車を使った運搬業）、開墾、草取り、草履つくり、縄作り、機織りなどであった。働ける者に収入を得るようにと、一般人による雇用を促がした。また、授産事業として技術の習得のため、明治3年紀尾井町の大名屋敷などに授産場を設置するようになった。このように、救育所は日本の福祉の原点ともなったのである（図版㉛）。

大木喬任伯爵は第二代東京府知事（明治元年12月～2年7月）で、明治31年発行の『奠都三十年』のなかで次のように回想している。「明治初年の東京の貧民は今日（明治30年のこと）どころの話ではなく惨憺たるものであった。そこで是非にと救育所をつくって、貧民を集め、職業訓練をした。しかし、思うように製品が捌けないので蔵にしまって折があったら売ろうとした。アメリカへの輸出も計画した。救育所の有様は随分ひどいものであった。幕府の溜場の食べ物は見事で監獄の及ぶところでない。救育所の食事を、監獄並みにしたら収支償わないから監獄署の囚人より劣ったものにした。殖産が盛大になると、その時の貧民は方々の製造所に教師に雇われて行き、或いは事業を興し、今ではなかなか立身している者もあるという」。

銀座四丁目に木村屋総本店という有名なパン屋がある。新宿区に住む町会長坂部健氏は元専務で創業者の家に住込みで丁稚奉公していた。氏によれば、創業者木村安兵衛は茨城県の士族であったが、明治維新になり、身の振り方を殿様に相談した結果、この授産所の事務職に就いた。そこで授産所が廃止されてからパンづくりを始めた。間もなく、長男が参加したが技術習得に意欲的だった。当初はイギリスパンに似て固く、日本人には人気がなく売れ残りが増えた。そこでふてくされて帰り際に浜離宮の池に投げ捨てて帰ってしまった。ところが翌朝そこを通りかかると、パンがふっくらと浮き上がっているのを見た。そこでこのような柔らかいパンをつくれば日本人に売れると思い、麹菌などを用い工夫を重ね、日本人にあう柔らかなパンの製造に成功した。

福祉行政

江戸時代の福祉行政は領主にあるが、貧困支援は「仁風一覧」で寄付者を公開したり、麹町では「いわき升屋」、「いせ八」、「大和屋」等5社が豪商による施行《せぎょう》リストに残され、合力での助け合いを奨励している（北原糸子前掲）。

公的支援としては、松平定信により七分積金があり、町会所が各地にできた。しかし、これは行きづまり、明治2年に救育所を設け、民間の手に移行した。公の分野では、町会所を売却し、その資金により大久保一翁や渋沢栄一ら財界人の協力で営繕会議所ができ、一部は都市基盤整備に投じられた。

明治4年、扶助は相互にて行い、貧困者対策は民間でなく国庫で行う、という福祉の中央集権を表す「恤救規則《じゅっきゅうきそく》」を定めた。壬生が知事になった時、旧幕時代から溜まった積金の行方が気になったが、後で聞くと「道路修繕に使ってしまった」と言われたそうである。

七分積金の使途については当時にも議論があったが、成長か福祉かという古今に通じる問題である。

ともあれ七分積金は江戸の福祉事業として大きな役割を果たし、多くの困窮者を救済してきたが、明治維新になってから、公共事業の財源のない新政府は、福祉の範囲を超えて、町会所に移されたこの積金をも活用し、残りを養育院の資金にした。

明治5年ロシア皇太子の訪日があり、「大国らしくしようとする」政府にとり大問題であり、これに備え加賀藩邸に貧困者を収容した。しかし政府は、「彼らに金銭を与えるのは一時の飢餓を免れさせるのみで姑息の情である」として路上生活者に金銭を与える者には罰金を科した。そして身寄りを探し、それでも生活できない者には工作所を設け、そこで働き生活費を稼ぐようにとした。そのために市民委員による営繕会議所を設立し、日雇い会社に労働派遣し、病気の者は養育院で療養させ、工業職人希望者は工作所に入れた。同6年上野に養育院を設置、窮民を強制収容して就労を模索した。そして、上野護国院を買収し医療も始めた。ここは公園、博物館用地となったため神田に移転した。

このように養育院は本郷→上野→神田→本所→大塚→板橋と発展的に移転し、東京都の福祉行政に繋がっていった。同8年に会議所と養育院は東京府に移され、教育の商法講習所（一橋大学前身）などにも及び東京都福祉事業に至る。これらの組織は麹町を除き、東京府が管理するようになった。このように養育院の発展に貢献したのは渋沢栄一であった（東京都『養育院百年史』）。養育院は平成11年に廃止され、今は東京都健康長寿医療センターとなっている（図版㉜）。

その後も飢饉が重なり、明治23年には米価が高騰し、東京市養育院も救済に乗り出した。麹町区では地元有力者や賛同者850人により地域内困窮者3736人に対し4か所で救済活動をし、麹町銀行（今の三菱UFJ銀行麹町支店の所在地）に地元有力者の事務局を置いて寄付を募った。医療・按摩・資金提供を行ったが余剰金ができたので、救済資金および水道設備工事用に寄付した。

■救育所廃止のあと

救育所が明治4年10月、経営難で廃止された後、困ったのは収容者であり、彼らの引き受け手として、明治4年末、東京府は三田、高輪の救育所跡の土地については、福島嘉兵衛という者の願いで、窮民の引き取りを条件に用地を無料貸与した。福島は「小義社」を設立し、救育所あとの窮民引き受け、長屋並びに金銭を貸付けて職業につかせた。便所や塵芥処理で救助の手当を出すことを提案、上記以外にも数区にわたり拝借している。小義社は、明治6年まで続き東京府養育院に引き継がれた。福島嘉兵衛は薩摩藩人足集めの頭で、薩摩藩行政の手足として貴重な人物であったという（松山恵『都市空間の明治維新』）。

上記の二つの救育所は小義社に引き取られたが、残る麹町救育所（本件調査地）は、瀧田十兵衛という者が引き継いだ。

また救育所と同時期に、「協救社」の動きもあった。明治2年東京府布達には「築地その他に協救社養豚場を設け窮民をして産に就かしむ」とある。これは豚の飼育により、営利事業を行うことで貧民を救済し、もって国益を追求しようとした。これは、もと一橋家家臣の角田米三郎の提唱による「協救社」で明治2～8年の間、全国に広まった。養豚で国民の飢餓を救い、貿易にも役立てようとする試みで東京府も明治2年許可を与えた。こうした官許を得て、年30%の配当を行うことを謳い、多くの投資家を集めた。しかし、高配当は続かないため元金返済要求が連続し、豚価格の下落、衛生問題も加わり、瓦解した。明治6年11月、日新眞事誌に「利金は名のみ、土崩瓦解の勢なり、非常の益ある者は又非常の損害ある、あまりに過ぎたる仕掛ゆえ今日の負塵に至る、是も兎商の亜なるのみ」と記されている。「兎商の亜」とは兎バブルに準ずるとのことで、協救社の事業の投機性も同様であると言っているのである。協救社の位置は尾張藩麹町屋敷として、地図にも記載されているが救育所と重なっており、麹町の救育所にもあったのであろうが、高輪救育所が主との資料もある。角田米三郎は救育所兼務とされていた（図版㉝）。

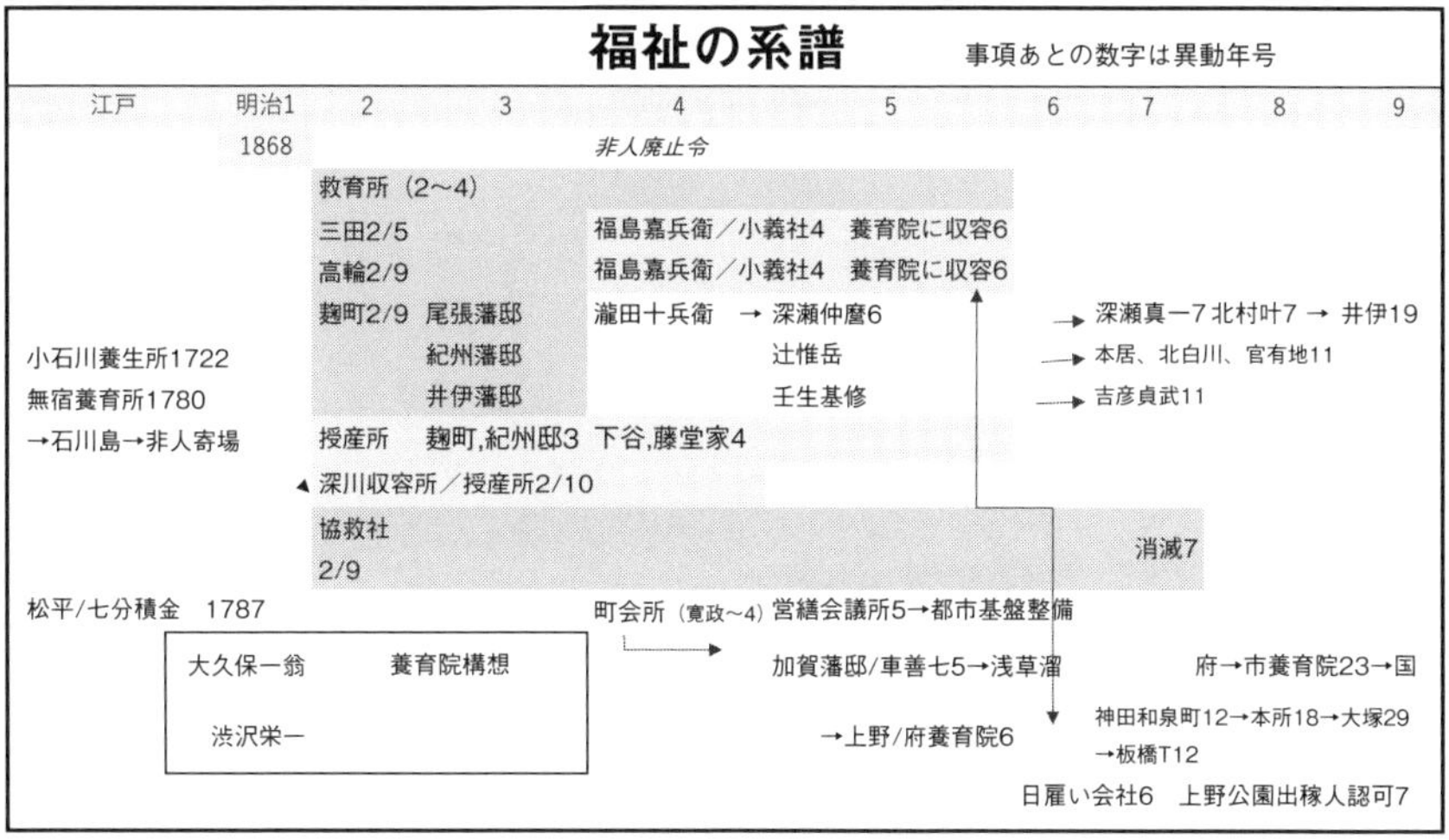

㉜**福祉の系譜**（筆者作成）

角田の会社は西欧の例で、資金を出し合うcompany（英）、compagnie（仏）という株式会社のような組織である。すでに江戸時代に小栗上野介が文久元年（１８６１）遣米使節の経験から企画していたが、維新後に渋沢栄一や栗本鋤雲が明治元年にパリ万博から持ち帰り実用化したものである。これを角田は貧民救済のために営利事業を起こし国益をもたらそうとした。角田はもと備中の一橋家領役所の手代であり、地元の興譲館館長儒学者・阪谷朗廬《ろうろ》（通称希八郎）に師事し、渋沢を阪谷に紹介した。

その阪谷は貧困問題で乱を起こした大塩平八郎に師事し、教育や地域開発に貢献し、のちに明六社の長老となった。慶応元年に渋沢が一橋家の歩兵募集のために備中を訪問した際、阪谷朗廬が攘夷を非難し、また旧教派（カトリック）は侵略主義ではない、断然開国すべしと熱っぽく渋沢に語った（渋沢「阪谷朗廬先生50回忌祝詞」）ように先見性がある師であった。渋沢はこの阪谷を尊敬し、次女を阪谷家に嫁しているほどである。

このことから、大塩、阪谷、角田、渋沢は貧困対策としての思想的つながりと社会的実践に共通項がある（藤田貞一郎「協救社衍義草稿の紹介」など）。

角田の事業は投機性があり被害者も多かった。事業が失敗

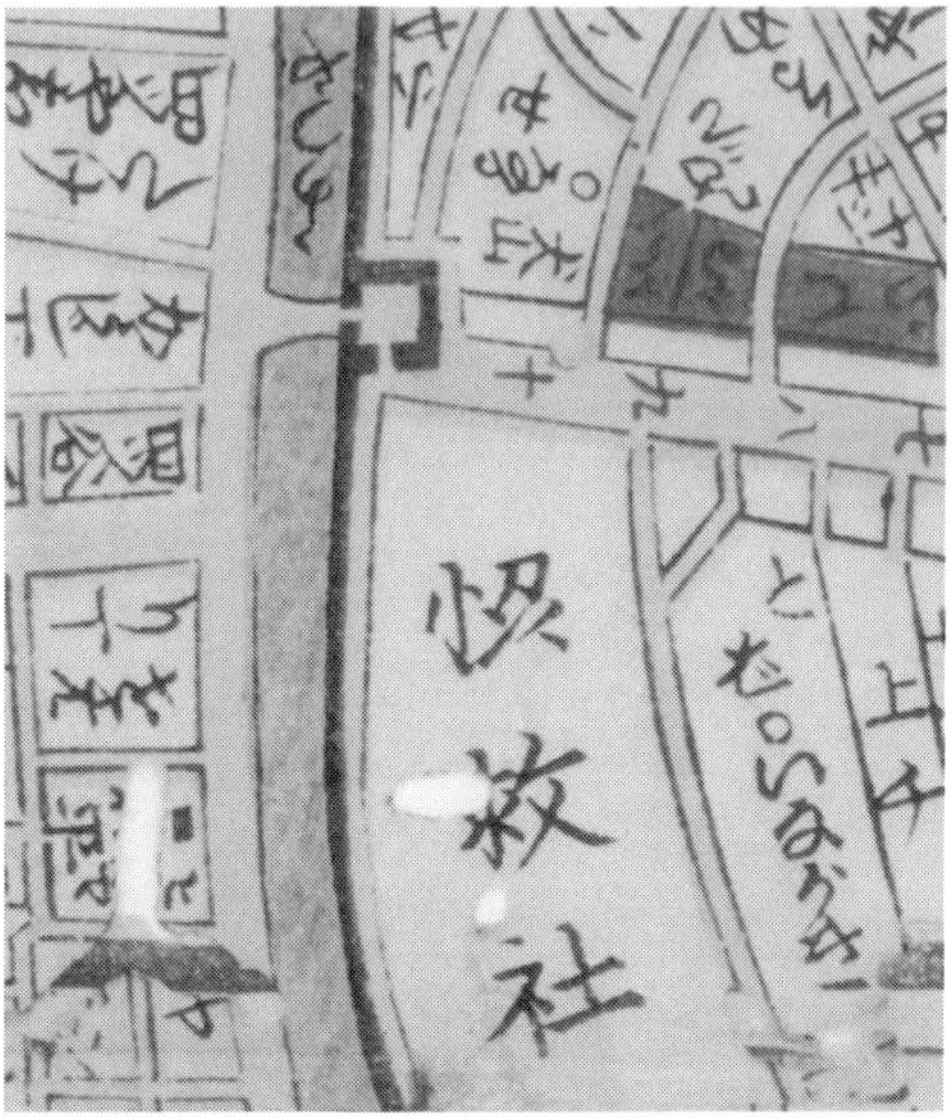

㉝協救社　明治4年（永福寺東京御絵図）

したのは未だ手法が成熟しない時代を反映したものであり、この屍と対照的に渋沢栄一はより深い能力により日本の産業を興し、同時に貧困対策を実践した。角田の経済成長構想は役人的な、上から目線のきらいはあるが、今日でいう「豊かな果実から滴り落ちるように、富が蓄積されれば自然に貧者に利益をもたらす「トリクルダウンtrickle down」理論的発想である。滴り落ちるまでに富者に不要な富が集積し、貧者が疲弊するのが問題であり、ここに国家間、国民間の争いが生じるのである。

渋沢栄一は埼玉の農家から国事への貢献を夢見て一橋慶喜に仕え、欧州視察団の会計係として派遣されたが、その派遣中に幕府が崩壊した。帰国後、大隈重信の築地梁山泊邸を訪れた時、彼から「商工業を発展したいというのは武士のやることではない、やるからには相当の志をもって新しい手段を講じねばならない」といわれた（市島謙吉『大隈侯一言一行』）。その後、大隈重信や井上馨らの支持を得て大蔵省に勤め、度量衡、貨幣、租税制度に貢献した。しかし、明治4年に大久保利通から陸軍歳費の大幅増を要求され、財政収入が優先すべきとして対立し辞職した。その後パリで得た経験をもとに実業の道に入った。そして商工会議所の設立のほか王子製紙、鉄道、瓦斯、郵船、銀行など国の基幹にかかわる企業500以上を興した。国富を増進し商売を振興し、もって福祉をもたらす道を選んだ。彼が興した事業は比肩できないほど多岐にわたり、今日にいたるまで日本の産業界に大きな足跡を残し、「日本資本主義の親」とも言われた。その思想の根幹は彼が言う「論語と算盤」にある。利益追求のみではなく、仁義道徳、正しい道理の追及がなければ富は永続しない。両者の一致が必要であるというのが彼の基本構想であった。彼の興した事業は殆どが発展を遂げ、雇用を促進し、富の好分配に貢献したといえよう。分配のためにはボランティアのような寄付ではなく、資金を民間産業の育成により求めたのである。ちなみに論語を重視し教育に応用したのが阪谷と同じ備中出身の三島中州である。安積艮斎に学び、三番町に「二松学舎」を創設した。夏目漱石、嘉納治五郎は卒業生でであり、渋沢栄一、吉田茂は舎長であった。

麹町の様相

明治時代の人口は武家の退去により減少したものの、明治18年頃になると首都機能の体制整備により回復している。その中味をみると、地区別では下町の人口が減少し、山手が増加している。とりわけ麹町区の人口増が多い。小木新造「東京庶民生活史研究」によれば、明治5年から22年の間に、麹町大通りの背後の住宅地では人口の回復が顕著であるが、町人地では武家地相手の商業衰退のため人口減少が見られる。麹町地区にはもと士族が多いが、同時に本籍を離れた寄留者も多い。

明治5年麹町紀尾井町の本籍人口は720人であるが、これは麹町のなかでも他の町別本籍人口（平均322人）と比べ最多である。また戸数も三番町と並んで最多で、特に寄留者が多い反面、士族の割合が多い番町地区に比べ少ないのが特徴である。この数字は、紀尾井町の雑居状態を示している。これに対し大通り地区には商いのためか士族が少なく、人口は多く、人力車や荷車の所有台数が多い。頼って来る者も多かったのであろう。明治25年、麹町の本籍人口に対し他地域からの寄留者数は1.18倍にも達し、とくに紀尾井町は密であった。東京への人口流入は年々増加したのは、肥大化する地主と地租を払えない零細農民の農村社会を反映したものだが、これは官員や勤め人が増えたこと、とりわけ利便性が重視されたせいで寄留者が増えたことによる。

零細農民は生活の糧を求めて都市に集まったが、待っていたのは低賃金と大地主による高い家賃であった。

高い賃金を払うエリート層と異なり、スラム（鮫河橋のような）では小住宅への間借りであった。紀尾井町の尾張藩麹町中屋敷跡に救育所があったのもこの反映であり、人口密度が高く、建物が密集していたことを示している。

一方、抵当流れで町会地となった土地は貸地とされ、今迄の積み金、穀高は財産として残り、その機能は各区に分散された。明治9年11月東京各区に総代人が置かれることになり、人民の利害に関する事は区務所と協議のこととされた。明治11年、区民に産業を授けたいとの趣旨で貧民授産所を設立するため紀尾井町に用地が確保され、東京市より資本金として1万2850円が下賜されたが授産所は実現せず、共有地として分解された（別記）。

困窮者に対する支援の輪は、一般人の篤志家はいたものの、有力者による少数に限られており、大きな効果には及ばなかった。江戸時代からの商人は事業界から退場の状態であった。代わって明治以降の新実業家らはインフラ等の国家事業がらみの貢献をした。このため民間の支援事業は短期的で経済的に継続できなかった。このため福祉の主軸は東京府や国家という行政支援に頼るしかなかった（大杉由香『明治前期における東京の救恤状況』）。

それでもこの地域における地域関係者の社会活動は本稿で述べるように特筆できるものがある。

麹町地区への寄留者の多いことは前述したが、同時に地方出と地元民との経済格差もあった。それ故に知識人による問題提起の場であったことは想像できる。

4　新しい生活

■過ぎゆく江戸

前記で述べた江戸時代の岩城升屋、助惣、おてつ牡丹餅などの店は幕府がなくなると安定した顧客を失うことになり、明治17年前後には火が消えるように次々と廃業した。御用聞きの商売から、店舗で往来の客を相手にする時代になった。こうして江戸時代の面影がひとつ、また、またひとつと消えていった。この間に日本の伝統工芸や甲冑が二束三文で海外に売られ、「日本人ほど歴史を粗末にする民族はいない」と外国人に言われた。そして、この時期、鹿鳴館が開かれ、江戸から明治へと世相が移り変わった。蕎麦屋のみはあまり変化がなかったという。

歴史年表をみると、江戸時代は赤色、明治時代は黄色とか判り易く表示されているが、当然ながら文化のほうは少しずつ変化してゆくもので、生活上の明確な時代転換は明治18年頃と思える。

維新前後の身近な衣食住の状況について若干述べよう。

■食生活

食生活の大きな変化についていえば、外国からの肉食の習慣があげられる。肉食については、天武天皇（675）の時代以降、日本人は肉を食べてはならないという規制が行われていた。しかし、時と種類により食べ分けていたようだ。少なくとも、薬用や飢饉の際は食べられていた。我が国最初の牧場は、徳川吉宗がインドより数頭の牛を輸入し、千葉の峰岡に設けたものである。

そして雉子橋門外に野馬方役所が設立され、峰岡から乳牛を運び将軍や病者に牛乳を提供していた。それを明治3年頃、阪川當晴ら5軒の搾乳業者が引き取り販売するようになった。

『喜遊笑覧』（1830）には四谷に猟師の市があり肉を売る獣店があったと記される。麹町平河町甲斐坂の「ももんじ屋」は有名で、店先に「やまくじら」の看板を出していた。天保年間には多くの肉料理店があり、傾城屋も多かったという。

川柳に「勘平は麹町にも折々出」（注、勘平は猪肉の隠語「麹町之状勢」）。

しかし、一般には肉食は極めて限定されたものであり忌避されていた。牛肉を初めて食べる日は仏様を穢すので仏壇にめばりをしてから食べたという長岡藩家老の娘の話がある（杉本鉞子『武家の娘』筑摩書房）。また肉料理店に入るのはゲテモノ食いの趣味で、当初は勇気のいることだったそうだ。最初は「しもじも」の者が食い、肉を食べる者は行儀が悪かったという。次第に身分の良い人が恥ずかしい様子もなく飲食していたと書かれている。

黒船が日本に来航したとき、当時の外国人が動物を購入したいと言っても、食用にするなら売らないと答えるのが当たり前であった。動物も人間も同じ生きとし生けるものの同じ仲間であるという考えである。牛の乳を外国人が搾り取るのを見た日本人が「乳というものは子牛が飲むものであり、人間が盗み取っている」と思った。ハリスが日本に来日したとき、牛乳提供を申し入れたのに対し、奉行所は子牛が飲むものだからと言って断ったという（『逝きし世の面影』）。

牛乳や牧場も明治に入ってからの現象であり、きっかけとなったのは、明治初年になり外国人が巷に現れると、日本人の体格が劣るのは何故かと考えるようになったからだ。そして外国人は牛乳をよく飲み、肉を食べるのに対し、日本人の食生活は五穀に偏っていると気付いた。そこで牛肉と牛乳で日本人の体力向上をという官民の声が上がり、肉食禁止令が解かれ、明治天皇が食するようになった。こうして各所に牧場ができた。文久3年、前田留吉が行った牛乳搾取所が牛乳の始めであった

岩山敬義（後記）は明治8年に下総牧羊場が開場するなど農政史に残る貢献をした。

牛の用途は耕作運搬から牛乳・牛肉へと需要が変化した。牛乳搾取業が武士や新資産階級のベンチャービジネスとなり、東京の業者数は全国の6割を占め、明治14年には東京に100以上の牧場があったという。乳牛飼育数や搾乳量を区別でみると（明治5年）、麹町がダントツの1位であった。

維新後、前田留吉に搾乳を学んだのがもと旗本・阪川當晴である。彼は長州征討に幕府軍として従軍し、明治4年に英国大使館の横、のちに山縣有朋の新椿山荘の隣地で阪川牧場をつくった。麹町で最初の牧場のため人気スポットであった。しかし種牝牛がないので乳牛に種付けができない。そこで阪川は配下を半蔵門

に立たせ、牛車がくると種付けの交渉をさせた。そして隼町にあった陸軍病院の御用牧場となった。

同年、大鳥圭介、松平太郎、北垣国道（別記）らが出資した北辰社という搾取所が飯田橋から東京大神宮に向かう角の榎本武揚邸跡に牧場を設けた。日本で最初にバターを製造し、大正13年に前田家から引き取った。筆者の通った渋谷区西原小学校の近くにあった同級生の家が遠藤牧場で、阪川牛乳に卸していたが、北辰社はこの遠藤一族から後継者を得た。同8年に山縣有朋が出資し、その執事が営む平田牧場が東郷公園の北向いにあった（牛乳新聞社『大日本牛乳史』、矢澤好幸『酪農牛乳発達史』ほか）。麹町一丁目の牛乳社が下田家（別記）に出した牛乳代受取証が残っている。

㉞櫻田麦酒醸造所　明治14年（「明治大正図誌」）

明治6年になると、衛生上の点から、牛豚の牧場は中心地から移転するよう命令が下され、その場所は甲州街道のような大街道に近い位置に指定された。五番町の阪川牧場は代々幡へ、その後は祖師谷にと移転した。

麹町大通りを挟んで北側は旗本屋敷の町であるが、それと対照的に南側の平河町一帯は下級武士や庶民の混在地である。１７３６年に馬場が設けられ、水茶屋が30箇所あった。紀尾井町パークビルから文藝春秋ビルにかけての一帯が東京におけるビール工場発祥の地であったことは知られていない。我が国のビール事業は、イギリス人が横浜で創業（１８７４）したが、ビールは明治に入り横浜に輸入されていた。明治8年に輸入代理店をしていた金沢三右衛門が新橋に輸入酵母などを使い「櫻田ビール」を販売していたが、明治12年ビール醸造を開始、明治14年醸造用水の良い紀尾井町の清水谷に注目し、ここに工場を移転し、「櫻田麦酒醸造所　醗酵社」と社名変更した（後のアサヒ・サッポロの前身・大日本麦酒）（図版㉞）。明治19年に当時、国内最大のビール醸造所をつくった。明治の地図にも工場の煙突が見える。金沢は、

㉟金沢丹後（国文学研究資料館）

当時の高額所得者となったが、新規同業者の進出など競争が激化したものと思われ、明治25年には大久保にあった邸宅1万坪を売りに出し、同26年には株式整理し、明治29年に病となり事業衰退、明治30年横浜の保土ケ谷に移転し、そして明治34年には廃業した。

金沢家は、このビール工場の以前は「金沢丹後」という菓子業の老舗を営む江戸城御用菓子司で、江戸における菓子番付のトップの東大関であった（図版㉟）。風月堂は幕の内の末で、岡野栄泉や藤村などは幕外であった。歌川国芳作の菓子舗双六にも前述した「おてつ牡丹餅」や「助物」とともに載せられている（別記）。金沢家は、大和国郡山の出身であるが、商家となった時が金沢に住んでいたせいである。前記した伊勢八の親戚で同家に頻繁に出入りしていたことが記されている（慶応2年、金沢三右衛門の日記）。

神田に水戸藩賄い方の菓子商・真志屋があり、この屋号は水戸の殿様の手がついた側女中の「お島」を引き取ったことで与えられたものである。「お島」は八百屋「お七」の幼友達である。「お七」は「お島」が奉公に行く時、手製の袱紗を「お島」にあげたが、森鷗外はそれを見たという（森鷗外『寿阿弥の手紙』）。その後、「お七」は恋人会いたさから自宅に火をつけたことで刑死した（１６８３）。付近にいた松尾芭蕉は命からがら避難したという。金沢丹後はこの真志屋を吸収して発展し、上野山下や日本橋にも店を持ったが、維新後は幕府の顧客を失い衰退した。金沢家はその後にビール事業に進出したものである（森銑三・金沢復一『金沢丹後文書』東京美術）。菓子でも良い井戸水を入手することが生命線であるのと同様に、ビール生産のためにも清水谷の水を選んだのである。

なお、井伊家与板藩の御用商人の出の中川清兵衛は１７６５年にドイツに渡り、明治9年札幌の開拓使麦酒醸造所で国産ビールの技術者として貢献した。同所は後に、サッポロビールとなった。

都市景観

自然景観について、永井荷風が『日和下駄』にて、「市ヶ谷本村町の坂上から牛込をへて小石川の高台を望む風景が東京で一番いい」という。今は建物に遮られ何も見えない。馬場狐蝶「明治の東京」には、「明治十二年頃には狐が大分いた。麹町の新見附から市ヶ谷左内町への遠景、濠、四谷見附の土手の松が舞台装置のように美しい」と述べている。

四谷御門の門扉や枡形は明治5年撤去された。

福羽は六番町に住み、皇室の歌道御用掛であった。津和野藩士でキリシタン弾圧を行うことになった（別記）。岡本綺堂（明治5年〜昭和14年）は30年間、麹町元園町に住んだ思い出を書いている。この辺りは、江戸は調練場となり、維新後は桑茶栽付所となり、薬園でもあったので、町名を元園町という。幼い頃には、草花の花摘みをする姿が多くみられ、蛇、兎、蟹、蜻蛉、蝙蝠、赤とんぼもいた。

四ツ谷駅構内に次の記念碑が建立されている。周囲の風情を維持するために明治29年に有志が櫻の植樹をしたものである。

それもみな　このこころにて　ここかしこ
けしきをそえて　さかえさせはや
明治三十三年五月　福羽美静《ふくばびせい》

麹町で多い店は、古道具屋191、西洋呉服156、靴傘140、古着屋119、古銅鉄103、雑道具82、古書画屋82等で、古い物を使い回している状況がわかる（明治15年東京府麹町区での店舗数）。

住まいの構造では、柿葺《こけら》47％（殆ど平屋）、瓦葺45％（殆ど2階建）、階層では、平屋63％、2階建37％（明治14年東京府下家屋集計）。近くには、芸者屋、常盤津や長唄の師匠がいた。湯屋の二階の女も明治18〜19年までのことだった。店の表はランプ、住まいは行燈、通りにはガス燈や電燈はない。掛け声のよいおでん屋は市ヶ谷に住んでいた旗本八万騎の出で、四谷の道端で筵を敷き、字を書いてお金を貰っていた老人も同様の身分の人だった。旗本屋敷が大正時代までどんどん消えてゆく寂しさを語る人は多い。

有島生馬は『大東京繁昌記』にて、冠木門の旗本屋敷であった六番町の自宅を絵に残している。近くの広幡邸は公家の邸宅で、庭に鶴が舞う雪景色はことのほか美しかったと隣家の中内鈴さんが懐かしんだ。また松平邸は板橋の安養院に移築されている。この他にも富士見町に数軒の旗本屋敷があったという。内田百閒(『別号百閒』)は「麹町はもともと大きな屋敷が沢山で人の数は少なく戦前は区民5、6人に巡査が一人だった、郵便配達は一日に6回来た」。

また、有島生馬はこの辺りに住んでいたので、想い出を語っている(『大日本繁昌記』)。「四谷見附内の三光稲荷脇に元禄長屋というのがあり、成瀬子爵の貸家と思うが、成程、元禄時代に作ったかと思われる手法がところどころ残っていた。成瀬家の鉄の門には閉口するが、その塀と塀に取りつけられている、たった一つの格子窓はいつ見てもいい」。

尾張徳川家の居付家老・成瀬家の家来達もこの辺りに沢山住んでいた。今も、近くに住む杉浦友子さんは祖父が成瀬家の家来だったという。元禄長屋と格子窓は今でも記憶にあり、二階建てで沢山の人が住んおり昭和8年まであった。父が成瀬家の子に勉強を教えていた折、叱りつけたところ、「殿様になんていうこと言うの」と祖母に小言を言われたという。成瀬家跡地(1579坪)は昭和10年に宅地分譲し(三菱信託)、水洗トイレ付だったという。価格は坪135~200円であった。余談だが現在(2023年)麹町住宅地の実勢相場は坪1500万円だからこの売出し価格より約9万倍である。

近代教育

『教育沿革史』(都公文書館編纂書類)によると、明治初頭の寺子屋は289カ所、そのうち江戸時代からのもの214、明治時代にできたもの75である。塾主は、旧幕臣・旧藩士・士族など武家関係132、平民

138、僧侶神官など15である。それらが私立小学校として認可、継承されたもの183、明治17年までに廃止されたもの106である。

明治2年小学校設置の通達があり、明治6年東京で小学校が29校開いたが、社会整備と人口減で他県よりかなり遅れた。教え方に流派があり、御家流、溝口流、花形流などがあった。師匠の身分は武士と町人の間で尊敬の対象となった。そして次第に武家の塾が消え、官員貴族の子弟教育の塾が主流となった。また公立をつくれない自治体のために代用小学校が明治23～40年にあり、そのあと江戸私塾が消滅した。ここにも時代に屈折点の時期を感じることができる。麹町大通りにも、江戸時代からの女性塾主が4軒あったという（千代田区女性史サークル「時代を駆ける」第四号、田口香代子論文）。

■交通手段

明治2年、人力車は駕籠より早く、馬より安い乗り物として発明され、乗合馬車が開業しており、明治20年頃が人気のピークだった。

明治5年は、新橋横浜間に鉄道が開設された。玉川上水の船便は廃止され、馬車を動力にする企画もあったが蒸気に変更された。

鉄道の本格化は、もともと私鉄の甲武鉄道（甲斐の国と武蔵の国の名を取った）が明治39年に国有化された頃である。明治22年新宿～立川間、次いで八王子間で創業した。当初の駅は内藤新宿・中野・境・国分寺・立川駅のみで、明治24年に荻窪駅、次いで28年新宿駅より神田三崎町迄と都心部に向かって延伸が行われた。この延伸については、新宿で稼業する車夫・飲食店・物品販売業者・宿屋から、また街の往来上の危険・景観等の点から反対運動があった。文明開化も熟成し、明治27年になると甲武鉄道が四谷に開通した。発車時間も料金も不正確で、客の大半は子供であった。子供達はみんなで汽車に乗り、トンネルに入ると「ワーッ」と歓声を上げ、隣の信濃町駅で降りると、テクテクと歩いて帰った。出来たてのトンネル入口の上につけた兜の飾りが美しく、また、どうしてトンネルが掘れたのかが不思議であったという（高嶋資夫談『大東京繁昌記』）。兜の両下には会社名を表す甲と武の字があった。

活動写真屋ではスクリーンに汽車が走り、観る方の座席は二人がけの10分だけだが汽車に乗った臨場感が溢れていたという、今でも似たものがある風景だ。甲武鉄道が四ツ谷駅に至る経路について、離宮の下を通るとは不敬にあたるといって壮士の脅しがあったという。

甲武鉄道の出資者は雨宮敬二郎や安田善次郎などで、雨宮は平河町に住み、甲府財閥で、鉄道王といわれた。運賃値上げに反対で、付帯事業による利益を主張した。

明治36年には東京市街鉄道（都電となる）が半蔵門と新宿追分間で敷設され、明治41年、永井荷風は「深川の唄」で次のように述べている。

「四谷見附から築地両国行きの電車（路上）に乗った。麹町の大通りにはしめ飾り、ほおづき提灯、幟や旗、広告の楽隊が囃し立て、人通りはずいぶん烈しい。車内には軍人、女学生、商人、婆芸者《ばば》。麹町三丁目で、ねんねこ半纏で赤児を背負った醜い女房とベースボールの道具を携えた少年が乗ってきた。車掌が半蔵門、半蔵門でございます、九段・市ケ谷・本郷・神田・小石川方面のお方はお乗換へ。あなた、小石川は乗り換えですよ、お早く願います……」。

大正7年にできた青バスは人気で、麹町三丁目の根岸幸三郎さん（平成29年時点、102歳）は四ツ谷駅のトンネルの兜を見たり、青バスに乗って市内を観光するのが子供の頃の楽しみであった、と言う。

■ あかり

ランプ燈は明治5年に皇居で使用されて普及したが、明治5年横浜で、同7年銀座街でガス燈が点灯し、明治10年頃はガス燈があかりの中心となった。

世界最初の電気は維新の90年前にフランスで実用化されたアーク燈である。

日本での始まりは明治11年、電信中央局祝宴会のアーク燈実験成功で、その3月15日は「電気の日」とされている。そして同15年に銀座・大倉屋前で点火された。これが街路燈第一号で、大変な評判を呼び、翌年に東京電燈（東京電力の前身）が設立された。そこで明治19年より電燈局として火力発電所の建設を実施、その第一電燈局が、半蔵門の正面にあるレンガ造りの東京電力変電所である。明治生まれの作家・内田百閒は、『百鬼園随筆』で、「半蔵門の東京電燈の売店に行って、どの型が一番いいかを試した」とある。同社の営業用広告文に「器具販売陳列、実演場、講習会など」とあり、電力普及の努力が見られる。内田百閒が買い物に行った先は、まさに半蔵門の第一電燈局である。麹町に最初の一般需要の販売所ができたのは、麹町に官邸、有力者、勧工場、高額所得者が多いと見込んだからである（図版㊱）。次いで一般需要者や官邸に送電を開始し、同21年に皇居にも送電した。ところが帝国議会で火災があり、これが漏電によるとの説が流布し、宮中や一般向けが停止する事態になった。さらに吉原の未収金や失火、不況でピンチになり、電力は危険だから廃止し、ローソク社会に戻したほうが良いとの意見が支配しかけた。その後また衆議院での火災があり、調べると、これは漏電ではなく暖炉の不始末が原因とわかり、電気の信頼性を回復した。

㊱東京電燈、衛戍病院（「東京一目新図」）

アーク燈は街路燈として適していたためランプ燈やガス燈を凌駕してきたが、同12年にエジソンが白熱電燈球を発明したため、日本でも同17年の鉄道開通式、同20年の鹿鳴館に白熱電燈が点火され、白熱燈がアーク燈に代わるきっかけとなった。

そして同24年、紀尾井町の内閣官報局で初めて白熱燈が採用された。この官報局（後記）は現上智大学正門横に、他所から移転してきて新築したばかりの官報局印刷工場であった（のち移転）。これが評判となり、白熱燈の設置依頼が急増したという（東芝未来科学館）。電気の普及は麹町から始まったのである。

本書カバーにみるビゴーの絵には街灯が描かれる。この絵は「クロッキジャポネ銅版画集」にもあり、これが同19年出版であること、近くの中江兆民仏学塾を描いた作品が同18年であるから同時期の作品と思われる。丁度、彼が麹町に在住した時である。ランプやガス燈の利用が衰退し、電力のなかでもアーク燈から白熱燈に移った時代である。まさに照明の近代化の直前にあったランプ燈を書き残したかったと思われる。

なお、この街灯は絵の右手に住んだ北村叶（別記）がその3年前に設置申請した街灯と思われる。

■ダンス

江戸時代からの老舗が消えてゆくなか、あの鹿鳴館文化が生まれた。鹿鳴館での舞踏会が明治17年帝国ホテル近くで開かれ、バザーは文明開化のシンボルとなった。鹿鳴館はデフレ下に苦しむ一般社会から批判を浴び、7年後廃館となるが、この後も社交ダンスは、個人邸宅内において、或いは一般娯楽のダンスホールで行われていた。また海外交流等の教養ツールとして戦災に遭うまで、紅葉館（ビールの項で述べた）にて受け継がれた。ここは海軍関係者にも多く利用されていたが、そこで女中をしていた牛込の骨董屋の娘・光子は現上智大学敷地内にあったオーストリア＝ハンガリー帝國公使館のグーデンホーフ公使と結婚した。また、金色夜叉のお宮もここの女中をして、小説のモデルになった。

ダンスは、日本の文化度の高さを示すためにも必要な教養と認識され、筆者の祖父（第七、八章）も明治33年日露戦争に備えて英国出張した時にダンス教授所で海軍の教養として「学んで」おり（米原林蔵『渡英日誌』）、その後の欧州各国での舞踏会にもたびたび招待されて交流している。今回、イギリス現地の文芸哲学協会に問合せしたところ、１９００年頃の教習所の位置、先生の名前、街や工場の写真を送ってくれた。イギリスの歴史情報管理の素晴らしさを感じた。帰国後、祖父は大正天皇にダンスを教えている。

昭和2年四谷見附交差点そばに初の社交ダンス教室が開設された。創設したのは、十津川郷出身で、郷士より剣道を習った、玉置真吉《たまき》である。彼に社会主義者の教えを授けた大石誠之助は天皇に危害を加えたとして幸徳秋水等とともに死刑になった（大逆事件）が、玉置は危うく難を逃れた。その後、賀川豊彦の紹介により明治学院神学部で学び、伝道のかたわら音楽とダンスに触れ、大正10年、麹町の与謝野鉄幹・晶子宅に呼ばれ、大逆事件の犠牲者・大石誠之助の甥・西村伊作が創立した文化学院の幹事をした。また与謝野夫妻の要望でダンスを教えるようになり、戦後も健康のためのダンス普及に貢献し、またフォークダンスや民族舞踏を国立音大その他で教え、業界の先駆者（日本舞踏教師協会初代会長）になった。

仇討

仇討の話は江戸につきものである。この周辺での出来事を拾ってみた。

四谷門の外では、四谷塩町で文政7年（1824）仇討ちがあった。高崎のある足袋職人が口論のすえ殺された。幼小の息子宇市が長じて剣術の腕を磨き、犯人をこの地で突き止め仇討をした。武士以外にも仇討があった例だ。

市谷門では、浄瑠璃坂の決闘があった。江戸初期の寛文12年（1673）奥平源八が協力者50人とともにこの坂にあった屋敷に討ち入り、親の仇・奥平隼人を討った。伊豆大島に遠流の処分になったが、6年後赦免となり、一族安泰となった。忠臣蔵の先例となったと言われる（四十七士の場合は切腹）。

明治政府は、近代化を進め明治6年太政官布告にて「……人を殺す者を罰するは政府の公権である……」とし仇討禁止令を出した。従来、日本の慣行とされ、美化されてきた仇討ちは、犯罪とされた。最後の仇討ちとして、明治13年秋月藩士が両親を殺された事件があった。長男は探索のすえ、犯人を突き止め、禁止にもかかわらず仇討をした。その結果、裁判により終身刑の判決を受けた（10年後大赦）。それまで仇討は美談視されたが、悪用や感情にも利用されたことがあったようだ。

第四章　大名が退去した直後の屋敷跡

紀尾井町には江戸時代、徳川幕府の中枢であった紀州徳川家、井伊家、尾張徳川家の三大名の屋敷跡があったが、その跡はどうなったであろうか。そして、とりわけ尾張藩中屋敷跡にできた救育所、最初の土地所有者となった深瀬仲磨を中心に、倒幕活動などの時代背景を改めて述べたい。

1 大名屋敷はどうなったか

麹町紀尾井町の名は、「もと名古屋・和歌山・彦根の三藩及鳥羽藩邸の半分の地を明治5年合併して新たに町名を加う」（内閣文庫）とし、紀州、尾張、井伊の頭文字を取った紀尾井坂があったからだという。当初の麹町紀尾井町は明治44年に紀尾井町となり、鳥羽藩稲垣信濃守邸（現四丁目の鉄道弘済会ビルと背後一帯）の半分は大正時代に麹町五、六丁目に編入された。

紀尾井町にあった三つの広大な大名屋敷は、明治時代以降それぞれ上智大学、旧赤坂プリンスホテル、ホテルニューオータニに変じた。これらの場所は、ともに江戸城を守る枢要な外濠の見附門近くにあった大画地である。

ところが明治維新になってからすぐにそれらに変じたわけではない。尾張藩麹町屋敷の跡には深瀬仲磨（本名、惟一という）が、紀州屋敷の後は辻維岳が、井伊家の後は吉彦貞武というように、一般に聞き慣れない人物が所有していた。東京府知事の壬生基修は別にして今では名も無い3人がどうしてこれらを所有したのだろうか、偶然とは思えず、何かの意図があったに違いない。

共通していることは、これら大名屋敷跡は主がいなくなったため維新混乱期に多くの人々が身を寄せ合う場所となり、その後いずれも新政府による貧困者対策として明治2年より実施された救育所並びに授産所が置かれる場所になったという点である。救育所並びに授産所については別項を参照されたい。

もう一つの類似点は、彼ら全てが長州や薩摩とともに討幕運動に関わったことである。新政府樹立の主軸は、長州・薩摩・土佐のほか、広島藩、佐賀藩、十津川郷士などであるが、土佐藩の吉彦、広島藩の辻維岳、また十津川郷士の深瀬仲磨それぞれはいずれも明治政府の新首脳に入れず、脇役に回った人物である。幕府方の家老達は次第に淘汰されていた。

紀州藩中屋敷

明治期の利用状況を示す貴重なものとして、明治9年〜17年の作成された参謀本部陸軍部測量局による「五千分一東京図測量原図」（以下、測量原図という、日本地図センター）がある。これによれば旧赤坂プリンスホテルのあった土地は、文政6年以後紀州徳川家の中屋敷であった（図版㊲）。

この測量作業は、当時の世相から内戦を想定して作成されたものである。我が国測量図のはしりであり、当初はフランス式地図で土地利用や目印をリアルに物語るものであったが、フランスが普仏戦争でドイツに負けたこともあり、明治17年からドイツ式地図に代わった。フランス式地図は、行軍の際に目印となるように欄外に植物や建物などのスケッチを入れた色彩豊かなものであった。これに対しドイツ式地図は単色で、対象物が記号化されて今日の地図になったものである。この地図を見ると、明治17年頃までの状態がわかる。

紀伊藩は御三家のなかでも徳川幕府の将軍として最も多くを輩出している。

家茂が将軍になると同時に紀州藩主となったのが徳川茂承《もちつぐ》である。鳥羽伏見の戦いのあと、幕府敗残兵が

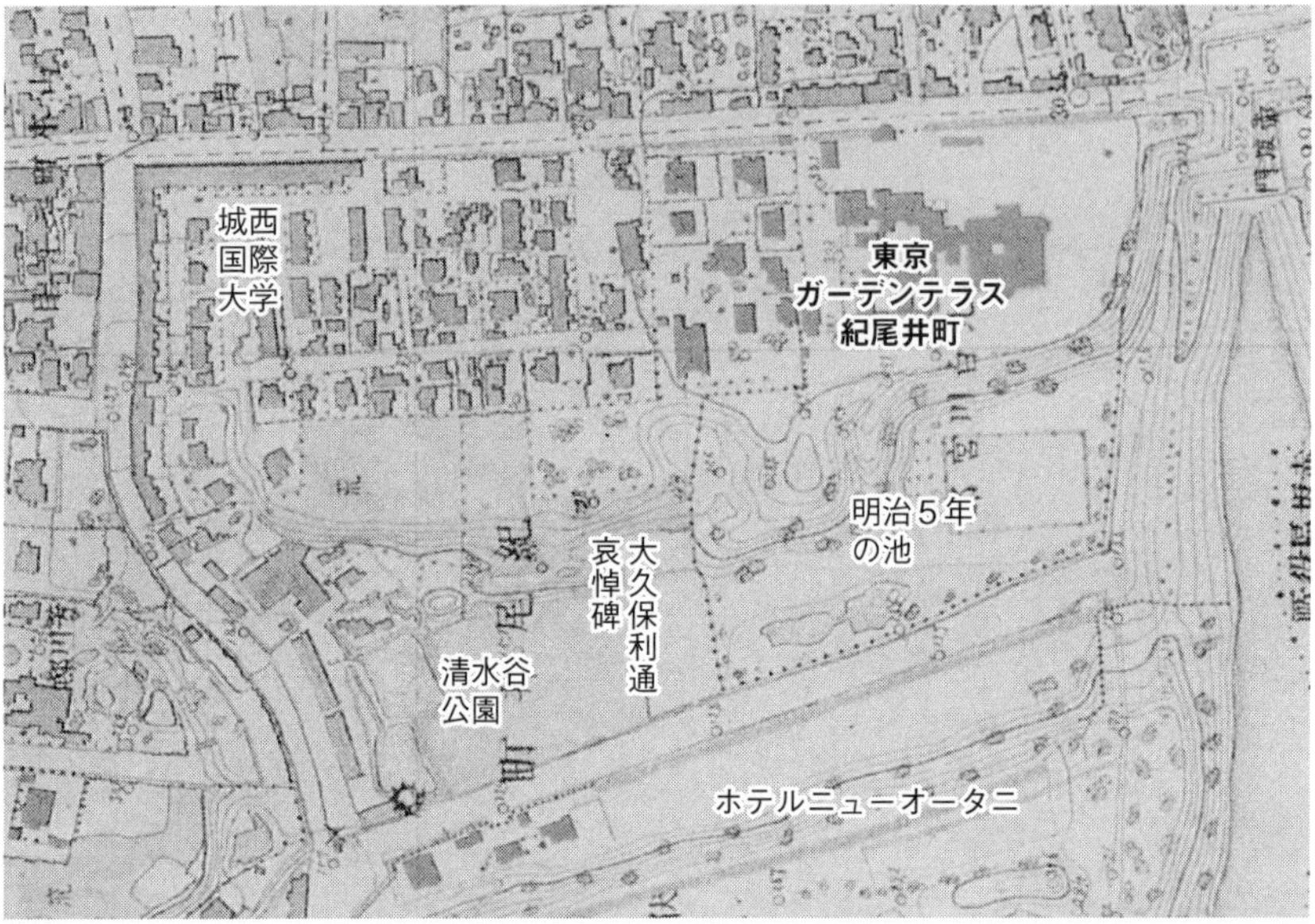

㊲紀州藩中屋敷跡　明治16年と現在（参謀本部陸軍部測量局五千分一東京図測量原図）

紀伊藩に逃げ込んだため藩が彼らを保護した。そこで藩主徳川茂承は官軍から疑われ軟禁された。これを救ったのが津田出《いずる》の藩政改革と新政治構想であったが、この経緯は別記する。

この中屋敷は、明治3年に入りこの第三大区二小区壱番の2万1100坪は授産所となり、士族・辻維岳が拝借していたが、明治5年3月この地所の払下げを受けた。当時の図面の中央部に大きな山、池、崖が描かれている。

辻《つじ》維《い》岳《がく》（1823〜1894、別名を将曹）は、広島藩士で藩政改革（1862）の貢献者であった。元治元年（1864）、征長の役が起こると、幕府と長州藩との間の和平交渉をとり持った。辻の協力で長州と交渉した幕閣の勝海舟は全国の家老のなかで「鶏群の一鶴」と評している（勝海舟「氷川清話」）。

また、薩長芸による倒幕三藩同盟（1867）の成立に参加した。一方、土佐藩の後藤象二郎が進める大政奉還構想にも同調しており、見方を変えるとどっちの味方かわからない芸州（広島藩）の二面的な態度は倒幕一辺倒の薩長両藩の不信感を煽ることになり、広島藩は倒幕勢力の中心から外され、維新後の明治政府でも中枢に据えられることはなかった。とはいえ、辻は、復古功臣者33名に名を列ねており、また藩のまとめ役として奔走した実績がある。

明治13年には、この土地での経験をふまえ、他の旧広島藩家老とともに「広島士族授産所」を設立、困窮する旧士族の授産事業を進めた。

㊳明治7年のイギリス公使館　五姓田義松画
（「江戸の外国公使館」港郷土資料館）

高島鞆之助（後記）の回顧談には、「濠に面したイギリス公使館前を西郷隆盛と歩いていると、向こうから来た老人に西郷が至極丁寧にお辞儀をした。あとで老人が辻であると西郷が教えてくれた。なおしつこく高島が辻のことを聞こうとすると『道のなかで名を出すな、と西郷に叱られた』」とある（図版㊳）。

辻に払い下げられた紀州藩の土地は、明治11年に、そのうち6000坪（赤坂御門寄り）が北白川宮家にわたり、9187坪（イ3番、清水谷公園側）は官有地に、7277坪（ロ3番、プリンス道路寄り）は本居豊穎《もとおりとよかい》に所有権移転されている（外に崖地2262坪）。

本居の土地は、江戸時代は紀州藩中屋敷の達磨門があったプリンス通りの城西国際大学の辺りにあり、新政府による神道を国教とする宗教政策の要である中教院の施設となった。また、隣接地に大規模な訓盲院（目の不自由な人の訓練所）の立地計画もあったが、起伏が多いので取り止めになっている。明治24年には行政裁判所の建設敷地となり、今は城西大学キャンパスになっている。

本居豊穎は国学者で歌人、本居宣長の曽孫であり、中教院教導職という宗教官吏も務めた。豊穎の孫の長世は童謡作曲家で、有名な「七つの子」、「赤い靴」、「十五夜お月様」等を作曲した。この中教院教導職とはどのようなものであろうか。

古くから天皇も参拝していた高野山などの熊野信仰は神仏分離令で衰退し、代わって明治2年、明治天皇が初めて伊勢神宮を参拝し、ここを宗教政策の中心とした。江戸時代は神仏混淆で、いざという時「南無八幡大菩薩」と人々は唱えていたが、王政復古で神道が仏教に取って代わられ、廃仏毀釈となった。この時に神祇官らが仏教やキリスト教も外来のものだからとして、神道を基礎にした新しい宗教を作ろうとし、大隈重信がその担当委員長になった。ところが教育学者の中村敬宇（本名・正直、三大義塾の一つ同人社を創立）が来て言うには、「それだけはやめなさい。宗教は人間がつくるものではない。神が印判をついたものでなければ宗教ではない」と言ったので、大隈は納得した（「大隈侯昔日譚」）。

しかし、政府は明治3年詔書により天皇に神格を与え、神道を国教と定めて、祭政一致の国家とする方針を示し、行政機関としての神祇省《じんぎしょう》を設け、国民教化のための教導職制度を設けた。教導職は半官半民の性格で、神官・神職、僧侶の宗教関係者のみでなく歌人、俳人なども任命された。施設として、全国統括の大教院、各府県単位の中教院、その下の各地域に小教院を置いた。紀州徳川家中屋敷跡地には、最初は大教院が置かれ、これが芝の増上寺に移転すると、代わって中教院として設置された。そして国民教化のため全国で神官・僧侶による説教が実施されたが、神官の説教に説得性がなく仏教からの抵抗があった（安丸良夫『神々の明治維新』）。明治8年大教院は解散し、国教は維持しながら儀礼習俗に限定するようになり、また海外からはキリスト教保護が求められた。そして帝国憲法で法的に信仰の自由が認められた。

北白川宮家は伏見宮家邦家の第13王子が創設した家で、戊辰戦争では彰義隊・奥羽越列藩同盟など幕府側に関与したことから維新後は謹慎生活をしたことがある。この北白川宮邸は明治17年、コンドル設計により建築されたが、東京地震（同27年）で一部損壊し、その土地に昭和5年700坪の洋館を建て李王の所有とした。今なお李王邸として保存されている。李王は朝鮮最後の王族で、朝鮮併合により天皇家の王族になった。

戦後、1952年に西武が買収、1955年より赤坂プリンスホテルとして長い間、親しまれた。土地代は分割払いの後、1979年に所有権移転した。平成28年7月よりは複合市街地・東京ガーデンテラス紀尾井町として開業している。今は旧李王邸を残し、オフィス・ホテル・商業施設と住宅棟の2棟より構成される。

井伊家中屋敷

井伊直弼で有名な彦根藩は彼の死後、長州・土佐藩との融和を図るが、長州征討や天忠組弾圧に加わるものの、王政復古のクーデター後は藩内で勤王派が台頭し、戊辰戦争が起きると与板藩とともに新政府側についた（慶応3年）。

ホテルニューオータニのある土地はどのような変遷があっただろうか。『東京市史稿』に「寛永9年（1632）、彦根城主井伊直孝の居屋敷を桜田に、中屋敷1万4175坪を赤坂見附に賜う、共に加藤忠広邸なり」とある。もとは服部半蔵の館で、周囲から見れば高台であるので半蔵山と言われた。その後、加藤家のものとなり、その表門には黄金の虎の紋があったという。忠広は加藤清正の子であるが1632年に改易となり、加藤家の屋敷は井伊家に移された。ちなみに明治神宮はもと彦根藩下屋敷であった（図版㊴）。

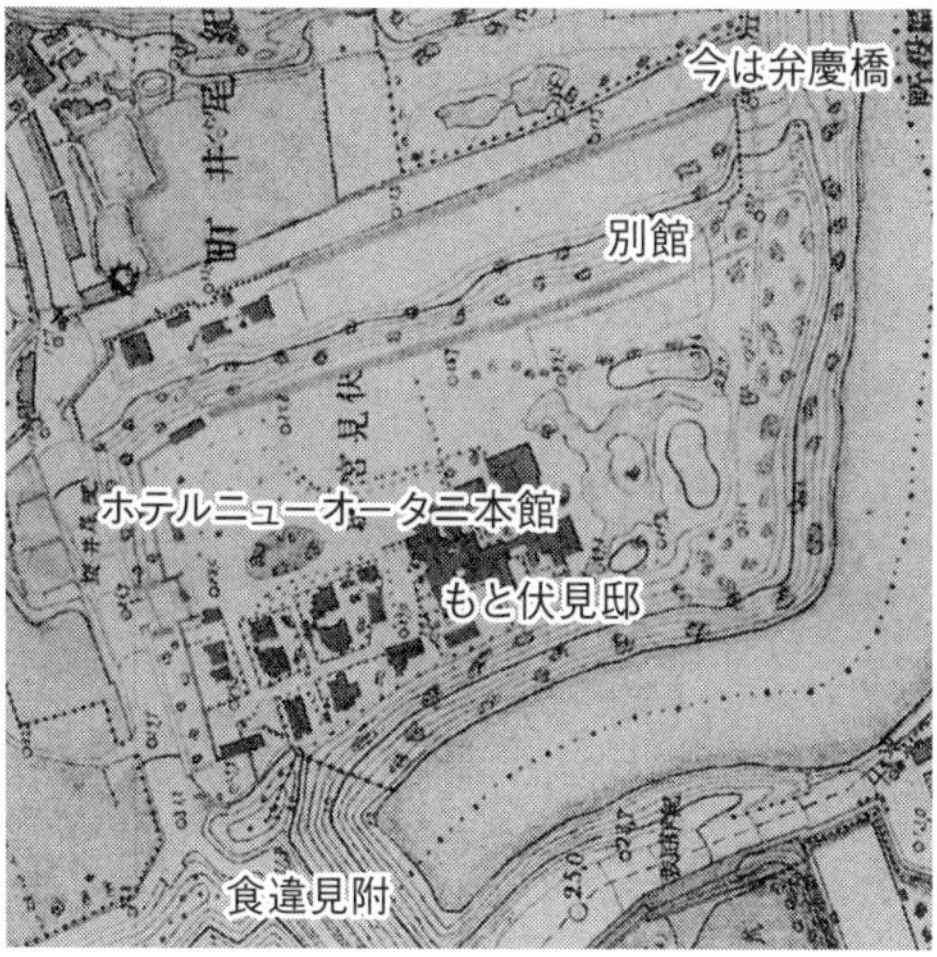

㊴彦根藩井伊家中屋敷跡　明治16年と現在
（参謀本部陸軍部測量局五千分一東京図測量原図）

明治4年、紀尾井町2番地、総面積1万8138坪のこの土地を東京府知事となった壬生基修が開拓所として拝借したが、救育所となり、明治5年に払下げ願を東京府に出している。そして明治11年6月隣地道払下げを含め1万8970坪を吉彦貞武（四谷荒木町15番地在）に売り渡している。それを明治11年11月宮内省が買い上げ、このうち3649坪は宮内省御用地（第二種皇族賜邸）として伏見宮邸に下賜（現ホテル正面広場、図版㊵）、残地70坪は吉彦貞武に残している。

かつてこの辺りの桜の下に名水の井戸「桜が井」や「柳の井」があったと標識に記される。

吉彦の署名には高知県土佐国土佐郡大川渕の出と記されている。彼は高知県士族であり、明治5年陸軍大属の地位にあり、西南戦争の際、同調する高知県の鎮撫に地元にて一役買ったが、明治11年まで六番町に数箇所の土地を所有していた。

㊵伏見宮邸の門（小竹正一氏提供）

壬生《みぶ》基修《もとなが》（1835～1906）は、尊王攘夷派として活躍、和宮降嫁に尽力した「四奸二嬪」の追放運動を行った。1862年の政変で、三條実美らと共に七卿の一人として長州に落ちた。維新で復権し、明治2年、三代目東京府知事、貴族院議員となった。救育所の証言者でもある。

伏見宮家は、明治5年京都より移住してきた四親王家の一つで、他家が断絶するなかで現在に伝わる宮家として存在する。第一王子の山階宮彰親王は、若い頃（天保改革当時）の駆け落ち事件のために除籍されたが、のち復籍し、新政府の外国事務総督として外交のトップに立った。伏見宮邸は和館（明治15年）と洋館（24年）が完成。明治19年、天皇が行幸し芝居天覧が行われ、武術、能、狂言が行われた。天覧はその文化の普及に役だったという。大正12年の大震災で倒壊、同15年に再築したが戦災で焼失した（図版㊵）。

戦前、この土地には川南工業本社・住宅研究所、社宅と二万坪の陸軍用地があった。この会社は、明治における長崎の造船業のはしりとなり、三菱造

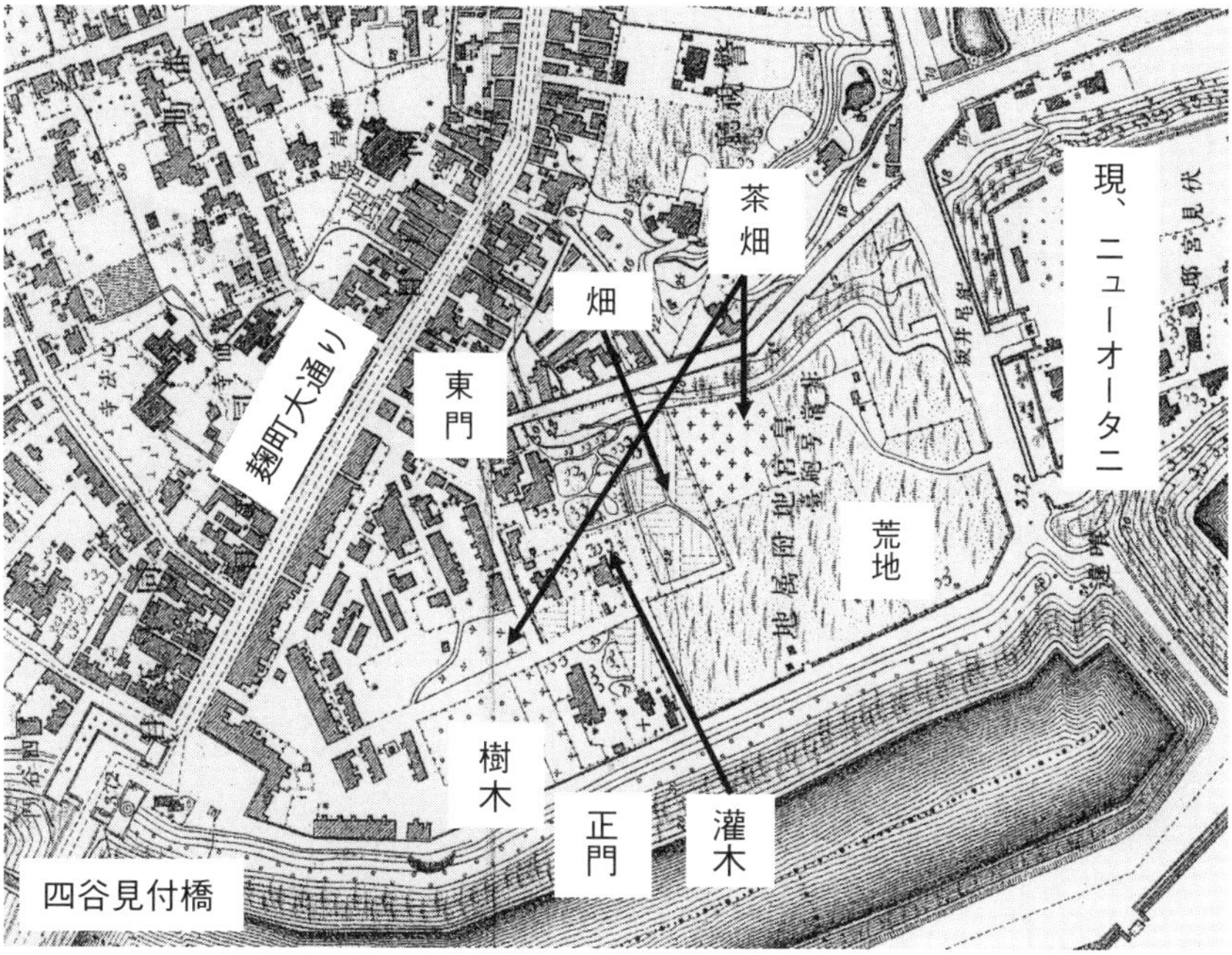

㊶尾張藩中屋敷跡の土地用途（明治中期）

船と比肩する規模であったが、昭和30年に破綻した。その跡地にインド大使館などの購入打診もあったが、外国人が取得することを恐れる各界の意見もあり、東京オリンピックに備え、大谷重工業が昭和31年に購入を決定し、昭和39年、ホテルニューオータニを開業した。同社創業者・大谷米太郎は、貧農から大相撲幕下まで経験、のちにロール製圧業を起し、大谷重工業を設立したものであるが、昭和52年新日鉄グループの合同製鐵に吸収された。

尾張藩中屋敷

尾張藩江戸屋敷のうち、市谷の上屋敷は明治元年の戊辰戦争のさなかに土佐藩兵に要害の地として接収され、皇居に向けて砲台が築かれた。同時に中屋敷も接収された（図版㊶）。総督府よりは「御用の時は返上すること」が貸出条件であった。明治2年、麹町中屋敷等とともに上地命令があり、その後は兵部省施設になった。

同2年には版籍奉還により藩主は藩知事となった。尾張徳川家第17代当主・徳川慶勝ら藩主は東京に移住させられ、廃藩置県により藩知事を免職となった。尾張徳川家の江戸屋敷は、江戸時代の31万坪から、維新後は1.4万坪に減少した。

では紀尾井町にある尾張藩麹町中屋敷はどのようになったであろうか。

明治維新後、土地は民間に解放されたが（第二章）尾張藩中屋敷は一時東京府のものとなった。最初は救育所になったこの土地の北部は、深瀬仲磨、弟の深瀬真一、真一義父の北村叶をへて井伊家に移転した。同時に東京府幹部で地元有力者の一時共有地となった南側の土地は、宮内省と香川敬三、並びに高島鞆之助ら薩摩関係者の土地となる。注目すべきは深瀬、香川、高島が宮内省に出仕していたことである。そして殆どの土地が時代の変化とともに上智大学キャンパスに吸収されることになった。

明治期前半の土地利用

測量原図（図版㊶）によれば、南半分は当初、皇宮地付属地とあり殆ど荒れ地だが、北部に非常号砲台がみえる。明治14年「非常ならびに御近火号砲のこと、赤坂仮皇居内にて施行されていたが、これからは皇居付属地紀尾井町において施行される」と太政大臣資料にある。合図方法についての布告があり、非常は5発、近火は3発とされていた。

中央部（前号の北半分寄り）には大邸宅群があり、北側に長屋らしき建物がある。明治7年太政官布告120号によれば、地所は官有地と民有地に分かれる。

中央部から南側一帯は明治11年頃から皇宮地付属地となって、内務省に移転された時期もある。ちなみに官有地は皇宮地（1種）、皇室賜邸（2種）、森林・原野（3種）に分かれ、皇宮地のなかに皇宮地付属地が入る。民有地は個人私有地（1種）、公共施設（2種）、墓地（3種）に分類されている。

建物との関係で現況地図と重ね図を作ってみた。これを見ると北側の建物群は麹町中屋敷の周囲を囲っていた武士の長屋敷の残存なのだろうか。また、西側には斑点模様があるが、明治政府が維新当初に奨励した茶畑であった。この茶栽培政策は短期間に失敗し消滅した。

中央に畑地があるのは、江戸時代から農民や武士が耕作した跡であろう。清水谷近くの傾斜地には垣が三カ所あるのは土止めのためであろう。

当時の麹町中屋敷跡の南半分は香川敬三（別記）の土地となったが建物がまだ無く草地である。中央部には高島や薩摩の邸宅がある。高島が言う通り、見透しのよい風景であったと思われる。

麹町の紀尾井町では3万6000坪が茶畑であった。（前掲の「武家地処理問題」）。結果的に、このような茶畑への土地利用のため細分化されず、大画地の残存に役立ったかもしれない。

2 尾張藩麹町中屋敷跡と深瀬仲磨

この尾張藩麹町中屋敷跡の所有者といえば、深瀬仲磨（図版㊷）を抜きにして語ることはできない。

麹町中屋敷は明治2年上地され、明治6年地租改正により今日の土地私有制度が発足したが、この時、深瀬仲磨がこの尾張藩麹町中屋敷跡の民間による「最初の土地所有者」となったのである。

前章で記述の通り、維新当初の東京は過疎化現象が生じ、その対策として東京の地租率を1％とし、地方の3～5％より低くした。また土地課税価格を反当り平均12円（坪3銭）としたが、同8年の416円（坪1.16円）に比し格安であった。東京府は同5年7月の壬申地券発行に先立ち同年1月に発行規則を決めていた。

このような情勢で、深瀬仲磨は同5年5月にこの土地を譲り受けたいとの申請を何度も行い、同6年6月に所有権を取得した。その翌年に没した。

彼が所有したこの土地は維新の混乱で生じた難民が寄り付いた救育所の土地であった。その後、これから述べるように様々の人に渡り、イエズス会などの所有になり、今日の状態になった。

ところで、彼はどのような人物か、なぜこの地に住むようになったのか、そして、その後どうなったのか、これを知ることは同時に明治維新を理解することになる。

そこで、まず深瀬仲磨出身の奈良県十津川郷を案内しよう。そして160年前に明治維新をもたらす先駆けとなり犠牲となった勤王志士について述べよう。

十津川《とつかわ》郷は、奈良県中央の奥深い山村にあり、熊野三山の出入り口、紀勢本線・新宮駅からバスで2時間半を要する地点にある。人口は、昭和35年で1万6000人を数えたが、令和5年では3000人弱と過疎化している。現在は周辺6か村まとめて十津川村とし、面積では奈良県の5分の1を占め、北海道を除けば日本一の大きな村で、東京都区部の合計を上回る。杉、檜の険しい山々が連なり、高さ1000m超の山が60もある。山あいを流れる川は熊野川の中流域であり、十津川村内では十津川という。

その秘境ともいえる谷間に沿った人家の村々を十津川郷という。都や港から遠い「遠つ川」から来た名前である。60年前は山の峰に村役場などがあり住民は峰伝いに生活したため、健脚の高齢者が多いという。住人の数より動物の数が多く、人間が囲まれているようで、動物が人間を無視して歩いているという。交通手段がない時代では、村を出る際には途中の村落で一泊し、翌日に漸く村境を越えると言われた。棟方志功は「岩を攀《よ》じ、草の根を摑んで登った」という（保田與重郎「南山踏雲録」）。

『日新眞事誌』（明治5年5月14日）に次の記事がある。「大和国十津川郷は吉野郡の南、熊野に接し、15里ばかりの59村で、崖や山に家屋が散らばり、磽确《ぎょうかく》の地（地味がやせていて、小石などが多い土地）なので、耕作に努めず、婦女は山に菜を作り、男は猟や炭焼きをする傍ら武芸の練習をする。自ら郷士と称し、因習に縛られ、世間の変化を知らず、一つの別天地であった」。

天武天皇以来、朝廷への戦功を賞し、且つ作物の乏しい土地柄でもあることから、生活は極度に貧しかった。徳川時代まで免租とされた地域である。その代わり、いざという時、天皇の護衛に駆けつけるという京都御所守護の任務を誇りとし、朝廷でも数少ない親兵として信任が厚かった。

1336年足利尊氏の武家政権成立以来、後醍醐天皇は吉野へ逃れ、南朝を開き、京都の北朝に対立する。吉野には天武帝以来の勤皇思想・皇室への忠義一途の伝統がある。倒幕運動の公家であった鷲尾隆聚《わしおたかつむ》の証言（明治27年）がある（「史談会速記録」）。

「十津川郷は、昔から後醍醐天皇を擁したことで士族になっている。帯刀御免で徳川氏でも巡検に入ることができない所で、昔から精兵三千名といい、紀州藩も困っていた。裁判などせず助け合いをする。十軒に一つ剣道の道場があったという。徳川氏も何も関係せず、巡検は、表向きに行ったことにした」。

戊辰戦争では征討大総督官の親衛隊となり、長岡から会津若松へと遠征した。また東京遷都の際、天皇が東京に赴く時の警固を受け持った。

若き日々

仲磨は1840年（天保11年）に大和国（奈良県）吉野郡十津川村大字川津生まれ、野崎利八の次男である。後、深瀬姓となる。通称は仲磨、本名は惟一。緒方洪庵が大阪に適々齋塾（略称、適塾）を開校する2年後であり、大塩平八郎の事件の3年後である。この年、長崎にて高島秋帆が洋式砲術採用を献言している。

深瀬が生まれた川津は、この十津川郷の北部で、今は風屋貯水池を通る国道168号線沿いにある寒村である。深瀬姓を名乗った理由は、姉コンの嫁ぎ先で医師深瀬家の養子となったためである。姉の子・隆行（安政4年生まれ）は十津川郷の田良原に永く住み、認定医として記録が残っているが、英語の勉強のため緒方洪庵の子・惟準の東京適塾に入学している（緒方銈次郎「東京に在りし適々齋塾」日本医史学雑誌 1322）。夫が早世したコンは後継者として弟の仲磨を養子にして後を継がせたようである。隆行の子・隆太（後記）は村長を務め、五条と新宮を南北に縦断する五新鉄道の建設に私財を投げ打つ。しかし、戦争や過疎化で挫折し、その鉄道は今も五條市などに残骸を見ることができるのみである。

仲磨の風貌につき、墓碑の後半部分に「見韋丈夫、彩組結髪、腰横長劔、与儕輩数十人出入館門」とある。

身体が大きくてたくましい目立つ存在だったようである。紐を彩り、髪を大きく結い、腰に長剣を横へ携え、仲間数十人を従え、十津川郷屯所の館内を出入りする姿をみた、と墓名碑にある。孫のうた代さんによれば、仲磨・真一とも非常に立派な人物と聞かされていたという。

仲磨は、10歳台で長崎にて医学を修めたが、尊皇の志高く、ペリー来航（1852）を機会に十津川郷に戻った。近くの新宮で医院を開業し、患者でいっぱいだった。しかし、彼は海外からの脅威に対した攘夷活動のために身を投じた。開国か鎖国か、尊皇か佐幕かで世論が騒然とした時代である。

長崎での生活について確認資料はないが、漂流後アメリカ船で帰国したジョン万次郎が長崎で取調べを受け、海外文化を伝え始めた。

1853年、ペリーが浦賀に来航し、すぐにロシア使節のプチャーチンが長崎に来港し、両国から開港要請が迫っていた。相次ぐ開国要請について幕府が全国に意見を求めていた時で、我が国や自らの在り方をめぐり若者らも議論が絶えず、深瀬も当然ながらその渦中にいた。影響を与えたのは、川路聖謨（前記）、大隈重信、緒方洪庵一家とその門下生らである。

㊷深瀬仲磨（「適塾会報」第14号）

川路聖謨は大分日田の下級武士から出世し、のちに麹町三番町（今の五番町）に住んだ。開国派で、外国奉行の時、ロシアの開国要求に対し、幕府は日露和親条約を結び択捉島までを日本国とした。彼は水野忠邦の天保改革で失脚し一時奈良奉行になったが、その時、博徒の取り締まり等の実績や識見の広さで十津川郷士や地元民を驚かせたという。（保田與重郎「伴林光平伝」）。後に江戸城明け渡し前（1864）、中風で病床にあり、職務を果たせないとして割腹後我が国初のピストル自殺をしたことでも有名である。

川路は平岡正四郎を徳川慶喜に推薦し、平岡は渋沢栄一を慶喜に推薦した。また渋沢栄一はパリで土佐の栗本鋤雲と知り合い開眼する。維新後、渋沢は新政府に入るが、栗本は政府要請を拒絶しジャーナリストとなった。

深瀬は長崎遊学中に大隈重信に影響されたと思える。佐賀藩の大隈重信は深瀬より3才年長であるが、16才の時、藩公の命で長崎に留学（1854年）、南北朝時代の楠木正成父子を十津川郷同様に讃える尊王思想の義祭同盟に参加し、江藤新平、副島種臣、大木喬任らと交流し、長崎梁山泊を結成し同志を集めた。後の東京での築地梁山泊は同様な集団であり、引き続き深瀬が加わったのは自然な成り行きであったろう。また大分県中津藩の福沢諭吉も語学習得のために21歳で長崎に来て（1855年）、その翌年に適塾に入門、塾長になった。

勝山毅『十津川人物史』は、次のように言う。

「仲磨は機知に富む人として知られた。明治3年12月内命を奉じて薩摩に使いす。三条実美が薩摩の西郷隆盛に密書を届けようとしたが、西郷に会うのは困難であった。使者に悩んでいたところ深瀬仲磨が奇智あることを知って、深瀬に密書の使者を頼んだ。彼は西郷に会う方法を思い巡らし、西郷が祖先崇拝の念が強いことを思い、西郷家の菩提所の墓地で突然、かがり火を焚いた。それに気づいた西郷が驚いて墓地に駆けつけると、深瀬が墓前に端然と額づいていた。そこで彼は西郷に三条の密書を手渡すことができた、という。これにより西郷の上京という結果をもたらしたという」。

これは後述の通り大役であった。

大隈重信は深瀬仲磨の思い出として「勤皇家で面白い男だった、あの頃は旦にして夕を計らずという危険な時代だったから無闇に酒は飲む道楽はするで早く死んだが惜しい男だった」という（「十津川郷友会会報」8号）。

上智大学の東、紀尾井坂を降りた四つ角（第8章善隣書院）に米沢藩を代表した宮島誠一郎（別記）の住まいがあった。明治2年6月に勅許された版籍奉還の具体策につき諸藩の足並みが揃わぬなか、深瀬仲磨は宮島と議論し、諸藩兵を禄と共に兵部省に管轄することを提案している。宮島は時期尚早と反対したが、10月に島津が藩兵を従えて上京した現実から、強者である薩長に弱者である諸藩が従うのはやむを得ないとしている（友田昌宏「未完の国家構想」）。

明治3年の密命は彼のこのような持論の延長にありと思われる。薩摩主体の軍事力で当面の中央集権ができたのである。密命は三条や大隈の命令もあったが、深瀬仲磨の考えもあったとも思える。

深瀬仲磨は、梅田雲濱の弟子で、倒幕に先行した天忠組の十津川郷士であり、中岡慎太郎等の土佐勢、西郷隆盛等の薩摩勢と懇意にしていたにも関わらず若年死のため中央政府の中軸に入れなかった。

緒方家との関係

1823年シーボルトが長崎に来日し、高野長英らの門人を生んだ。長崎には緒方洪庵（1810～1863）も遊学（1836～1838）し、すぐに大坂で適塾を開設している。そして種痘が導入された翌年には緒方は種痘館を大坂で設立した（1849）。これに刺激を受けた深瀬が長崎遊学を決意したのは緒方洪庵一家との知遇ができたからであろう。彼は緒方洪庵の六女・十重（安政2年生まれ）と結婚しているが、彼自身も元来医者であったからである。のちに緒方家の兄弟も揃って深瀬仲磨宅に出入りし、仲磨と交流している。

緒方洪庵の先祖は大分県の大神氏、佐伯氏で、先祖同様、代々の名に「惟」をつけており、子らの名も皆、「惟」を用いている。仲磨の本名が惟一とされたのはこの関係であろう。仲磨は宮内省を退職したあと明治4年11月妻（17歳）を失っており、彼もまた後を追うように明治7年紀尾井町の自宅で病死した。文京区駒込の高林寺に洪庵一族の墓があり、その近くに仲磨の立派な墓がある。後を継ぐ弟・真一が建立したもので、墓碑には仲磨の業績が刻まれている。適塾生の佐野常民（1823～1902）の墓もこの寺にある。佐野は日本赤十字の創設者で、仲磨とも親しい関係にあった。

洪庵は、長崎で学んだ時、先輩の億川百起から資金援助を受けて、大阪で適塾を開いた。そして億川の長女八重（1822～1886）を妻とした。天保の飢饉で大塩平八郎の乱が起きた翌年のことである。その塾生ならびに師事した者は1000人以上で、弟子に大村益次郎、長与専斎、佐野常民、橋本左内、大鳥圭介、福沢諭吉等がいた。妻・八重は塾生に母のように慕われた。

洪庵は文久3年（1863）に没した後、家族は慶応4年まで東京におり、その後大阪に戻った。深瀬が医院を閉じ、京に向かったのはこの年である。

その間、長男・惟準《これよし》（1843～1909）は、天皇家の侍医（明治5年）となった。その際、天皇が飲む水は旅路でも鴨川の清水に限ると長きにわたり守られていたが、これを改めさせたという。その年に上京し、お茶の水に自宅（現明治大学敷地内）を有し、東京適塾を開設した（明治5年11月）。同10年西南戦争に彼が出征したため閉鎖した。全国から入学者があり、深瀬仲磨の義兄弟・深瀬隆行も通ったが、仲磨邸に居候したと思われる。緒方の趣旨は窮民施療であり、大阪府での意図は府兵の治療にあった。受診記録のなかに大村益次郎がいる。大村は適塾出身で陸軍創設にあたり近代化を推進したが、反対派に明治2年襲撃され、大坂仮病院で惟準らの手術を受けたが逝去した。九段の靖国神社に銅像がある。

惟準は明治18年陸軍軍医学会長になり、朝鮮出兵、日清、日露戦争の死者のうち、戦闘死より脚気による死者が多いことにから、兵士の白米給食を否定し、森鷗外、石黒忠悳（後記）等陸軍軍医らの伝染病説と対立し退職した。石黒もまた台湾統治の樺山資紀・高島鞆之助により排斥された。

さらに明治2年、大阪府管轄の理化学の学校として設立されたのが大阪舎密《せいみ》（オランダ語chemieに由来）局である。深瀬仲磨と一緒にとった開講式の写真がある。仲磨の大阪府判事補時代のものである。これはまだ化学の認識が当時の国民に浅く短期間で他の機関に吸収され、のちの第三高等学校となった。大阪府の担当は田中芳夫で、惟準や民法学者の箕作麟祥と義兄弟にあたる。

興味深いのは、緒方家や深瀬仲磨が我が国土地制度に関係深い神田父子（別項参照）と交遊が深かったことである。神田孝平（地租改正の発想者）が、兵庫県令だった頃の受診記録がある。また、その息子神田乃武が幼年期に緒方一族と撮った写真もある。そのなかに神田孝平の姿もある（藤田英夫「大阪舎密局の史的展開」）。

洪庵の六男・収二郎は、明治4年、仲磨が寄宿していた大隈重信の築地梁山泊（別記）に住むようになった。そして兄弟と共に西欧を遊学し、緒方病院の設立に協力した（古屋照治郎「近畿医家列伝」、梅渓昇「緒方洪庵と適塾生」等）。

3 倒幕の魁となった天忠組の乱、その行方は

草莽の志

文久3年（1863）奈良県で起きた天忠組（天誅組ともいう）の乱は、海外に弱腰な徳川幕府を倒す引き金となったものである。十津川郷は天皇近侍の任務を誇りとし、幕府の干渉もない住民自治の土地柄である。反面、自然災害が多い地域であったが、人的な動揺があったのは、嘉永6年のペリー来航以来である。

仲磨ら十津川郷士の思想はどこにあるのだろうか。

尊皇攘夷に最も影響を与えたのは朱子学であった。その朱子学は幕府御用の昌平黌を率いる林家と土佐を発祥とする南学の山崎闇斎《あんさい》に分かれた。後者は天皇中心思想から国体のありかたに進み幕府批判へと変容した。朱子学からくる崎門学《きもんがく》の創始者である山崎闇齋（1619～1682）の高弟・浅見絅斎《けいさい》（近江生まれ、1652～1712）がいた。著書『靖献遺言』は水戸光圀の『大日本史』とともに尊皇討幕の志士のバイブルとなり、明治維新のエネルギーともなり、その後の日本人思想に大きな影響を与えた。京都から一歩でも外に出ると身が穢れるという徹底ぶりもあった。

史談会速記録には調査員の質問に答えて千葉清宗という十津川郷士が次のように証言している。「五条に

森田節齋がおり、吉田松陰や久坂玄瑞ら多くの志士を教え、十津川郷で農民兵訓練をした話から梅田雲浜が十津川郷に来て郷士等と意気統合して倒幕機運が持ち上がった。しかし、それには費用を要するというので長州が物産交易のかたちで資金を出すようになった」。千葉清宗は明治27年従六位に叙位され、四谷で没したという。千葉の息子・貞幹は明治24年ロシア皇太子襲撃事件で裁判官として司法の独立を守った人である。

森田節齋（1811～1868）は、頼山陽の門下で尊皇思想の儒学者である。吉田松陰ら勤王志士の思想的指導者で300人余の志士を育てた。その言葉に「二三の心」がある。人間はトップになると自分が見えなくなる。二か三番目の地位にいれば謙虚で向上心が湧くと説く。また松陰からアメリカ密航計画を相談された時、その軽挙を諌めた。

妻の無絃（詩人）も女性ではその右に出る者がいないといわれた才女であった。無絃は天然痘のため醜女といわれたが、節齋は彼女の才能に惚れてプロポーズした。無絃は小倉琴子という武家の娘で、学者の下働きに出されていた。彼女は「絃がない琴のようだ」と言って無絃という俳名にしたが、結婚して絃ができたと言っている。無絃は自らも弟子をとり節齋の理論的支えになったといわれるから陰ながら維新の原動力にもなったともいえよう。森田の死（明治元年）後、彼女は上京し、麹町3丁目辺りで明治29年生涯を終えた。四谷の愛染院に一時墓があったと言うが故郷に戻したらしい。判明した著書は2冊ほどであるが、麹町での業績はわからない。

節齋は剣より文による倒幕を説いた穏健派で、松陰や梅田ら実行派を諌めたが、倒幕の思想に具体性を与えた原点ともいえる。彼の弟子から維新後の宮廷に70人もの秦任官を輩出したという。

とくに浅見の思想を継承し十津川郷士に直接影響した者は、節齋の友人である梅田雲浜（1815～1859）である。小浜藩藩士の出で、ペリー来航以来、尊皇攘夷で志士たちを指導し幕政を批判した。十津川郷士は梅田雲浜と何度も往来し交流を深め、野崎主計、深瀬仲磨、深瀬繁里らは門下生となった。安政元年、梅田とその他有志の人々が幕府の嫌疑を受け、江戸に護送された。その後、梅田は安政6年9月、拷問による病のため獄中にて死亡した。

江戸において、麹町平河町は倒幕にいたる蘭学発祥の地である。十津川郷士ら開明派（後記）の江戸拠点もここにあった。大通りの反対には博学な旗本が多く、情報交換もあり、学問尊重の気風があったからと思える。

蘭学者の杉田玄白や中川順庵も麹町住まいで、彼らはともに前野良沢を中心に「解体新書」を著わした（1771）。杉田は回想録「蘭学事始（1815）」も著わした。

半蔵門前の田原藩には家老の渡辺崋山（1793～1841）が、平河町2丁目に蘭学者の高野長英（1804～1850）がおり、平河町2丁目8に安積艮斎（1791～1861）がいた。崋山や長英は反幕府とされ、一方、艮斎は攘夷派だったが海外情報を彼らから得て軟化した。崋山は藩政改革に貢献し、藩主三宅家から三宅坂の名が残った。

安積艮斎は福島郡山より上京して学び、現在のお茶の水駅前で開塾（1827）、天保9年（1838）に貝坂の平河天神そばに移転した。それは江戸最大の塾で、多くの人材を輩出した。大阪では大塩の乱、緒方洪庵の適塾が開設した時である。昌平黌でも教え、明治維新の8年前に没した。彼はペリー持参のアメリカ国書、プチャーチンのロシア国書の翻訳も行い、幕末における儒学とともに洋学の中心人物となった。門弟には吉田松陰（1804～1859）、箕作麟祥（法学者）、小栗上野介、松本奎堂（天忠組にて戦死）、井伊直充（与板藩主）、岩崎弥太郎、高杉晋作、神田孝平（第二章）、川路聖謨、栗本鋤雲など著名人が多く、延門人数は江戸最多の3000人であった。「安積艮斎門人帳」（同顕彰会）には450人にのぼる武士や町人の名前が連なる。しかし、塾生の議論が幕府批判をしたとして幕府御用の鳥居耀蔵のために渡辺・高野らが摘発された。鳥居は江川太郎左衛門らが洋学派に測量技術論で負かされたため洋学を蛮人が学ぶ学問として厭っていたと言われる。これが有名な「蛮社の獄」（1839）で多くの洋学者が一掃され、安政の大獄（1858～）へと長い暗闇が続いた。海外への視野では吉田松陰が急激な攘夷と海外進出を説くのに対し、安積は海外諸国を研究し大艦建造による国防を論じ、後の海運業や造船事業に影響を与えた。（「洋外紀略」）、安積の精神は急激な倒幕でなく現実的移行を図る中庸を旨とし、これは西の森田節斎に相当する。

万延元年（１８６０）桜田門の変で、井伊直弼が暗殺され、井伊派への報復が行われた。十津川郷では１８６２年（文久2）土佐藩士らが訪ねる一方、薩摩藩士らも訪ね京都で交流を深め、長州藩の桂小五郎（木戸孝允）とも会談した。

梅田雲浜のもとには、西郷隆盛が教えに請うために訪ねた様子は「南洲手抄言志録」（明治43年杉原三省）に二人の気風を察する記載がある。

「西郷が訪ねると梅田は喜んで妻に酒を買いに行かせようとしたが金がない。すると病床の妻が簪を売って調達した。西郷は腸を断つ思いがしたが、そのおかげで天下国家を論じながら夜を明かすことができた」とある。

さて文久3年（１８６３）7月十津川郷士の総代である深瀬繁里、上平主税ら7人は、攘夷の上願書を復権した中川宮に提出している。野崎主計、深瀬仲磨ら15名も上洛した。そして、京詰め郷士に手当金３００両と「菱に十字」の旗印、御紋付の提灯が渡され、次いで壬生基修ら三卿により深瀬仲磨らに引き続き忠勤に励めとの沙汰が降りた。そこで禁裏守護の近衛兵となった十津川郷士は大挙上京となった。そこで十津川郷は幕府を越えて朝廷の直轄地となり三条実美の支配下となった（図版㊸）。

そして8月、攘夷の行動をしない幕府に対し、反幕行動につながる攘夷親征の詔勅が孝明天皇により降りたのである。大和行幸というもので、大和国の神武天皇陵や春日大社で攘夷を祈願し、さらに攘夷親征の軍議を行い、伊勢神宮まで参宮するという計画である。

大和行幸を推進したのは、長州藩と三条実美《さねとみ》ら攘夷派公卿、並びに攘夷派浪士であった。中山忠光公卿より有志に「大和に下るので方広寺道場へ遅滞なく集合するように」との文書がまわり、幕府の攘夷決行の不履行を責めることとなった。中山忠光は明治天皇の実の叔父にあたる。公卿中もっとも急進的な尊攘派で、

㊸三条実美に陳情する志士たち 文久2年（田中有美作「三条実朝と岩倉具視」）

思い切った行動をとった人物である。

大和義挙、いわゆる天忠（誅）組について

こうして中山忠光公卿を頭に、土佐藩の吉村虎太郎、備前藩の藤本鉄石、三河刈谷藩の松本奎堂、さらに土佐藩ら脱藩者の同志38人（うち土佐脱藩者18名、久留米藩脱藩者8名）に、河内勢が加わり、野崎主計ら十津川郷士1200人が合流した（図版㊹）。

この集団の名称は「天誅組」とも言うが、単なるテロ集団と誤解されるので、天忠組と称するほうが適切とし本稿では敢えて「天忠組」を採用した。当時の行軍旗には「皇軍御先鋒」とあり、「大和の乱」、「大和義挙」とも言われた。その中心は吉村虎太郎で、武市瑞山が結成した土佐勤王党に属し、中岡慎太郎や坂本竜馬と同様、藩主山内容堂の弾圧のため脱藩して尊王攘夷運動に加わった。

これに地元の十津川郷士が呼応し、その中心が野崎主計（当時40歳）であった。彼は大和吉野郡十津川郷川津の庄屋で、直ちに郷士招集の指令を出した。野崎は深瀬仲磨の従兄弟でもある。その生涯はひたすら天皇への忠義であった。

天忠組は皇軍御先鋒として8月17日に五條代官屋敷（現、市役所）を襲い、五條御政府の樹立を宣言した。

そして「今後、五條代官が支配していた当地は天朝が直接支配

⑭天忠組の乱と十津川（「近代百年史。十津川村」）

する。復古の御祝儀として、今年の年貢はこれまでの半分に免除する」と宣言した。五条は古くより勤王の中心地であった。

彼らが国体を神武天皇以来の王政復古を念願し、短時間ながら明治政府より一足早く新政府をつくった維新の「魁」なのである。

ところが、五条新政府樹立の翌日8月18日、再度、朝廷で政変が起きた。急激な倒幕に批判的な孝明天皇と中川宮が薩摩・会津藩の協力で三条実美ら尊王攘夷派の意見を覆し、長州藩と長州派の公卿（壬生基修を含む）を追い落とした（七卿落ち）。そして、行幸は中止され、天忠組の行動を賊軍と決定した。

この朝廷の変心を知らず、これらの事変を京にいる深瀬ら郷士に知らされたのは1週間後である。長州は朝廷守護の十津川郷士を支援していたが、会津・薩摩連合に駆逐されたため、在京の十津川郷士は取り残されたが、深瀬は土佐脱藩勢力と共に潜伏した。一方、十津川郷内には朝廷守護に徹すべきで、このような国事に関与すべきでないという反論が半分もあったのである。既に五条代官所を襲った天忠組は一転ハシゴを外された形で、朝廷や幕府から追われる立場に陥った。既に乱に加わってしまった地元の十津川郷士は困惑し、その大部分は天忠組を離脱した。天忠組本隊は戦闘準備が不十分で武器も劣るため、幕府諸藩の攻撃により山奥深くまで敗走を重ね、最後には東吉野で全滅した。

十津川郷士の中心人物である野崎主計や深瀬繁里は参戦させた十

津川郷士に対しての責任があり天忠組に残り、自害や斬死に至る。大将の中山忠光のみは長州に逃れたが、長州は処理に当惑して不十分な保護ができないまま、長州内部の反尊攘派により中山は暗殺された。

同年10月、中川宮は吉田俊男・深瀬仲磨らが護衛した十津川郷鎮撫使として下向し、生き残った十津川郷士を赦免した。その4年後、大政奉還となり新しい時代が始まった。政変の犠牲になったとはいえ、十津川郷士は近代幕開けの魁となった。

奈良県十津川村の奥深い山中にひとつの苔むした碑がある。そこには倒幕の魁となって山中に散った十津川郷士・野崎主計の辞世の句が記されている。

「討つ人も討たれる人も心せよ　同じ御国の御民なりせば」

話は飛ぶが、この年、埼玉県深谷の農民で維新後の実業家、・渋沢栄一らが高崎城を乗っ取る計画をしたが、少人数なので大和の乱の二の舞になるとして断念した。もし挙兵していたら渋沢の活躍はなかったかもしれない。

このように天忠組の乱がひとまず収まった後、これを支援しようとして生野の変（後記）が同年10月に起きた。これは但馬で北方防備のため若者の農民を組織していた北垣国道らに、奇兵隊2代目総督の河上弥一（南八郎）らが加わり、都落ちした七卿のうち澤宣嘉を主将に奉じて挙兵したものである。しかし、天忠組の敗北の報を聞き、挙兵を時期尚早とする幹部（平野国臣と北垣国道）に対し、参戦した奇兵隊出身者が徹底抗戦を主張して意見が別れ、奇兵隊士らは農民兵の攻撃で壊滅した。

離脱した澤宣嘉は、のちの東北戦争で副総督として遠征し、維新後は外務卿としてオーストリア＝ハンガリー帝國と日墺修好通商航海条約を締結し、従来の不平等条約に輪を掛け、また長崎府知事の時、キリシタン弾圧を行う立場にあった。

同じく離脱した北垣国道（後記）はのちに拓殖務省次官として京都、北海道の開発に貢献した。

元治年間（1864）に入ると、新選組による尊攘派襲撃（池田屋事件）があった。また長州藩は巻き返しを狙った禁門の変で薩摩藩や幕府軍により敗北を重ね、責任家老らを斬殺処分とし恭順の意を示した。また水戸藩では天狗党の筑波山挙兵と壊滅があった。

しかし、倒幕の火が消えたわけではなかった。

4　深瀬仲磨はこの時どう動いたか、この地に至るまで

安政以後の時代背景を付言すれば、尊王攘夷から開国までの幕末に生きる志士たちは命がけの毎日であったろう。安政の大獄があった年（１８５９）、石黒忠悳（維新後の陸軍軍医総監、前記）が当時の京の緊迫した様子を語る（石黒忠悳著『懐旧九十年』）。

「尊王への思いの折、旅宿で大島誠夫（別記）という同志に出会い、一緒に京都御所を参拝することになった。幕府の偵吏に目をつけられないように、言動に細心の注意を払った。打合せ通り、御所前に来ると先に彼が扇子をパチンと鳴らして安全を確認し、そのあと自分が通り過ぎながら足を止めず、心の中だけで参拝した。薩長の士をかたる人が沢山いるからみだりに交友しないこと、憂国の言動をしないことを彼に注意された」

世の中は益々不穏な空気となり、列藩の主従や全国の有志が続々と京都に集まり、尊王攘夷を言う者、幕府の方針に従う者など両派入り乱れて都は内外ともに紛糾し、かってない程にぎやかになったという。

十津川郷では、幕府からは扶助米給付が取りやめとなったが、紀州藩による新宮湊の口銭撤廃を請願するために深瀬仲磨は同志とともに軍事力のある薩摩藩と頻繁に接触している。京都御所のすぐ東に十津川屋敷という屯所が建築（慶応元年）され、郷士らはそこを拠点に禁裏や下加茂社の守衛をしていた。その屯所跡の石標が今も残っている。

長州藩は禁門の変のあとに藩論が分裂（慶応元年）、奇兵隊が佐幕派の俗倫党に勝ち倒幕に一変した。一方、

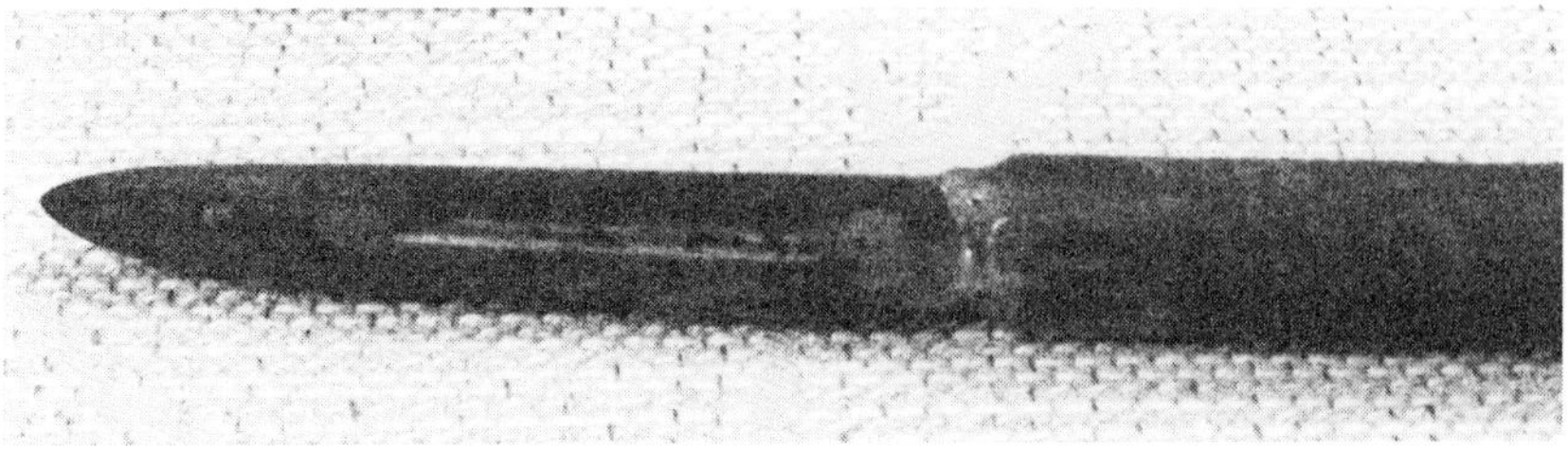

㊺深瀬仲麿所持の槍先（深瀬真氏所蔵）

薩摩藩は朝廷内で実権を拡大するが、幕府の攘夷が遅滞したことへの不満から討幕機運が満ちてきた。西郷はこの時すでに攘夷から開国への政策転換を考えていた。

ところで十津川郷士の武具は薩長ら大藩に劣り、槍や刀に頼る旧式兵力であることがわかった。そこで禁門の変以後、武器の近代化に目覚め、薩摩屋敷に頻繁に出入りするようになり装備の洋式化、また財力の増強に努めた。薩摩藩士で中川宮の執事の紹介で深瀬は中岡慎太郎、香川敬三（後に本件土地所有者）らと知己を得るようになり、とくに深瀬は第一次征長後に十津川屯所（屋敷）の取締役となり、朝廷や諸藩の折衝にあたった。この薩摩藩の京屋敷は相国寺そばの烏丸通りにあり、西郷隆盛、中岡慎太郎、田中光顕、香川敬三、船越洋之助、山縣有朋ら勤王志士が多く出入した倒幕の拠点であった（笹部昌利『薩摩藩二本松屋敷の政治的意義』）。このなかに後記する高島鞆之助（後記）もいた。

土佐の中岡慎太郎と坂本竜馬は蟄居中の岩倉具視、その執事の香川敬三とともに薩長連合を模索する。

慶応元年（1865）5月吉野山蜂起が失敗、香川敬三（後記）、十津川郷士の田中主馬蔵が幕府に捕まる（吉見良三『十津川草莽記』）。

深瀬仲磨は、天忠組の乱以降、京都で潜伏活動していた。慶応元年（1865）、薩摩の中村半次郎（桐野利秋）と出会い、石川誠之助（長州から前年上京した中岡慎太郎）らを訪ね、王家を思う者少なく、諸侯は国賊など大言したところ、土方久元（通称・楠左衛門）に身を大切にするよう忠告された（土方久元「回天実記」）。彼は土佐勤王党で七卿の都落ちに随行、維新後に伯爵、宮中保守派で、國學院大学や東京女学館学長となる。

幕府としては他藩の動静把握に必死だった。

吉野山蜂起から2か月後の慶応元年8月、深瀬仲磨は完成したばかりで快適な十津川屋敷におり、田中郁男（顕助）とともに薩長や中岡と頻繁に連絡をとっていたところ、幕府の嫌疑を受け、ともに入牢することになる（図版㊺）。

「十津川屋敷にいた深瀬に対し、与力が玄関に来て麻上下着用にて奉行所に出頭するようにと達しがあり、門外を見ると会津真誠組100名余が抜身に槍をささげて取り囲んでいた。同郷の仲間が心配するなか吉田俊夫付添にて奉行所に出頭すると、「薩長士と深交りをし、また脱走人を十津川に引き入れた」罪として取調べ中、いきなり敷台から荒砂に引き落とし、十文字縄をかけ四条千本牢屋敷に押し込められた。牢内には25人ほどの国事の憂うる同志がいた」（適塾13号「深瀬仲磨関係史料」）。「彼は取り調べのなかで薩長士との関係につき自白を強要され、薩長土との議論、十津川一統の考え、脱走人を潜伏させた理由を言えば罪を許し、取り立てをし、厚禄を賜ると言われた。角材に座らされ、そろばん抱石という、座した足の上に石を積み重ねる激しい責め具で拷問されたが、仲間の居場所を吐かなかった。死を悟り、牢番に金を握らせ、1年半の入牢中に書いた辞世の歌を十津川郷にいる母宛てに不孝を詫びる手紙を送った。明治の王政復古で瀕死の状態にて解放された。奉行が変わった時から、待遇が少しかわり、正月に塩ぶりがついたという。その間に母が亡くなっていた」（中山沃「適塾会報14号」より）。

十津川屋敷には全国から浪人が入り込み、火薬や武具が持ち込まれ、幕府から疑いの目で見られていた。しかし深瀬が牢中にいる間、薩長同盟が成立し、世の中は幕府から新政府への転換が粛々と進んでいた。

彼は慶応2年（1866）4月21日に解放され、同志の援助で11日間旅館にて療養した。同時に解放された田中主馬蔵は解放後の12月拷問の後遺症で死亡した。拷問のあとは解放されても瀕死の状態が普通であった。

それでも彼は同年8月、三条小橋で幕府の制札を撤去し、その後も新選組と十津川郷士の斬合いがあった。

このように慶応2～3年は幕府に対する武力行使が決定してゆく転換点であった。慶応2年7月には徳川家茂が死亡し、第2次長州征伐が計画されたが薩摩が協力を拒絶した。そして反対に薩摩、長州、土佐による倒幕への動きが具体化した。

この頃の京の情勢については第一章で述べた通りである。岩倉は幕府派により蟄居していたが中岡慎太郎や大久保利通らの志士により再起を決意し、公武合体から攘夷に転じ、中岡が使者として、かねてよりの攘夷派の三条実美と合流し、倒幕で一本化した。そして復帰した中山忠能が幼年の明治天皇を支えていた。中山は天忠組の乱の指導者・中山忠光の父であり、明治天皇の母方祖父である。そして実権を取るや薩長、岩倉、三条の意を受けて親幕派の中川宮を放逐し、尊王派の公家を赦免した。仲磨の動きについて「一見直に旧知の如くなりしかば交友自ら広かりき」と明治31年贈位内申書にある。

慶応3年4月、深瀬は吉田俊男とともに長州の林宇一（伊藤博文）、土佐の中岡慎太郎並びに田中光顕（顕助）と近江楼で会合している（中岡慎太郎「行々日記」）。牢中で暮らした深瀬にはどんなに刺激的であったろうか。席上、中岡から十津川郷士の兵備のため百両の提供の申し出があり、出所は西郷隆盛とした（明治25年中西孝則「十津川記事」）。その3日後、十津川郷士を選抜し薩摩藩士を装い江戸に行って薩摩屋敷で西洋式銃戦を学ばせている。薩長土と十津川郷士の討幕体制が出来上がっているのである。吉田俊男はこの金を持って十津川兵の近代整備を郷里に説得に行くが、地元では「あくまで御所警備にとどめるべき」との意見が多くあり難航し、この論議は後にひきずることになる。

伊藤博文は英国留学から元治元年（1864）に帰国し（第二章参照）、攘夷論から開国主義に転向して盛んに開国論を訴え回っている時期であり、偶々藩命により京都視察に来ていた。慶応3年水戸藩がパリ万博に渋沢栄一を派遣したが、国内では10～12月に大政奉還や王政復古の号令がなされた。上も下も大いに喜んで十津川郷より薩摩に大熊一頭を贈呈、薩摩は十津川郷士に50両を提供した（「十津川記事」）。

坂本龍馬・中岡慎太郎は同年11月に近江屋で暗殺された。その6か月前の間、十津川郷士と最も頻繁に会合している。京都の十津川屋敷を訪問すること5回、十津川郷士の訓練をすること2回（11月）。その他で5回ほど交流している（史籍雑纂「中岡慎太郎行行筆記」）。土佐藩主・山内容堂は公武合体の中間派であった。しかし、龍馬は、朝廷中心の国家形成のために憲法を制定し、上下両院で国策を決定するとした新政府綱領八策を提案した（慶応3年）。薩長同盟結成の仲立ちをし、貿易と海軍の海援隊を組織した。中岡は、同じく土佐藩脱藩者で長州に亡命、陸援隊を組織した。陸援隊には田中光顕、香川敬三（後記）もいた。薩長同盟及び薩土盟約に貢献した坂本龍馬よりも優れる行動をした。

龍馬らが殺害された近江屋事件につき、さまざまな犯人捜しが新政府でも今日でも行われているが不明である。龍馬が剣の達人であったにも関わらず、何故いとも簡単に殺されたのだろうか。わかっていることは、討ち手が小太刀で片手打ちの居合名人であったこと、坂本龍馬が梅毒を患って動作が鈍かったこと（弟子の中江兆民談）もあるが、暗殺者がまず○○の手紙ですと差し出し、これに坂本らが覗き込んだ、その一瞬の隙に打たれたようだ。この○○とは深瀬仲磨という説（深瀬仲磨一弟の深瀬真一の娘うたよさんの証言）がある。（適塾14号、日本史籍協会「坂本竜馬関係文書毛利家文書」）。

当時、中岡らと頻繁に情報交換していたのは深瀬仲磨であったことは知られていた。のちの実業家・渋沢栄一は、慶応2年では獄中の深瀬と反対の立場にあった。

余談だが、慶応2年、渋沢栄一が薩摩と通じたとみられた禁裡番士の大沢源次郎という者を捕えに向かったと回顧している。当時渋沢は一橋家に仕えており、西欧視察に向かう1年前であるが、新選組の土方歳三とともに大沢に縄をかけることとなった（渋沢栄一『処世の大道』）。大沢の嫌疑は十津川郷士の藤井織之助（東北戦争で戦死）と物品をめぐり通じていたとあるが、さもありなん、十津川郷士は長州藩と物産を介して資金提供を受け、薩摩から銃の入手と指南を受けていたのである。表向きは芸州広島藩・船越寿左衛門の提供、実際は西郷隆盛である（吉見「前掲」）。大沢は証拠不十分で釈放されたが、幕府が薩長の情報を探るために、出入りの多い十津川屋敷は特にマークされていたのである。

高野山義挙

1867（慶応3年）将軍慶喜の大政奉還を受けて御所の警護が会津・桑名から薩長に代わり、徳川慶喜は二条城から大阪城に移った。しかし万一に備え、鷲尾隆聚侍従が高野山に兵を挙げた。これを高野山義挙という。錦の御旗を翻し、親藩の紀州や幕府軍を牽制し、官軍とともに大阪に向かった。

「政変で尊皇派の公卿達が長州落ちになり、倒幕同志に会うことができないので撃剣場を作り、志あるものを探した。このようにして香川、西郷、岩倉らと密かに会合を重ね、高野山に出張の内勅を貰った。これを秘かに持って高野山に辿り着き義兵を挙げた」（鷲尾隆聚侍従の証言「史談会速記録」）。参謀は香川敬三、大橋慎三（土佐勤王党）と、田中光顕（別記）であった。これに十津川郷士も3000人が参加した。各隊は出身藩により、錦の御旗を掲げ、薩州の援兵何百人とか長州兵士何百人とか、十津川郷士などの旗を立てて進軍した。この時、事前に錦の御旗を朝廷より下賜され、それを風呂敷で背負い、高野山に二日掛かって運んだのは、大江卓の従者となった十津川屋敷出入りの刀屋為助である。為助は明治期に四谷に居住したという。そして大した戦もなく隣設する紀州を抑え大阪に凱旋した（田中光顕「維新風雲回顧録」）。

田中光顕は新政府の裁判長、宮内大臣をへて昭和14年まで存命した（山縣の項参照）。

慶応3年12月、長州に避難していた7卿のうち5卿が京に戻った。薩長の兵が前後を守衛し、十津川郷士が後に続いた。人々が道の両側に溢れ、歓呼して迎えた（「十津川記事」）とある。

大江はその後マリア・ルス号事件の裁判長として人権解放を行うが、明治10年西南戦争で西郷に呼応したとされ入獄（立志社の獄）する。その後は衆議院議員、実業界で活躍した。同41年以降の生涯を被差別貧困者の人権擁護活動を行った。

十津川郷士はその後、蛤御門守衛の役割をし、明治元年（1868）東北出兵をへて東京に凱旋する。明治維新後、この功績により十津川郷士は全員士族となった。また新政府で御親兵となったのは薩摩、長州、土佐の3藩と十津川郷士のみである。

十津川郷士のその後

明治維新後、十津川郷士達はどのようになったのであろうか。若き十津川郷士達が半農半官の身分でありながら明治維新の魁となった。山奥深く、政治に関与したのはこの文久年間から明治初期迄である。大政奉還となり、新しい時代が始まったが、その後の十津川郷士が政治の大舞台に立つことはなかった。ひたすら朝廷に忠実な集団に終始し、維新後にみる利益集団ではなかった。残念なことは藩という大きな後ろ盾を持たなかったとも言われる。

維新後の新政府の重鎮となるのは薩長土の出身であった。十津川郷は、もともと山奥深く、交流が少ないという立地上の不利がある。十津川人は、「活淡にして、功利心が薄く、また、強靭な団結力の反面、団体としての行動、名誉、所有に満足するのみという伝統があり、国に事あって、それが収まれば共に郷に帰って耕し、多くを望まない。淡白で社交術が下手」（西田正俊『十津川郷』昭和9年）という。また、新時代について行けず、古い体制に固執したグループもいた。もう一つ、朱子学に対し、陽明学が優勢となった。忠義より平等を旨とする近代的思想への時代転換を反映した。その中で、仲磨だけはかろうじて新政府に関与し、この土地に足跡を残した数少ない十津川人である。

明治2年、天主教（キリスト教）に協調し、また軍隊の近代化を行ったとして、横井小楠（1809年生れ）を暗殺したグループがいた。

横井は熊本藩士で藩の財政改革に貢献し、同時に海岸防備と貿易に悩む福井藩の要請に応え松平春嶽と親交を重ね、また幕臣の川路聖謨や水戸藩士の藤田東湖、吉田松陰、坂本竜馬、勝海舟ら多くの思想家と交流した。佐久間象山と並ぶ開明思想の先駆者であり、また幕府に対し、将軍が天皇に非礼を詫び、参勤交代を止め、海軍力の強化をする等を提案した。維新後、明治政府に招かれ参与となったが、その開国思想に対し、勤王派の頑迷な一部からの反動があり、横井は暗殺された。

跡見学園創設者・跡見花蹊は偶然この時刻、暗殺現場を通りかかっている（同人日記、西田正俊『十津川郷』）。偶々同日、一部公家の呼びかけに応じ十津川郷士らが大勢で京に押しかけ御親兵に取り立てを願う事件があり、是に関連して復古派の上平主税らが中心人物として逮捕された。その中心に備中出身の宮太柱とその父・太立がおり、麹町貝坂（平河町）で尊皇の拠点にいた。彼は石見鉱山の鉱山病や天然痘などの医術に加え、古神道を教える大道組を結成し十津川郷士と連携した人物だが、彼も上平主税とともに流罪となった。彼より教えを受けた上平は流された新島の島民を天然痘から守り、赦免後、郷土で医療や神主として生涯を終えた（吉見良三「十津川草莽記」）。宮太柱の遺児が今の新宿歴史資料館近くに居住していると森鷗外は記す。

横井の首を取った津下四郎左衛門（刑死）については、森鷗外の「津下四郎左衛門」に遺児からの聞き書きとして語られている。遺児は、ひたすら天皇のために行った正義の筈なのにと、父の刑に苦悶する。結局、父の行為は「愚」であったが、それは若さと時勢を洞察できなかった地位の低さのせいであり、父を殺したのは人でなく法律であると理解する。そして鷗外はこの遺児が憂愁の顔から立派な体格をもった晴れ晴れとした顔に変化してゆく様を祝福している。

上平、宮、津下も時代の産物である。奇しくも上平が新島に流刑される時、同じ流人舟に、かつては敵であった新撰組の相馬主計（近藤・土方死後の最後の組長）が罪人として隣り合せだったことだ。相馬は「京では仇敵だった上平先生とこうして膝つき合わせて座っているのだから人間の運命とは不思議なものですねえ」と語ったという（吉見良三『十津川草奔記』）。

十津川郷士の評価

既述の通り、国学から儒学にかけて天皇への絶対的忠義は、幕府体制のほころび、諸外国の来港に刺激された尊皇攘夷により倒幕へと変貌する動機となった。
明治維新後、宮中派として結束したのは吉井友実・元田永孚《ながざね》・佐々木高行・香川敬三らである。しかしながら富国強兵のために海外知識の習得に急ぐ政府にとっては、尊皇攘夷で頑迷な公家を含めた宮中派は時代錯誤で実務を担う者とは考えにくい。また、ひたすら武芸で天皇を守る十津川郷士勢は、井伊直弼の開国論が現実を帯び、世界情勢をふまえた対応が要請されるなか、尊皇のみではもはや時代遅れの遺物となったのだろうか。

「薩長など雄藩は天下をとってしまえば自藩の利害を優先して動くのは理の当然で、十津川郷士のような草莽の身の上まで気を回す親切さはない。利用するだけ利用すれば、はい、おさらば、と容赦なく捨て去ってしまう」（吉見良三、同著）。もっとも長州の奇兵隊士も維新後その4割弱の兵士らが手当なしで解雇され、このため反乱が起きたが、鎮圧された。

本来の十津川郷士の志はあくまで天皇を護衛することであり、薩長のようなクーデターの主権争いとは無縁だったのである。天忠組にしても土佐藩主導であり、これに同調することが正しいと思っただけであり、大藩の動きにはついてゆけないのである。

そのなかで、明治3年迄親兵として出兵し北陸戦線（前記）から凱旋した銃装備を誇る吉田俊雄（正義、源五郎）ら開明派と、十津川郷に残り洋式装備や開化を否定し天皇の東幸を阻止しようとした上平主税ら復古派との死闘が激化した。京都の開明派に押され込まれた復古派は弾正台に訴えた。弾正台は長官が奥羽鎮撫隊（別記）総督であった公家の九条通孝で、尊王攘夷の拠点であった。しかし司法のありかたをめぐって政府では攘夷意識の高く問題の多い弾正台が廃止されて司法省に組織変えされ、残存していた攘夷派が排斥される時期にあたる。これにより十津川郷の復古派は処罰された（明治3年4月）。こうして十津川郷は多くの人材を失ったが、これは同時に、伝統的な思想の終焉と海外思想を積極的に受け入れようとする開明派への時代転換でもあった。一方、明治4年、公家の外山光輔、愛宕通旭らが一部の十津川兵を引きこんで東京遷都反対や攘夷のため反政府クーデターを起こし二条城で切腹させられた（吉見良三「十津川草莽記」）事件もあった。

この頃は大隈重信が政府参与ながら梁山泊で有志を集め、弾正台を批判した時期であるが、梁山泊の一員となる深瀬仲磨は既に政府組織の一員として大阪府府兵局長から宮中舎人に移り、この事件に直接的な介入はしないものの、吉田とは親しい在京の仲間であり、開明派に同調したと思われる。

明治4年御親兵改革で薩摩中心の御親兵や常備兵による市中警護は廃止され近代的警察制度に衣替えする。その後は廃藩置県を機に全国4か所の鎮台に国軍が置かれ、全国的な徴兵制度ができた。そして同5年に近衛兵が設けられ、従来の十津川兵の役割は終わった。

そして十津川郷士はもっぱら文官雑務へと追いやられ、役職も下級職に限定され、多くは帰郷となって歴史の大舞台に立つことはなかった。彼らはひたすら天皇に忠実に仕えることを願う純粋な集団であり、維新後にみる利益集団ではなかったとはいえよう。

ただし明治17年の皇宮警察の採用基準によると、警察官の半数は十津川郷士で、十津川郷戸長や総代の選任を経た者から順次採用とされていた。そのトップの門鑑長は郷士の前田正之（上記）で（『皇宮警察史』）、十津川郷人として唯一、維新功労者として賞典禄（明治2年）の授与者となった。

その後の十津川郷士として、中央では僅かに名を残す者としては、水郡長義（検事補）、伊藤謙吉（歌舞伎座・東京株式取引所社長）、石田英吉（高知県等知事・農商務省次官・男爵）、北畠治房（控訴院長・男爵）、前田隆礼（陸軍中将・日清戦争で戦死）位である（舟久保藍『天誅組の変』など）。深瀬仲磨と入牢を共にした志士・吉田俊雄は、十津川郷士を組込んだ伏見練兵場の所長となり戊辰戦争にも出兵したが、吉野郡長に終わった。天忠組に参戦した水郡家の子孫も明治に入り昌平黌に入ったが、薩長の子孫がのさばる場であったため嫌気をさし退学したという（新日本史探訪）。

中里介山『大菩薩峠』は、剣士・机龍之介を主人公にした小説であるが、この主人公は天忠組として山中に追い込まれ盲目となったニヒルな剣士として描写されている。

他方、天忠組の評価については、幕末動乱のひとつとして取るに足らない跳ね上がりの弱小勢力集団として過小評価した声もあった。

しかしながら新たな時代を築こうとした若者達の心意気を抹殺することは、歴史を学ぶ正しい姿とはいえない。「五條市史」は天誅（忠）組の意義につき次の3点を挙げる。①倒幕派の先駆であったこと、②幕府の天領を攻撃したこと、③倒幕方法として藩そのものを動かす必要を認識させたこと、である。

「一心公平無私、土地を得ては天長に帰し、功あれば神徳に属し、功を私する事あるべからず。汝等もし是を違いて所有するは凶徒と異なることとなし」（天忠組・松本奎堂《けいどう》作の軍令書）は痛いほど後の史上に突き刺さる言葉である。

朝廷派であろうが幕府側であろうが、多くの前途有為な人材が国民や国のための夢を描きながら姿を消した。近代日本の生成でいわゆる元勲たちの業績は大きなものであるが、その乱の出発点で散った人々がいる。その尊さ故に、天忠組郷士らは全て赦免され、焼失民家には補償金まで出たのである。

水戸藩内では武田耕雲斎が率いる天狗党と幕府側の諸生党で家族を巻き込む殺戮の報復があり、水戸では人材が途絶えたともいう。耕雲斎の末娘は2、3才から入牢したので維新後に出牢した時、牛馬や犬を知らなかったという（山川菊枝『武家の女性』）。

西郷隆盛と大久保利通ら薩摩勢力の同士討ちのあと、長州藩閥が勝ち残った。

薩長土肥の一角、肥前の佐賀藩主・鍋島家は倒幕活動に遅れたが、家臣の大隈重信、江藤新平、副島種臣、大木喬任、佐野常民らを輩出した。しかし江藤は佐賀の乱で処刑され、大隈を除き、政治の中核とはならなかった。

土佐勢力も、山内容堂、中岡慎太郎、坂本龍馬を亡くし、後藤象二郎や板垣退助ともに政府中核となりえず薩長に劣後した。藩主山内容堂が公武合体派で、倒幕ではなかったせいもある。

十津川では、不幸にして明治22年（1889）に未曾有の大洪水があり、壊滅状態になった。この原因は従来免税地であった土地に地租改正による税負担が発生し、これに耐えるため奥地まで開拓したためと報じられた。同年、北海道へ屯田兵として移住を請願し新十津川町をつくった。札幌から車で1時間の距離にある。

維新に貢献した人々は明治政府に仕え栄達の道を歩んだが、福沢諭吉はこれを断った。その理由として「役人になれば空威張して贅沢をする。幕府に忠義だった者も結局は新政府にすり寄り、人々も役人になりたがって奴隷根性である。維新の争いのもとは、勤王派は鎖国攘夷を主張し、佐幕派が開国改新を主張したからであり、そして幕府が倒れると、勤王派は開国の必要性に目覚め、同じ意見となる。こんな政治家はあてにならない」と。そして教育や出版等により自らの道を歩んだ。

大阪府府兵局長から東京へ

深瀬は1868（慶応4年）5月に十津川郷の郷中総代となり、懸案であった御守衛支出の半減を軍務官の品川弥次郎に請願するなど実務と渉外での中心を担っていた。

1月の鳥羽伏見での勝利後、深瀬の盟友である吉田俊男ら十津川郷士は北越軍として長岡に向かい、奥州鎮撫隊ともども東北鎮圧に向かったが、在京の深瀬仲磨は在京での活動が評価され行政官の道を歩んでいた。

慶応4年（1868年）9月、元号が明治に改められ、同年10月天皇が東京に入り、明治2年に政府が京都から東京に奠都した。大阪の行政機関は明治元年1月大阪鎮台、すぐに大阪裁判所と名称変更され、5月に大阪府となった。

大阪府の初代知事は公家の醍醐忠順（前記）で、副総督は宇和島藩主伊達宗城であった。

維新後に貴族となった公家のなかでも散財や放蕩で身を持ち崩した者も多い（千田稔「華族事件簿」）。道端で字を書く、ぼろを着た少女に声をかけたら、くるっと振り向いて「身は姫じゃ」と答えた（今泉みね『なごりの夢』）という。

府の上級官吏は維新の功労者で、下級には旧幕時代の役人が就くケースが多い。

深瀬は明治元年に創設されたばかりの大阪府の判事補になり、明治2年7月に少参事となった。明治2年11月の府職員録をみると、二代目知事（知府事）は後藤象二郎で、その下に判事、権判事、判事補が連なる。後藤は同郷の坂本龍馬の後ろ盾であり深瀬とも同じ釜の仲間であった。知事の下には伊丹右京大進（蔵人）、木場伝内、五代才助（友厚）ら3人の判事がいた。深瀬は4番目の地位で府兵局長である。なお、当時の判事というのは、今日と異なり、大阪府となる過程での名称で、今日でいう裁判所の位階でなく、行政組織の名称である。

伊丹は、十津川郷士が朝廷の取り立てを願った中川宮の執事で尊王攘夷の重要な仲立ちをした人物である。安政の大獄で幽閉されたが、新政府の元老院議官となった。

木場は、薩摩藩士で、西郷隆盛や大久保利通と親しい人物である。

五代は、新政府の参与を兼任し、大阪に赴任し、堺事件、イギリス公使パークス襲撃事件などを処理した。大阪商工会議所、大阪商船の設立、鉱山開発を行い、官有物払下げ事件で批判を浴びた政商の最たる人物であった。

判事の下の権判事として宇和島藩の西園寺雪江、土佐藩の春田基太郎の2名がいる。権判事の下に深瀬と関龍二がいる。関は海援隊士で、明治元年舎密局の舎長であった。深瀬仲磨が文官に至る道はこのような人脈のなかで推されたものであろう。

さて明治元年の大阪では、鳥羽・伏見の戦いで敗れた幕府軍が立ち去ったため、治安は新政府軍が来て統治するまですこぶる悪化し無政府状態となった。大坂町奉行は閉鎖され、当初は薩摩・長州・芸州3藩の藩兵が治安維持を担当し、6月になると旧与力や同心を中心に組織した府兵が編成された。乱暴者が相手だけに腕を立つ人が優先採用された。しかし、治安がさらに悪化したため8月に浪花隊（浪華隊）からなる府兵を組織した。浪花隊は江戸三大道場のひとつ志學館を率いる剣の達人・桃井春蔵を頭とした。もともと幕府の一部隊であったが、鳥羽伏見の戦いで軍事力行使を拒否し、桃井は閑居していた。その桃井を大阪府は治安維持のために担いだ。志學館にはかつて岡田以蔵、田中光顕など土佐や長州、薩摩の藩士も学んだ。

しかし、次第に浪花隊員の行動は独断的となり、太い赤線2本入りの陣羽織等の揃の服装で練り歩きまわり、あたかも「明治期の新選組」のようであった。その本物の新選組も市ヶ谷田町（麹町の外濠反対側）の道で出くわした時、桃井門下生には道を譲ったという。大阪町民から恐れられ、あたかも独立軍隊のようだと危惧され、明治3年に解散させられた。同時に府兵は兵部省に移されたため、深瀬の府兵局長としての役割がなくなった。浪花隊の評判は様々であったが、治安回復には貢献した。深瀬は持て余したというより、治安回復までの過渡期としての浪花隊活用を意図したのであろう。中岡慎太郎が剣を学んだ武市瑞山は桃井の弟子にあたり、深瀬も知己の間柄と思える。いずれにせよ浪花隊は大阪府警のルーツにあたる（カラー口絵⑦）。中央行政の都市締まりには明治2年6月に弾正台が設置された。なおこの頃、東京の紀尾井町では救育所（別記）が存在している。

一方、明治元年4月、大阪府に化学研究と医学の舎密《せいみ》局設立が後藤象二郎と小松帯刀らにより認められ、翌年開講した。この時の医学校御用掛（校長）は緒方惟準（別記）であり、開講式の記念写真に義弟として、また政府関係者として深瀬仲磨の姿がある。大阪府側として深瀬が後押ししたものと思われる。舎密局には緒方洪庵一族の関係者が多い。我が国としても化学の早期導入が必要とされたが、東京では彰義隊騒動で準備できず、大阪で先に開講されたものである。ただし、この学校は化学への認識が当時の若い人に浅く、入学者が少なかったため、翌年には他校に吸収された。

深瀬は浪花隊解散と舎密局閉鎖を見届けて、明治3年大阪府を退職し、東京に移住、舎人となる。この頃、宮島誠一郎（別記）とも行動を共にし、兵力問題で議論を交わしている。

深瀬の宮内省舎人入りは、彼の機智が期待されたのである。

明治3年（1870）、彼は薩摩に内命の使者を託される。本件については前述した西郷隆盛への密書の項を参照されたい。これまでの功績が認められ上京し、宮内庁の舎人助となり、終身八人扶持（8人分の食糧費、一人扶持＝年5俵）とされる。共に授与されたのは、十津川郷士の戦友であった吉田俊男、前田清三らであった。

明治4年（1871）3月宮内省を退職し東京に居住したため、大和義挙の発祥地五条県の貫属から移籍し東京府貫属となる。貫属とは、出身の藩ではなく、居住地ごとに呼称した士族の名称である。認定の公文書では中川秀之介触下深瀬仲磨とある。

中川は水戸藩出身の土佐陸援隊々士で、維新後は深瀬仲磨と同じく宮内省に勤め主事となった。相次ぐ退職の理由は深瀬の夢が、大和義挙以来の天皇中心の国家奉献にあったのではないだろうか。その後は大隈重信がつくった築地梁山泊に入り、旧知の伊藤博文、西郷隆盛、大久保利通らと議論を重ねる生活であり、大隈らに一目置かれる存在でもあった。とくに中岡慎太郎らを生んだ土佐人との関係が深いようである。この点では、田中光顕が伊藤博文の膝下で栄達の道を歩んだのに比べ劣後する。明治5年の都公文書に「東京府貫属深瀬仲磨（惟一）弟の深瀬真一を採用の達方に付懸合　島根県」がある。しかし彼は謝絶している。島根県は騒動の隠岐やキリシタン弾圧で有名な津和野を含み明治4年、他県より遅れて三県合併して成立したが、初代知事が赴任を拒否したため深瀬仲磨に打診したのであろう。深瀬は拒否したが、2代目は彼の関係者である土佐藩士、3代目も土佐藩士であった。島根県と分離、独立を繰り返した鳥取県の知事には北垣国道（別記）のほか東京府知事や貴族院議員になった者がいるが、深瀬の視野にはより大きな国家像があったのだろう。不幸にして若死にしたが、もし生きながらえれば大隈が言うように、大きな足跡を残せたと思える。

紀尾井町住民となる

それでは、仲磨がこの土地を所有し、紀尾井町に住むようになったのか、その過程を語ってみたい。

深瀬仲磨は、野崎の餞別の詠に送られて江戸に来たこともあり、明治2年に大隈邸の新築祝いパーティにも食客として参加したという。こうして東京の事情に精通しており、交流も様々であったと思われる。大隈から十津川郷の豪傑と言われている。

前述のように明治4年宮内省を退職した年に妻・十重を失っている。十重は洪庵の6女で、17歳で逝去した。大隈重信邸に食客として出入りが頻繁になったのは十重が亡くなったためである。この年には救育所に対する東京府の経営は成り立たず、廃止の方向に向かっている。

明治7年3月2日仲磨が妻の後を追うように紀尾井町で病死した。没年35歳であった。

明治5年、緒方惟直（洪庵五男）が仲磨宅を訪問している。研究のため日本を去るに仲磨に別れを告げに来たのだろう。そのあと海外に赴き、医療研究のためイタリアで生涯を送った。

「東京に着いたら、ちゅうま（仲磨）さんを訪ねるように母に頼まれたが気が重い。あそこに行くことは十重の死を認めに行くことだ。大名屋敷ばかり続く道を歩く、赤坂御門の向こうが紀尾井町である。仲磨の書いた地図を頼りに行くと、その家はおそろしく長い塀をめぐらした屋敷だった。塀の上にうっそうと濃い緑がある。玄関に立ち案内を請うと書生が出てきて取り次ぐ。やがて長い廊下を近づいて来る足音がして深瀬が現れた」（前掲『緒方洪庵の息子たち』）。

仲磨が山城屋事件の被告救済の嘆願書を出している年であるが、彼は借地してきたこの土地の払下げを同5年5月の壬申地券発行時、9月の改正地券発行の翌年にと立て続けに申し出ており、6年6月（地租改正公布の前月）にようやく払下げを受け、所有権を取得することとなった。

この金額をどこから調達したかといえばまず浮かぶのは西郷隆盛への密使（別記）の成功報酬である。明治5年3月に本多邸の跡地の借地申請を陸軍省に申請して不許可になっており、その直後、皇居に近い本件土地を深瀬が求めたのである。次に浮かぶのは大阪から舎人までの給与収入である。彼の地位は没後正五位であるが、それに匹敵するのは年俸4000円相当と思える。これら以外に世相を反映した収入が推計されるから購入可能だと思われる。

同8年には相続した深瀬真一邸の物置から失火し、住民の生活手段としての機織り機を焼失させた。その責任があったのだろうか、詳細はわからない（後記）。このこともあってか、この土地は深瀬真一から北村叶（後記）に移転することとなったのである。同6年は地租改正で地券が国民に付与された翌年である。ついでながら、この麹町中屋敷全体の3分の1が皇宮地付属地となった時がある。その時、後述する宮内省勤務の香川敬三が借地していた。このように借地した者に優先して土地を譲渡するのは一般的であった。仲磨の場合も、同じように宮内省勤務の実績から、借地、地主という経路を辿ったのであろう。この広大な土地を一人で使用するのは不自然であり、なんらかの明治政府の縁故があったと、のちの地図や写真から推測される。また、様々な用途の貸家があったようであるが、筆者もその全容を把握することはできない。

さて、その頃の紀尾井町はどのようであろうか、残念ながら大邸宅や公共施設についてはかろうじて写真等に資料が残っているが、殆どの民間資料は関東大震災や第二次世界大戦の空襲で焼失している。頼りになるのは国立公文書館、東京都公文書館、古地図、土地宝典などに限定される。ともあれ、この広大な土地約1万4000坪の所有者になったのは仲磨である。

また、その後は、仲磨には子供がいなかったので、仲磨夫婦亡き後、仲磨の弟となる深瀬真一が相続したが、実の弟に深瀬鉄磨という者がおり、そちらにも分けたとある（真一の孫・うた代談・大阪大学『適塾』第13号）。真一は京都の角倉家の分家で、勤王志士で深瀬仲磨と行動を共にし、危機の時は仲磨を実家に匿ったという。その関係で深瀬家の養子になり、仲磨の義理の弟になったようである。角倉家は角倉了以の子孫で、さまざまと勤王志士を応援した家柄である。

深瀬鉄磨という名は寺の過去帳にある。うた代氏は「聞いたことがある」程度であるから、なおさら実態がわからない。また、血縁関係にも見当たらない。では、鉄磨とはいかなる人物でどこにいったのであろうか。土地の所有権を分けた公文書記録にも遺産相続した形跡はない。

また前出した島根県の公文書にも、どういうわけか鉄磨の名が出てこない。

ところが、仲磨と深い勤王同志の土佐勤王党の盟約書の中に深瀬鉄馬、また深瀬哲馬と書かれたものもあり、両方の名の続きに和直という通称が併記されている。大隈重信が「千代馬（仲磨）兄弟」が言う（「大隈昔日譚」）。また、高野山義挙の陣営に「伍長、野崎鉄磨」の名がある。また、明治5年退職した仲磨のあと大阪府の役人となり、さらに大阪府南河内郡の初代郡長になった人に深瀬和直の名がある。彼は、同31年、乃木大将が河内の軍演習に行った折、地元で崇拝される楠木正成自筆の兵書を大将に紹介した人物で、また楠木氏記念碑建立に貢献し、また天忠組志士の碑文にも名を寄せたり、同42年緒方惟準の葬儀にも和歌を送っている。大正5年、坂本、中岡両先生五十周年記念祭にて詩歌を捧げている（同「講演集」）。

深瀬真一

「深瀬真一は仲磨死去に伴い、明治7年3月14日、1万4741坪を譲り受けた」とある都公文書にある。真一はのちに京橋区所得税調査委員、京橋区区会議員となったが、職業は茶商で松山軒という葉茶屋問屋を営んでいた。東京府下茶業組合取締役で業界指導者ともいう。この地を譲り受け後、明治9年7月には全てを北村叶に売却している。そして、銀座の煉瓦街で店舗を購入（土地は借地）し、住まいを市ヶ谷に構えた。

密命

これより前の明治3年9月、大久保は岩倉に対し、一大事でと面談申し入れをしており（「大久保利通文書」）、そして12月には岩倉具視が勅使として大久保利通、山縣有朋を伴い鹿児島に下っている。深瀬仲磨は三条・

大隈の期待に応えて密使として西郷に面会を果たしたのである。国をあげての一大事とは、既に諸藩が財政難で破綻する恐れがあり、一刻も早く中央に権力集中をなすために廃藩置県を行わねばならなかった（同4年7月実施）からである。

深瀬がこの密命を果した後、翌年1月22日に大隈重信に宛てた文書が早稲田大学図書館に残されている。これによれば三条のみでなく大隈や五代、岩倉らの了解のもとに行われた国制にかかわる重大な任務だったことがわかる。それには、正月3日まで長崎に滞留し3日から9日まで鹿児島におり、西郷が岩公（岩倉具視）と同行することになったと報告し、なお鹿児島藩の大隊長（桐野利秋か）が宿にきて酒食を共にし、国家のために貢献できたことの気概を語る。最後に、三条公に宜しくお伝え下さいとある。宛名が大隈であることからこの計画の実務的な指示は大隈であろう。岩倉と三条という二つの流れがあったとも思える。

この頃、大隈は参議となり、民部省と大蔵省の大輔（次官）を兼任しており、築地の梁山泊（別記）の主であり、深瀬仲磨が居候していたのである。

この後、2月に薩長土3藩による建言が行われて御親兵が東京に編成され（半分が鹿児島藩兵）、市ヶ谷の尾張藩上屋敷が御親兵の屯所（兵部省）と決まり、4月に西郷が上京した。高島鞆之助（後記）は7月に上京し御親兵に加わった。この時も深瀬は高島と接点があったと思われる。

西郷隆盛は深瀬に面会した同3年12月に岩倉具視に返信した書簡（西郷隆盛全集第三巻）をみると、朝廷には薩摩等より精鋭1万余名を献じさせ親兵とすることを述べており、これにより大藩に代わる政府軍をつくり廃藩置県（同4年7月）のもととして中央集権国家が成立したのである。三条はこれにより太政大臣になり、同18年の内閣制まで太政官制トップの位置に座る。

三条は天忠組の乱で大和行幸を推進し、十津川郷を支配地としたつながりのある公家である。深瀬仲磨はこのように三条、西郷、大隈と緊密であり、維新後は大隈邸を拠点にした。

明治5年（1872）、深瀬は、知遇の黒田益雄、船越寿左衛門のために減刑嘆願を大隈重信に出している。

彼らは広島藩財政のためと薩摩との密貿易に関与した贋金づくりを追及されて入牢したが、いずれも私利私欲のための事件ではなく、両人とも志士としての貢献が多いことから保釈されている。

大隈は同元年より贋金整理に腐心し財政改革に貢献していた。この背景には、維新に先立ち戦費などの調達のために多くの藩が偽札を発行しており、特に若松（会津）、名古屋、薩摩、広島（安芸）が多い（「明治財政の基礎的研究」）。

その頃、岩倉らが欧米視察後の留守政府を大隈らが参議として担っており、その前月に山縣が山城屋事件で責任をとり一時退官している時期である。船越衛と黒田益雄は芸州（広島）藩の神機隊を結成し、戊辰戦争・奥州攻撃を共にした。父の船越寿左衛門（洋之助）は豪商で偽カネにより黒田を資金支援した。船越衛は天忠組の吉村寅太郎に乱への参加を誘われ、時期尚早として断っている。しかし戊辰戦争に際し、家老・辻維岳（別記）の指示で文久3年京都に上洛した際、薩摩屋敷や中岡慎太郎、十津川屋敷にいた深瀬ら尊王志士と交流しており、倒幕に貢献した。そのあたりを考慮して欲しいとの嘆願であったと思われる。

大隈重信との関係

大隈重信は、佐賀藩代表として維新後すぐに新政府の参与となった。明治2年5月に築地本願寺そばの5000坪の敷地と邸宅に結婚後の新居を構えた。そして門戸を開放し全国から志士を集め、30～50人ほどの食客を抱えていた。これは築地梁山泊といわれた。梁山泊とは中国「水滸伝」において天下国家を論じた豪傑らの集会場所である。食客を抱えた邸宅は当時として珍しくないが、急進的な開明派の考えが支配していた。早稲田大学のかつての気風はこの頃を起源にしているのではないかと思う。

部屋の大部分はこれら居候が起居し、大隈夫妻が使う部屋は数室のみであった。これらを切り盛りしていた妻綾子はなくてはならない才女であった。今泉みねの懐旧談に「夫の今泉利春は大隈邸にいたことがありました。奥さんは16、7才で一度おいらんに売られていたが、年が若かったので客をとったことがなく、そのうち大隈さんが貰いたいと言い出したので夫が掛け合いに参りました。兄さんは彰義隊として討ち死にした幕府の偉い方でした」（今泉みね『なごりの夢』）。大隈は「俺達は維新改革の神様だという気概があった。そのなかに、前記した部落解放運動や社会運動の大江卓、天忠組生き残りの北畠治房とともに深瀬仲磨兄弟がいた」とある。また「あまりに豪傑揃いなので案外伸びようとして伸びなかったが、深瀬が短命だったのは惜しい。志を得ない豪傑連中が天下を漂浪しては宿借りにきてゴロゴロし、大釜で飯を炊いてはこれにパクついては毎日毎日大きな声で国家の重大事を議論しているのだから、いやどうも恐ろしい勢いであった。北畠治房や深瀬仲磨を始めとして十津川郷の豪傑もおった。夜を徹して談論風発、全ての進歩的施設はここから起こったといっても過言ではない」（『大隈侯昔日譚』の大隈の想い出）。

「大和の十津川郷の御維新当時に勤王で働いた等と言う連中も来ていた。梁山泊の食客は豪傑ばかりではなく高名となった人も多い。前島密、寺島宗則、井上馨ら政治家、中村正直（教育者）、神田孝平（地租改正提案者）、加藤弘之らのちの明六社グループ（明治6年に森有礼がつくった文化的啓蒙グループ）、渋沢栄一・五代友厚ら実業家などである。ここでは大隈が兄貴分で、隣の小さな家からやってきた伊藤博文や井上毅は弟分であった。西郷隆盛、大久保利通らも来訪した」（草森紳一『食客風雲録』など）。「新政府の事業は実にこの梁山泊にて酒食談笑の間に議決されていた。手に入れた金を出し合い、無い者は勝手に持って行き、出し手の西郷はいつも貧乏だった」（押川春浪外『豪傑大隈重信』）。西郷は金に無頓着で、自分の印鑑も大隈に預けっぱなしにしていたのだから余程の豪傑である。この気風は後記する子分の高島鞆之助にも影響したのだろう。

大隈の同郷の佐野常民も適塾出身で築地梁山泊に住んだ。

築地梁山泊は当初は旧旗本邸を政府から下賜され、宏壮なため豪華すぎて非難する向きもあったが、思い違いのようだ（同好史談会「史談明治初年」）。

版籍奉還が行われたのもこの頃である。このような中で、深瀬仲磨の存在感は大いにあったようで、大隈や五代との往復書簡も残っている（早稲田大学図書館）。

大隈は築地時代に参議になり、その後に同4年12月に日比谷に邸宅を買い換えるが、そこも同様でギッシリ詰まって収まりきらないほど居候がいた「浪人の問屋」の感もあった（『大隈侯昔日譚』、『早稲田清話』、早稲田大学資料センター）。

司法省は明治4年に行政監察を行う弾正台と裁判等を行う刑部省が合体したものであるが、弾正台は省庁や県藩への行政監察を行っていた。当時の地方行政官の私利私欲はひどいものであった。そこで弾正台の役割は版籍奉還にともなう不正の摘発を行う大事な役割であった。しかし、その強硬な手段と過激な輩が在籍していたことによる批判が問題視され、行政改革のなかで廃止された（早稲田大学『大隈重信自叙伝』、大庭裕介『明治期弾正台の廃止要因』）。

しかし廃止後も人心の動揺は益々甚だしく、陰謀暗殺が随所で行われたので、新たに中枢機関として正院を設置し、その中に監部という職をつくり、大隈はその監部の長官となった。その仕事は地方官や警察のようなもので、この役をこれら豪傑や旧幕臣など不平士族にさせたが、「まかり間違えば参議でも大臣にでもなる連中」だった。

十津川郷出の北畠治房（当時、平岡鳩平）という大隈の執事は、大隈の周辺警護や娘の熊子の縁結びやその婿の縁切り等の家事を行った（伊藤之雄『大隈重信下』）。彼は大和の法隆寺村の商家を出奔し、和歌と漢学を学ぶうち尊皇攘夷に呼応し天忠組に加わった。戦いに敗れ、師の国学者・伴林光平と逃亡中にはぐれ、伴林のみが捕まり殺害されるが、師を見捨てたとして批判がある。伴林は入牢中に「南山踏雲録」を残し、これがこの乱を伝える貴重な資料となっている。北畠は維新後、大隈が創設した大日本改進党に入り、明治14年政変で失脚した大隈と共に法律事務所「修進社」を雉子橋（現国税局総合庁舎）で開設している。のちに本件調査地における所有権の橋渡し（高島ら薩摩軍人）のフィクサーである末吉忠晴（東京市会議長）も硬六社に属することから、高島への所有権移転には政治的取引があるかも知れない。ただし自由民権派であり、高島ら保守派とは対立していた。

北畠は小野組転籍事件（前記）での裁判長であり、長州藩系であった京都府に罰金刑をもたらしている。大隈の話では、「北畠の子分」に同郷で8歳下の深瀬仲麿がいた。ただし、深瀬の名は明治6年（没年の前年）の監部名簿にはない。もっとも監部でなくとも大臣・参議等には北畠同様の配下がいた。深瀬はその経歴から大隈の有力な配下として動いたと思え、密偵というより同郷の北畠同様にブレーン的実務を担っていたと思える。北畠の性格は激しいと大隈が評するが、深瀬は年下の穏やかな人物で交際範囲が広く、良い組み合わせの子分のように大隈が感じたのではないだろうか。

監部の制度は、他人の悪事を憎むのは善事をも抹殺するから単に人心の動きを見るにとどめるものとし、明治9年で廃止、消滅した（大隈）。監部による各地報告書は一部が残存しているが殆ど は焼失している。明治6年の報告書で鹿児島の西郷等の動きを伝えたものがある（早稲田大学古典籍データベース）。政情不安の時代、これら密偵は政府直轄の情報部隊で官吏の不正調査が主であるが、キリスト教に偽受洗し、教会内部の調査をしたという。明治7年、異教徒掛り諜者は1月14人だったが、4月に半減している（大日方純夫「維新政府の密偵たち」等参考）。明治初期の不安定で意思疎通を欠くなかで情報収集を果した役割という、明るい部分に目をつぶってはならない（三浦周行『日本史の研究』）。

その後亡くなる迄の周辺の国内情勢を纏めると次の通りである。

同4年7月の廃藩置県後の課題は同5年に迫った安政条約改正であり、そのために同4年11月に岩倉使節団を欧米に派遣した（津田梅子等女性も含む）。大隈、西郷、江藤らは留守政府となった。そこでは同5年に土地所有権を認める壬申地券が発行され、初の鉄道が竣工され、徴兵令が全国に施行された。同6年に岩倉欧米使節団が帰朝し、留守政府との間で西郷隆盛の朝鮮派遣をめぐって論争となった。同7年に下野した江藤新平の佐賀の乱が発生した。

さて、築地梁山泊からは大隈の多くの構想が生まれた。その一つが鉄道敷設である。明治2年天皇の「窮民救助の詔勅」を受け、大隈は物資補給の策とあわせ軍事力のための鉄道敷設を井上勝とともに推進した。

井上は伊藤博文らと英国を視察後、鉄道事業を推進し、鉄道の父といわれた。ちなみに東京から佐賀まで往復60日を要した（大隈談）ので、鉄道こそ最大の軍事力であり、兵をもって国境を守る西欧の考えを踏襲した。当時として最先端の主張であり、反対者からは国土を汚す事業として大隈は命をも狙われた。狙ったのは前記した北畠で、ちょんまげを切らない出で立ちで進歩派を片っ端から斬ろうとしたが、五代の紹介で大隈の人物を知り感服し配下に入ったという（市島謙吉「大隈侯一言一行」）。やがて鉄道事業も認められ、当初は資金難のため私設鉄道が先行したが明治19年以降は鉄道ブームとなった。その後、国有化のため明治25年に旧鉄道敷設法により幹線鉄道が国有化され、大正11年の新鉄道敷設法により地方路線をも組込まれた。

明治14年政変で失脚した大隈は、民間の力で醸成するために明治15年東京専門学校（早稲田大学）を設立した。同校発起人には天忠組の北畠治房がおり、心強かっただろう。十津川郷では玉置良直（明治9～昭和9年）が、設立されたばかりの東京専門学校で学んだ。大正元年十津川村長となり、さらに地元選出の代議士として新鉄道敷設法委員として事業の立法化に貢献し、五条と新宮を結ぶ五新鉄道を予定線とした。十津川郷から太平洋に出る新宮市は和歌山県の第二の都市であり、新宮港は紀南地方唯一の外貿港湾で、地域の拠点港である。この新宮港と大阪圏を結ぶルートとして五新鉄道の構想が生まれたのである（図版㊻）。

大隈の鉄道構想は元来、明治維新の富国強兵政策における殖産興業という重要な一環であった。そのために地方に至るまで物資搬送の必要性から鉄道をつくり産業を興すこととした。

大隈の様々な構想は食客からも持ち込まれたというから、山奥で不便な十津川郷への鉄道敷設の思いも深瀬仲磨から持ち出されたのだろう。そして早稲田において学んだ玉置も鉄道事業の洗礼を受けていたと思われる。玉置に協力し後継者となったのが深瀬隆太村長であった。隆太は前記の通り、深瀬仲磨の甥であり、大隈重信の夢を受け継いだ。隆太は五新鉄道敷設に全財産を投げ打った。隆太の孫・隆氏の話では隆太の五新鉄道の目的は国防であったという。この鉄道は昭和14年に建設着手した。しかし、戦争や過疎化で戦後に挫折（昭和57年）した。その鉄道跡は今も地元の各所に残っており、選奨土木遺産に指定されている。まさ

㊻五新鉄道跡（筆者撮影）

に明治維新の夢の記録でもある。それが私財を投げ打った一市民の早計と考える筋もあるが、これも時代の先駆者の犠牲であろう。今や都市集中の流れで過疎化した地域の遺跡ではあるが、それから維新を駆け抜けた大きな国家構想の思いが伝わるのである。

５ 中屋敷跡の取得

救育所については第三章で述べたが、このうち麹町救育所は明治２年9月14日設立、収容人数は最も多く、明治２年10月の１１９１人から明治４年４月には２４３６人と増加している。

麹町救育所の位置は、『東京市史稿』では紀州藩邸と記されているが、麹町十丁目と元救育所表長屋を合併したとの表現もあり、これは麹町中屋敷跡である。さらに各種古地図上では、本件土地上すべてが救育所と示されている。

さて仲磨が住んだ家はこのうちどの位置にあったのか、どうして当地の取得を希望したのだろうか。

明治５年６月には、麹町十丁目元救育所士族、仲磨の名にて、「邸内御用水を飲水に用いているが、水路口が不通だから至急、掃除をして欲しい」旨の願書が出ている。同年同月、仲磨は元救育所の住所でこの土地全体１万８１９６坪の借地について払い下げして地券を渡すように申請しているから、ここに移住していたのであろう。維新から５年までは東京が空き家だらけで政府は無料貸与、有償貸与、借地権者への低価譲渡という土地政策のさなかであり、仲磨の動きは社会状況に即応したものである。

東京府地券課が作成した明治６年地籍図（沽券図）が残されている（図版㊼）。土地一筆ごとに地番と所有者名、面積、価格が記されており、明治初年における都心の土地利用状況がわかる。そして、そこでは尾張藩麹町中屋敷跡の全てが仲磨の土地となっている。そのなかで深瀬仲磨の家はどのような家であったのか、どの位置にあったのか、資料も写真もない。今日のような建物を表す住宅地図はない。そこは当時、救育所と呼ばれ、のちに職業訓練を行う授産所となった場所の一部である。「斉藤月岑日記」には救育所の出入りが複数記されている。

下記の通り、明治5年5月と同9月、仲磨の出した上申書が東京都公文書館にあった。

まず、第三大区弐小区麹町十丁目に居住する士族の深瀬惟一、とある。第三大区弐小区とは麹町区紀尾井町のことである。どの位置かといえば、麹町十丁目は現上智大学の麹町大通り沿いの部分である。具体的な位置は、別記の新聞記事や寄席から教会の前庭辺りと推測したが、ここはまた井伊家別邸の位置とも重なる（図版㊼）。

いずれにせよ、この地域に住むようになったのは、それ相応のわけがあったと思わざるをえない。それは前記の通り、倒幕への貢献や治安対策もあるが、それに加え深瀬が下記の通り幅広い視野を持っていたと推察できる。

① 第二章の警察制度の誕生、本章の浪花隊で述べた通り、東京でも大阪でも戊辰戦争のため都市の治安に手が回らず、その取締が重要課題であった。深瀬仲磨は大阪での府兵局長を勤め、解散後は東京に転居、宮中舎人、西郷隆盛への密使を果たしたのが明治3年末である。年明け早々に、西郷隆盛が藩兵を率いて上京し、取締総括をする都督となった。そして翌年には司法省に警保寮に組織化され、第三大区警視出張所が、中屋敷の隣にできたのは沽券図にも示された通りである。

ここまでの過程において深瀬が警察制度成立に貢献したこと、自らの府兵局長の経験がモノを言ったことが明らかである。その関係で中屋敷の利用に関心を持ったと思われる。（図版㊽）

② 緒方惟準は明治1～2年に大阪仮病院や舎密局を大阪府の行政支援により創立しているが、府の深瀬仲

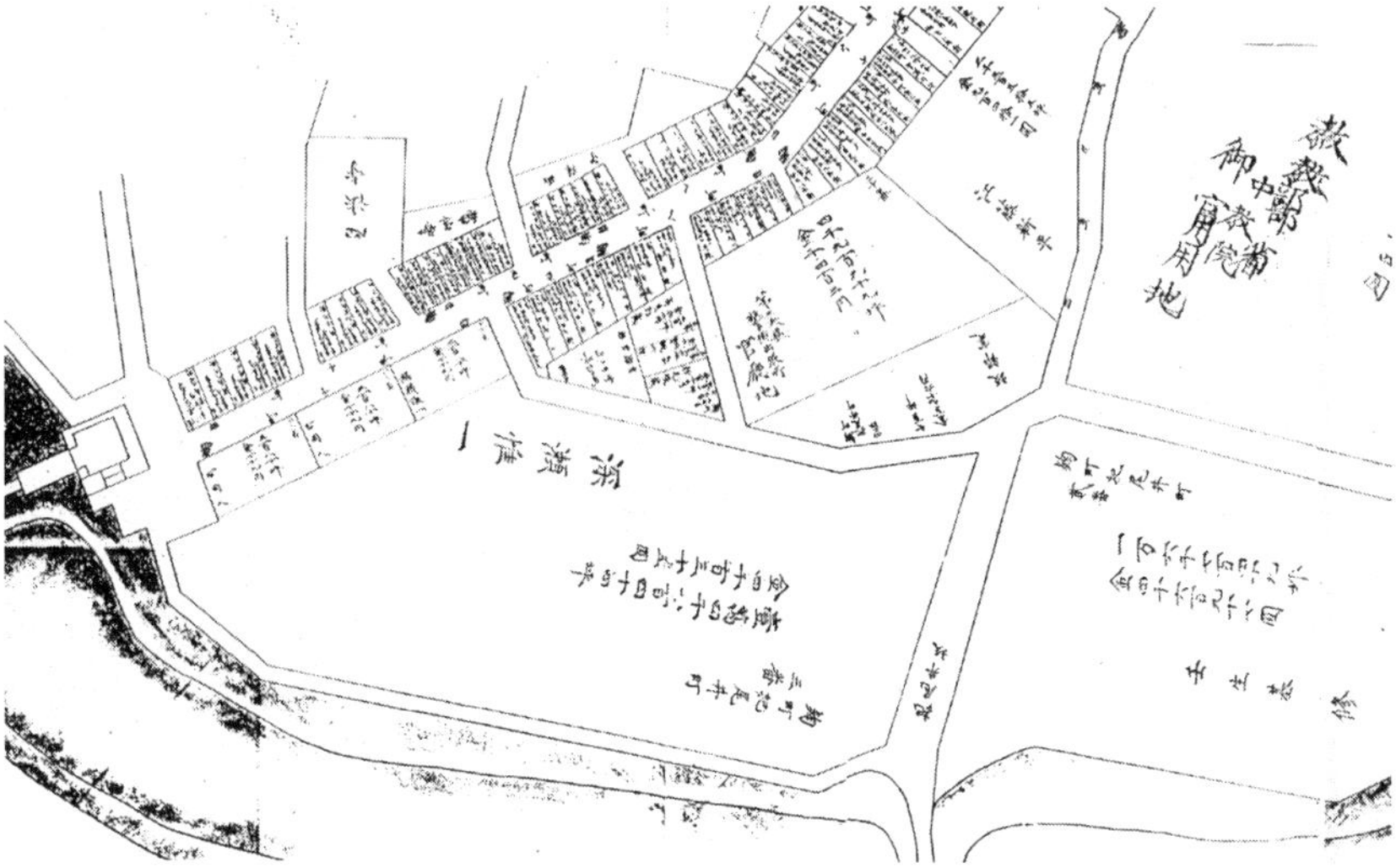

㊼深瀬仲磨の所有地（明治6年の沽券図、東京都公文書館）

磨らを窓口とし貧民対策をした。そして貧民病院設立を実践するため東京にきて東京適塾の用地を選定した（明治5年）。同10年、東京府は惟準の仮病院同様、貧者にために無料施療券の交付を布達したが、開業医の私的利益のために形骸化した（北原前掲書）。

③壬生基修は、前記の通り、尊王攘夷派として活躍、明治2年10月、大木喬任に次いで第3代東京府知事となり、明治4年7月まで務めた。壬生は明治4年～11年の間、隣の現ホテルニューオータニの土地の所有者となった。また、1863年4月仲磨ら十津川郷士が朝廷に願い書を提出した際の朝廷方の立会人でもあり、倒幕活動の初めに深瀬と接点があった。壬生は救育所設置に尽力した人物である。中屋敷跡には皇宮地利用が多いのは国策でもあり、勤王派の深瀬の所有となることは好都合であったと思われる。

④中屋敷跡に宮内省の皇宮地付属地もあり、その管理を委任された東京都助役は十津川郷のある大和出身の末吉忠晴（後記）であった。借地人から地主になるのは当時の流れである。香川敬三も同様に、この地の借地人から大地主となった。東京都はこの地を産業振興や勧工場等による公の利用を考えていたので、その協力者

として深瀬を考えていたとも思える。

⑤この土地は当時、救育所に利用されていた。残存者もいるが、政府関係者の情報から将来的にも自由になると確信を持っていた。

⑥深瀬仲磨が明治4年東京府貫属になった際に、中川秀之助（忠純）の推薦があった。その中川は前記の通り土佐の志士であり、宮内省勤務であり、後に四谷、牛込区長となった。中川の情報があったとも考えられる。

⑦前述の通り、中心となった薩長以外に貢献した他藩の代表として十津川の深瀬仲磨に尾張の広島藩の辻に紀伊の土佐の吉彦に井伊家の各屋敷を分配したとも考えられる。十津川郷士は政権の長州藩との結びつきがある。共通していることは政府中枢の恩恵に洩れたグループの代表格であることだ。では救育所の後、どのようなプロセスで深瀬仲磨がここに入り込むようになったのだろうか。

面積

仲磨の申請書の面積と位置については、前記の通り図面が残されており、これによれば総拝借地の面積は1万5520坪とある。図面上では、これより先の明治5年5月に「元救育所1万8196坪の借地につき低価で払下げのうえ、地券を渡してほしい」旨を記し仲磨の名がある。

それでは本件調査地の尾張藩麹町中屋敷一画の総面積は何坪であろうか。総面積については、「尾張藩麹町邸跡」（イエズス会ほか「麹町6丁目遺跡」千代田区麹町6丁目遺跡調査会）によれば当時1万7870坪とあるが、公文書上では1万8196坪（明治6年深瀬惟一管民願伺届出）、1万9442坪（明治11年3月地価明細帳及び地価帳の6番と7番）である。昭和5年地籍台帳（内山模型製図社）では2万1038坪である。

また、明治10年3月、北村叶が東京府知事に出した買上げ申請書では1万9815坪である。明治5年5月に深瀬惟一が出した借地払下げ願いの図面には1万8196坪とある。明治9年水帳に残された総面積が

明治	政治	警察	深瀬仲麿	薩摩・高島	鳥羽藩近藤真琴
1	鳥羽伏見の戦い	町奉行の取締	大阪判事補		藩邸学校
2	救育所　~4	府兵	府兵局長・梁山泊	高島妻子二番町	海軍操練所教師
3	中央政権へ		密使、宮中舎人	高島侍従	手狭で築地移転
4	廃藩置県	麹町第三大区出張所	救育所住い	親兵派遣	芝新銭座に移転
5	都市に地券交付	警保寮を置く	払下げ申請		
6	一般地券交付		中屋敷跡取得		鳥獣会社願
7	台湾出兵	東京警視庁	没		

㊽紀尾井町土地関係図（筆者作成）

1万9441坪である。これらは、現在の登記簿面積1万9635坪とほぼ一致する。いずれにせよ、これらは、前記した深瀬うた代さんが述べた2万坪弱とも一致する。

仲磨の土地は、当時の図面いっぱいに仲磨の名になっているが、これは表現上の簡略化の結果であり、あらかたの位置を示しただけかもしれないし、全部が仲磨の所有権とならなかった可能性もある。仲磨に渡されずに譲渡されなかった残りは内務省のものとなった。つまり実質1万4741坪にとどまったともいえる。そして、残りが共同勧工場になっているのである（都公文書館所蔵・第三大区水帳ほか）。明治5年9月図面いっぱいに深瀬仲磨総借地1万5520坪となっている。

低価払下げ

深瀬文書はまた、

東京府地租掛御中

「去る七日に元救育所につき低価で払下げ下さるようお願いしましたが、周辺相場で払下げとお聞きしました。この土地は御承知の通り、私どもが今日まで拝借した土地でしたが、他の同様のこのような世相であるので、同様に、低価で払い下げられるとばかり思っていました。ところが元救育所の土地については、低価で払い下げしないとはどうしたことなのでしょうか、低価もしくは何分の一かで頂くのは恐れ多いことではありますが、この屋敷内には以前からここを住まいとする救育人が多く、老友婦女不具の者で生活にも困窮した者も引き続いて住まわせてきました。それも自費で行ってきたので地所を担保にした借金も沢山あります。以下略。

明治五年九月

元救育所跡　士族　深瀬惟一」

仲磨が取得した低価とはいくらだったのか。仲磨から眞一に遺産相続したのが1万4741坪4135円（坪0・28円）と東京都公文書館資料にあり、この低価で深瀬仲磨は取得したのであろう。残りは4700坪を実勢価格の坪1円、4700円で取得したとすれば購入価格は合計で8835円となる。長屋300軒つきとある（真一の孫の深瀬武一氏が牛込区長に昭和18年提出した回答書）。

明治6年6月の地券を渡すようとの願い書には拝借地と大通り側の土地824坪が図示されている。

「第三大区弐小区麹町十丁目に居住する士族の深瀬惟一が拝借する土地の件。

明治四年十月救育所が廃止され、そのあと本所炭焼問屋の瀧田十兵衛がこの地所を借り入れし家作・生産機械を払い受け、従来からいた貧民は出るのを致しかねていたので、十兵衛に引き続き頼んで紙漉き業その他の生産のため雇入れ働いている」

そして、12月中に深瀬惟一にそのまま譲渡された。

このあと、惟一は十兵衛同様に貧民のために働いていたが、

「段々、仕入れの元手がなくなり、機械等を他人に譲り、貧民から宿賃や井戸使用料などで住民から苦情が出ている。当時、士族・海野信幸へ貸した150坪の長屋について、海野は明治5年時点で芸芳社という屋号で英仏学校を開いている。貧民の扶助というのでは引受人も容易になく、資本家も数人あるが貧民扶助の道を立てるしっかりした人でないと行き届くことも難しい。借家している貧民も無頼で我が儘であるため、生産に励む気質が薄い、拝借地のうち家作がある分を比隣相当で、残りは低価で払い

下げ頂きたい」。

深瀬の上申書にある瀧田十兵衛の名は現存する東京の問屋明細帳、本所炭焼問屋明細帳には見当たらないが、深瀬仲磨よりも前に当初の救育所を明治2年より管理していた人物である。瀧田はどのような人物かを確認する資料はないので推測するしか方法がない。ただし、確認資料が不十分なので、伊勢との関係は推測の域を出ないが、彼の素性は失職した武士ではなく、大きな視野から、救育所の労働力を産業に活用しようとした伊勢商人ではないかと思われる。

ところで、麹町には実業家で地主の田中武兵衛という人物がいる。この田中と瀧田とが関係あるのではないか、と想像した。

伊勢の田中武兵衛は四日市を拠点とした商人で、函館に支店を持ち、そこから江戸まで進出していた。麹町の武兵衛からは四日市に関する資料はみつからないし、同姓同名の地元有力者の可能性もある。但し、両者とも肥料問屋に関わっていたことで共通している。筆者はそこで、麹町での田中武兵衛が江戸で財力を蓄積し、大地主となったのは伊勢との関係からの結果ではないかを推測した。こうなると田中武兵衛の広大なビジネスが浮かび上がってくる。第五章で述べる板谷商船の如きである。

第一章で近江・伊勢商人と江戸の関係を述べたが、これらの物品を輸送する供給網は海運である。そこで江戸末期に登場したのが「廻船業者」である。従来の海運業は荷主が舟を所有し運搬する物流ビジネスだったが、次第に商人が広域に物を買付し、運賃を払えば何処でも商品を運んで販売できるようになった。明治になり鉄道が敷設されるまでの海運は、伊勢と江戸を結ぶ主要な物流手段であった。また伊勢は吉原の繁栄から握り寿司まで江戸文化と広範囲のかかわりがあった。

愛知県知多半島は尾張藩内にあり、廻船問屋の根城であった。そのなかで常滑には瀧田家という伊勢では屈指の有力な廻船問屋がいた。瀧田家は18世紀からの旧家で、江戸末期からの建物と窯は現在も愛知県常滑市に国の重要有形民俗文化財として保存され公開されている。その内海船は「常滑船」といわれ、種々雑多な荷物を運ぶため「常滑拾い」といわれた。輸送エリアは四日市、桑名を拠点に江戸も含め広範囲に米、油、木綿など物品輸送を行っており、とくに常滑焼は12世紀より江戸にも販路を広げていた。江戸からは雑穀、魚肥を購入した（高部叔子「瀧田家文書にみる伊勢の諸湊」、愛知県史）。

深瀬文書では炭焼問屋の十兵衛とある。しかし、その名の問屋は東京にはなく、他に適切な該当者を見いだせない。そこで上記瀧田家の一員と推測した。その理由は、四日市財界の中心人物であった田中武兵衛（徳田屋武兵衛）が廻船問屋と商人を兼ね、麹町にも根をおろしていたからである。田中は伊勢の瀧田家の主要取引先であった。瀧田十兵衛は既に1836年から廻船事業にかかわっているから、何らかの事業展開を模索したのではなかろうか、救育所前から本件土地に関係を持ち、また問屋の延長線として救育所にかかわったと思える。そして伊勢からきた瀧田家と麹町に根を張った田中家が輸送と陸の販売を兼ねて分担したと思われる。

瀧田は関東に米、木綿、肥料を送り、関東以北から魚肥、雑穀を入手していた。とりわけ鰯・鰊などを干して固めた「干鰯ほしか」は人気の木綿の栽培に必要で、完成した木綿衣類はまた関東に戻るという循環になっていた。木綿は岩城升屋や伊勢八に供給していた。明治5年より干鰯問屋も兼ねていたが、明治16年頃に廻船業から撤退した。これは鉄道など輸送手段の誕生のせいであろう。奇しくも同17年頃に麹町大通りの呉服屋「伊勢八」と「岩城升屋」が廃業している（第一章）。

この田中武兵衛は函館、江戸に及ぶ広大な活動をした（第六章）。また函館や東京の肥料商であり、特に麹町を中心にした人脈を有していたようだ。その関東東北の物資も彼らを通して伊勢に渡っていたことから本件調査地との接点があると推察する。彼からは単なる地域住民でなく、幕末における広大なビジネス展開の人物像が想像できる。救育所とどのようにかかわったかは想像の域を出ないが、ここから出発した人々がそれぞれの分野で活躍したことと関連性があると思われる。

その後の田中と麹町との関係については第六章で述べるので参照されたい。

そこで、授産事業として、瀧田十兵衛が入居者のために機械を導入して生産を試み、土地を借用していたとも思える。

この頃に、このような大名屋敷跡に多くの困窮者が勝手に住み込んだと思われ、政府はこれを救育所として食糧救済をした。その上で手に職を持つための場になったと思われる。

尾張藩中屋敷跡はどのような状態であったか。

この土地の特徴的なことは、東京に置いてきぼりにされた下級武士、コレラや飢饉等で生活力が衰えた人々、幕府という顧客をなくした廃業商人らが、所有者が退去し、荒廃していた大名屋敷に勝手に入り込んだのである。維持管理がなされた武家屋敷が政府役人や京都からきた公家に無償で引き取られたのに対し、この中屋敷は長屋として利用頻度が少なく、畑もあったくらいだから引き取り手もなかったのである。結局のところ東京府管理として貧民対策のための長屋や茶畑のまま、あるいは自活の道を探る政府貧困対策の救育所として明治2～4年の間に存続した。

一方、政府は明治元年よりは武家屋敷を取りあげたものの、修繕管理費が予想外に増大したため、「低価」であっても払下げをして買い手を求めたのが実情であった。武家屋敷の新所有者から地租（固定資産税）のような税収を得れば、財政難に悩む新政府にとり一挙両得である。実際に、これが財政再建の主軸になったのである。

また、東京遷都で行政用地の需要は高まった。しかし、行政間事務連絡のためには大名屋敷とはいえ連担制が必要であり、麹町のように濠で遮断された地域は、霞が関のようなまとまった地域と比べ行政機関の立地として不便であった。

さらに住まいとしては既に困窮者が密集し、面積が広大すぎる土地は引き取り手が簡単には見つからなかったのであろう。実際に後記のように北側部分（教会）は空襲まで貸家の住宅密集地域のまま残っていたのである。

明治初頭では、前記した桑茶政策が同4年2月に廃止され、救育所など都の土地管理も限界であった。しかし、遷都に伴い人口の都市集中の兆しも見え、住宅需要も高まった。そして明治6年の地租改正による地券発行が始まったのである。

こうして深瀬による本件土地の買い取り申請がなされたのである。ただし、彼が2万坪にも及ぶ大規模画地を取得する利用目的の決定的理由はみつからない。今日のような土地転売とは思えない。考えられるのは救育所の延長としての貧困者医療の選定である。結局、緒方惟準の構想もあったが別の用地を選定した。

尾張藩麹町中屋敷跡の兵部省の土地に生活困窮者が入り込んだのは明治2年辺りで、壬生基修がその後すぐに東京府知事に就任した。壬生は経費負担増大を目の当たりにして授産所に切り替えたが、それも限界に達し、明治4年にこれらを廃止したのは前記の通りである。授産所廃止後の貧民保護のため、その後、小義社や協救社ができたのと同様、この地では瀧田十兵衛が土地を借用し、生産事業をして人を雇入れていたとも思える。

6 土地利用の変貌

■芸芳社

深瀬に関する公文書には次の記述がある。「当時、家作も貸し渡していたが、貫属士族の海野信幸という者への長屋のうち、海野は150坪程を亦貸し、芸芳社という名の英仏学校を開き、宿料を取っているのもいる」。

この芸芳社とは、海野信幸が創立した家塾の英仏学校のことである。海野は大学南校で学び、兵部省英語学所教官をし、明治5年赤坂で開業、同年、麹町の深瀬仲磨邸に移転した。同時期に仲磨が元救育所の払下げ願を出している。同9月からは芝森元町で研塾と改め開業と記されている（海野信幸家塾開業願）。英語学校は私塾、公立で時代の先端教育であり、慶応年間より設立が相次ぎ、明治3年までは年間10校以下であったが、明治5年には海野の研塾を含め62校と設立のピークの時であった。

耐恒学舎《たいこう》

芸芳社のあとには山口文次郎（下二番町）という佐賀県貫属士族が「耐恒学舎」を開業している。彼は地方教育行政の要として学区取締でもあった。この耐恒学舎は当初、深瀬邸内で私塾として開業し、のち今の現日本テレビの所に分舎を開業している（明治6年山口文次郎の分舎取設申請書「東京教育史資料体系」都立教育研究所）。生徒は男41名で借家。

建築界の草分けである辰野金吾は唐津藩下級武士の子で、高橋是清に学んだ後、上京し、聖イグナチオ教会辺りにあったこの学校で英語を教えている。翌年、辰野は新たに設立されたばかりの工部省工学寮（のち工部大学校、現、東大工学部）に入学した。明治10年にはジョサイア・コンドルが工学寮の造家学教師に着任し、教わることとなった。辰野は東京大学教授のあと、鹿鳴館などの名建築物の設計で有名である。

修藝社

この地ではさらに明治21年8月大江孝之（敬香《けいこう》、1815～1917）による「修藝社」という学校が創設されている。生徒数25名、敷地30坪にある貸家を借りて教室は3部屋、10坪しかない。借家料は収入225円の21％である。英語と漢学の教育が主であり、外国語を漢文で表現しようとした（許時嘉「文体と国体の狭間で」）。大江は慶応元年徳島生れの漢詩人、明治13年「諸大家独案内」に新聞論説大家とされ、英語教師、新聞主筆をへて本校を創設前後に大隈重信の改進党党務に従事したこともある。その後、勤務をへて漢詩人になる。彼はまた徳富蘇峰（弟は小説家の徳富蘆花）と交流している。徳富は熊本の大江村出身で慶応に学び大江義塾を開校しているから、もとは姻戚関係の可能性がある。

寄席と仲磨の家

当時の新聞（明治8年1月）に「夜八時に紀尾井町3番地（本件調査地のもとの地番）において、若竹という寄席の隣、深瀬という人の家より（東京日日新聞では深瀬真一と記載）火事が始まり、機織場や長屋二軒に延焼し十時頃鎮火した」とある。出火原因は書かれていない。麹町区史にも、同時刻に紀尾井町3番地焼ける（機屋）とある。ただし、本件調査地の深瀬の隣に「若竹」があったという新聞記事は、深瀬の家を具体的に特定するうえで興味深い。明治元年に創業した本郷の寄席・若竹が連日満員の盛況であったので、紀尾井町でも開いたのであろう。

ところが、『江戸東京芸能地図大鑑』（エーピーピーカンパニー）付録の大正6年東京演芸地図（図版㊾）に寄席の地図が記載されており、教会のそばに「鶴澤大吉」とかすかに読めた。この地図の編集者は竹本東玉（後記の女義太夫）と共に上京した甥で情報は確かである。鶴澤大吉は女義太夫であり、本郷の若竹でも女義太夫が人気だった。寄席ごとに演芸の構成が異なるが、紀尾井町では女義太夫がメインで人気があったため地図に記載されたのであろう。

仲磨宅の隣家が寄席であったこと、その後の状況から、周囲はもはや維新直後の困窮者の住まいではなく、経済発展につれ生活の利便性の要素が強まった地域に変化したと思える。そこには、商住工混在の下町的活発さ、新たな時代へのエネルギーがあったのではないかと思われる。そして深瀬邸はそれらを包含した広さがあったと思われる。

寄席は、講談・落語・浄瑠璃・唄・音曲、人情話、音曲吹寄、義太夫、浪花節、皿回し、手踊り、手品などを行う。寄席の数は江戸の頃がもっとも多く、唯一の娯楽であり客は職人が多かった。

義太夫は江戸時代１６８４年（貞享元年）に竹本義太夫が始め、１７３４年（享保19年）江戸に普及したのが豊竹義太夫、１８１９年（文政2年）には女義太夫（女義という）が流行した。百姓一揆が盛んとなる頃である。１８０５年（文化2年）に女義は禁止され、その後は細々と続いていたようであるが、「ややもすれば媚びを売り」として取り締まり対象になっていた（『明治の演芸』）。

安田財閥創始者の安田善次郎も安政元年19歳の頃、義太夫になろうとして親から勘当され、郷里の富山を飛び出したものの、一人前になるには容易ではないことを悟った。（第六章参照、墨堤隠士「商人立志」）。

明治元年には寄席での演劇類似行為を禁止するなど取り締まりの布告が出され、また同8年には教部省が「三条の教憲」を発令、咄家などに尊皇思想の普及に協力を要請したため低迷した。

明治10年3月の「東京絵入新聞」に次の記事がある。「麹町紀尾井町の寄席について、構えは広いが打ち続いて不入りのため何か賑やかなことをしたようで毎夜入りが多くなり喜んでいたが、取調対象となり、女義らが衣装のまま引き立てられていった」とある（『明治の演芸』）。

明治5年税徴収のために芸人から届け出をさせた『諸芸人名録』（１８７５）があり、１４４名記載されているが、大吉の名はない。住まいでなくとも施設はあった可能性がある。昭和初めの写真にそれらしき建物がある。大吉の住まいは浅草であり、オーナーでなければここで名が出るわけはない。大吉が座を構えたのは大正6年の演芸地図の通り明治後半の時になってからであろう。

鶴澤大吉は１８４７年生れで本名は浜口よねという。明治元年で21歳、明治7年の火事の時28歳であった。明治26年竹本大吉と名乗り、東京娘義太夫番付で小結（行司に竹本京枝）、同36年東京女義太夫番付で小結（老練として竹本京枝）と記載がある。「身体は大きく痘痕もあり美しくはないが、三弦に堪能で稀なり」（明治24年『東都芸苑女義太夫名花評判記』）。「色は黒いし、髪はひっつめ髪、高座もあんまりパッとしないで終わったが、三味線の技量はあり相当な語り手を養成した（岡田道一『明治大正女義太夫盛観物語』）。人気者ではないが硬派の女義であり、指導者としての腕があった（図版㊾）。

女義太夫が流行した始めた明治8年の娘義太夫は２８５人、東京府で寄席数２２０軒に回復し、明治18年には４３５人と男義太夫の人数を超え、明治16～18年から明治40年まで最盛期を迎えた（水野悠子『娘義太夫』

ほか参考）。明治30年のひと月の夜で29万人という客数があった。人気のあった者は美人であることから、義太夫でなく美太夫ともいわれ、今日のアイドルの如き存在であった。客の6割は青年子弟で、早稲田や慶応の学生が多く、高座でサワリの段になると「どうする、どうする」（どうしてこうも上手いのか）と盆を叩き、手拍子で騒ぎ立て、女義を追っかけた堂摺連《どうするれん》がいた。麹町三番町の寄席にも他の連がいて紅紐をつけ、客席を荒らし、他の連といざこざを起こし警察沙汰となったこともある。寄席では女義太夫が引っ張りだこで人手不足というほど稼ぎ頭だったので、関西からどんどん上京してきた。芸能人北野武の祖母も徳島から上京した明治末期の女義であった。

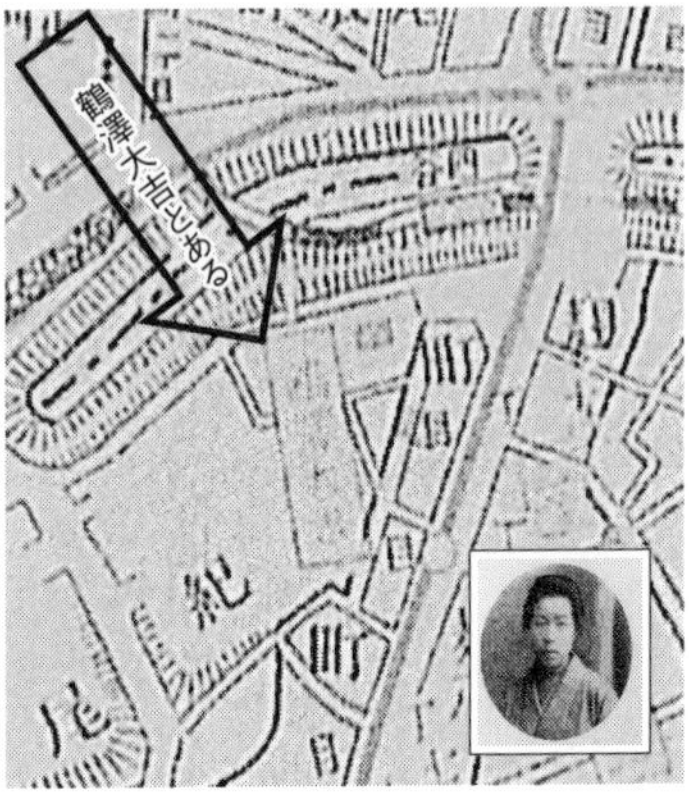

㊾鶴澤大吉と寄席
（「明治大正女義太夫盛観物語」大正6年「東京演藝地図」）

　女義のその後は堂摺連のような贔屓と幸せになった者もいるが、もてあそばれた者も多かったという。鶴澤大吉の養女に竹本小米という女義がいた。尻が軽く、鶴澤大吉の諌めも耳にせず遊び人と北海道に逃げた。明治44年、小樽の巡業に行ったある一座の所に、乞食のようなぼろを着た素足の女が雇ってくれと頼んでやって来た。あまりにひどい姿なので断ったところ、せめて三味線だけでも一つ弾かせてくれという。そこで弾かせたところ成る程といわせる腕前であった。そこで小遣いをあげたが、女は男に捨てられ、乞食のように海岸の魚拾いの生活をしている小米のなれの果てであった（『明治大正女義太夫盛観物語』）。

　寄席の場所は、下町にあり、山手ではせいぜい麹町どまりであった。明治になり話芸として落語を大成したのは、四谷に住んだ三遊亭円朝で『近古の名人』（明治32年発行『東京風俗志（下）』）とされる。そのせいか四谷には寄席が多く（喜よし、若柳亭が有名）、府下で最古は麹町山元町の万長亭で、外にも元園町の青柳亭、三番町の山市場亭、九段演芸館などの寄席があった。岡本綺堂は、山元町の万長亭を贔屓にしていた。本件調査地辺りから賑やかな義太夫の声が聞こえてくる気がする。

女義太夫が下火になったのは大正期である。その原因は、関東大震災後、新派劇や浪花節が盛んになったこと、交通機関が発達して家に近い娯楽という魅力がうすれてきたことである（岡本綺堂『風俗明治東京物語』）。震災後、麹町の盛り場が新宿へと西に移り、東京一と言われた「喜よし」が廃業し、四谷が寂れた。

第五章　教会辺りの地歴と用途

上智大学の正門と東門を結ぶ東西の通路がある。その北側部分は、深瀬仲磨から北村叶をへて井伊家に移り、大正になって海運業の板谷商船に所有権を移転した。本章では、特にそこにできた長屋群のなかの情緒溢れる下町文化について述べる。南側と中央部分については第六章で述べる。

1　北村叶の忠義

深瀬真一が相続した後、前記の通り明治8年の物置よりの火事で、土地利用に変化が生じた。明治9年7月、北村叶が深瀬の3番地の土地1万4741坪を購入（図版㊿）、さらに明治10年それを含めた地所1万9815坪の買い上げの文書を東京府に出している。深瀬真一は、北村叶に明け渡した後、市ヶ谷の土地を取得して住まい、銀座煉瓦街を借り茶問屋の道を選んだ。

深瀬兄弟の後をひきついだ北村叶は、真一の義父であった。その所有地のうち、北側部分の変遷について予め述べると、それは、深瀬↓北村↓井伊↓板谷商船↓カトリック教会、と移転した。

実はこの調査を始めるにあたったきっかけの一つがあった。大正元年の地籍地図をみたとき、この一角の北側半分に、井伊家別邸という文字があったからだ。もともと尾張藩が上地した所になぜ、井伊家が認められるのだろうか。調べると、その家は主家の彦根藩主ではなく、支藩である新潟県与板藩の藩主・井伊直安の別宅であった。

与板《よいた》というのは、現在、新潟県長岡市に含まれ、上越新幹線長岡駅の北東にある与板町に相当する。与板城址は信濃川近くにある。『町史よいた』の編集者で郷土史家の長谷川一夫氏の協力で調査を行った。

北村叶は文政7年（1819）3月生まれ、与板藩藩士、目付け役として井伊直安に仕えていた。明治9年5月、北村叶が東京府知事あての「当地に於いて家禄御渡方願」がある。明治4年より向柳原に住んでいるので金禄14石を渡して欲しいとの内容である。住まいは第五大区二小区向柳原町一丁目2番地、主家（今の浅草橋駅西方200mの約六千坪の邸宅）の中に寄留している。明治13年9月編制、麹町区役所の「地所建物一覧」には、新潟県士族・北村叶所有建物として、表通り（麹町10の13、14、15）に400坪、紀尾井町6に722坪、同3番に114坪、計1236坪が記載されている。深瀬仲磨の居宅は、この一画、今の教会辺りにあった。

さてここで北村家と調査地全体との関係を述べよう。彦根城博物館に、彦根藩初代藩主井伊直政の事績を記した「追遠録《ついえんろく》」（寛政13年［1801］）がある。著者は彦根藩井伊家の分家である越後与板藩の藩士・北村久備で、彼はまた本居宣長の弟子で、源氏物語研究に大きく貢献した「すみれ草」（1812）の著者である。北村叶はその子孫と思われる。明治4年、井伊直安の婚姻につき、北村須右衛門が結納使者を務め、明治8年の鉄道会社出資会議でも直安の代理人となっている。このように、北村家は家来の筆頭ではないが、側近中の側近としての信頼の厚い関係にあった（後出図版㊾）。

明治9年7月、北村叶は娘婿の深瀬真一から土地を取得している。北村叶は、主君のために、本件調査地の上智大学の北側と教会のある部分を低価で譲り受け、井伊家に提供している。資金は自己資金ではなく、東京府からの借入金である。明治9年家禄調によると、北村叶の家禄は、43円77銭（米支給除くと40円02銭）、井伊直安は2248円19銭（米支給除くと1872円35銭）であり、主従の差は51倍もある。

深瀬真一の曾孫・うた代さんによれば、真一の妻・婦生《ふき》は北村叶の娘である。「麹町の土地を、実家の主人にあたる井伊家に譲り、それにより井伊家も経済的に回復、（よって）忠義になった」、という深瀬婦生の言葉を残している（『適塾』第14号）。上記の時代背景を把握した時、この言葉の重みが伝わってくるのである

新政府は旧慣廃止令（別記）で殿様が昔通りにもとの藩士を使ってはいけないとしているものの、旧藩士の感覚からは忠義を果すことは「正しいこと」と自発的に思ったにちがいない。同25年「明治宝鑑」に「井伊直安　紀尾井町6番、家扶北村叶」とある。

明治11年の段階では、北村叶が取得した紀尾井町3番地の土地1万2691坪は授産所（救育所）として譲渡されているようである。明治11年3月読売新聞には、「第三大区二小区の区戸長・区総代が区内の者へ産業を授けたいと願いを出したので授産所の地所として、紀尾井町三番地一万二千六九一坪をお許しになった。資本金を一万二千八五〇円お下げになった」とある。当時の地価を坪2円とすると、5掛け（51%）の融資比率であり、当時のリスク負担基準が垣間見える。

つまり土地代を東京府が貸し出したのである。公文書記録には、東京府の書き入れ（今日の抵当権）が記されている。土地の購入が東京府からの借り入れで成立し、東京府と地元民との授産所への思惑が一致していたのだろう。ちなみに、東京府第一勧工場を官営として運営し、敷地建物を借用し補助金も受け、監督権を府とする計画であったと納得できる。

明治10年東京府は1万9815坪（本件調査地の面積に匹敵）の代価として坪1円と回答している記録があり、相場通りである。産業

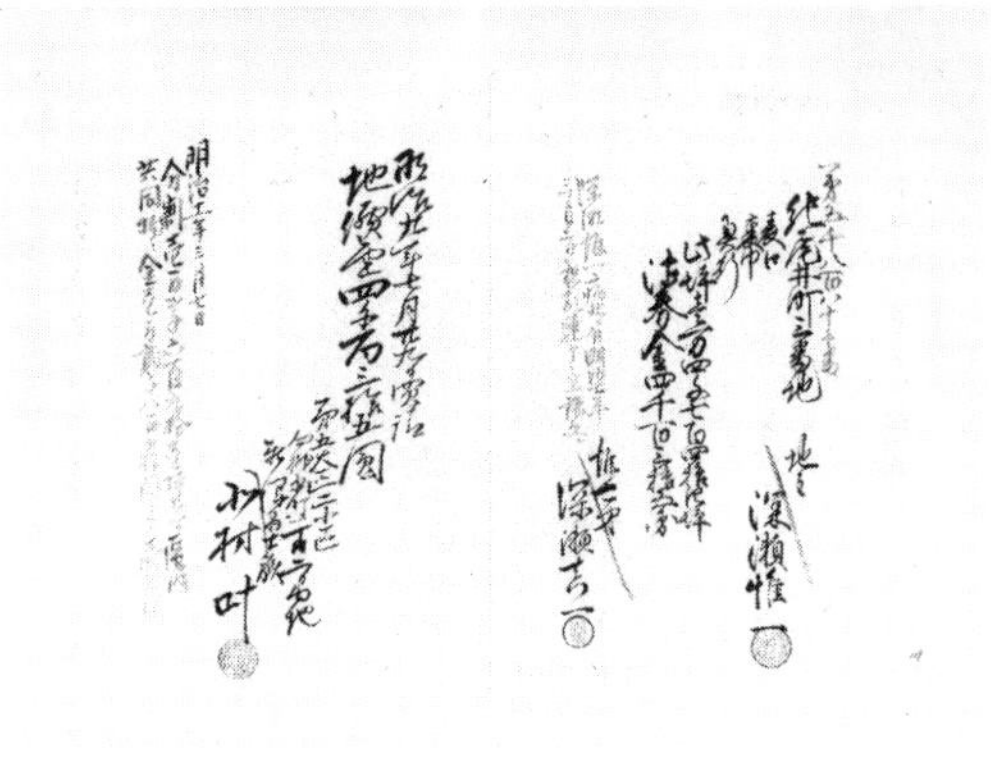

㊿深瀬仲磨、北村らの土地譲渡証文
（東京都公文書館）

51オーストリア＝ハンガリー帝國公使館　明治32年
（ジャパンアーカイブス㈱）

育成に真剣な官の態度が想像できる。このうち最終的には、８１８６坪が明治12年地元民の共同地となっており、残りが皇宮地付属地となっている。この時点で授産所または勧工場構想はなくなり、地元民の共同地になったのである。この段階では救育所が廃止されても共同生活をする人々が残留した筈である。この福祉行政は、松平定信の七分積金から、後の養育院に至る模索の段階にあったといえる。

深瀬・北村間の売買が公文書で判明したのは１万４７４１坪のみである（明治11年3月「地価表」都公文書館）。そして、１万４７４１坪は同時に分筆され、２０５２坪（イ3番）と１万２６９１坪（ロ３番）に分筆された。残り４７００坪は共有地となっていた（同11年9月公文書）。そして、11年3月時点では、6番宅地１万１４９９坪の北村叶所有地と、7番畑地７９４３坪の共同勧工場地、合計１万９４４２坪となっている。同10年当時では残りは茶園となっている。

そして北村所有地のうち１２３０坪は、内務省が同11年5月官有地として北村から坪2円で買い上げ、同12年12月オーストリア＝ハンガリー帝國公使館に10年契約で貸すことになった（図版51）。

そして併せて分筆後に、２０５２坪（イ３番）と４７００坪の合計６７７７坪（誤差あり）は、北村から「忠義のために」、明治16年頃、井伊直安に譲渡された。地番はこの時から「６番イ」と表示されている。この位置は、旧イ3番地で、北側部分、即ち上智大学の正門と東門とを結ぶ東西の通路を基準にして北側一帯（2号館や教会がある部分）に相当する。

（注、参考までに地番についていえば、明治6年の沽券図では本件調査地の全部が3番［オータニのところが2番、プリンスのところが1番］

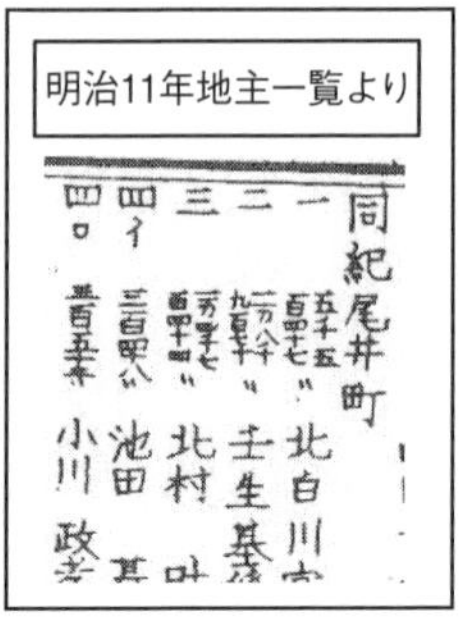

㊾井伊家と北村叶（明治11年地主一覧、長谷川一夫氏）

であったが、明治12年地図では南半分が6番、北半分が7番である。ところが明治16年地図では、これが逆転し、南半分が7番、北半分が6番となった。現在の公図では殆どが6番である。なお、地番は、明治以降めまぐるしく変更され、現在の地番とは一致していない）。

こうして、井伊家以外の土地は、

共有地　８１８６坪

内務省　１２３０坪（オーストリア＝ハンガリー帝國公使館への貸地）

皇宮地　３２４５坪（うち３０００坪を山階宮へ貸地、のち返納）

と分割された。

結局、尾張藩麹町中屋敷跡の土地は、井伊家に35％、共有地に42％、内務省・皇宮地用地等に23％に分割されたことになった。しかし、翌年には宮内省持分は共有地を取り込み42％となった。

この時期以降、尾張藩麹町中屋敷跡は、官有地から民有地へと転換してゆく。

このように６７７７坪（6番イ）は明治11年9月北村叶所有であったが、井伊家に譲渡した。

井伊家土地の変遷については、面積が増加し、約７０００坪となって受け継がれた。

北村叶は、64歳まで居住していた可能性はあり、当時としては長寿であった。同13年9月「地所建物一覧」では北村叶所有地１２３６坪につき同15年に下水や街灯設置願いを出している。この街灯が設置された位置は、北村家の位置から本書カバー図版のビゴーが描いた街灯かもしれない。また同年11月には大通りから大学東門にあった井戸（戦前まで塚本湯があった）までの樋の修復工事を依頼している。ちなみに、同23年栄誉鑑（多額納税者リスト）、同25年日本紳士録に北村の住所を「紀尾井町6」とある。また、このことから、この頃までは自宅として住み、のちに井伊家所有になったと思われる。この一角は深瀬仲磨の邸宅になっていたのではないかと思う。

但し、土手に面したソフィア通り沿いの2128坪は、昭和5年の地籍台帳では、宮内省の土地所有となっており、その後、上智大学に売却された。

2 井伊直安・与板藩主

井伊家は女傑とされる「井伊直虎」によって再興された。そして大阪夏の陣の功績により、井伊直政が初代彦根城主となる。戦においては常に徳川軍の先鋒として武勇を果たしてきた。武田軍勢を配下にした井伊直政は、その甲州につながる甲州街道の四谷門と並ぶ喰違門のそばに要衝の地を与えられた。直政の次男・直孝は井伊家の後継者として彦根藩主となり、井伊直弼を輩出した。江戸中期になると、直政の長男・直勝の子孫は1705年に掛川の領地を没収され、与板城2万石が与えられた。この城のもとは長岡藩の支藩であった。藩領は明治4年に与板県となる（後に柏崎県、新潟県に編入）。与板町に城址・陣屋跡・大手門等が残っている。後記の板谷宮吉の出身地である柏崎市はその北方にある（図版㊿）。

10代与板藩主は井伊直安（1851～1935）で、井伊直弼の三男である。維新後、江戸の桜田屋敷から出て向柳原（現浅草橋四丁目）の与板藩上屋敷に移ることになった。

井伊直弼は1860年に桜田門において水戸の浪士により殺されたが、それは、開国か攘夷かをめぐって国論が二分していた世相の反映であった。開国派の井伊直弼は攘夷派を弾圧し、その反動として殺された。次男・直憲は減封されたが、元治元年の長州征伐には幕府軍に加わり、天忠組鎮圧に出兵した。天忠組の乱における彦根藩兵の戦死者墓碑は十津川郷にいくつも残るが、維新後に井伊家の子孫が十津川郷士所有であったこの地を取得することになったのは皮肉なめぐりあわせである。

当時、江戸屋敷は上屋敷を7箇所、中屋敷を4箇所、下屋敷を3箇所、所有していた。宗家の彦根藩の井伊家は徳川慶喜の大政奉還のあとは佐幕派から朝廷派に方向転換した。そのため与板藩も官軍につき、その前進基地となったが、幕府側の長岡城との攻防戦で与板城は焼失した。

直弼の子孫は直憲、直忠、直愛等を経る。直憲は井伊直弼の次男、彦根藩最後の藩主で、第十五銀行の発起人取締役である。第十五銀行は、明治10年華族により設立され、昭和2年昭和恐慌で倒産した。井伊直憲の子・直忠の三番町の豪邸が有名であった。参謀本部となる所を払受けし、土地3500坪と客殿、能舞台、山水を有した。その子の直忠もこの邸宅にいたが、それは関東大震災で焼失した。直憲の孫の直愛は彦根市長を長く努めた。

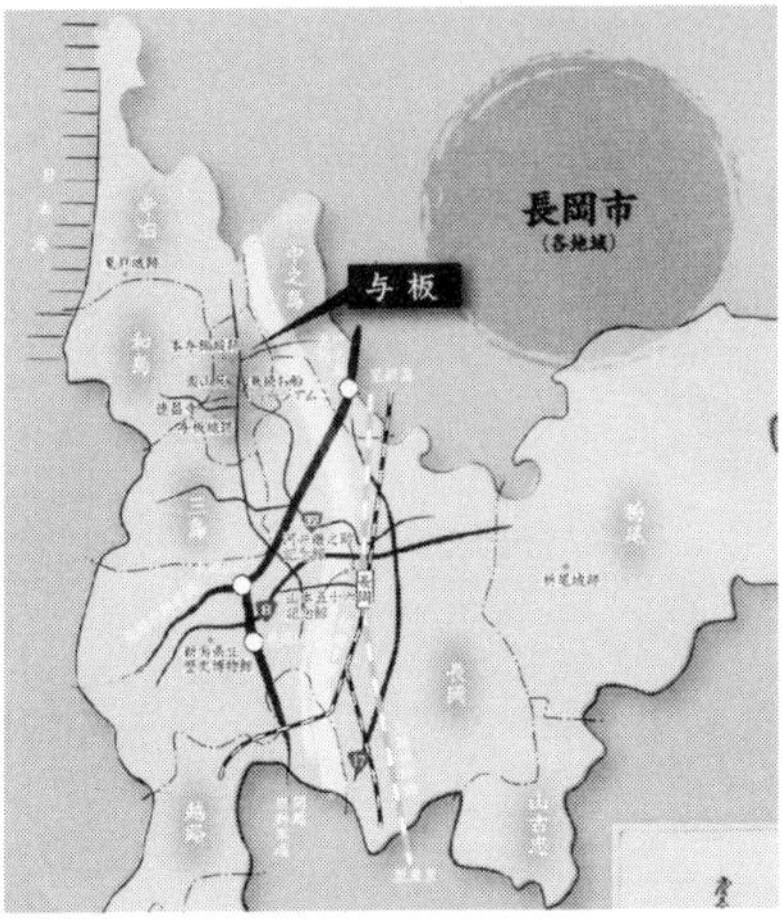

(53)新潟県長岡市与板の位置（長岡市資料）

明治24年東京商業会議所の選挙人名簿によれば、東京市内所得税多額納税者では、10万円以上の人は数える程しかいない中、三番町の直憲は184万円で三井八郎右衛門を上回る東京市最高の納税者である。紀尾井町の井伊直安は67万円とこれまた屈指の多額納税者である。

明治2年版籍奉還により、直弼三男・直安は、与板藩知事となり、藩政改革や教育振興に貢献した。明治4年東京移住を命じられ、当初は向柳原藩邸2472坪のうち1275坪を分割して自邸とし、明治19年紀尾井町の当地へ仮移住し、明治20年にここで小さな別邸を建てた。なお、明治33年木造瓦葺平家建を改築し居住した。明治37年陸軍野戦病院隊宿舎として同38年1月まで自邸を徴発される（寄宿舎4名のみ）。明治17年に子爵となり、明治29年～大正9年まで貴族院議員であった。

終生、与板との関係を保ち、与板町大火に際し援助をしているが、移住先の紀尾井町においても明治19年コレラ予防費として寄付、22年以降に生活支援、大正元年に四谷見附橋の開通式のため町内に１２５円を寄付し、邸内に桟敷を設け観覧、余興を披露させている。また、明治31年、邸内の白玉神社の建築費を寄付、邸内凱旋軍人歓迎会を神社内で挙行している。39年に麹町大通り沿いの角地４４１坪を東京市に譲渡している（教会角地）。また大正10年、邸内借地人１２０戸へ各１００円宛（大卒初任給の２倍）の寄付を行っている。借地人総代横山雅男等８人が柏木自邸にお礼に伺っている（井伊家及び与板については『与板町史』によった）。井伊家と紀尾井町の地域とは密接な関係があったと思える。

　議員辞職後、明治41年新宿区柏木へ仮移住し、43年柏木に自邸を新築し転居している。その後、紀尾井町の自邸跡の空き家は貸家になっていたと思われ、そこに別記した鶴澤大吉の寄席があったようだ（口絵⑰）。大正10年になって土地建物一括して板谷眞吉（二代目宮吉）に60万円で売却した。昭和10年逝去、世田谷区豪徳寺で、井伊直弼の傍に眠る。井伊家の古来の遺品は与板町に保管されている。

　井伊家は何故、この土地を所望したのであろうか。維新後、旧来の武家の土地はすべてとりあげられたわけで、井伊家がひとり尾張家の土地を購入することは時代に逆行し不自然である。高収益物件として、深瀬の義兄である北村が手近なこの地を推奨したからと思われる。

　井伊直安が北村叶から譲渡された土地には、戦前まで数多くの長屋群が存在したままであったと思われる。その広大な敷地の一角に、井伊家の居宅があったが、それも小さなものであった。その位置は教会の正門右にひろがる芝生の前庭であったと思われる。

　この長屋住宅から家賃を取っていた可能性は大であろう。そもそもこれら長屋群は井伊家が貸家のために新築しただろうか、当時の状況から、それらは救育所時代からの老朽化した家々かもしれない。このムラに住んでいた小竹正一さん（大正15年生まれ）は、教会真向いの雙葉学園の理事、数学の先生でもあった。小竹さんの父・竹治さんと母マツさんは新潟県柏崎出身で、竹治さんは埼玉県で洋服縫製を修行後、柏崎をへて大正４年にこの地で洋服縫製業を始めた。生真面目な仕立て職人としてイエズス会神父らから重用されていた。母親マツさんは造り酒屋の出で、市川房枝を支援し柏崎で婦人運動をし、東京では半蔵門にあった麹町区役所の職員主事として面倒見が良く人気者であった。当時、個人経営の洋服縫製店が麹町で30軒もあったが、この紀尾井町6番地に7軒もあった（昭和2年商工組合年鑑）。この時の大家はまだ井伊家で、その貸家に住み、子の小竹正一さんは板谷家の経営する板谷商船時代の貸家で育ったことになる。正一さんは子供の頃、親にいわれて大通りの上智ソフィアタワービル辺りにあった家守に家賃を届けるのが役目だったという。長屋の住民には建物は老朽化しても利便性が良く、商人、知識人（動乱期の下級武士末裔とか）も多くいたようである（後記「住民の思い出」）。

また、井伊直安は土地活用には優れた見識があったことが古老の言い伝えにある。例えば、明治5年向柳原にある、もと与板藩邸地2472坪を命令に従い新政府に上納した後、そのまま借り上げたが、払下げの願書を出している。かかわった土地関係は明治期を通して数多い。明治19年には紀尾井町の仮住居に移転、20年に同地に新築居住、41年新宿区柏木に604坪購入、43年向柳原邸を売却、同年柏木邸隣地648坪購入、紀尾井町より移転（同編集者・長谷川一夫氏資料による）。明治41年8月麹町区役所が井伊直安所有地6774坪と認めた証明書がある。

このような井伊家の土地所有の頻繁な動きは、地租改正後に盛んであるが、華族財産を有効に活用して不動産に向かった時代的背景がある。大なり小なり、井伊家の土地保有には、この傾向を反映したものといえよう。

この一角に小規模な別邸を建て、他は貸長屋として使用して家賃収入を得ていたのではないかと思われる。井伊家も不動産の収益性には魅力を持ったのであろう。

今日は居住形態として持ち家が多いが、江戸から戦前においては借家が一般的であった。江戸時代においては、土地所有権が一般人にはなく、しかも武家地も自由にならず、町人地自体も限られていたので、店舗の大多数は店借であった。店借は、表通りにあって商売向きの表店借と、裏通りの住宅や零細店舗向きの裏店借に分かれる。江戸期33地域のなかで麹町の店借割合は最も低く60％である。店借りでも裏店借は、暴動が起きやすい。このことは麹町商業地が安定した環境にあることを示す。

江戸から明治中期にかけては、狭い範囲の土地に長屋が集中し、個々人の居住空間も間口1間半の裏長屋というのが普通であった。各戸は間口の狭い住まいが10軒づつ背中合わせに2列並んで1棟をなし、各棟は路地を挟んで向いあい、奥に共用の便所や掃き溜め箱を置くのが標準的であった。明治後期からの井伊家から昭和初期からの板谷家の所有の時期には、後出の図版㊹㊺の通り、長屋が建ち並んでおり、もと居住者の証言もある。このような貸家も明治後期からの経済発展に伴い、次第に長屋から戸建ての形式に移行したため、調査地にもその兆しが読み取れる。

旗本屋敷跡などの大画地にも貸家が多く見られた。そして、この建物は新築による利益よりも古い建物の修復を繰り返し利用したもので、その方が利益を高く取れたのであった。それは家賃が価格に対して硬直性があり、古くなっても家賃が安くなるという連動性が少ないためである。

明治35年頃、家賃は建築費の10％に近く、敷金は3～6ヶ月であったため、貸家3軒分の敷金で、同程度の貸家1軒を建築できた。つまり3年で建築費を回収できた(東京大学社会科学研究所『戦後宅地住宅の実態』)。この過程で貧富の格差が生じている。昭和21年の財産税で資産を失うまでは、明治の頃からの新富裕層は貸地経営で資産を増加していったのである。

大正10年の近間左吉『各種貸家建築図案及び利回り計算』では、25種の借地上の貸家の類型ごとに、収支予想をたて、不動産知識の啓蒙に資している（～昭和6年迄増刷）。本著では、家賃を、新築住宅で坪2円台、店舗・外人向けで3円台と想定して、支出には地代を含めている。この数字を基に、収支計算をすれば、中堅労働者や店舗用物件の投下資本利回りはおよそ20～23％と算出された。これから4～5年で元金を回収でき、または同規模の貸家を再取得できることがわかる。

また、明治11年、尾張藩麹町中屋敷の南半分につき、北村叶が売り出しをしている。その条件は、土地面積1万2114坪、売り価格1万5200円（坪単価1円25銭）、長屋7棟（延834坪）、その7棟の家賃年合計467円、茶園7034坪である。このうち長屋部分の建物表面利回りは30％位と予想される。これらから、井伊家が経営していた長屋も高い利回りが得られたであろう。

井伊直安の死去に伴い、大正10年に井伊家から板谷商船に売却されたが、この売却価格60万円に対し、計算すると15万円位の利益が得られたので約20％の純投資利回りとなり、5年で元が取れる。北村家から入手した利益は大きい。前記した書物によれば、修繕費もたいしてかからない上に借家料の暴騰もあり、貸家経営の元利は4～7年で回収できる、としている。

「明治39年竹内余所次郎調査では、東京15区居住世帯のうち土地所有者は僅か4％である。大正11年東京府社会局の調査では、府では93％が借家である。欧米も同じであるが第一次世界大戦以後は持家が上昇するのに対し、日本では戦後になってからだ。戦前の庶民の住まいは貸家が一般的であるが、明治から大正にかけてはとくに貸家が払底していたようで、地震売買のような不公正な手口での借家人追い出しも頻発し始めていた。高い家賃を取れる新たな借家人を求めていたからである。この傾向が昭和にも続き、昭和6年でも持ち家30％（借家70％）、同16年で25％（借家75％）という構成割合であった」（加藤由利子「明治における宅地所有の状況と貸地貸家経営」）。

本物件の収支は当事者の資料がないために上記のような推測でしかはかることができないが、一団のつながりの深い地域社会での長屋は、都市中心部の立地の良さによる家賃高や中古のためにコスト安もあり、収益性が高いものであったに違いない。まさに北村叶の「忠義」のお陰といえよう。井伊家臣団にこのような強い結束力があったのである。

このような良質の物件を井伊家が手放した理由は不詳であるが、物理的耐用年数にも限界が来て維持費もかかり、空家も増え、利回りも低下していたのだろう。或いはそうせざるを得ない事情が井伊家側にあったのかもしれない。

3 板谷商船・下町文化の想い出

井伊家の土地は大正10年1月、小樽の海運王の板谷商船社主・板谷眞吉（第2代宮吉）に売られた。購入した板谷宮吉は同郷の新潟出で、井伊家の与板藩出入り商人であった。この時期は第一次世界大戦が大正3年の勃発、日本は空前の好景気となり、軍需の増加により船成金が続出し、人口の都市集中が生じている。しかし、大正9年には世界恐慌が発生し、担保流れの不動産が増加した。香川敬三がイエズス会に土地売却の申し出をしたのはこの頃である。

江戸時代から、大阪～北海道への流通ルートとして長岡市の寺泊は寄港地であった。そして、北前船による小樽への輸送は盛んであった。

一方、都市の家賃相場は急激に上昇しており、その時代背景のもとに井伊家は土地処分の絶好機と見たかもしれない。同郷のよしみであろうが、板谷家のほうも利回りの良さに着目したのだろう。

貸長屋つき土地の面積は、前記1万9441坪（明治11年3月地価明細帳及び地価帳）から1万2114坪（前記の北村叶分）を控除した7327坪が井伊家に相当する。上智大学史資料集には、昭和22年、上智学院が麹町区に宛てた不動産取得税免税額申請書には、7292坪を購入したとあるから（のち道路沿い追加後7462・91坪とある）、ほぼ一致している。井伊家が北村家より取得したと思われる6777坪より686坪増えている。増えたのは土手沿いの高級住宅地（もとは皇宮地付属地）の一部ではないかと思う。

板谷商船はここに約400棟の貸家を経営したが、昭和20年5月の戦災で焼野原となり、その土地をイエズス会が教会用地として昭和21年7月買収した。

このようにこの一部の所有権移転は、深瀬仲磨→弟・深瀬真一の義父・北村叶→北村家主人の井伊直安→与板藩出入り商人板谷宮吉と、縁故に沿ったものである。

板谷商船株式会社の創業者・板谷宮吉（初代）は、1857年（安政4年）越後国刈羽郡宮川村（現・柏崎市）の出で、父は漁網商で、与板藩の御用商人になった。宮吉は、明治3年、14歳で福山の海産商、18歳で小樽の海産商に奉公に出、明治15年荒物雑貨商で独立、精米業、醤油醸造、海運業、倉庫業を経て明治32年板谷合名会社を設立、海運業に邁進、開戦前に買った持船が日清、日露戦争で政府用船となり、それが膨大な政府補償金をもたらし、発展の原資となる。その後、明治44年持船数では日本5位となった。当時、日本の造船能力は低く、民間でも軍事でも英国より購入していた（第七章日露戦争の項）。

明治45年株式会社板谷商船を設立、大連、樺太にも事業進出、北海道各地に農場を開き、また不動産業で板橋、麹町（本件調査地）、大阪などに進出した。初代の長男・真吉は貴族院の多額納税者で銀行頭取、水力電気、生命保険の役員をへて、そごうデパートの前身・十合呉服店会長、京成電気軌道役員、平和生命保険の前身・板谷生命、鉱山経営などにも関与し、小樽市長にもなり、小樽出身の海運王となった。本社は郷里の新潟に置いた。

十合呉服店は天保元年（1830）創業の老舗だが、昭和10年板谷商船が経営権を取得した。昭和44年「そごう」に商号変更し、昭和58年経営が悪化して板谷氏が退任し、破綻して民事再生となった。

主業務の船舶では、第二次世界大戦で所有船を全て戦火で失い、戦後は再建整備会社に指定され板谷商事となった。平成22年、所有不動産、系列会社全てを売却、解散。昭和25年、板谷順吉が、参院議員や日本船主協会会長として外航就航の民営化をはかり、昭和26年に板谷商船として再興した。小樽市の旧板谷邸は歴史的建造物に指定されている。板谷商船が昭和10年開発分譲した板橋区の「上御代の台分譲地」の一角にあった土地は板谷公園になっている。それは昭和12年4月に板谷宮吉が東京市に譲渡したもので、区の登録文化財で区内最古の公園である。

板谷は戦後、この長屋群の土地をイエズス会に売り、聖イグナチオ教会ができた。また、板谷氏の自邸は、飯田橋駅向いの日本歯科大学附属病院の場所にあった。戦後、イエズス会が上智大学教授宿舎として借りて

㊹最後の武家屋敷、板谷邸　昭和11年
（師岡宏次「想い出の東京」）

いたが、建設大臣邸として買収の話が出たのでイエズス会が神学校として買取ることとなり、昭和24年より聖三木修道院として使用した。もとは江戸初期より幕末まで、旗本・富永家の家で、古図にも記載があり、その門は近年まで監視用の武者窓がある長屋門として、また最後の武家屋敷といわれて昭和末期まで残っていた（図版㊹）。

板谷家はのちに岩村家、香川家と親戚関係になる。三代目宮吉は配偶者が初代北海道庁長官・岩村通俊の孫であり、また、その岩村の次男に香川敬三（別記）の娘が嫁いでいるという関係がある。

山手のなかの下町

長屋群のムラはよそ者が入ったら迷路に思えたほど、幅員2m弱の細い通路が縦横に走った密集地であった。そこは山の手にない和気あいあいとした下町文化があり、その中心は白玉（稲荷）神社で、その前ではラジオ体操、子供たちのべーゴマ遊び、神輿担ぎが行われ、懐かしがられていた。明治初頭の救育所時代を脱皮し、まとまりのある文化を享受していたと思われ、興味深い地域である。

この白玉（稲荷）神社はどこから来たのだろうか。一つは１７５２年「英巌院（9代目当主の母）麹町邸庭内に稲荷を勧請する」と御小納日記にある（前記「麹町六丁目遺跡」）。また尾張家文書のなかに稲荷修復の事項があるから尾張徳川家時代のものという説である。白玉稲荷の名がついたいわれは元禄時代に京都伏見神社の分霊として洞穴に白狐が生息とのことである。「伝説によれば元禄年中、藩主綱誠公、霊夢により て山城伏見稲荷を勧請せしという、創建二百余年来、未だ池奥の厄に遭わずという」（高島末吉『麹町之状勢』

大正15年）。江戸の火災でも類焼を免れたことから火難除け神社としても祀られた。幕末御家人の山本正恒の日記には「白玉神社は紀尾井町にあり、火難除けの霊験有りとて信仰者多し」とある。

一方、関東大震災の際に書かれたものには、もともと明治神宮にあったものを井伊家が移したとある。地元では井伊家の守神を祀ったものと言われていた（昭和49年『聖イグナチオ教会』伊藤保委員長記述）。また昭和5年『明治神宮造営誌』によれば、明治神宮はもと加藤清正所有のものであったが、徳川家光が１６４０年に井伊家に与え、その後、御料地（明治7年）、明治神宮（大正4年）と変遷している。井伊家は地所を明治神宮に譲渡したが、加藤家下屋敷時代からあった稲荷だけは麹町に運んだとある。明治15年に建築とあるが、老朽化したので明治31年4・5坪の本祠、9坪の神楽殿が再設された（『新撰東京名所図会』第18篇）。毎月8日には神楽を奏し、子女群遊し、夜でも参拝者多く、町会などの会合が行われたとある。また、与板藩では平田篤胤の国学の影響で伏見稲荷を与板城裏山に迎え神社を建立したと言う。

(55)白玉（稲荷）神社　昭和4年（上智大学資料室）

それでは尾張家の稲荷はどこに行ったのだろうか。三つの想定ができる。①戊辰戦争の混乱で焼失した、②維新の武家屋敷空洞化と同様、取り壊された、③明治初頭の神仏混淆の撤廃政策で古い稲荷を排斥した、いずれにせよ証言者がいなくなった。

このようにムラの文化の中心であった白玉（稲荷）神社は、さすがに東京空襲では大部分焼失してしまった。戦後、教会敷地として買収されたが、立ち退きにあたって神社の神主・木下孝明氏は「日本の神様に代わって、西洋の神様がお住まいになるなら良いでしょう」と言って、麹町四丁目に移転したという（図版(55)）。

ムラの用途は住宅が主で、貸長屋が多かった。小規模店舗も混在し、

その写真が上智大学史資料室で見つかり、又、この地域に居住していた数人の方の話しを聞くことができた。

■住民の思い出①

小竹さんは、自伝書『正ちゃん』（文芸社）等を出版し、次のように述べている。

「大正も末、私の生家は大東京（こんな呼び名が流行っていた）十五区（明治11～昭和7年までの行政区の数）のど真ん中、麹町区紀尾井町六番地である。尾張家跡の四谷見附に近い外濠（お濠と呼んでいた）のすぐ内側だったが、小さな庭には不釣り合いに大きい幹の桜の下、屋根いっぱいを覆った山茶花の実の落ちる頃は音が瓦に響き、父の丹精した盆栽が所狭しとばかり並んだ借家だった（図版56）。

二軒長屋で隣家と同じ間取りで、大家は同じであった。南向きの玄関の入口はガラス戸で一間四方、路地の門からちょっと引っ込んでいた。

今日でも、私の頭の中には、昭和初期、消防署前の市電が走っていた電車通りと、上智大学、それに真田濠の土手に囲まれた紀尾井町六番地の町並みが、すみからすみまではっきりと浮かび上がってくる。

四ツ谷駅前に目立つ大きな鉄の火の見櫓、大通りを挟んでその反対側に並ぶ荒物屋と楽天堂医院。その間から、上智大学に向かって真っすぐ南に伸びたメインストリート。それを進むと右側に町会長で弁護士の立派な屋敷、隣にモダンな新築アパート、白玉稲荷神社、神輿倉《みこしぐら》と続き、次の角を右折すると、奥から二軒目が正一の生まれた家だ。メインに交差して数多くの細い道が、ある時は迷路の如く交わって家並みは混んでいた。土手通りには立派な塀に囲まれた門、うっそうと木々の茂ったお屋敷、ヒマラヤ杉と調和して瀟洒な洋館も建ち、山の手でありながら、対照的に込み入った家並みが下町の情緒をかもしだしていた。

どぶ坂を下駄でカタコトと音をたてて駆けていく、下町の趣がまだ残っており、道路の真ん中で子供たちは石蹴りなどに興じ、路地の木陰ではベーゴマ・メンコなどが流行っていた。長屋のご隠居さんや熊さんがそこらへんから出てきそうな雰囲気だった。

子供達がクジ引きをする駄菓子屋、大きな釜の中に芋を吊るした焼き芋屋、白いエプロンをかけたお姉さんが人目をひいたミルクホール、芝居や踊りが見られる貸席、鈴や太鼓を鳴らしているのが外から見える天理教教会、好奇心をそそった秘密探偵社、高い煙突と大きな屋根の銭湯、大きな神楽殿の前広場に屋台で賑わう稲荷神社、と九坪の神楽堂があり、連日囲碁やラジオ体操などの集まりがあった。仕事の場として、大工・畳屋・ブリキ屋・左官屋・鳶職までの職人衆のまちがあった。

その頃の麹町の空はまだ透き通るように澄んでいて、皇居の森から赤坂離宮を行き来する鶴の優雅な舞い姿、かぎになり竿になって渡る雁の群れが美しかった。夜も更けて市ヶ谷台にある陸軍士官学校の寂しい消灯ラッパ、朝早く聞く起床ラッパの勇ましさ、夜中ふと目を覚ました時、土手に近かったせいか、今でも残っている大木の松の枝に住むフクロウの鳴き声、省線電車がトンネルに入る時に鳴らすポーッという汽笛になかなか寝つかれないこともあった。小学生になってからは、よく土手の芝に腰を下ろし、濠の水に映る景色と、秒刻みに沈みゆく真っ赤な太陽を見送りながら、大自然の神秘に感動を覚え「心のふるさと」を感じていた。東京のど真ん中で生まれた私が「やっぱり紀尾井町はいいなあ」というこの気持ちは、他の人が自分の生まれたところに愛着を持っているのとは、かなり違っていたと思う。立て込んでいた小さなこの町にも、まだまだ自然は数え切れないほど残っていた。

小さい火災は別として、大正十二年の震災にも焼け残っていたためか、古くからの家が多かったが、その紀尾井町六番地の中心となっていたのが白玉（稲荷）神社で（おいなりさんと呼んでいた）、何かあれば町の人たちの集まってくる中央広場であった。東京音頭の踊りの講習があったり、毎朝ラジオ体操の会が開かれた。昼には、自転車の後ろの荷台に道具を積んだ紙芝居屋がやってきて、拍子木を鳴らす。毎月八日の祭礼は縁日の夜店で賑わった。この頃はヨーヨーブームで誰もが持ち歩いて熱病のように流行っていた。神楽殿では神楽や余興が演じられ、特に節分の行事は盛大で、赤鬼青鬼に豆をぶつけ、年男のまく丸

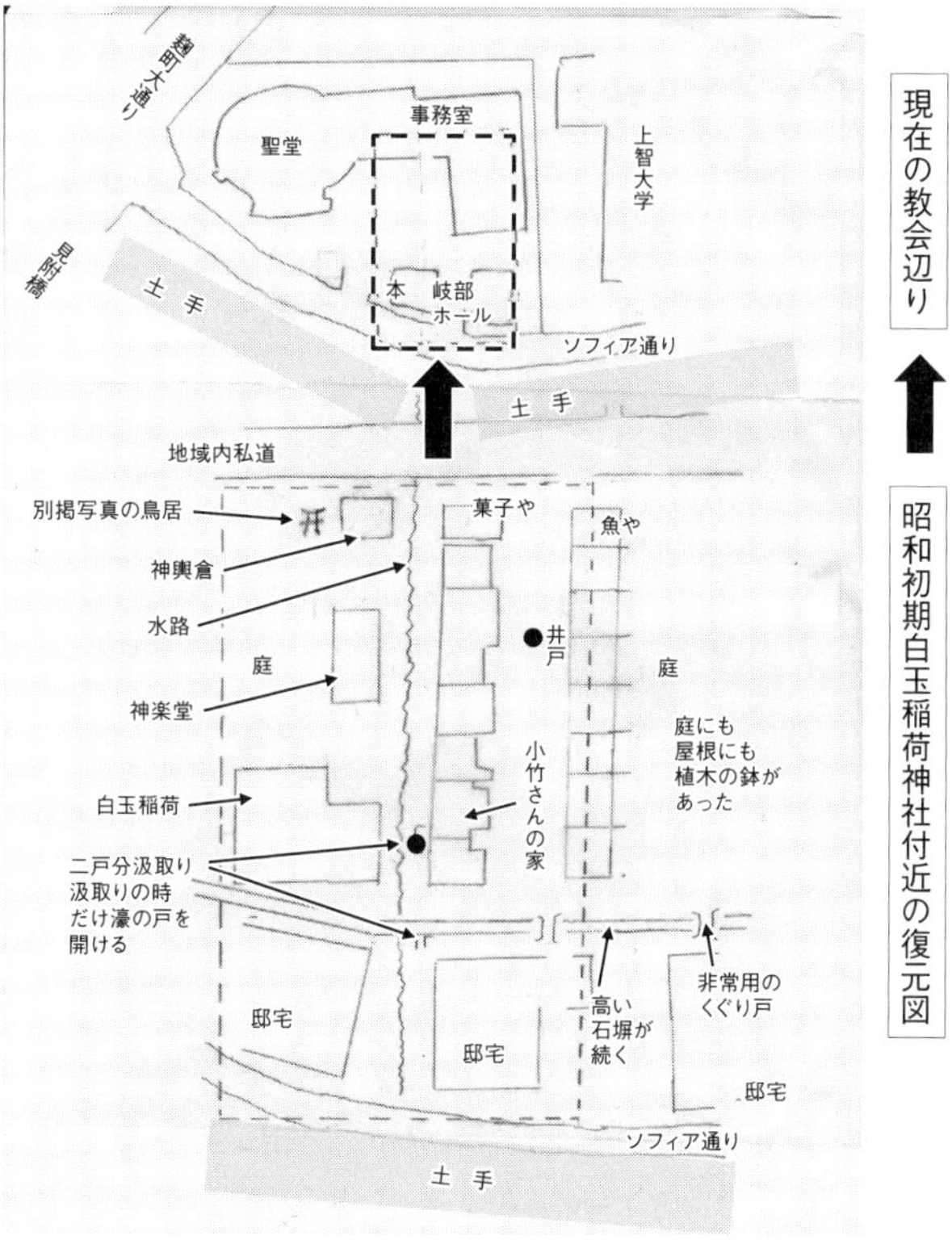

56白玉（稲荷）神社付近の復元図（小竹正一氏より聞取り調査）

い餅の中から一銭銅貨を見つけては喜んだ。石の鳥居の左側に神輿蔵があり、その前には一年に一度神酒所がつくられ、父の丹精した皐月などが幾鉢も飾られた。氏神である日枝神社（山王さん）の祭礼のために、毎年六月十五日は町中がお揃いの浴衣で賑わい、祭りと踊りが食事より好きだった私は、太鼓やお囃子の音が聞こえてくると、もう家の中でじっとしてはいられなかった。その神輿のかつぎ手が、どこの町内よりも威勢がよくて勇ましく、麹町中の人気を集めていたのを自慢にしていた。

昭和9年7月町名改正があり、紀尾井町の名称と、他の番地は残ったが、四谷見附に近いこの土手と大学に挟まれたほぼ三角形の6番地の地域だけが、電車通りと合体し同じ麹町六丁目の呼び名となった。

クリスマスが近づくと、町の中心はお稲荷さんから上智大学に移った。大学の若い学生さんが土地の子供たちを集めて、ふだんから日曜学校なども開かれていたが、クリスマスには旧校舎の二階や講堂に、多くの子供たちを集め盛大にパーティーが開かれた。やがて世の中に不穏な影が漂うようになると、非常時の空気が流れて強制疎開が始まり、町は歯の抜けるように淋しく壊されていった。こうして昭和20年4

月13日の夜半から翌未明にかけての空襲によって、更に火勢は電車通りを越えて、麹町消防署だけを残し雙葉学園を全焼してやっと止まった。

私が生まれて育った思い出の紀尾井町の家は、空襲で跡形もなく焼けてしまい、その跡に聖イグナチオ教会ができた。私の生まれた家の跡地が、ちょうど教会正面入口（当時の）であった。

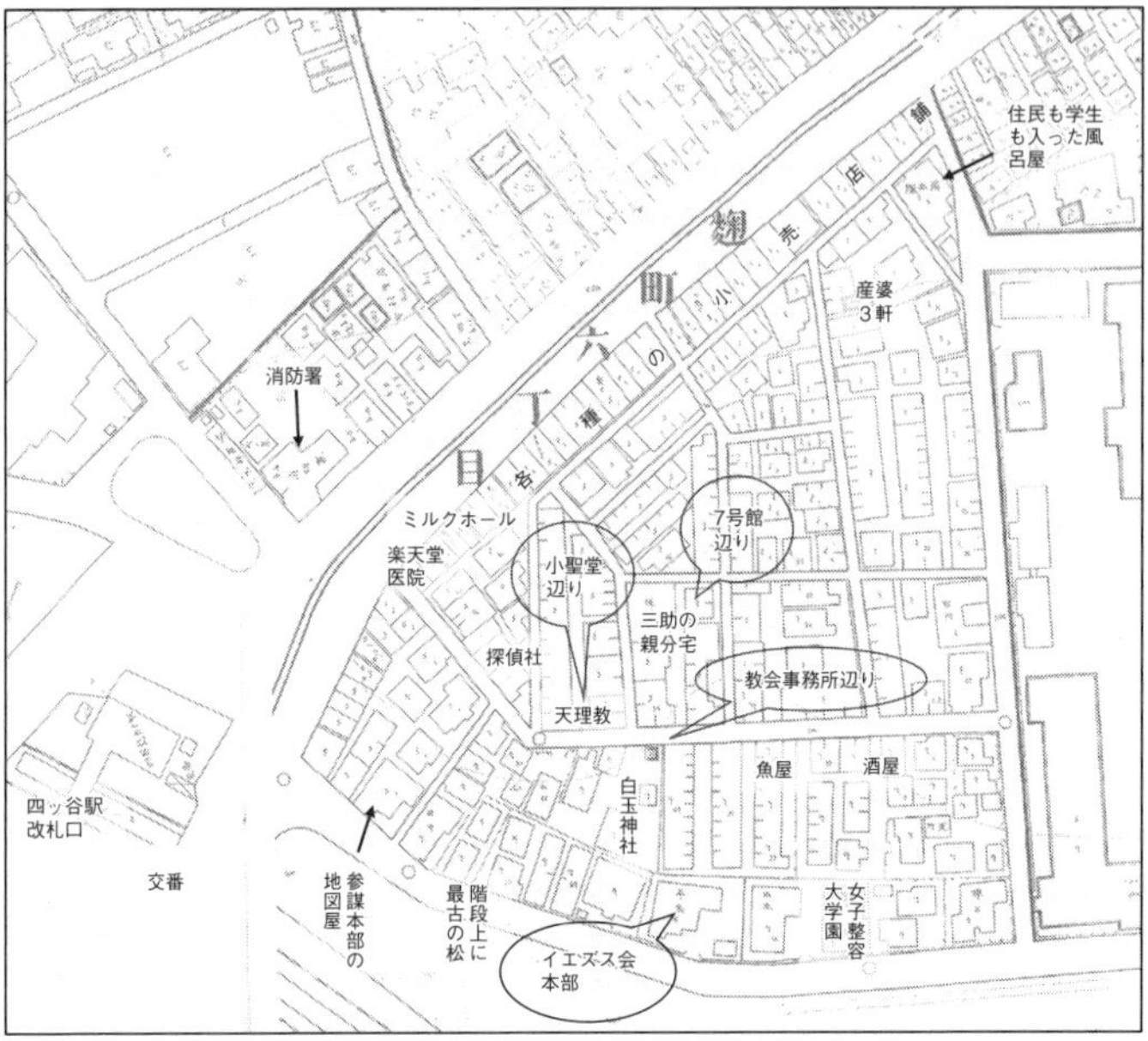

㊼戦前の長屋群のまち（筆者作成）

我が家は白玉（稲荷）神社の後ろにあり、神社内に町会事務所があったことから、母・まつは神社や町会の事務を一手に引き受けていた。麹町区役所がその頃、半蔵門の現麹町警察署の隣にあったので、母は毎日区役所に出かけ事務をして両方を往来し、皆の世話をして喜ばれた。家の近くに親戚で柏崎出身の学生3人がいて面倒をみていた。父は仕立て職人で、正一がチャンバラで鞍馬天狗の真似をすると、得意の腕で頭巾を作ってくれた」。

小竹さんの記憶にある家の辺りの様子を㊻㊼図の通り再生してみた。

住民の思い出②

もうひとり、上智大学東門そばで最近まで子供達に珠算塾を開いていた野田光男さん（昭和4年生れ）の話を聞いた。小竹さんとは遊び仲間だったそうで謹直な方です。

「子供の頃は教会のところに住んでいました。祖父が麹町の蔵の塗装をしていました。昭和20年に爆撃があり、そのあと焼け跡に戻り、防空壕を掘って生活していました。戦後、麹町に沢山あった蔵もなくなり、仕方なく私は珠算塾をしました。最初は教会辺りの長屋のなかにいました。今のマンションと比較し、縦になったか横になったかの違いで、あまり変わらないと思う。長屋は教会辺りだけでも３００世帯位でした。今では想像できないくらい賑やかでした。上智大学の学生はひとりひとりの顔がわかるくらい少なかった。この辺は職人が多かったから家業を継ぐ子も多く、下駄を履き、尋常小学校や高等小学校へ行った。裕福な子は、運動靴を履き、中学校へ進学した。長屋があって、家と家との間が迷路のようになっていたから、かくれんぼでも鬼ごっこでも遊ぶことには、事欠かなかった。石けりやっても車がこないからいくらでも遊んだ。東門から弁慶橋までズーッと坂でスキーをしました。

白玉稲荷の辺りはみんな集まって行事が沢山あり、楽しかった。紙芝居屋もあちこちに入れ替わり来ていた。おじさん達は50歳位で国民服を着て、ゲートル巻いて、身体の不自由な人もいたが、子供達に注意をしてくれたり、そういうコミュニケーションの場でもあった。男の子には黄金バットや鞍馬天狗のような活劇が人気で、女の子にはお涙ちょうだいが人気だった。戦争中は軍国的なものが多かった」。

以上の話を拝聴しながら、現在の地図と明治9年の火災保険地図（東京都中央図書館蔵）とを重ねてみた。麹町大通り沿いの商店がことごとく道路買収されてなくなっているが、このムラにあった楽しげな風景が想像できる（図版57）。

一方、土手通り（今はソフィア通りと命名されている）は一部に拡幅の跡がみられるが、大学中央の正門から東門に至る通路とともにおおむね不変である。これから、判明したことは、ムラ時代の要であった白玉神社の位置は鳥居が教会事務所、神楽殿が前庭にあたる。天理教会は現カトリック教会の小聖堂、魚屋や駄菓子屋は信徒ホール、前記の小竹さんの家は岐部ホールに近い教会建物の角、その前の小川は事務所から教会案内所と岐部ホールの間を通って土手通りに流れていた。地域内に産婆が三軒あった。三助の親分の家は6号館と7号館の間にあった。三助は、湯屋（今の銭湯）で客の背中を流し、流し料の半分を貰う仕事であるが、四谷周辺には数多くの湯屋（風呂屋）があったが、そのいくつかである。現金収入で自ら風呂屋をつくったりして財をなした人が多いと聞く。また越後の人が多かった（仲田定之助『明治商売往来』）というから、越後出の板谷商事に関係があると思える。ここの親分（名を秘す）は博徒でもあり子分を十数人抱えており、明治33年には四谷見附の濠を挟んで、四谷仲町の顔役の子分同士で大騒ぎとなったことがある。

■女子整容大学園（借地）

土手に面したソフィア通り沿いの2128坪は、昭和5年、9年の地籍台帳では、宮内省の土地所有となっていたが、後に板谷商事の所有となった。この土地を借地した学校や邸宅があった。隣接する長屋群とは異なる戸建の個人住宅が数軒並んでいた。櫻井、山本、平松の名が地図にみられる。いずれも借地と思われる。興味深いものとして、女子教育のための女子整容大学園が岐部ホールと7号館の間にあった。

校長は山本久榮（新島八重の姪で社会事業家と同姓同名だが別人）で、それは美容学校のはしりであった。学園では、美容だけでなく、スピーチ・オペラ鑑賞・ダンス・日本舞踏・和洋料理・茶の湯・生花を必修とし、野球や水泳も教えた。昭和17年に軍により接収されて廃校となった（女性モード社『近代美容を彩った先人たち』）。昭和6年の新聞広告には、「家庭安全の指導となり、物質に恵まれた学芸　美粧学生募集　申込期日三月末日迄　規則書　郵券二銭要す」とある（図版57）。

第六章　大学辺りの地歴と用途

西南戦争が過ぎて政情が安定すると、明治13年迄にはこの地でも土地移動が頻繁に行われた。尾張藩中屋敷跡の土地利用は、北村叶から、大きく分けて次の通り三つグループに分けられる。即ち、南部分は宮内省及び香川敬三を経て、中央部分は地元有力者の共同地や薩摩藩士らの所有地を経て、いずれも上智大学キャンパスに移った。北部分は前章の通り井伊直安、板谷商船を経てイエズス会（聖イグナチオ教会）に移転していった。

1　南側部分（皇宮付属地と香川敬三）

深瀬仲磨、真一から明治11年3月北村叶に渡された土地の北側のうち6777坪は同19年に井伊直安に移転（前章）する。南側は、宮内省所有となり、うち3000坪を山階宮に下賜される。また1229坪を明治17年5月よりオーストリア＝ハンガリー帝國公使館に貸地する。残りは同年7月に地元有力者の共有地8186坪へと所有権が移転する。

当時、外交戦略の一環として外国領事館への用地提供が複数あった。東京ではイギリス公使館1万1000坪、仏、露、独、伊が各2～5千坪の貸地が提供された。ここではオーストリア＝ハンガリー帝國（1867～1918）公使館邸への貸地があり、それは今のメリノール宣教会と上智紀尾井坂ビル、ホフマンホール辺りにあった。同公使館は、明治11年に新築されたが明治31年にも再築され、総煉瓦造り3階建であったが、今はない。有名な建築家コンドルの設計で、立派な庭園を有した（前出図版51）。昭和3年に海軍省官舎用地として払下られている。

皇宮地付属地

前記（第二章）の通り、維新政府は大国らしく権威を持つためには、宮内省関連の土地を増やそうとした。また、幕藩体制の解消のため旧大名を東京に強制移住させることとし、前記の井伊直安も同様に従った。一方、旧公家をも京都から退去、東京に移住させ、皇居に近い麹町などの武家地跡に邸宅を与えるようにした。こうして旧領主同様に新らたな地主誕生となったが、大事なことは処分が自由にならない旧支配層の土地と対照的に、地租改正に伴う換価性のある土地を与えたことである。実際上、このような権威づけは対外的目的よりも、旧支配層や協力者への国内的懐柔策としての効果を発揮した。

さて、南部分の7番ハと7番ニ（今の上智大学中央図書館から福田屋、10号館を跨いでソフィア通りに至るまで）の一帯について、明治天皇紀に「明治6年3月山階宮晃親王（伏見宮邦家親王の第一王子）に賜へる神田錦町の邸宅、既に大破し住居に堪えず、且つその地、卑湿なり……この日宮内省をして、麹町紀尾井町三番地（のちの6、7番）民有地3247坪を購入せしめて之を下賜し、その居宅を建築せしめたもう」とある。宮内省はこのうち3000坪を晃親王に渡したのである。その後、明治12年7月に、伏見宮貞愛親王が麹町区富士見町から紀尾井町4番地（今のホテルニューオータニの所）に移り富士見町を返納したため、晃親王はその跡に移り、このためその部分を皇宮地付属地とした。

近代的土地利用の波はこの土地にも押し寄せた。地図の整備状況は文化のバロメーターであり、同時に国策上も重要な位置を持っている。このことはシーボルト事件でもわかる。

シーボルト事件とは、1828年オランダ医師シーボルトが、国外持出禁止とされていた日本地図を帰国用所持品の中に入れたことが発覚した事件である。このために彼は国外追放され、日本人関係者多数が処罰された。

明治政府は近代化促進のため明治元年より前記の通り近代的な地図作成にかかり、また気象観測とあわせ、明治8年に気象庁を設立した。気象学では徳川吉宗以来、イエズス会の天文書などの刺激により西洋暦法の研究がなされて先駆者を生み出し、また施設づくりも転々としてきた長い歴史がある。

政府は課税のために明治2年に民部省で全国の土地測量を開始し、明治10年、内務省地理局測量課において、気象も含め、天文台にふさわしい候補地を探していたが、紀尾井町のこの地の地盤が良いことから明治12年より皇宮地付属地に測量台の建設を計画した。この土地は今の紀尾井ホールと隣の福田屋の位置であるが、末吉忠晴の所有をへて明治13年1月に内務省地理局に用地取得をさせた。この計画は明治12年12月に天文台用地として東京府の認可がおり、建設工事に着手したが、地盤固めに調査費用が嵩むことから中止となった。もともとは四谷見附周辺に比べ標高が低く、土盛りした経緯もある。大正生れの近辺の子供らがその崖を登って遊んだと、古老から聞く。

そのあと皇居内の旧本丸天守閣跡地が注目された。ここなら200年余り前は天守閣があり、地盤は堅牢であり、東京府の中央にあり、四方を見渡せる環境にあり、周囲に濠があり、鉄道にも遠く、道路にも接近していないため馬車等の通行による震動の心配もない。そこで紀尾井町計画を明治13年に中止し、天守閣跡に設置した。内務省では地理も天文も所管であったが、明治15年に両者を分離し、天文台は麻布をへて三鷹市大沢に移転した（東京市史稿）。これは妥当な結論であったと思われる。もし、天文台が紀尾井町にできたら、今日の上智大学はなかったであろう。

■香川敬三

尾張藩麹町中屋敷跡のホテルニューオータニに近い南部分は、宮内省の土地となった。それは、前記の共同地を引き継いだ末吉忠晴らの土地3744坪と皇宮地付属地3245坪、並びにオーストリア＝ハンガリー帝國公使館への貸地1229坪を合計した8218坪である。

これは中屋敷跡全部の42％で、井伊家の割合は35％だから、残りが民間への土地23％となる。

このうち5349坪はそっくり、皇后の側近であった香川敬三に受け継がれ、その一角には広大な香川敬三の邸宅があった。門は今の紀尾井ホール入口の位置にあり広大な庭園があった（後出図版㊵）。明治34年『建築』第17巻（浪和会）には仕様書の書き方の例で香川子爵邸の見取り図が記されているが、豪華な洋館であり、その後和風に建て替えられたのであろう。

それでは香川敬三とは何者で、どのような経歴を辿ったのだろうか。

香川敬三（1841〜1915）は水戸藩勤王志士。現・常陸大宮市（水戸駅より水郡線で34分）の郷士・蓮田重右衛門孝定の三男・了介として生れた。のち同村の吉田神社の神官・鯉沼家の養子となり、鯉沼伊織（実名・広安）と称した。子供時代は、水戸から5、6里の蓮田という農家から雨の日も雪の日も那珂川を越えて漢学を習いに通った苦学の秀才という（伊藤金次郎『わしが国さ』）。ペリー来航時に、師の水戸藩士・藤田東湖から、国事多難の際だから怠り無く、国のため尽くせと伝えられる。藤田は尊皇攘夷という言葉を初めて使った人物とされたが、安政大地震で圧死した。

時に1858年、水戸藩主徳川斉昭に勅書が下され、幕府がこの返上を要求、勅書の行方を巡って藩内で対立が発生した。鯉沼は反幕府勢力に同調し、同士37人と共に江戸薩摩邸に入る。このため、幕府は駒込水戸別邸に彼らを禁固処分とする。1863年、朝廷の命令で保釈される。その後、公卿・志士らと交わり、また山陽山陰諸州をまわって人脈をつくった。

1867年、勤王派の岩倉具視は京都で蟄居中であったが、鯉沼はその衣食の面倒をみてから岩倉の信頼を得、その手足となる。これから岩倉が彼の大きな支えとなった。彼は岩倉の倒幕思想の論理性を龍馬ら勤王志士に伝え、両者をまとめ上げた。維新の風雲は岩倉のあばら家から出た（田中光顯『維新回顧録』）。

彼は身分が低く不便を感じていたが、たまたま香川という公家の株があり、鯉沼が継承することとなり、以後、鯉沼は香川と名乗るようになった。香川家に入婿したにもかかわらず、郷里に妻子がいたので生活費を送ったということが美談となったと言うが（山川菊栄『おんな二代の記』）、昔の妻の哀しさでもある。

同年、中岡慎太郎の陸援隊副隊長格となるが、同年11月その中岡が暗殺される。

香川は、坂本龍馬や中岡慎太郎と近い勤王志士で、2人が暗殺された現場にいち早く駆け付け、その最期を見届けた。中岡慎太郎の最後の言葉「岩倉によろしく……」と伝言されたという人物でもある。同年、鷲尾隆聚侍従を奉じ、鷲尾隊副隊長格で高野山義挙に参加し討幕軍に加わった。江戸市中が官軍に支配された後、下総・常陸・下野は幕府の脱走兵と会津兵が出没、東北諸藩の意思が定まらないなか、岩倉具視の子の補佐をして、東北諸藩と戦った。香川敬三は旗役の地位で官軍諸隊と共に宇都宮に進軍中、偶々、近藤勇の陣に遭遇した。近藤には徳川慶喜の意向で戦闘意思はないと認知したものの、香川は詭計をめぐらし、自陣に招き入れた。土方らの諫めがあったが、近藤はひとりで出向いた。はめられた近藤は自ら従容として縄につき、板橋の刑場にて斬首された。「近藤を捕縛する戦術で香川は有島に非難された、その腹いせに有島が留守中に近藤を斬首した」（薩摩藩士・有島藤太の『聞き置き』）とある。近藤は「淮陰《わいいん》の轍を踏んだ」と言い残し死んだという。淮陰とは起源前２００年頃、劉邦に対し反乱した淮陰出身の韓信が誘き出され殺された出来事である。新撰組は幕府の治安対策のため浪士隊として多摩地域中心に結成され、京都守護職松平容保から、反幕府勢力に対抗する分子の取締りと市中警備を任された。

近藤勇について筆者は40年程前、府中市の大邦建設という会社の老社長から聞いた話がある。

「この村にある日、3人組の強盗が入り農民から金品を取り上げ林の中に消えた。農民らが困惑していると、一人の浪人が通りかかり、私が取り返してやると言って、林の中にひとりで入って行った。まもなく浪人が金品を取り戻して帰ってきて、安心するようにと言って去った。農民等が林の中に恐る恐る入ってゆくと、強盗らが皆、ひと突きで刺されているのを発見した。祖父はこの時の農民のひとりであった」。当時は近藤のような浪人が農商人の用心棒のような役割で生活を立てていたようだ。

香川は明治元年、東山道総督府軍監役、軍務官権判事を任じられた。この直前に、平河町の166坪の武家屋敷を政府より借地している。しかし、明治3年自ら軍務に適さないとして辞職した。それから間もなく、香川は宮内省に採用され、明治5年、岩倉使節に随行、明治6年、実名（廣安）を廃し、敬三と改名した。官員録に香川敬三の名が見られる。新政府は明治11年、宮内省に皇后宮太夫・皇后宮を置き、元田永孚を皇后宮太夫に、香川敬三宮内大書記官を皇太后宮亮（皇后宮職）として兼ねさせた。元田永孚は天皇による親政を主張、20年間天皇の進講を行う。香川は、以後、皇室官僚として要職を歴任した。明治15年華族局長となり、宮内省3番目の地位・少輔に昇進。明治20年華族に列せられ子爵、明治40年伯爵となる。

皇室の主要な立場にいたため、明治13年から管理していた本件調査地の広大な南側半分8218坪のうち2869坪を借り受け（明治21年）、同28年頃5349坪の所有権を取得し、大正8年までここに広大な屋敷を築いた。明治30年の「明治一目新図」でみると、香川邸の位置、立派な建物がリアルに描かれている。そして後に現在の上智大学への最大の土地供給者となったのである。

昭憲皇太后崩御まで33年間側近として皇室事務の責任者を務める一方、外部と皇室とのパイプ役として勤めた。徳川慶喜や岩倉具視など有力者との往復文書が皇學館大学資料室に残されている。明治維新後、徳川慶喜が前に住んでいた江戸城内をもう一度見たいと香川敬三に手紙を出し、見学後の礼状には「自分が居たときより立派になっている」と書いている。

彼はその後、息子の香川櫻男に財産相続し、大正4年に没するまで紀尾井町の自宅に居住した。香川もまた他の権力者同様、土地保有意欲は旺盛であった。明治7年には所有の一番町47番の土地を売却し、明治17年に半蔵門向かいの麹町一丁目1の土地を鹿島財閥の鹿島乃婦から購入、同20年青山陸軍用地を購入と続いた。また明治7年、財閥・鹿島吉兵衛より永田町の土地を購入し、明治11年それを肥田浜五郎に転売している。この肥田は威臨丸で福沢諭吉らと渡米し、帰国後「造船の父」と呼ばれた人である。

しかし、香川の土地の一部は、明治23年三井銀行の流れ込み不動産リストに入っている（三井文庫345「抵当係抵当流込地地所家屋明細書」）。流れ込みの原因は市場での売却が思うように行かなかったのか、税負担なのか不詳であるが、同23～25年は恐慌期で、処分に困った不動産が三井銀行保有となることが増えた。流れ込み不動産の相手には第三十三国立銀行や東京府知事もいる。明治21年8万円、22年21万円、23年49万円、と不良資産が銀行保有になり、銀行資産の評価損となったのである。香川の周辺も金銭的に忙しく、彼の名を騙った多額借り入れ話が横行したため「拙者に於いて借用一切無く」と広告を読売新聞に出している（明治24年2月）。もっとも香川の土地は立地の良さから評価益につながり、大正6年まで銀行が保有している。ちなみにこうした世相を反映し、不動産会社の設立が盛んとなった。

香川は明治20年に華族となっているため、華族世襲財産法の適用を受ければ差し押さえを免れることになるが、赤坂の444坪のみが対象となったようである。香川の経済実態は不詳であるが豪邸の新築を繰り返したため、固定資産税の負担増大など経済的な困難があった。子・香川櫻男はこの地を相続したが、当時は日露戦争の戦費調達のための相続税の創設（同38年）、固定資産税の強化の影響があり、相続税納付のために土地を手放す必要があった。そこで香川櫻男から自分の所有地を買わないかと上智に申し出をした。そこでイエズス会はローマ本部に購入許可を求めたが、資金的な問題で実現しなかった。

上智が買わなかったので、香川はその一部1768坪を大正8年、村上喜代次（後記）に売却した。この土地の角部分は、河野義を経由して現・紀尾井ホール（新日鉄）となり、その隣は森グループ（後記）を経由して福田屋の所有（現在は上智）となった。

香川は残り3581坪を昭和初期まで持ちこたえ、昭和12～14年、鮎川義介、日産興業に売却、さらに741坪は国税局のものになったのは現物納付と思われる。また、昭和23年に2870坪は国税局の払い下げとなり、カトリックである天主公教会が落札した。

こうして本件南側の土地はいみじくも交代で深瀬仲磨、北村叶、香川敬三の3人の勤皇の志士に継承されてきたものである。

なお、現在、もと香川邸の玄関部分は渋谷にある新日鉄ホールディング社長邸に移築され、また2階一部は福田屋に残された（村上喜代次の項、参照）。

2 中央部分（有力者と薩摩人）

■明治10年代の試み

中央部の土地は地元有力者をへて軍人らに分筆された。

まず地元の有力者が、雇用促進のため一時的に勧工場用地として共有していたのである。

勧工場構想は明治10年に東京府への申請がなされており、この地元でも救育所という地歴から浮かび上がっていたと思われるが、立地的に不向きであった。他の繁華街では勧工場が14年から続出してきたが、この土地ではもはや共有者はいつまでも所有する意味がなくなり、それぞれの単独又は共有として引き取られた。それから中央部の西側土手沿いは正教会信者の田中や比留間ら関係者に売却された。その後も後記のように数次の転売があった。インフレからデフレへの長期化の経済情勢下、この地域では筆者のデータによる地価調査でも大きな変化が見られない。

地価は不安定であったが、大きく上昇したのは法整備が進む明治20年以降である。

また中央部の中心は高島、大島、赤星ら薩摩の軍人関連と実業家に売られた。

そしてこれらは明治44年に上智に買収されるまで保有されたのである。地元の人々として、第三大区各小区の総代の名前が出てくる。第三大区とは、永田町、麹町、牛込一帯の行政区である。この大区のなかの第二小区総代として、轟道賢、鈴木伝兵衛、中嶋彌善、垣見八郎右衛門、宮城利八、比留間安五郎（後記）、矢沢小兵衛、末吉忠晴ら地元の大地主や有力者の名が見える（明治12年共同民有地公道開設道路上地願における連署その他より）。

ちなみに、明治12年、麹町区の最初の区会議員としては、末吉忠晴、鈴木伝兵衛、中嶋彌善、垣見八郎右衛門、矢沢小兵衛、区長には矢部常行の名がある。同15年の第一回府会議員には麹町区では、轟道賢、比留間安五郎が選出された。

■勧工場

ところで共同勧工場地とは何であろうか。これは、勧工場を設置する目的の用地である。その勧工場とは、明治期において一世を風靡した集合店舗である。そもそもの始まりは、明治10年（1877）第1回内国勧業博覧会であった。産業育成のために行われたこの博覧会で全国1万6000人余が出品している。前記した西東京市の下田半兵衛も小麦粉を出品し、褒状を受けている。そして博覧会のあとで残り品を処分するために東京府が公設公営の大型小売店舗を設けた。これは今日の集合店舗に類似したものである。初の店舗は第一大区二小区永楽町（千代田区内幸町）に設けられた「東京府第一勧工場」である。座売りから陳列販売へと販売形態を変え、消費者は自由に見回り、手に取ることができるため、戸別店舗と異なる体験が可能になった。当初の採算は良好で、駆け引きでなく正札販売であったこと、品揃えの多岐に亘ることから全国に一気に拡大した。これは通称「カンコバ」ともいわれたが、地域により商品館・勧商場（関西）、バザー（名古屋）、集散場（大阪）とも呼ばれた。商品販売だけでなく娯楽や各種サービスも併設し、東京では地方から東京への買い物客を引き寄せた。これに続いた全国の私営勧工場では、展望台、ゲームセンター、ビアホール、劇場、玉突き場を併設して宣伝したという（田中政治『勧工場考』）。また宣伝のため建物に時計塔を設置することがはやった時代で、勧工場も同様であった（初田享『百貨店の誕生』）。

これにより日本の御用聞き、行商といった販売方式から、今日のごとく、顧客を店頭に集めるといった小売業の近代化へ脱皮した。顧客も、従来の下足を脱いで店舗に入る方式（三越は大正末まで）から土足のまま入れる方式になり、欧米並みに変化した。

「誠にこの勧工場というものは、明治時代の感じをあらわすひとつの尤もなるものであって、私どもにとっては忘れられない懐かしいものの一つである」（昭和3年『大東京繁昌記』）。樋口一葉にも勧工場めぐりをした記述がある。

そもそも勧工場設立の思想は、明治維新の動乱期における窮民救済のための救育所、それに次ぐ授産所、そのあとの養育院からきている。単に救済だけでなく、「工を勧め」技術を習得させ、生産の場をつくり、販売することが必要であった。そして明治10年、東京府に申請したのが中山譲治らの勧工場である。中山譲治（1839～1911）はフランスで学び、イタリアで生糸貿易をし、イタリア領事館勤務となり、明治8～10年宮内省に出仕、18年以後はハワイとの交流や貿易業務を行った。本件調査地の勧工場構想もこのような実務経験から生まれたものと思われる。

明治10年の博覧会後の明治11年にできた第一勧工場が大好評であり、次いで明治15年に神田小川町に洽集館が開かれ、新橋の博品館は服部時計店とともに時計塔で有名であった。銀座周辺には、明治14～35年に7店ができた。従来のように個々の専門店回りをせずに、そこに行けば何でも売っている場として大衆消費に結びついた。

九段勧工場は、九段坂下の郵便局の隣にあり、明治22年設立で、店舗数42であった。その場所はその後、九段勧業場（大正元年）、大正デパートメントストア（昭和5年）、九段市場（昭和9年）、そして今の生涯学習館と変遷した（図版58）。

四谷の日進館は、現四谷二丁目に近く、明治34年創業で21店舗があり、四谷勧工場ともいった。麹町勧工場は、四谷御門内の内角にありというが（新撰東京名所図会）、駅前広場にある東京消防庁のスクワール麹町の辺りである。明治26年創立し、一時廃館したが、大野清次郎という人が譲り受け、明治31年開館し、館内

⑤⑧（右）九段南の二七不動尊前の賑わい。東郷元帥邸前にあり、地域の氏神であった（「風俗画報」）（左）九段北の九段勧工場（国文学研究資料館）

に23軒の営業者を有したという（『明治東京名所図会』）。

番町商品館は、明治31年三番町に開館、西洋小物店があり小規模であったが、九段坂上の靖国神社に隣接し二七不動の縁日の客も来て賑わった。

勧工場の様子については、明治18年「英和商売用会話第21章勧工場にての話」が面白い。神戸生れのアメリカ人少年が、アメリカから来日した友達を案内する会話例を記載している（国立国会図書館デジタル）。

勧工場の当初は店舗や品物が多く、庭園・茶店・休憩所で顧客を引いたが、繁華街に立地したため、単なる観光やウインドウショッピングのための来店が多くなった。勧工場は百貨店の先駆であった。一カ所でいろいろな買い物ができることが目新しかったが、出品店が烏合の衆であったし、店番が火鉢や炬燵を囲んで無駄話をしながら客を待つ情景は前近代的だった（仲田定之助『明治商売往来』）。

また入口も出口も一つだけで一方通行のため雑踏で騒々しい雰囲気であった。そのうち内部の店舗が一つ一つ独立していたため外部に出て商店街を形成するようになった。さらに価格競争から次第に安くて、粗悪品というイメージがつき、「かんこばもの」という代名詞がはやり、販売上でも商品管理が不十分であった。こうして勧工場は東京では、明治末期（27館）から衰退し、大正2年には6館のみとなり、大正末期には姿を消すようになった（東京市統計年表）。この跡地に流行の活動写真館が建つことが多かったという。四谷一丁目バス停そばにあった四谷日活館は日進館跡であろう。

この弱点を補完し、良質の信頼性を得たデパートの信用性が評価されるようになり、勧工場に取って代わった。交通の発達に伴い、山手からの顧客をふやしたのは都心のデパートで、それぞれの客筋を特異としていた。即ち、白木屋は大名華族、三越は商工業の資産家や公家華族、大丸は大衆層、高島屋は宮内庁関係者、松坂屋は宗教の僧衣などを得意としていた（渋沢秀男『大いなる明治』参考）。

■民有地への分筆

共同地は、ロ6番イの3195坪と7番イの4991坪の合計8186坪である。この位置は大学1、9号館、図書館、SJハウスを含むこの中屋敷跡の中央部である。この共同地はその後、今日のような個人所有へと変化した。どのような合意があったかは明らかではないが、地元有志らに分筆され、そのあと香川敬三らの所有をへて、新日鉄、メリノール宣教会、ハウス食品などの多岐にわたる現所有者に移転した（図版㊾㊿）。

そこで、共同地になってからここまでの登場人物（香川敬三以外）について述べよう。

■高島鞆之助（天保15〜大正5年）

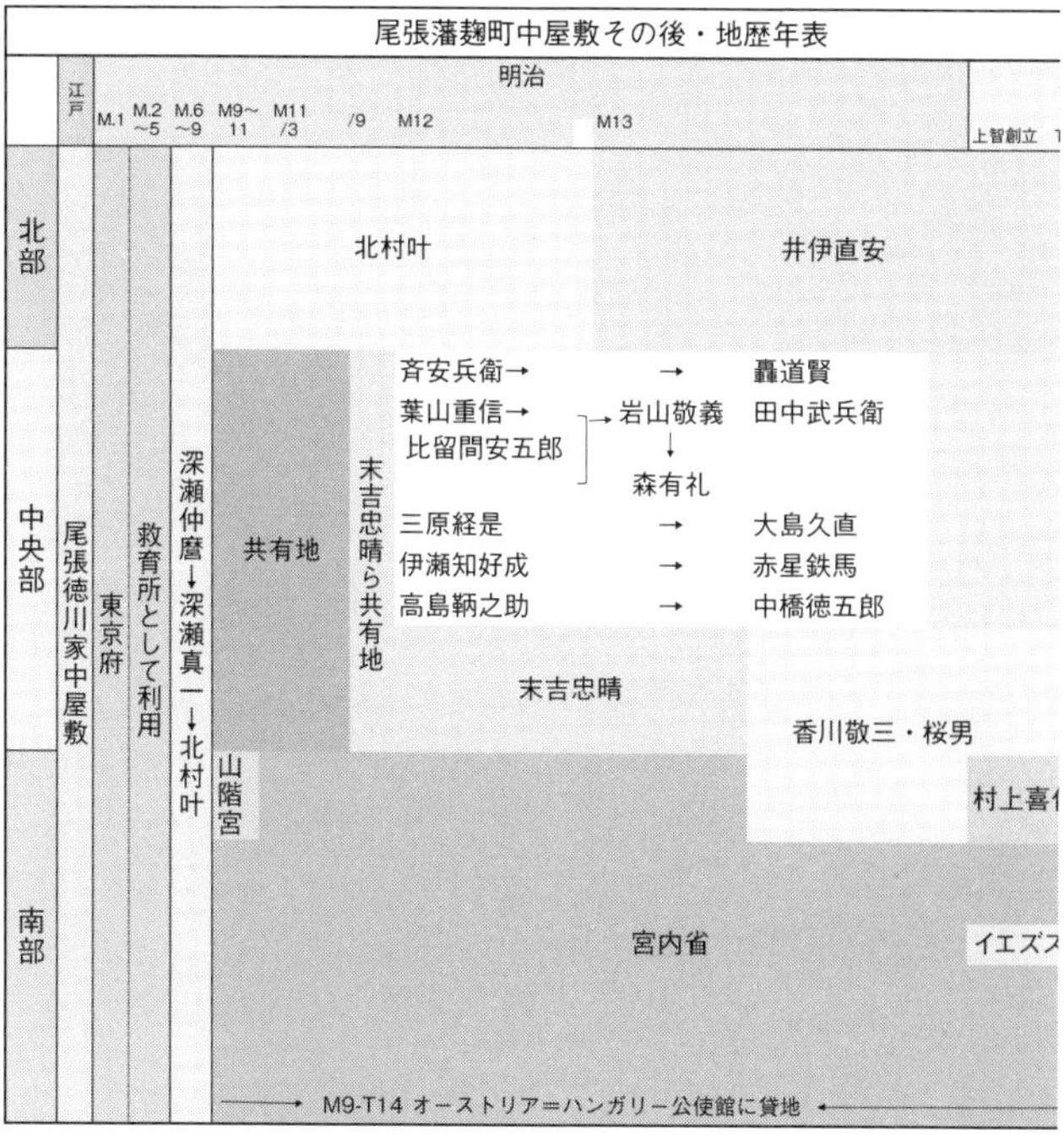

59中屋敷跡の地歴表の一部（筆者作成）

上智大学立地のキーマンとなった人物で、後記する。

伊瀬知好成（嘉永元年〜大正11年）

薩摩藩士の子。日清戦争で旅順攻略戦に出征した。陸軍中将、近衛師団長、男爵、貴族院議員。有名な乃木大将（当時は中佐）は伊瀬知の遠縁にあたる薩摩藩の藩医、湯地定之の娘シチ（のち静）と結婚した（明治11年）。伊瀬知は乃木の部下であったが、乃木から嫁探しを一任され、自宅の新築披露を兼ねて、自分の家で見合いをさせた。その家の写真が残っている。シチは麹町女学校の出である。乃木は長州藩士の子であるが、薩摩藩と縁ができたわけである。まとめたのは、野津鎮雄少将（野津道貫の兄）である。また、後述の高島を参謀総長にする計画にも参与している。高島とともに媒酌人をした伊瀬知は後に大島久直大将に自宅を売っている。

土地は伊瀬知が明治12年に地元総代の末吉から買ったもので購入価格は５６３円（４４９坪）、坪当り１円25銭であった。その２年後に大島久直に売却している。当時の給与所得者の年収が１７６円（週刊朝日編「値段史年表」）とすると年収の3.2倍である。しかし、大島が中佐になった時に買ったので、その時の年俸は月

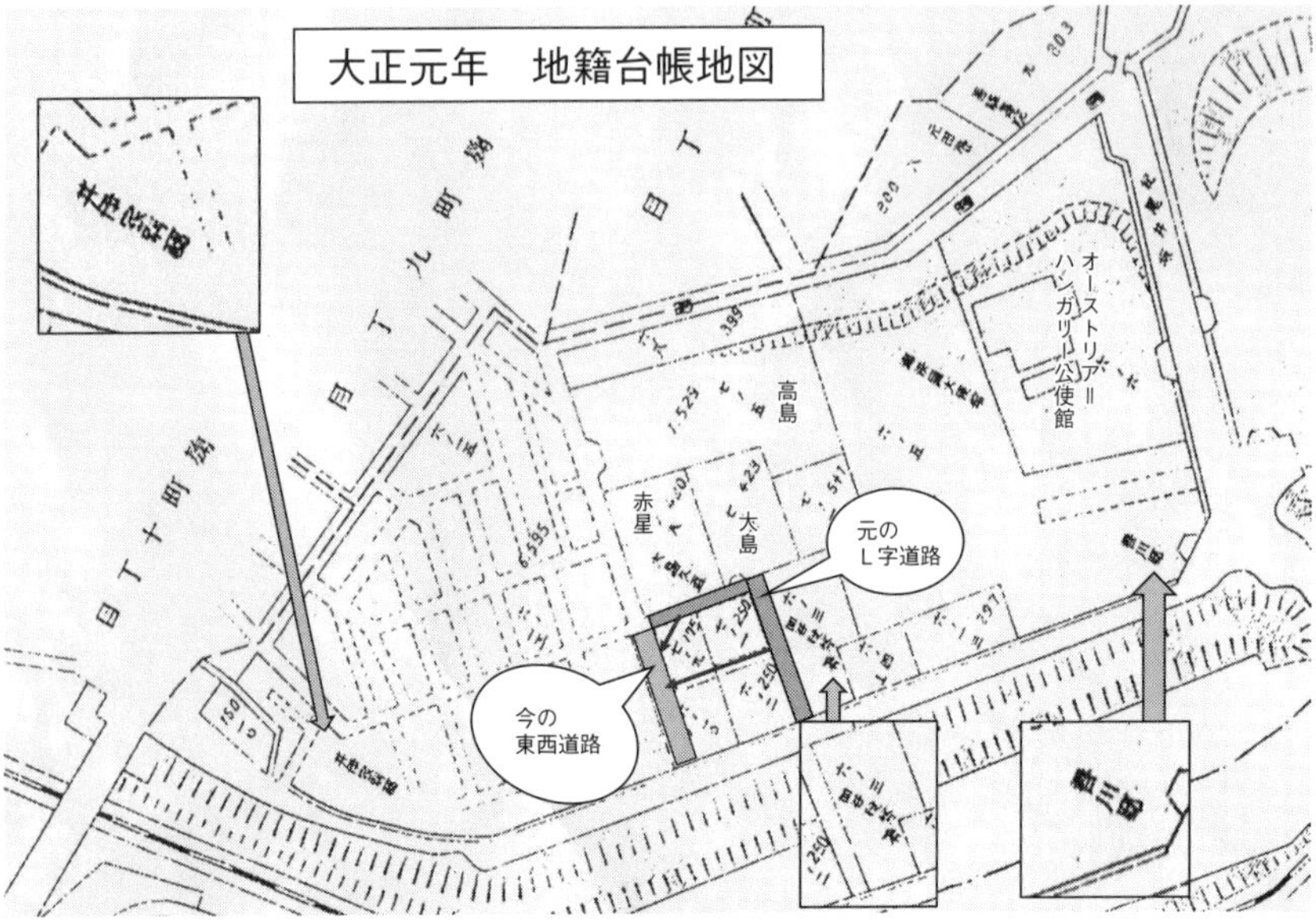

60地歴台帳地図　大正元年（筆者作成）

３００円といわれるから、上官の大島は不当な売却価格を提示したとはいえない。仮に６００円で買ったとしても大島としては買える価格であった。なお、海軍は陸軍の倍の年俸だったので海軍に入ることは人々の夢であった。

明治初年、西郷隆盛が軍制をアメリカ式からフランス式に変えようとした会議があり、その席で伊瀬地がフランス式は必ずしも良くないと堂々と陳述し、西郷から認められ昇進した。その彼も「隆盛の説を聞くと、どんな人間でも国家の為に慷慨せねばならないと思った」」（大町芳衛『七営八傑』）。

■大島久直（嘉永元年〜昭和３年）。

大島の父は佐竹藩の槍術の指南役で、軍目附だった。久直は軍人志望で、軍歴を重ね、明治28年日清戦争で、朝鮮の仁川に上陸して勝利し、その功績で台湾総統府参謀長、男爵・華族となった。明治39年当時の陸軍大将21人中、山口出身は９人、鹿児島８、秋田は大島のみである。但し、山縣ら長州人と人脈がある。明治31年師団長、明治37年日露戦争では乃木大将の指揮下の司令官となる。以後、陸軍大将、近衛師団となる。自伝に言う。「自分は次男坊だったので日陰者だった。一番槍300石、一番首300石といわれた戦争では、日陰者には有難い、ひた走りに駆けて、槍を突き刺し、我こそは一番槍と大音声で名乗ればいいのだ……刀を沢山背負って出かけたが、戦態が代わってしまい、銃弾が飛び交った。日清戦争では、指揮官がバタバタ殺られた。西南戦争では大隊長だったが、薩摩の切り込みには散々打ち破られたが、近衛隊のおかげで体勢を整えた」。

明治43年、当地に自宅建築、すぐに上智学院に買収された。その家は、昭和51年取り壊された。麹町の大妻学院の発祥地が、この大島邸の離れ（13坪）にあった。大妻学院の創立者、大妻コタカ（旧姓は熊田）は広島県の山間部で育ち、明治35年上京。夫が日露戦争に従軍した時、上官が大島大将であったことから、その邸宅の付属建物に新居を構えた。そして内職として裁縫・手芸の家塾（13坪）を始め、生徒をふやした。その後、山階宮家邸内の官舎に、大正6年には上六番町に移転し、その後、今の大妻女子大に発展した。大島が自宅建築したのは明治43年であるから、大妻が退去後である。大妻が入っていたのは伊瀬知以来の古い建物であろう。クルトゥルハイムの西側にあった。

■赤星鉄馬（明治16年〜昭和26年）

イエズス会が当初買収した時、この地には高島邸のほかに赤星弥之助の貸家があった。

赤星鉄馬は赤星弥之助の長男である。弥之助は、薩摩藩において貿易と暦を扱う磯長家から赤星家に養子に入り、のちに明治政府御用達の貿易商として成功をおさめた人物である。一族は西郷・大久保らの出身地と至近の距離にある。

弥之助は西南戦争後に上京し、東京馬車鉄道の創設に出資（明治13年）、神戸港の築港工事（明治15年）を引受けて実績と人脈を築き、明治20年には縁戚の樺山資紀（白洲正子の祖父）の欧州視察に強引に同行し、イギリスに着くやアームストロング社と輸入代理店の契約をした。幕末の頃、イギリスでは同社の大砲は事故が多く、英国政府と契約されず、海外への輸出に活路を求めていた。薩英戦争でも事故を多発している。その後は改良して使用され、日清戦争では日本の勝利に貢献し、「子孫も働く必要のないほど」の巨富を得た。その赤星家も昭和21年の財産税で殆どをなくした。弥之助の妻は樺山資紀の姪である。そして明治30年代にコンドル設計の別荘を大磯に建築した。高島、樺山、赤星、大島らは薩摩の姻戚関係のつながりでこの地の土地を所有したため、上智への売却の意思疎通もスムーズだった。

同37年の弥之助没後、鉄馬は弥之助が集めた国宝級美術品コレクションを売却し、学術財団・啓明会の設立などに投資した。弟の四郎・六郎は我が国ゴルフ界の基礎を築いた（「与那原恵『消えた富豪』、「東京人」）。

上智大学の8号館からＳＪハウスの辺りに赤星邸があったが、ここは相続した鉄馬がアメリカ留学から同43年に帰国し結婚した新居である。その後、実家の従弟の磯長鉄之助に貸していた。鉄之助は鮎川義介の日産化学の技術者であった。

赤星家の本宅は井上馨（鮎川の叔父）より購入した土地に建築したレイモンド設計の洋館で、現在は吉祥寺のナミュール・ノートルダム修道女会をへて武蔵野市所有となっている。

■末吉忠晴（天保3年～明治36年）

幕臣の三男で、奈良県大和の出身である。明治初年公共事業に携わり、同12年最初の麹町区会議員となり、麹町区会議長、地価鑑定人、衆議院議員、東京市会議長、同助役の経歴を有する。政治家として活動した。地域のとりまとめの役割を果たし、勢力と人望は人に知られたり（大日本人名辞書）とある。十津川研究と紀尾井町の成り立ちの点から興味深い人物である。

■垣見八郎右衛門

垣見家の祖先は足利義満、浅井長政、豊臣秀吉、石田三成に仕えた武将であった。

(61)和泉屋（垣見家子孫・青山のり子氏提供）

(62)麹町銀行（青山のり子氏提供）

後に江戸に入り、呉服屋、質屋をへて明治4年より油屋を始め、酒類販売商（商号は和泉屋）、東京府議員となった。有名な忠臣蔵にも登場し、垣見に偽装した大石内蔵助と本物対決する有名な場面がある。滋賀県長浜から麹町にきて約350年、六代目の養子・垣見八郎右衛門は稼業の酒の卸業をしていた。三菱の前身の麹町銀行にも出資し土地も提供した。（図版(61)(62)）。一族に日東紡績（本社・麹町2丁目）があり、福島市唯一のデパート中合は近年廃業し地元民の落胆を呼んだ。

比留間安五郎

祖父の先代安五郎は都下武蔵村山市で農業と絹織物を営んでいたが明治7年に早世した。第三大区一小区の町年寄をしていた。その妻・いよ女は才覚あり、長男・友次郎（二代目安五郎）に絹織物業、質屋をさせ麹町に出向き販売をし、住まいを教会向いの三井住友銀行麹町支店の辺りに移し、後に雙葉学園の場所に本社を構えさせた。友次郎の長男・先之助は印刷所を経営したが、ニコライの教えから正教会信者となり、教会に轟の隣地の土地（前記）を提供、同教会の建設に貢献し、明治25年に死去した。孫の賢八はドイツ語の先生のピアノを聴き、音楽の道に入り、日本に初のマンドリンやギターを普及させた（飯島国男『比留間賢八の生涯』を参考）。

■斎安兵衛

以前の麹町十二丁目（今の四谷一丁目）の商人と思われる。

■轟道賢

轟道賢はこの地域の有力者であった。紀尾井町の土地は、早々に明治25年息子の良之助に相続され、上智との売買契約は良之助と行われた。明治5年迄には戸長をしており、明治8年に、三大区1、2小区の年寄、同9年より地租改正の係として地価鑑定の任にあたったことから明治10年に地価鑑定人になっている。麹町区麹町山元町（今の麹町二丁目）に地券交付時早々に土地を購入するなど地元有力者として、この共同所有者のひとりになったのであろう。大正5年の『地籍台帳』（柏書房）に地主・雑穀商、甲州屋、轟初之輔とある。

轟道賢は、正教会の信者となり、自分の土地を正教会に貸して布教に貢献した。日本正教会が、カトリックの大学や教会ができる前にこの一角にあったのは興味深い。明治6年〜9年頃からあったというが、この正教会も円満に立ち退いた。

轟の生涯は波瀾万丈である。出身は富山県安曇野市である。実家は大庄屋であったようである。維新の時代に家運が傾いていたので江戸に出た。初め武士を望んで一旗挙げようとし、いろいろ試みて遂に成功し、山岡鉄舟、勝海舟とも親しくなった。政界にも出入りしたが、また禅に入り、外人と交際するうちに正教会に入った。

彼の同郷に前記した安田善次郎がいて親しかったようである。この頃、安田善次郎は武士よりも江戸で商人になって身を立てようと富山の実家を三度家出し（本人談）、江戸の人情や地理を知るためには、これが一番と玩具屋に勤め、そこの行商をしながら東京を調べた。ここで、轟と相棒になったのだろう、安田は志通り、安田財閥を構築したが、道賢は仕事のみでなく、幅広い文化を志したようである（矢野文雄『安田善次郎伝』、北原利『陰徳を積む』）。

ロシア正教会とは、ニコライ大主教が１８６０年ロシアから来て日本に布教したので、今でもそのように呼称されている。正式には正教会で、日本にあるのが日本正教会、ギリシャにあるのがギリシャ正教会である。正教会が日本正教会を設立したのは桜田門外の変があった年である。

轟のような地域有力者の支援もあり、上智大学以前に1号館辺りに教会堂を所有していた。ただし、土地の所有権はなく、轟や田中など信者の土地を借地していた。当時、上智大学敷地として買取り要望があった時、ニコライもモスクワの本部も大変驚いたという。カトリックは禁教とされていたからだ。しかし、地主の正教会委員全員は売却意思が固く、明治44年10月ロシア（日本）教会は立ち退いた（図版㊸）。

ニコライは函館で本を背中に背負って行商のように本を貸す貸本屋をよく見た。ロシアの友人に日本では図書館が路上を歩くと話すと、友人は実に日本は文明国だと驚嘆したという。明治15、16年頃前までだが、風呂敷包を背負った貸本屋が茶の間に座り込み、本のあらすじを面白おかしく説明し、家に置いていったという。

御茶ノ水のニコライ堂が建設されたのは明治24年。この頃は文明開化への屈折点で、あわせて自由民権運動が盛んでもあった。大阪事件で逮捕された大井憲太郎も正教会の信者となった。当初は借地だったが、昭和30年日本政府より買い上げ、余剰の土地を周辺病院に売却したり貸地にして安定収入とした。

轟が入信したのは、紀尾井町の正教会で、別記の比留間とともに敷地を提供した。その教会は、今の1号館辺りにあり、麹町洗礼教会といった。ニコライの回顧によれば、麹町の教会は最も信者数が多く、麹町に第二の伝教学校と女学校ができたほどである。しかし、この教会と本部の意向とに考えの相違があり、安定しなかったという。明治44年、麹町洗礼教会は四谷に移転し四谷神現教会となり、戦災焼失後、昭和29年西荻窪に移転した。（図版63）。

正教会史によれば、モイセイ轟老人（轟道賢のこと）が息子イアコフ（正教会では洗礼名で呼び合う）をニコライ司教のところに連れてきて、担当の澤邊司祭との内部対立の不満を述べたというが、轟はニコライから高齢になって受洗し、良い関係にあったと思える。

興味深いことは、ニコライの設立当初からの片腕だった澤邊琢磨が土佐の郷士で坂本龍馬の従兄弟であったこと、そして前記した桃井春蔵道場の師範代でもあった。澤邊は、ある日銀時計を拾い、それを質屋に売却しようとして役人に捕まりそうになった。そこで従兄弟の坂本龍馬や武市半平太に助けられて逃げる途中、前島密の助言で函館に辿りつき、神社の婿養子に収まった。そして正教会で剣道を教えているうち、アメリカ留学を計画してニコライに日本語を教えている新島襄と知り合い、彼の密航を手助けした。その時、新島から古事記を学んでいたニコライをスパイと疑い、殺害を計画する。しかし、逆にニコライから諭され、日本正教会最初の信者となり以後、ニコライと確執がありながらも片腕となった。坂本龍馬と回り回って、上智の土地はよく縁があるものだ（福永久壽衛『澤邊琢磨の生涯』）。澤邊はクルトゥルハイムにあった拓殖務省の次官・北垣国道（別記）とともに北海道開拓を試みた間柄である。

新島は後にプロテスタントの同志社大学前身を創立したが、その用地取得に坂本龍馬や高島鞆之助が関与していたとは不思議な因縁である。

この地では、明治14年に「宝時学校」という皇漢学の学校が設立され（翌年廃校）、明治21年には再度「啓蒙神学校」を設立している。設立者は信者の新妻敬治といい、新妻の説教を聞いて入信する人が多く、この洗礼教会を発展させたが、本部とはしっくりゆかなかったようだ（『明治日本とニコライ大主教』講談社）。

網野菊は「義祖母の兄は四谷見附近くで印刷屋をしていて、ニコライ堂のロシア語の印刷を引き受け、僧正たちに愛されていたロシア正教徒だった」という（『ゆれる葦』）。

麹町に日本正教会ができたのは明治13～15年の間と推察する（「宣教師ニコライの全日記」教文館より）。それも新築ではなく、既存建物を利用した小さい建物である。同日記には「家々の陰にかくれて土塀に囲まれ小さくて古い。少年が産着を着て育ったようにこの教会も育った（明治28年）」と記す。写真はないが、明治17年の地図（参謀局原図）に教会のマークがある建物が見られる。地図は明治16年以前に作成したものであり、また信者の比留間が土地を以前寄付したというが、所有（明治13年）してないと寄付できないわけだから、この間に布教基盤としての教会は既存建物を活用してあったと思われる。

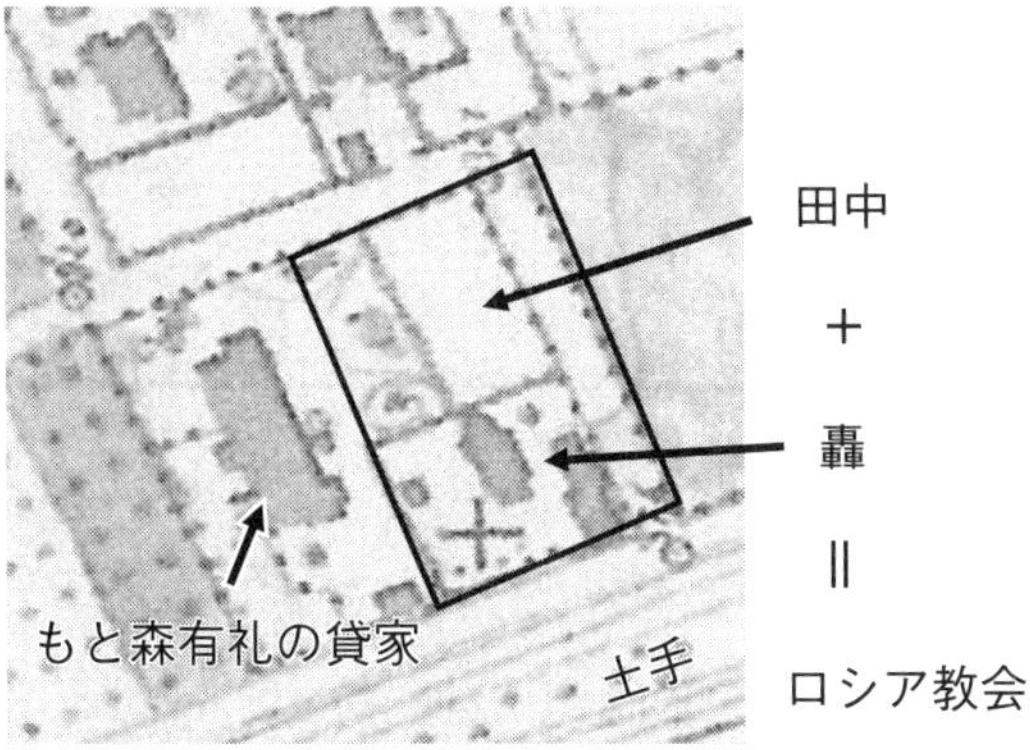

⑥③ロシア正教会と森有礼貸家の位置（筆者作成）

明治44年、麹町洗礼教会の敷地をカトリックへ用地売却することにつき、ニコライは地元の澤邊司祭らが断りなく契約したとして憤慨しているが、後の祭りであった。売却価格は坪１００円だったが、地元信者らの明治13年購入価格は坪１・５円だから地価が高騰した時代のため破格の利益になった。信者らは建物老朽化、信者数半減、司祭の待遇改善の必要性など現実的諸問題からこの契約に大賛成であった。ニコライとしては築き上げた教会への思いが深い。とは言え、教会が狭くて古いため買い換え用地探しを何度も行っていたが、地価は上がる一方で理想の物件はなかったのが実情である。

ところで、このロシア教会敷地はソフィア通り沿いの２５０坪とその奥の２５０坪にあった。ニコライ日記で「売った」というのは、正確には表の轟（信者）の所有地である（教会から言えば聖堂用の地上権）。地元有志の共有地であった奥の土地の一部２４８坪の所有権は明治13年７月で信者の比留間に所有権移転し→同15年に岩山に移転し→明治

17年森有礼→田中武兵衛と移転している。上智が購入した先はこのうち轟と奥の田中からである。ニコライが2万6500円で売ったと言うが、イエズス会には土地代2万3300円の領収書があるから差額3200円はイエズス会が言う神父への礼で、正確には建物への補償金なのであろう。比留間が寄付した(『ニコライの日記』)とは売却条件としてロシア教会敷地として貸したままの底地ではないかと思われる。ニコライが地主から追い出されるとの噂で調査したところ、公正証書で保全されていたというのは教会用の地上権であった。

明治45年ニコライ死去、大正2年澤邊死去、大正7年ロシア革命と続き正教会はかつての勢いを失くした。信者数はキリスト教のなかで1.5%である(文化庁調べ)。

■岩山敬義《いわやまたかよし》(天保10年~明治25年)

薩摩藩家老の子で、薩摩藩主島津斉彬の小姓であった。姉の糸子が西郷隆盛に嫁ぎ、隆盛にとっては義理の弟にあたる。後に、日本農政、特に牧羊の貢献者で、日本牧羊の父と言われる。江戸時代は、幕府によって佐倉牧場が設置されて軍馬や農耕馬の放牧地があった。明治政府の畜産に関する方針は牛馬に力点が置かれ、羊はあまり知られていなかった。

岩山は島津斉彬の教訓により国を維持するには欧米事情を知り、英学を学ぶことの志を持った。また、富国の源は農にあり、農の基は牧畜開墾にありとの信念を持つ。そして欧米に留学し実験地と理論の研究をし、牧羊の専門家となった。

明治6年、渡米してきた大久保利通の随行者に牧畜の研究を披露し一笑されたが、大久保はこれを重視し、岩山を帰国後、内藤新宿の農業試験場長とした。さらに明治8年に開場した下総牧羊場(成田国際空港の一部)の初代場長に抜擢した。岩山はその後、明治政府の勧農畜産政策を担った。明治13年勧農局陸産課長となり、このため、下六番町5に移住、一時、雙葉学園の北隣2500坪を所有し、その地を武者小路実世(武者小路実篤の父）らに売却している。次いで明治14年、この紀尾井町6番の一角を取得し、東京に官僚として多忙となったのであろう、宮内庁下総御料牧場の現場から離れる。なお、下六番町の売り主の武者小路実世は実篤の父、叔父は公香といい、日本赤十字軍設立の前年（同19年）に自宅をその事務所として提供している（「日本赤十字史」）。

■森有礼《もりありのり》（弘化4年～明治22年）

森は政治家・教育者として有名で、初代文部大臣を務めた。薩摩藩士の5男で、慶応元年、薩摩藩第一次英国留学生となり、明治維新後に帰国すると公議所（我が国最初の議会）開設を提唱し議長代行（副議長は神田孝平）となる。福沢諭吉・西周・加藤弘之・箕作麟祥らと共に明六社を結成。明治8年私塾・商法講習所（一橋大学の前身）を開設など、日本における教育政策に関わった。翌年、永田町に新居構える。同18年には文部大臣に就任した。

伊勢神宮参拝の時、御簾をステッキであげて覗いた事件で批判を浴び、日本の国語を英語にすることを提唱、極端な西洋感覚から「幽霊（有礼）」などと皮肉られた。しかし、近代国家としての教育制度の確立に尽力し、明治6大教育家のひとりといわれた。

森は明治8年、もと旗本・広瀬秀雄の長女「常」と結婚した。西洋かぶれの森有礼らしいと評判された、有名な契約結婚である。

常の実家は維新後、他の士族同様に徳川に従い静岡に移住したが、厳しい環境に耐えられず東京に戻った。しかし、靖国神社横にあった自分の屋敷は既に新政府に取り上げられて他人が居住しており、貧困のうちに信濃町駅下の鮫河橋に住んだ。そして（上智から見て）濠を挟んだ四谷側に一族は広瀬学校を創設した。学校のレベルは最高とされ、広重の双六絵にも残ったほどだ。広瀬には二人の娘がいたが、養子に重雄を迎えた。義兄はそこの教師をしていた。

長女「常」は増上寺にあった開拓使仮学校に入学していた。それは競争率5倍の狭き門で、本件調査地の教会辺りにあった海野信彦の芸芳社（別記）からの応募が多かった。彼女は才色兼備で目立ったため、指導にあたっていた森有礼は、貧しくとも優秀で魅力のある「常」に求婚した。

「常」は同19年に帰国後に離縁されたが、その理由のひとつとして当時盛んな自由民権運動に加わった義弟・広瀬重雄の政府転覆活動（静岡事件）があるともいわれる（森本貞子『秋霖譜』ほか）。

明治22年、森は国粋主義者に暗殺された。彼の土地は、暗殺後、田中武兵衛に売却された。

森は明治17年英国より帰国後、翌月に日本正教会のある土地747坪を同郷の岩山敬義から1867円（坪2円50銭）で買っているが、イギリス大使館員に月40円という高家賃で貸しているから表面利回り26％にもなる。森と岩村は同じ薩摩出身である。不動産投資は高所得者に行われていたが、帰国早々不動産取得をしたのは、執事とも言われる義父・広瀬秀雄の手助けがあったからであろう。

田中武兵衛

皇居の向いの隼町と平河町の間の一角に三軒家という地名があった。3つの家とは田中武兵衛の「伊勢武」、磯貝善兵衛の「三河屋酒店」、永田安次郎の「魚や伊せ彦」であり、皆、伊勢の商号であり、この地に伊勢グループとして寄り合い拠点を築いていたと推測される。

嘉永3年（1851）、麹町の大火で、岩城升屋や三軒家が焼けたというが、この両替商伊勢武の田中武兵衛もそのひとつであった。町内の祭礼等に使う手拭《てぬぐ》いには、三軒家をかたどった図柄が印され、隼町など地元のシンボルとなっている。

田中武兵衛は第4章で述べた通り、寛政7年（1795）より代々、干鰯《ほしか》問屋、廻船問屋、肥料問屋で財をなしたと思われ、三重県の県議会議員等政治活動をしていた。伊勢出身なので麹町では「伊勢武」の屋号で肥料、酒茶を扱う手広い商人となり、のち両替商に転じた。

明治13年に函館支店を設置し樺太まで事業を拡大した。同じ頃、本件調査地の一部を取得し正教会敷地として提供していたほか、東京屈指の地主でもある。伊勢も正教会が盛んであったというが、函館にはニコライがいたし、田中は正教会信徒となった。

そして同16年頃に廻船業から手を引き、金融業に転換した。そして積極的に土地を購入して大地主になったと記される（『横山源之助全集』）。安田善次郎の支援を受けていたといわれる（迎由理男『明治期における安田銀行の資金運用』）。

麹町有数の地主であり、伊勢の出身である。明治11年「東京地主案内」によれば、田中武兵衛の所有地は麹町区1536坪、神田区1680坪とある。また大正元年の地籍台帳によれば、田中武兵衛の所有土地は8300坪で、井伊家7100坪と並んでこの地域における最大地主である。祖先より代々平河町に居住し、同じ名前を襲名する。茶・酒類販売商であったが、金融に着目し両替商を拡大し、明治27年神田に合名会社田中銀行（明治27年～大正9年）を創立した。この銀行は大正9年田中興業銀行となり、昭和45年住友銀行に吸収されている。

同名の「田中」がつく銀行に合資会社田中銀行があったが、関係はない。

ここで言う田中武兵衛はまた、麹町に初の銀行として株式会社麹町銀行（当時麹町5の4、明治28年～昭和2年）をも創立した。麹町銀行は、大正13年、大井銀行と合併、昭和2年、川崎第百銀行に吸収された。その川崎第百銀行は店舗数の少ない三菱銀行に吸収された（昭和13年）。「蟻が象を飲み込んだ」といわれた。今の三菱ＵＦＪ銀行麹町支店の位置（麹町四丁目角）にあった。

また、明治31年株式会社中央貯蓄銀行を設立した。この銀行は後に牛込中央銀行と改称し、第百銀行に吸収され、大正14年に解散した（全国銀行協会『銀行変遷史データベース』）。

■三原經是

広島県士族。明治8年台湾の蕃地事務局付きの陸軍大尉、同17年工兵少佐、同24年政府委員となっているが、他の詳細は不明である。

■葉山重信

平河六丁目に住む。この地の所有地500坪弱は全て田中武兵衛に移転した。前記、末吉忠晴と姻戚関係である。

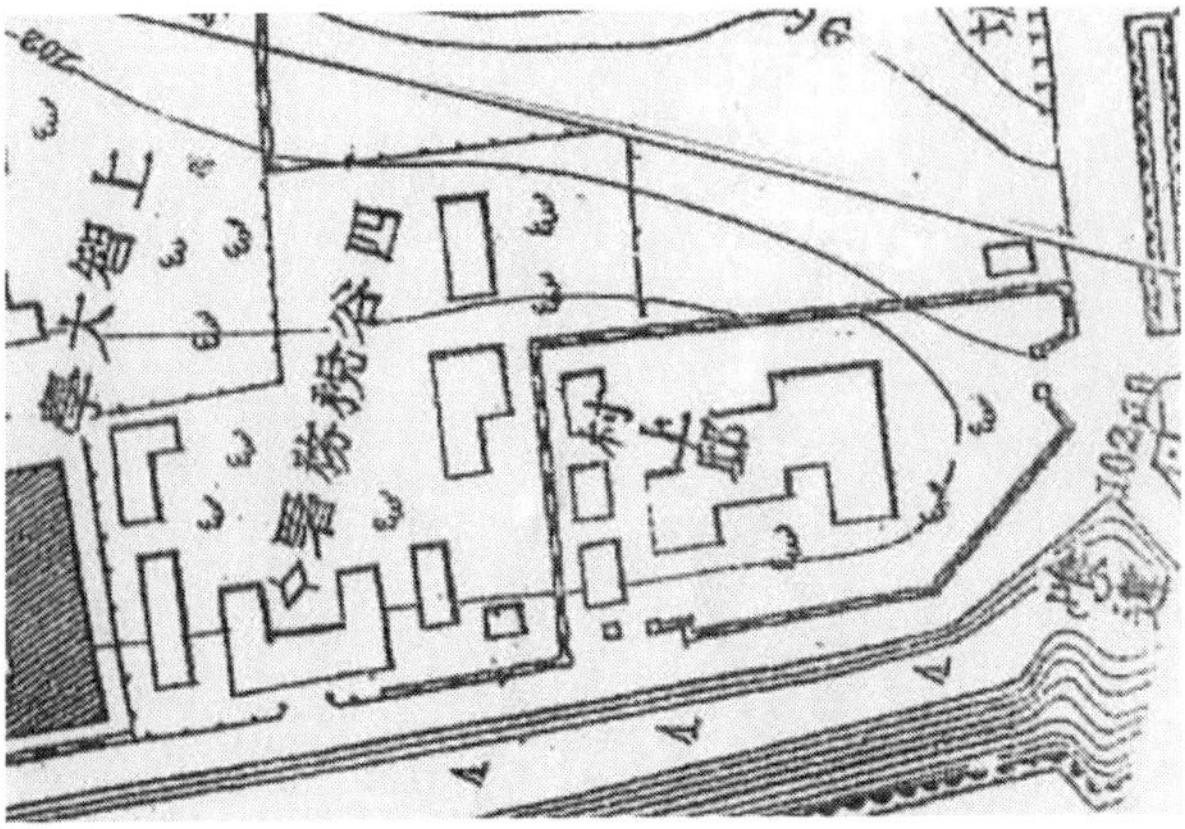

㊿南西部の地図　大正11年（帝都地形図より作成）

■村上喜代次

香川の土地の一部、居宅があった辺りは、大正8年、村上喜代次に所有権が移転された（図版㊿）。村上邸は歌舞伎座や東京都美術館を設計した岡田信一郎の設計により増築するが、邸宅の主要部分は残したという。（藤森照信『明治の洋館』『しんにってつ』2006、6月号）。村上喜代次は、明治11年生れ、明治29年家督を相続し、家業の銑鉄業を引き継ぎ八丁堀に村上喜代次商店を開業、第一次世界大戦の古鉄ブームに陸軍納入などで成功、東京三大銑鉄業者の一人といわれた。内幸町から移転し、大正9年、この紀尾井町に邸宅を建築した。残ったとされる香川邸は最後の建物で、それ以前にも建て直しが行われたようである。

その後、村上邸は、二分割され、947坪（6番18）は昭和7年河野義に売却され、すぐの昭和9年森矗昶（同11年昭和電工設立）の森興業、そして同22年森暁（矗昶の長男）に移転された。そして昭和25年富士製鉄（現、新日本製鉄の紀尾井ホール）の所有となった。また、８２０坪（6番19）の土地は昭和20年、福田初枝（旅館業・福田屋）に移転され、平成26年上智の所有となった。

四谷税務署と大野竹二

上智大学正門右、現在の3号館の位置、ソフィア通りに面して四谷税務署があった。昭和25～26年、上智に買収される前の登記では6番3の４３３坪と、6番4、6番9の３０８坪とあり、合計は７４１坪である。登記上は大蔵省所有となっている。6番3の借地人が大野竹二である。風俗画報では、四谷税務署は、敷地２６０坪、建物木造瓦葺き平屋建（法律用語では平家建）91坪、内閣官報局の跡にできたと記されている。このことから四谷税務署ができたのは明治29年直後と思われ、官報印刷所の建物を継続使用したと思われる。

『上智大学50年史』では、大野竹二のために別の土地に家を新築し、昭和25年に譲って貰ったとある。その脇にあった四谷税務署（6番4、6番9）は老朽建築物のため使用されていなかったが、上智は建物を租税協会から取得し、土地は四谷三栄町に代替地を見つけて買い、交換したという。今でも三栄町に四谷税務署がある。四谷税務署は明治23年の大蔵省令による東京分署のうちの四谷分署であり、麹町区、牛込区、四谷区、赤坂区を所管としていた。紀尾井町に四谷税務署があったのはこのせいである。

宮内省の土地

宮内省の女官養成所は、四谷税務署の北に隣接していた。明治25年「紀尾井町女官養生所建築工事録」（宮内庁公文書館）には、図面が残され、「東西を庭とし、さくら、かえで、まつ、かなめ等を植え、北及び西外囲い板塀に設け、目隠しの木を植えたり」とある。建坪20坪、木造平家、大正3年5月新築とある。

高島が用地買収をとりまとめると言っていた、学校の南にある税務所（注、四谷税務署）と宮内省の女官の土地（女官養成所となっていた土地のこと）について、宮内省は売らないと言ってきた（大正2年）が、その際に東西道路が一本になるように道路の付け替えを応諾した。その後、上智が取得した。

地元に住む杉浦友子さんの想い出―「私の実家は呉竹寮という、この建物に昭和11年頃1年間住んでいました。南隣は四谷税務署が、西側にも建物がありました。庭には砂利と芝生があり、櫻の大木がありました」。

昭和9年火災保険特殊地図、及び昭和7年の写真（上智大学史資料室）からは、ソフィア通りに一軒、その隣に一軒、そして専用私道により奥に女官養成所が位置する。中間の小さな建物は不詳であるが、表通りの建物は大野竹二の建物と思われる。

さて、国の民間への告知手段は、幕府時代は高札、明治維新後から10年迄は太政官日誌で行われていたが、官報に代わった。新政府の官報局は、明治8年より当初は紙幣印刷から開始し、布告や布達を印刷していた。明治16年に第一号の官報印刷が大手町の太政官印刷局で行われたが、明治18年に太政官制から内閣制に組織改正があり、内閣官報局が発行することとなり、業務迅速化のため紀尾井町のここに官報局が設置された（同19年）。しかし、明治24年に印刷業務一元化のため大手町の印刷局に戻った（明治31年官報局は廃止）。従って、当時の地図に官報印刷所があるのは、この6年間であったことがわかる（第三章）。

一方、宮内庁史料では、旧官報局機械場として、明治24年7月、宮内省御料局より392坪受領とあり、明治27年12月一部326坪を赤十字社に払下げとある。この過程での残り66坪が女官養成所に該当するのではないかと思われる。

次に、赤十字社創立者佐野常民については前述したが、ここには宮内省の施設があった。明治28年の地図では女官養成所の辺りを「宮内省病院」と記されている。皇居にある現在の宮内庁病院の前身であろうが、宮内庁病院は、天皇・皇族に加え、宮内庁関連の家族・職員・紹介者のみが受診可能である。侍従や女官の控え室もある。なお、宮内省と言ったのは明治時代で、昭和22年日本国憲法施行後は宮内省から宮内府に変更され内閣総理大臣の所轄となり、さらに昭和24年には、宮内庁となって総理府の外局となり、2001年には内閣府に置かれるようになった。

■鮎川義介《よしすけ》（1880～1967）

日産コンツェルン創始者、満州重工業開発総裁、帝国石油社長、石油資源開発社長、貴族員議員、参議院議員を歴任した、戦前から戦後の政財界での風雲児である。自ら、財界植木師と自認、会社の創立や更生に自信を持っていた。

父は薩摩藩の馬廻り役であったが、維新後は富岡製糸場の見習い工となって働き、貧困であった。義介が中学の頃、郷里に大叔父にあたる井上馨が来て、「インジニアという言葉を知っているか」と問われ、「それはインド人のことですか」と返事した。井上は「馬鹿なことというな、インジニアとは技術者のことだ、私は政治家になったことを後悔している。これからの日本は技術だよ、実業の世界の技術が必要なんだ」と言われた。

そこで鮎川が技術の世界に向かった。母は井上馨の姪であり、井上家の玄関番をして、東京帝国大学を卒業。芝浦製作所に入社したが、身分や学歴を隠して、見習い職工として入社、アメリカで労務者として働き、食料援助も受けながら技術を習得した（『小島直記伝記文学全集』）。

明治44年、井上馨の支援を受けて戸畑鋳物株式会社（現、日立金属）を創業。瓢箪じるしの継手を開発。東洋一のロール工場をつくった。昭和3年、第1次世界大戦の後、不況で経営破綻していた久原房之助（義弟）の久原鉱業の経営を引受けて日本鉱業とし、また、株式公開をして大衆から資金を集めて持株会社としての日本産業を創設した。

久原財閥を支援した背景には、井上馨、伊藤博文らが所属する立憲政友会の要請により鮎川と縁戚関係にある藤田組、貝塚炭鉱の資金提供があった。のちに久原房之介は政界に転出し政友会総裁となり、昭和15年の大政翼賛会創立にいたる。

鮎川の妻は高島屋創業者一族の出であり、また5人の姉妹はこれら財閥家に嫁入りし、縁戚関係を結んでいる。しかし、とりわけ発展の原点は、彼の持論である金本位制への復帰（昭和4年）である。これにより金価格が暴騰し日本産業は急成長し、企業買収を重ねて一気に旧財閥に匹敵するようになった（小島直記「鮎川義介伝」、井口治夫「鮎川義介と経済的国際主義」）。

彼は日産自動車・日本鉱業・日立製作所・日産化学・日本冷蔵・日本炭鉱・日産火災・日産生命などをまとめ、大衆持株会社として日産コンツェルンを創立し、15大財閥の一つを形成した。

しかし、日産コンツェルンのなかでも日立製作所、日本鉱業は単独のコンツェルンを形成した。日産コンツェルン持ち株シェアは三井、三菱に次ぐもので、全国の企業株式の5.8％、鉱工業の18.4％、機械器具業の12.6％、造船業の6.9％、農林・水産・食品の6.6％を有した（持株会社整理委員会「日本財閥とその解体」）。昭和8年、自動車産業の将来性を研究し、ダットサン製造権を取得して日産自動車を設立した。昭和12年、グループをまとめて満州に移した。

大陸進出については旧財閥コンツェルンが消極的であったのに対し、鮎川義介の日産コンツェルン、森矗昶の森コンツェルン、野口遵の日本窒素は「財界新三羽烏」といわれ、この新興財閥は大陸における重化学工業の発展に積極的であった。とりわけ鮎川は自動車製造のための重化学工業の推進により満州の経済開発をもくろみ、そのために欧米資本との提携構想を持った。満鉄（南満洲鉄道株式会社）は日露戦争後、ロシアの残した鉄道網を昭和9年に引き継いだ満州開発の国策会社である。松岡洋右はその総裁に就任（同10年）したが、本来の鉄道事業に特化するようになる。松岡と同じ長州出の鮎川は満州国の保証も得て日産コンツェルンを形成する一方、満州政府と同額の出資で満州重工業開発㈱（昭和12年）を設立し、重工業を譲渡した満鉄に代わって、満州の重工業を一手に引き受けた。彼が紀尾井町の土地を取得したのはこのような時期である。

思想的に松岡は山縣寄りであり、鮎川は井上馨寄りである。

満州鉄道は鉄道と重工業を担っていたが、後者は不振でアメリカ企業に身売りされようかという時期もあった。鮎川は土地と資源のある満州に将来性を期待し満州国と軍から重工業の引き受けに応じた。彼には多くの夢があったが、満州を軍事占領ではなく、アジア経済圏の要にしようという大胆な発想があり、ゼネラルモーターズ等アメリカ資本の導入など軍を超越した壮大な経済圏構想を有した。

彼は満州国から軍部を排し、技術者を集め工業で発展することの夢を描いており、日本、満州、中国の協力で遂行することを願い、戦争で邪魔されることを嫌った。しかし、原敬の暗殺とともに解消し、さらに日米の関係悪化でこの夢は昭和17年をもって終了した。

戦後は、ＧＨＱにより財閥が戦争と深い関係があるとされて、持株会社整理委員会による財閥解体の対象となり、鮎川は戦犯として財閥指定家族56名に名を連ねることになった。

昭和27年に公職追放が解除されたが、巣鴨プリズン収監中に戦後の国づくりは道路と水力と中小企業の三本柱であると考えた。そこで解放後、中小企業育成会（紀尾井町の自宅隣に本部設置）を設立し、かねてより買収していた中小企業助成銀行（のちに三井銀行に吸収）とともに中小企業助成に尽力、日本中小企業政治連盟の初代総裁に就任する。また道路計画にも意欲を持った。また、帝国石油、石油資源開発社長に就任する。

彼の中小企業助成の理念は「富豪と貧乏人の数が少なくて、中間層が発達しているのが国家として理想的である」というアリストテレスの言葉からだという。戦犯として昭和20年巣鴨プリンス拘置所生活をした後、昭和22年解放された際に、向かった先は昭和16年に建築した紀尾井町の自宅（敷地２０００坪）である。母屋はオーストリア軍宿舎に接収されており、片隅に仮住まいすることとなった。昭和23年、昭和電工事件という有名な事件が起きたが、同社創始者の森矗昶（別記）とは友人関係で、森は紀尾井ホールのところに住んでいた。彼の才能は高く評価されていたが、身内の問題で風評が落ち政界から引退した。

昭和42年に亡くなり、葬儀は築地本願寺であったが、追悼ミサは聖イグナチオ教会で行われた（小沢親光『鮎川義介伝』山口新聞社）。世田谷区岡本には今も、表門が現存している（図版65左）。長屋門形式で、岡山藩城代家老で茶道を愛した伊木忠澄の18世紀中期の下屋敷表門であったものを昭和12年に紀尾井町の自邸用に移築したあと、同38年に岡本に再移築し、転居したものである。母屋の一部は熱海のＭＯＡ美術館の茶室として残されている。

鮎川の紀尾井町の土地は、上智に隣接する鰻の寝床のような地形であった（図版65右）。

鮎川はどうして、このような細長い土地をあえて所有していたのだろうか、その鍵はカトリックとの関係にある。

その端緒は、カトリックの洗礼を受けた父の世話でフランス人のヴィリオン神父の指導を受けたことである。１５５１年、ザビエルは山口にて大内義隆より廃寺となっていた大道寺を与えられ、そこを拠点にして布教を始め、最初のキリスト教会を置いた。その跡地に聖ザビエル記念公園と同神父の像が建てられたが、その費用の大半は鮎川が寄付したものという。彼は昭和29年上智大学顧問になっているが、若い頃受けた信仰の灯は、終生絶えないものである。神父から遠ざかっていても思いはひとつである。

65鮎川義介邸（江戸中期武家屋敷）の配置図と門

三番町に住んでいた鮎川義介は、紀尾井町の土地を、上智が買えない時に先行取得していたと思われ、戦後、上智にその土地を売り払った。それは東側が崖であり、西側が間口の狭い土地である。名義は長男弥一１９４６坪、日産興業８７８坪、計２８２４坪。彼がこのような細長い土地を買ったことは経済論理的に不合理である。何故ならば、香川としては細長い土地だからといって安く売るのは不本意であり、正常な価格でしか売らない。香川としては整形の土地の一部のみの売却で用を満たしたのだろう。反対に鮎川は正常な価格（整形な形として）で買ったが、万一売る場合には細長い不整形な土地の売りとなり、格安でしか売れないことになる。このようなリスクを賭してでも上智が買えない時に先買いしておき、のちに資金が出来た上智に売った（昭和30年）と考えるのが論理的と思える。昭和37年日産興業が上智に出した文書では、1752坪となっている。上智はこうして細長い土地を買っても、従前の四ツ谷駅前に面する土地が拡大することになったのだから、鮎川の貢献度は高い。同時に正常な買い手は第三者ではなく、上智しかないとも言える。

では鮎川はどのような経緯でこの土地を取得することになったのであろうか。

その原点は本件調査地の北側に立地した長岡の与板藩井伊家、その後の出入り商人の板谷家である。久原財閥を創設した久原房之助は藤田財閥の藤田伝三郎の甥で、井上馨の支援で明治38年に鉱山経営を拡大し、久原鉱業を興した。それが大正3～7年の第1次世界大戦の間で活動期となる。しかし世界恐慌と関東大震災で経営不振となり、昭和5年鮎川グループに吸収されている。三者は、前記の通り姻戚関係にあり、鮎川義介の妻は久原の妹であった。長岡の与板藩主井伊家は大正10年に板谷宮吉に紀尾井町のこの地を売却している。

事業譲渡したあとの久原は政界に意欲を持つが、明治11年の2・26事件の謀議で収監される。鮎川が上智隣接地を購入したのはその翌年である。

鮎川がこの地を取得したのは与板藩主井伊家の所有地が、北側に隣接しているという縁と思われる。

上智に近い三番町にも松岡洋右が一時邸宅を有していたが、鮎川もまた三番町に一時住み松岡と往来し、そのあと上智大学中央部に自邸を持った。

松岡は戦前の外務大臣で日独伊三国同盟を結んだ。この締結は一生の不覚だったと自邸で号泣したが、日本は第2次世界大戦に参戦した。

鮎川のカトリック受洗、カトリックの満州での伝道、壮大な満州構想、これらを考え合わせ、鮎川の自邸が上智の真ん中にあったこと、彼の追悼ミサがイエズス会聖イグナチオ教会でなされたことは自然の成り行きと思える。

ここで事業家として、政治家・原敬について再言しよう。

鮎川の国際的事業展開の根底には、キリスト教的国際性があると思え、先に受洗した原敬も対外協調主義に同意していたが、暗殺（大正10年）されたために満鉄の外資の導入は不調となった。ヴィリオン神父の療養に自分の別荘を提供し行動を共にした。神父は原敬に教えた経験からフランス語の学習を彼に勧めたが、英語のほうが実用的と答えたので、神父は「それもよろしい」とフランス語なまりの英語を教えてくれた。学校で習うよりずっと役に立ったという。

のちに事業家となった鮎川は次第に神父から離れたが、神父は「義介がいつもうまく神父を避けて盛んに社会の中でえらい仕事をする。万一、自分が早まって神のもとに戻るならば、是非ともパラダイスの門まで導いて欲しい」とホイヴェルス神父（上智大学総長）に頼んだという。

ヴィリオン神父はフランスのリオン出身で、11歳の時、新聞を読んだ父からの話で、アメリカのペリーが日本に寄港し、日本が開国したこと、吉田松陰が探求心のため船に乗り込んだが幕府に送り帰されたことを知り、若い意欲を阻害した日本政府に憤慨した。その後、カトリック伝道団体のパリ外国宣教会に入り、使命感を持って母国フランスから明治元年来日したが、禁教時代であったため2か月の入牢の時もあった。ある日、彼を調べに来た役人のなかの若者がフランス語の書籍の譲渡をこっそり申し入れたことがある。それが若き日の大隈重信であったという。大隈は長崎赴任時のことでフランス語を習得しようとしていた。のちに大隈が参議になった時、神父は神戸で再会し、また当時の兵庫県知事・伊藤博文とも交流した（池田敏雄「ビリオン神父」）。神父の願いでキリスト信者の墓地を認め、明治憲法で信仰の自由を認めた。

宣教には困難を伴ったが、京都ではたまたま北垣国道（別記）が明治14年京都府知事になったことから寛大に扱われた。北垣は天忠組が壊滅後、平野國臣率いる生野の変に加わった草莽の士で、維新後は社会事業に貢献し、進歩的な思想を有し、京都府知事を11年余務めた。のちに高島鞆之助拓殖務大臣（別記）の下で次官となり、クルトゥルハイムにあった拓殖務省の実務を率いた。

神父は布教のかたわらフランス語を軸に、日本の近代化に貢献し、鮎川、久原のほか伊藤博文、原敬その他多くの政財界と交流を深めた。

なお、日産興業は鮎川義介の娘婿・西園寺不二夫が経営する。日産コンツェルンの一部である。（鮎川義介『私の履歴書』日経新聞社、小沢親光『鮎川義介伝』、小島直記『鮎川義介伝』）。

■河野　義《よしのり》（1897～1998）

昭和7年紀尾井町の紀尾井ホールの場所に1～2年間住み、のちに森矗昶の所有となる。

■森　矗昶《のぶてる》（1884～1941）

鮎川と並ぶ、森コンツェルンの創始者である。衆議院議員、女婿に安西正夫、三木武夫がいる。明治17年、家は勝浦市の海産物の加工仲買をする漁業者であった。小学校卒業後、父の海藻処理の手伝いから始まり沃度工場の責任者となる。その時期に味の素の創始者鈴木三郎助と沃度事業が縁で知り合い、塩素酸カリの製造を共にして発電所を建設し電力を東京電燈に売却して利益を生み、さらに東京電燈の余剰電力の利用のための昭和肥料株式会社を設立、1934年国産アルミニウムの精錬にも成功した。そして電気化学工業を中心とした20社ほどの化学工業コンツェルンに成長した（1941）。同社はのちに昭和電工となった。戦後は財閥解体により、昭和電工、日本冶金工業が残る。

森矗昶の長女満江は安西正夫に嫁し、次女睦子は三木武夫（もと総理大臣）に嫁し、長男暁は事業を継承した。安西の長男孝之は美智子上皇后の姉正田恵美子と結婚した。森矗昶夫婦は紀尾井ホールがある角地に住み、避暑では勝浦で過ごした。戦時中は、昭和電工の安西正夫や政治家の三木武夫らを含め一族8世帯が避難し生活を共にした時期がある。

昭和11年2月26日、睦子がひとりで留守番をしていた時、突如として陸軍甲府連隊200名の反乱兵士がこの家を占拠したことがある。2・26事件がこれである（三木武夫『信なくば立たず』）。大隊本部は上智大学校舎にあったが、手狭になったのである。

■済寧館《さいねいかん》

これは皇宮地付属地のうち、今の紀尾井ホール辺りに明治16年に竣工した宮内省と皇居警察の道場で、明治18年の天覧試合の場ともなった。宮内官吏の学習所も建築されたという。天覧試合では山岡鉄舟、渡辺昇、上田馬之助、鷲尾隆聚らそうそうたる剣士が立ち会った。渡辺や山岡ら華族派の宮内省剣術と西南戦争の抜刀隊で注目を浴びた警視庁剣術が対抗した。明治21年皇居内に移築され、現建物は昭和8年建築（建坪300坪）され、今は皇居警察の道場となっている。

このうち渡辺昇は鞍馬天狗のモデルになった人物で、この天覧試合で対戦している。後に大阪府知事にもなる。今泉みね自叙伝「名残の夢」にも出てくる。渡辺の姪に女子教育者の石井筆子（別記）がいる。

この渡辺に一目置いておき、勤王派の渡辺の身の安全を按じていたのが近藤勇である。近藤が一目置いたのはわけがある。近藤は九段下俎板橋の斎藤彌九郎道場・練兵館で腕を磨き、次いで山伏町で自分の道場を開く。しかし、強敵の道場破りが現れると沽券にかかわるので、その場合は斎藤塾の渡辺昇に助太刀を頼むことにしていた（明治42年『近世偉人百話』）（図版(66)）。

(66)済寧館

■福田屋

昭和14年虎ノ門にて割烹旅館として開業し、川端康成、湯川秀樹ら文化人の定宿だった。空襲で焼失したが、紀尾井町に焼け残った建物があり取得。数寄屋づくりの高級料亭として政財界の会合が行われた場所として有名であったが閉店、平成26年3月上智学院に売却した。

第七章　上智大学ができるまで

イエズス会の再来日と大学用地の取得、その用地取得上の要の土地が高島鞆之助もと陸軍大臣の邸宅（現クルトウルハイムを含む）といわれる。その東側に隣接する広大な土地も薩摩の樺島資紀の土地であったことが判明した。薩摩人が周辺一帯を所有していたのである。

1　日本におけるキリスト教

我が国へのキリスト教伝来は、既存の宗教と異なり、魂への本質的問いかけであり、大きな刺激となった。江戸時代には科学的分野で評価されたが、ミサや神学がとっつきにくいと思われた。また信仰の未熟さと幕府による弾圧を伴い、本質的理解がなされないままとなった。外形的に見聞きしたことのない宗教行事や植民地化への恐れから受け入れ難いと見え、キリシタン＝魔術師というレッテルが故意に貼られた。その結果、隠れキリシタンや麹町にも残ったキリシタン灯籠への祈りにとどまった。

四ツ谷駅前の四谷塩町における、ある出来事が藤岡屋日記（三一書房『近世庶民生活史料』）に記されている（前出図版④）。

「伝馬町のある役人が転入することになり塩町の新居を調べたら、大きな穴があり、その中に日本人が食べない骨や肉を食べた跡があった。そのことから探査したところキリシタン数人がみつかった。他のキリシタンともども品川沖で逆さずりの刑にし、潮が満ちたら溺死する方法にした。その惨状は人間なら誰でもがむごたらしいと思うほどだ」と。その場所は教会から見て駅を挟んで反対側にある。この土地は、天草の乱の時、塩の運送で幕府軍に協力した伝馬町の人が貰った土地である。

長い鎖国とキリシタン弾圧時代をへて近代日本にキリスト教が再び入ったのは安政5年（1858）に幕府と締結された安政五カ国条約がきっかけである。それにより外国人居留地と教会堂建設が認められ宣教師が来日した。

一方、明治に入っても政府は、天皇への権力集中により国論をまとめるために神道を国教とする政策を打ち出し（第四章）、紀尾井町にも中教院を設置した。

そして慶応3年（1867）から明治3年（1870）にかけて浦上四番崩れと呼ばれた激しい拷問による弾圧を行いキリスト教徒に棄教を迫った。明治元年には四谷御門外にキリシタン禁制の高札が立った。

これらは海外に驚きをもって知られ、非難の的となった。また岩倉使節団が西欧を回って不平等条約改正を求めた時に、宗教の自由を求められ、外交交渉の足枷になった。このため明治6年に禁教の高札が撤去され、各藩に配流された信者は国元に返された。法的にキリスト教が信仰の自由を認められたのは、明治22年大日本帝国憲法発布の時である。

当時、カトリックはヨーロッパから「天主教」、プロテスタントはアメリカやイギリスからきた「耶蘇教」と呼ばれた。ともに国家を脅かす存在として敬遠された。プロテスタントは明治以降に英語教育やクリスマス行事などで大衆に受け入れやすい形で浸透し、信仰方法も自由であった。

カトリックは、神学による論理的一貫性を求める一方、貧困者救済やハンセン氏病対策等への献身的貢献や地道な学校教育を行った。いずれにせよ、キリスト教の本質は神への愛、人への愛であり、教育や社会奉仕はその具現である。信者数の増加はかつてほどでないが、キリスト教的愛の実践は一般にも大いに浸透している。

そのようななかで明治38年（1905）、ローマ教皇使節が来日した。その目的は日露戦争のさなか日本軍が満州や中国のカトリック教会を保護したことに対する感謝であった。その歓迎会で日本人識者のなかから日本でカトリック高等教育を設置する希望が相次いだ。これを受けて教皇はイエズス会に日本に初の高等教育の学校を設立するように指示し、明治41年（1908）、3人の神父が来日した。イエズス会とは、1534年創立されたカトリック修道会で、社会活動では教育活動を目的としている。そこで明治44年（1911）4月6日、上智学院の法人設立登記がなされ、土地探しを始めた。そしてこの一画に高島鞆之助の土地が売りに出ているという情報が入った。そしてイエズス会のホフマン神父は紀尾井町の高島を紹介された。これらの一団の土地の概要は次の通りであった。高島鞆之助もと陸軍大臣の邸宅の周囲にはほかにも、大島陸軍大将邸、赤星邸、四谷税務署、地元有力者邸宅、正教会（日本正教会）等が建ち並んでいた。

高島　約2500坪、大島　約500坪、轟道賢（正教会敷地）　約500坪、田中　約500坪、赤星　約500坪、合計　4500坪

2 高島鞆之助もと陸軍大臣

前記の通り中屋敷跡には、明治時代から今日まで、北側つまり教会側に、井伊家、商船王・板谷氏の貸家（店舗・住宅）があり、中央から南側、つまり2号館〜清水谷迄には、皇宮地、軍人・実業家邸宅・正教会等の邸宅があった。

とりわけ高島鞆之助はイエズス会が用地取得する際の最初の交渉人であり、彼の邸宅と敷地を取得したことを手始めに上智大学が拡大をしてきた。高島鞆之助邸内にあった複数の建物のうち居住用でない建物は、築後120年の現在でも聖堂「クルトゥルハイム」として使用されている。

上智大学の設立については、『上智大学史資料集』全6巻に、設立に携わった神父らの話を中心に詳しく

述べられている。この本は教会内の聖三木図書館に所蔵されている。

上智設立構想のあった明治末～大正初頭の動きをみると、周辺国との関係が慌ただしい時代である。すなわち、明治38年の日露戦争、同43年の韓国併合、大正２年の中華民国の誕生があり、国内インフラでは甲武鉄道が開通し、四谷見附橋が完成し、日比谷図書館、新宿御苑、赤坂離宮ができた活気のある大正ロマンといわれた時代にある。

また国際関係の緊張下にあったものの、憲法や民法の制定などにより法治国家の体制づくりを行った直後の時期である。同時に、起業熱が高まり、鉄道などの交通機関の整備が進み、都市人口が増え、津田塾大学などの女子教育や労働問題、社会主義の芽生えがあった。このようななかで日本へのカトリック教育の意義がザビエル以来、再度重視された。

経済面では、明治35年に全国的に大凶作のため深刻な飢饉が生じていた。同40年には経済恐慌があり、足尾銅山事件（明治24～41年）、小作騒動などの社会問題が続出していた。

神父達の用地取得に際し大きな牽引役を果たしたのは高島鞆之助（元陸軍大臣）である。高島は、上智大学創立には最も関係が深い。不動産開発の点からも種地といって良い。徳富蘇峰は、「紀尾井町の邸は当時において頗る堂々たるもので、その西洋館は二階建てで、その隣に立派な日本館もあり、庭園も相当広かった」と言う。

また、明治43年12月報知新聞によれば、「見れば、広くて見遥かさるる庭には畳のごとく小草美しく生えそろって所々に大木がニョキニョキ立っている、何も装飾ないながらに無限の風味あるところが高島将軍式の庭である。導かれて通った座敷は二室ぶっ通して緞通を敷き詰めた霞むような広さである。と見れば、その座敷の端にあちら向きに座った一人の偉丈夫がこちらを見た」。

高島は「紀州邸も井伊邸もあった頃は、名木も沢山あったろうが、維新後みんな切ってしまった、樹木があっては野蛮じゃというての、樹木のないのが文明じゃな、ハハハハ、妙な文明もあるものじゃ、ここらは樹を切ってすっかり桑と茶を植え付けてしまった。凶変当時の紀尾井町はそれは淋しいものじゃった。あの前においは此処を買った、どうもひどいところのう、樹木というものは一本もなかった、あの樹などは皆おいが植えたのじゃ」（前出図版㊶）。

神父らは、その土地を見に行き、感激した。「東京で一番高い台地にあり、市の全容を一望のもとに収め、市の中心にある。四谷見附の古さびた城門跡が美しい。購入した土地は、細い道をへだてただけで昔の塁壁（今の土手のこと）に接し、濠の向こうの一番近い隣家は皇太子の宮殿（赤坂離宮）、南と東側にはオーストリア＝ハンガリー帝國公使館（貸地）や何人かの日本の皇族の広壮な邸宅（注、香川や地元実業家）です。北側だけが商店街になっています。辺り一帯は起伏があり、きわめて美しい。用地には現在、2人の将軍の邸宅だった2軒の大きな洋風建築（高島、大島邸）といくつかの小さい日本家屋が建っている。庭園は見事な樹木に蔽われ、四季にわたってほとんど花の絶え間がありません」。

「明治44年（1911）、この土地が売りに出され、交渉が始まりました。しかし、障害が次々現れた。土地の大部分は枢密院顧問官である老将軍（高島もと陸軍大臣、この時期は実権からはずれていた）が提供を申し入れたものですが、彼の土地（全部で2374坪）だけでは我々の目的（5000坪）には足りない。そこで将軍は隣人2人（大島、赤星）にも土地を売らせると約束していた。さらに2人（銀行家の田中と正教会の信者2人）からも買わねばならなかった。銀行家は喜んで売ってくれましたが、価格はかなり高いものでした」（イエズス会ゲッテルマン神父の報告要約、上智大学史資料室）。

価格交渉において、高島は坪100円を提案した。明治期後期の地価動向は前述した。

明治20年代は、不動産登記法、民法、帝国憲法などの不動産市場の法的整備が行われた時期である。当初は不況の時期もあったが、日清戦争（明治27年）、日露戦争（明治37～38年）により好況と反動としての不況が繰り返された。とりわけ明治38年の日露戦争後は好景気で地価が上昇した時期であり、高島も自信をもって価格提示したと思われる。日露戦争後に戦勝ブームに乗った株式相場は明治40～42年は反落していたが、地価は上昇している。地価が反落したのは上智が買収したあとである。

ところで、あとでわかったことであるが、「登記所で、地所が大きな抵当になっていること、麹町には高島という地主が全然いないことを確かめた」（ホフマン氏口述『ホフマン物語』）。高島はもはや地主でなく、大阪商船社長の中橋徳五郎文部大臣（後記）からの借金の抵当に入っていた。

しかし、売買契約に同意した。ところが2人の隣人のうち、将軍（大島陸軍大将）は家を新築したばかりなので売る気持ちはなく、高島の約束が困難となり絶望的と思われたが、明治45年3月には同意し、売買契約となった。大島は予想通り高島より高い価格を要求した。

最終的に、高島への支払いは中橋宛にしたが、居住者の高島がなかなか立ち退かないので抵当権者の中橋に説得させた（大正元年5月）。高島の土地については、このように紆余曲折があったが、中橋への支払いで解決したのである。田中との売買は前年10月に先行していたので安心できた。

売買価格は次の通りとなった（土地面積換算、但し、公簿と実測で相違がある。『上智大学史資料集』第1より）。

中橋は、これ以外におまけで3万円払った。

中橋　25万円　2470坪（坪当り101円、代理人高島とする）

赤星　4万2千円　473坪（坪当り88円）

大島　4万4千円　449坪（坪当り98円）

田中　6万9千円　747坪（坪当り105円）

なお、別途、領収書には、下記のものがあり、これらは主たる建物の別途支払いの可能性がある。

赤星　3万円（上記の土地と併せて7万2000円となるが、要求額9万1490円よりは低い。貸家だったので、借家権を含む可能性あり）。
大島　6万7000円（新築間もないため、建築費相当を支払ったものか）
中橋　6万円（これがクルトゥルハイムの建物価格）

クルトゥルハイムは、延199坪で坪単価301円、これが当時の建築費事例から妥当かと思われるが、当事者がどう考えたか興味がある。明治43年の大卒初任給30円に対し、現在は24万円だから（2022年）、60千円×8千倍＝4億8千万円（坪241万円）となる。妥当な価格である。

奥に位置する高島の土地から買い始めたのは、不動産開発の今日の手法から結果的に成功であった。

売買契約の代金決済は明治45年3月であるが、大正2年7月になって中橋が値段の半分を戻しにきたと、上智学院プジョー師の日記にある。これは一体どうしたことか、なぜこのようなことが発生したのであろうか。クルトゥルハイムの所有権を巡る問題は項を改めて述べよう。

■交渉の進展

ともあれ高島が協力してくれたのは幸運であった。高島はもと陸軍大臣という顔役であり、人望もあり、イエズス会の要望に応えるべき土地のとりまとめに貢献した。周囲の他の地権者は彼に同調して売却に応じ、大島、赤星も含め、こうした縁故関係からひとまとまりの土地を取得できた。

イエズス会は明治44～45年にこれら中央部5000坪の用地買収をして、大正2年に専門学校令による大学を創設した。「明治23年（1890）、暁星学園のマリア会がこの土地を買おうとしたが、工場の排煙がひどく、買うのを取りやめた」とある（プジョー師日記）。

マリア会が見たのは、前記した工場操業に意気込む櫻田麦酒会社のビール工場の姿であったが、イエズス会が来た頃は、幸いなことに、工場は横浜の保土ヶ谷に移転していた。その紀尾井町の工場跡は、今の城西大学の西側、秀和紀尾井町ビルの辺りにあった。外国人の土地購入は認められていなかったが（明治6年地所質入書入規則）、明治21年以降の通商条約で解禁された。マリア会は、日米独通商条約締結の関係で居留地を脱し土地探しを懸命にしていた。「昨年より地価が倍になっている」と本校創立者が本部を説得している。借家探しでは大家から「外国人だから」と言って断られたという、その理由は「西洋人は窓を閉め切って中

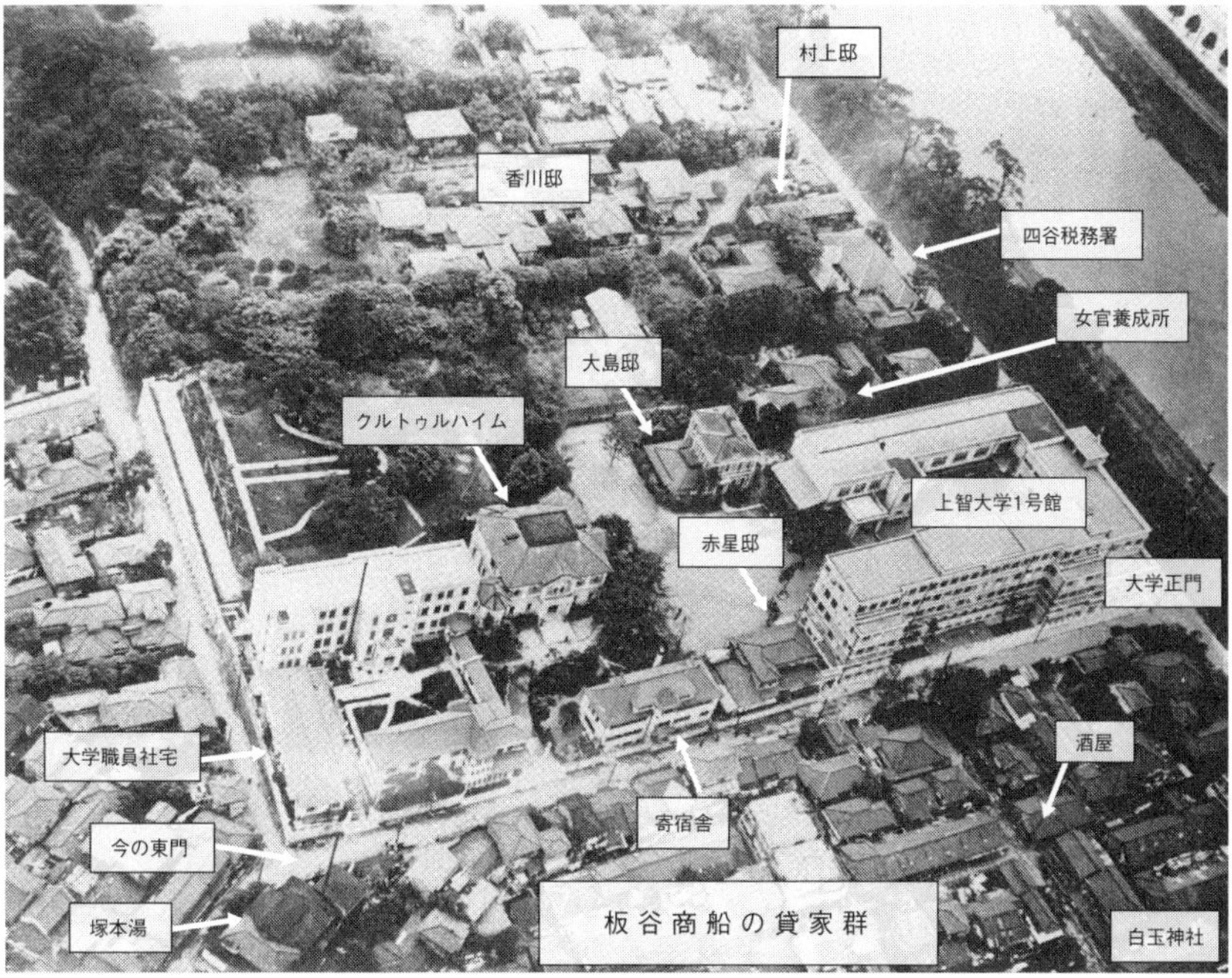

⑰上智大学俯瞰写真　昭和7年（上智大学史資料室）

で小さい悪魔を飼っている、戸を閉めているのは悪魔が逃げ出さないようにしている用心だ」と一様に言われた。その矢先にこの紀尾井町の土地を見たのであろう。工場排煙のため断念し、現在の土地（富士見町）を明治23年購入し移転したのである。こうして、高島邸とその土地の売買契約書は成立した（図版⑰）。

なお、上智大学史資料集には、高島らが売買後に障子など備品一式をそっくり持ち去ったので困惑したと記述している。神父らには奇異に感じたかもしれないが、当時の慣習として当事者の契約次第である。

賃貸を例にとれば、従来の貸家は畳や襖の造作無しが中心で、転勤者向けの貸家の場合は造作付きとなりこれが一般化していた。立ち退き時の造作の帰属先については二通りがあったとすれば、取引の当事者にとって戸惑いがあったとしてもやむを得ない。後記の通り、イエズス会が高島邸や大島邸を買い取り引き取った時、「障子など備品一式を持ち去った」（『上智大学史資料集』1）とあるのは、造作なしの取引と売主が考えていたからであろう。ちなみに大正12年全国家賃調査によれば、借家の当初で畳、建具等を家主や前借家人より買い受ける習慣があり、この造作費は東京で家賃の1.7倍（高額所得者の場合）もあった（『協調会史料都市・農村生活調査資料集成』第2巻）。高島と上智の売買契約には土地建物の表示のみで造作の表示がないならこれを含めた売買とは考えずに（備品は当然に）高島は持ち去ったのであるが、造作に特別の思い入れがあれば当然の行為である。高島所有でなく、公有物であれば尚更である。

今日の売買契約では主物の処分に随う従物（民法87条2）として、樹木、庭石、門、塀、畳、建具その他建物の造作一式も建物に含まれると解釈されている。売買契約書では、これらは契約締結日の現状有姿のまま含まれるとして、さらに付帯設備一覧表を取り交わして個々の設備を記入し権利の帰趨や状況を明確にしている。特別の場合で含めない場合はその旨の契約をしているのが実情である。筆者の昭和40年代の経験では抵当権設定契約書をつくるとき、土地建物の表示に次いで、門塀、畳建具その他造作一式、と書くのが実務の通例で、トラブルを避けるためであった。

■高島鞆之助の生涯

高島は鹿児島県高麗町生まれ（1844）、お蔵役藩士の出である。前記、深瀬より3歳年下である。高麗町周辺には、西郷隆盛、大久保利通、吉井友実、長澤鼎、野津道貫、野津鎮雄など維新志士の関係者が多い。高島については第一章、第四章にも記述した。とくに三崎一明氏（追手前学院大学）の高島に関する諸論文に詳しい。

大久保利通（1830生まれ）も西郷隆盛（1828生まれ）も高島鞆之助（1844生まれ）も同じ薩摩の同世代である。

1859年、大久保と西郷らは誠忠組を結成し、藩主島津久光に井伊直弼殺害を迫っている。前記した十津川郷（第四章）では尊皇同志が結成されている時期である。深瀬仲磨が西郷に渡した太政大臣三条実美の密書を反映したと思われる西郷の提案で、組織された天皇護衛の御親兵が発足した。深瀬仲磨はこの功績もあり、土地私有制度発足後、初の土地所有者として本件調査地に住まうことになったと思われる。

高島は若くして天下の形勢の変革を感じ、多くの門を叩き研鑽を重ね、文久2年、島津久光の護衛として上京した。明治元年、政府軍として越後方面に転戦する。同3年、御親兵募集に応じ指導役となる。御親兵とは天皇を守る薩長土佐からなる6千人強の軍隊で、うち半分は薩摩兵である。同4年、薩摩出身の宮内大丞・吉井友実（同14年日本鉄道会社社長、三男が高島家入婿）や西郷隆盛の推薦で天皇の侍従となった。侍従は藩主クラスの地位である。

高島は侍従就任で宮中入りの際に、公家から「汚い奴め」と塩をかけられる衝撃の出来事があった。その背後にある事情は、明治維新当初、従来の志士→大名→公家→天皇という体制が崩壊し、志士が直接に天皇と維新体制を構築するようになると、中間層の役割がなくなり、その溜まったストレスから出た行動と思える。当初は担ぎ出された宮中は、実務において力を失っていたのである。高島はここをぐっとこらえたから今日があると、のちに述懐している。

その後、明治天皇の運動のお相手をして務めている。明治4～5年、吉井等とともに宮中改革を行ったが、高島が山岡鉄舟ら4人とともに侍従番長となる。この時の上司に香川敬三がいる。当時の宮中は多くの女官が牛耳っており、争いや陰謀が絶えずあり、新政権にとり不都合だったので女官の全てを罷免し、公家に代えて士族を採用した（宮中改革）。それでも明治23年『栄誉鑑』をみると、多額納税者リストには、女官70名が記載され、トップの室町清子（典侍）は日露戦争の主役・乃木希典を上回る納税者であった。また、市谷の尾張徳川家上屋敷跡を兵部省所有とし親兵の宿舎とした。明治5年近衛条例より、専属して近衛隊に入ったのは前述した深瀬仲磨の西郷への密書の直ぐ後である。

同3年、鹿児島から家族を呼び寄せて、住まいを二番町のベルギー大使館がある土地の南側部分にあった野津道貫宅に寄留し、同郷の一族18人と暮らすこととなった。大使館の土地は、当時、日英同盟の推進者で総理大臣になった加藤高明の住まいであった。野津道貫は誠忠組のメンバーで、後に元帥となった。高島は明治7年まで天皇の側近として仕えた後、宮中を自ら退任し、陸軍に転じる。陸軍大佐として佐賀の乱に政府軍として派遣され、その頃から立場上、大久保の意に沿った行動を取った。明治6～7年には両者は頻繁に接触し、大久保も幾度となく高島の二番町宅を訪問している。この明治7年に日本軍の台湾出兵、琉球の日本帰属決定がなされた。同12年、琉球藩は廃止、沖縄県となった。さらに朝鮮へ開港圧力と諸外国による朝鮮干渉の始まりとなった。高島が武闘派として後に台湾政策を牛耳る出発点でもあった。

当初、高島は西郷の手足になり行動を共にし、畏敬していたことは、別記した辻維岳の話からもわかる。西郷が大久保と意見を異にして薩摩に帰ったので訪ねてみたら西郷が肥桶を担いでいた。彼に野心がないとはいえ、政治家としての資質が問われる姿である。高島は、明治7年に陸軍大佐になった頃から立場上、大久保による政府側の意に沿った行動をとった。

大久保も西郷も同志ではあるが、西南戦争による西郷の死を高島も明治天皇も惜しんでいる。高島によれば「二人の意見対立は西郷の朝鮮派遣についての方法論であり、じっくり話し合えばよかった」のであろう。両者共に恩恵を受け親交のあったのは高島くらいである。

高島には、その頃は経済的にゆとりが出てきたのであろうか、明治12年に間借りしていた野津道貫邸や番町小学校周辺で土地を購入している。神戸山手通りに別荘、麻布に土地を買ったのはこの頃と思える。同10年少将となり、西南戦争では山形有朋指揮下の官軍の司令官として出陣し、敵の補給路を断つ奇襲作戦で戦功をあげた。同じ薩摩人なのに西郷と敵味方になるのは不思議であるが、西郷が下野する時、多くの薩摩兵がともに鹿児島に戻ったが、高島は鎮台司令官の地位にあり、そのために西南戦争では政府軍として戦うことになったのである。近衛隊には多くの薩摩人がいた。第2章で述べた山縣有朋は戊辰戦争の東北出兵では越後における政府軍参謀であり、従軍した高島が負傷した（別記）。凱旋後、高島は教佐になるが永世録は

8石で、参謀の山縣は600石という。永世録は今までの家禄の1／10を無期限支給するもので、同8年廃止された。同じ陸軍のなかで長州藩の山縣とは一線を画していた。

明治11年、大久保利通が清水谷で暗殺された時、近くの自宅から真っ先に現場に駆けつけたのは高島である。その自宅とは二番町の野津邸であろう。この地を末吉忠晴から取得したのは当時の公文書では明治12年3月であるから、まだ二番町にいたはずである。もっとも既に先行して入居していた可能性もある。なぜなら「此処に立つと赤坂の方もみえるし、大久保公が凶変にあった所（清水谷）も手に取るように見えた」と高島が言う（明治43年12月「報知新聞」）からである。この周辺の状況をよく示す地図が測量原図（図版㊲㊶）である。

大久保利通を襲撃した石川県の士族らは、四谷見附角から数軒先の林屋旅館と、西洋料理で有名な三河屋に集合し、外濠を左に現場に向かった。事件のあと、高島鞆之助、香川敬三、前島密らが現場に急行した時、刀剣が彼の喉から地面に突き刺さったままだった。大久保を刺した士族らは実行後、上智大学東脇道を通り四谷に戻って草履を買い換え自首した。大久保の馬丁は事件後80歳まで生きて証言をしたという（詳細は遠矢浩規「利通暗殺」、黒竜会「西南記伝下一」）。

高島は、明治43年報知新聞の取材にたいし、大久保のことを「孝明清廉で政治上の手腕はこの上もない、殺されたのは誤解」と言っている。その時見たのは絶命した大久保の手に握られていた西郷隆盛からの忠告の手紙だったという。

高島は同12年、紀尾井町の本件土地4870坪を地元の末吉忠晴（東京市会議長）より購入した。地上には和風住宅数棟があったが、のちにクルトゥルハイムとなる洋風建物が建築された。

もともと何故高島はこの土地を購入していたのだろうか。深瀬仲磨の項でも述べた通り、深瀬と薩摩との間には様々な接点が浮かび上がる。まずは文久3年8月18日政変で長州に代り薩摩藩が権力を握ったため天忠組の行き場がなくなったが、その際の薩摩藩兵のなかに高島がいた。高島は深瀬より3歳下であった。

文久2年（1862）1月、土佐藩士が十津川郷の川津に来ており、7月と翌2月には薩摩藩士も来ている。川津は深瀬の出生地である。この後、十津川郷士も京都の薩摩藩邸で西郷、大久保、小松達と交流を始め、長州の桂小五郎（木戸孝允）と面談していた。

その翌年の元治元年の禁門の変で深瀬は薩摩藩兵の近代的装備を学ぶ必要から薩摩屋敷に頻繁に出入りし西郷隆盛らと交流しているから当時在京の高島と面識ない筈はない。そして明治3年深瀬が密使として西郷に面会したのは国軍創設のためと思われる。年初明けにはその高島は御親兵として東京に赴任し、7年に陸軍大佐となり栄達の道を開始した。高島の生活は安定し、現ベルギー大使館隣に居宅を構えたのが明治3年、そして同4年に侍従となっている（深瀬が同時退職）。この頃には西郷、大久保らと頻繁に交流しており、紀尾井町に住む深瀬邸と当然ながら往来したであろうから本件調査地を熟知していたと思われる。

こうして深瀬亡き後、地元地主の暗黙の合意をへて薩摩関係者がこの地に多く住むようになったとも考えられる（第二章図版㉓）。ところが実は、前記の通り、高島が土地を取得する前に、道路を介して東側一帯の地域を警視総監となった薩摩の樺山道貫が借地（その後に取得）していた可能性がある。樺山、高島、深瀬の関係から上智の土地を含めて薩摩グループが先住していたと指摘できる。

紀尾井町の中屋敷のうち、紀伊藩、井伊家の中屋敷が貴族らの屋敷に転じたのに対し、この尾張藩中屋敷は公的機能性が買われていたようである。

この合意の背景に登場するのが民有地のなかで少なくとも81%、6600坪（明治12年当時）の面積を有する末吉忠晴である。これは東京府としての名目的なものであろう。

明治11年に深瀬から2万坪弱の土地の35%は、井伊家から板谷家へ、そして戦後になって教会敷地となったが、その他は共有地42%、宮内省関係地23%と移った。その末吉は地元選出で土地管理をする東京府において助役という重要ポストにおり、また深瀬と同じ奈良の大和の出身である。末吉はこの地を取得すると同時に明治12年高島その他の薩摩関係者に譲渡している。即ち、末吉のような東京府関係者の手による地元地主への譲渡は、薩摩関係者や宮内省への譲渡の仲立ちとしてスムーズに行うためで、東京府が管理したのであろう。

末吉の土地移動における役割や、政治的履歴は興味深いが不明である。政治思想は硬六派に属し、それは国際協調よりも軍事力による対外強硬外交を主張する派で、後の大隈重信の改進党と合流する。

高島は軍の重鎮で薩摩を代表するが、長州出身・山縣の6歳下である。ともに政府側に立って、大隈ら改進党や板垣ら自由党と対立する立場にある。

高島夫婦には3人の娘が生まれ、長女・多嘉は吉井友実（前記）の次男・友武を養子縁組として迎え、次女・球磨子は樺山資英と結婚、三女愛子は徳永重康と結婚している。明治18〜24年に大阪鎮台司令官となっているが、21年大阪追手門学院前身で西日本最古の私立小学校「大阪偕行社附属小学校」を創設した。台湾副総督（同7年）、拓務大臣（同8年）をへて、明治17年、華族令で子爵となる。同24年には松方内閣で陸軍大臣となり、同29年伊藤内閣で再度、陸軍大臣となる。また大阪師団長時の10年間は絶頂期で関西の中心であった。実務より政治に重点を置き、大・西郷（西郷隆盛）に対して小・西郷（高島）と畏敬され（墨堤隠士『大臣の書生時代』）、また、「東京に上がらんとする者、まず鞆之助を訪ね政治社会の機微を知る（西南戦史）」と記される。明治24年、松方内閣の陸軍大臣となる。明治25年設立の政治結社「国民協会」では采配を振い、大隈重信の進歩党と対抗した。同じ年、松方内閣の退陣に伴い、陸軍大臣を辞任している。

明治26年高島邸で令嬢の新婚披露宴があり、山縣、西郷、大山伯爵と将校230名による園遊会では67の掛茶屋、軍楽隊、大神楽数番、数百の球燈で宴会したという。この時期が絶頂期だったのだろう。明治28年、近衛家の当主・近衛篤麿が独仏に留学後、帰国した。家が狭いので高島邸を貸して欲しいと申し入れがあった（高島は大阪第四師団長で不在）。このことから高島邸は立派な建物と思われる。高島は富士見町に借家があり、臨機応変に利用していたから、近衛の申し出を応諾した。

明治28年は台湾征討があり、高島は台湾副総督になり、29年より1年間だけ拓殖務大臣となり（30年廃止）、乃木を台湾総督に招いている。
明治29年には大衆向けの「やまと新聞」の譲渡を受けているが、3年後には売却している。明治33年に高島を参謀総長にしようとする案や明治43年に韓国総監にする案は失敗するが、台湾産業政策で采配を振るった。

高島は、軍人であり、政治や経済には不向きだったようだ。身長170cm、体重83kg、謹厳、且つ剛胆、蛮勇、情報通、子分にはやさしいが、目上には厳しく、等である。また北越戦争で脚に当たった敵弾を自分でほじくりだしたというから豪胆な人物を想像できる。「薩摩隼人は無骨一徹にのみ、実業社会に立ちて大手腕を揮う人物に乏し」という言葉もある（明治40年『京浜実業家名鑑』）。未完成の英雄と徳富蘇峰は言う。高島は「造化の造ったままに一任し、錬成を欠いていた。それ故、英雄の未完成といえる。清濁併せ呑むのは結構だが、同じ器に清水と泥水を盛ることだけはご免こうむりたいと言ったが笑って答えなかった。伊藤博文や野津道貫の忠告にも耳を傾けなかった豪傑の見本で、前世紀の動物が当世に残存したようである。彼の眼中には、藩閥なし、天下を狭しとし、東亜を小とする大腹なり」（徳富蘇峰）。

この頃、高島は亡命してきた孫文を保護したようで、鈴木商店（現、双日）のある神戸の自分の別荘に匿ったという話もある。孫文もこのひとときを感謝している。中江兆民の話では、高島の人望は大変なもので、会話に情意ありその側に行かないと政治がわからないといわれた。彼を頼りに多くの者が集まるが、面倒見が良すぎ、簡単に保証人になってしまう。借用証の金額などまるで見ずにベタベタ判子を押すし（高島弥之助）、金のことは無頓着（樺島資英）であった（『樺島資英伝』座談会）。それでいつも貧乏であった（明治35年『斬馬剣』）。子供好きで数棟ある自宅には孤児たちを引き取っていたし、信奉者も多かったという。人の良さと風貌は西郷隆盛に似ているが、雇い入れ者が詐欺師の泥棒であった事件もあった。脇の甘さが彼の短所である。

日露戦争

ロシアはクリミア戦争で敗北後、地中海への道を絶たれた。そこで東のアジアに活路を執拗に求めた。江戸時代の1861年、ロシア軍艦が対馬沖に来航した。そして勝手に測量を開始し、修理用資材や遊女の要求をし、さらに上陸し、兵舎の建設や略奪行為をしたうえに、対馬の永久租借を求めた。幕府は結果的に英国を介在させることによりロシア軍艦を退去させた。

明治政府になっても外交は片時も油断できない課題であった。欧米諸国もアジア進出政策として日本への関心が強く、特に英国は同35年以来、数次にわたる日英同盟を締結し、ロシアに対抗した。日本としても軍事力強化、とりわけ新鋭軍艦の建造が急務であった。

㊳1900年当時のニューカッスル市
(Literary and Philosophical Society,Hewcastle Upon Tyne)

近年、筆者の祖父米原林蔵・海軍少佐（のち大佐）による「渡英日誌」が発見された（図版㊴）。これによれば、明治33年、日本が発注し英国で竣工した我が国最大の巡洋艦・磐手を受け取りに副艦長の祖父は80人の部下と共に2ヶ月かけてロンドン北部ニューカッスル・アポン・タイン市（図版㊳）のアームストロング社造船所まで往復航海した。英国に向け出発の際、山縣内閣の海軍大臣山本権兵衛（のち総理大臣）が見送りに来たので祖父は感激したと日記に記している。日本としてもそれだけの期待がかかっていたのである。同市は当時、世界最大の造船都市で、とりわけ日本は最大の顧客であった。それ以前に、前記した森有礼（慶応2年）、岩倉具視らの遣欧使節団も（明治4年）、赤星弥之助（前記も訪問（同20年）している。祖父が訪問時にヴィクトリア女王やアームストロング氏が亡くなっている。（第三章）

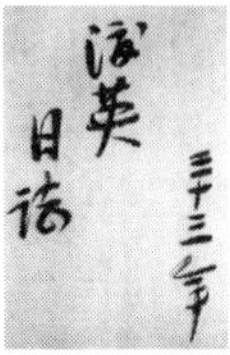

米原林蔵遺品（筆者所蔵）
左と下は、明治33年渡英日誌の出発部分
右は、祖父遺品の一部
明治37年戦役恩賜煙草、明治37、8年戦役、韓国国王から寄贈されたハンカチ、大正5年御大典記念、明治27、8年戦役記念品、ロシア帝政時代の通貨、清国帝政時代の通貨

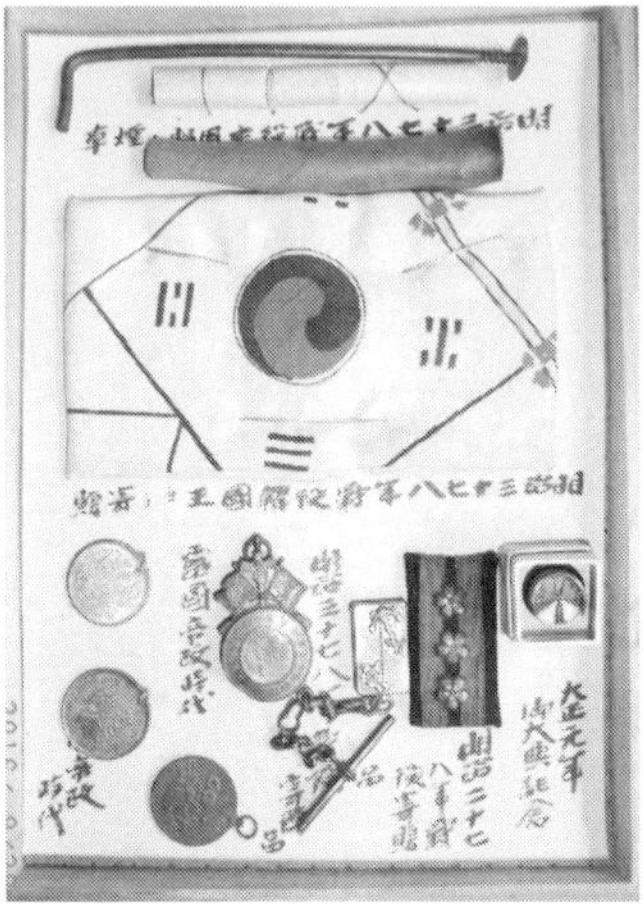

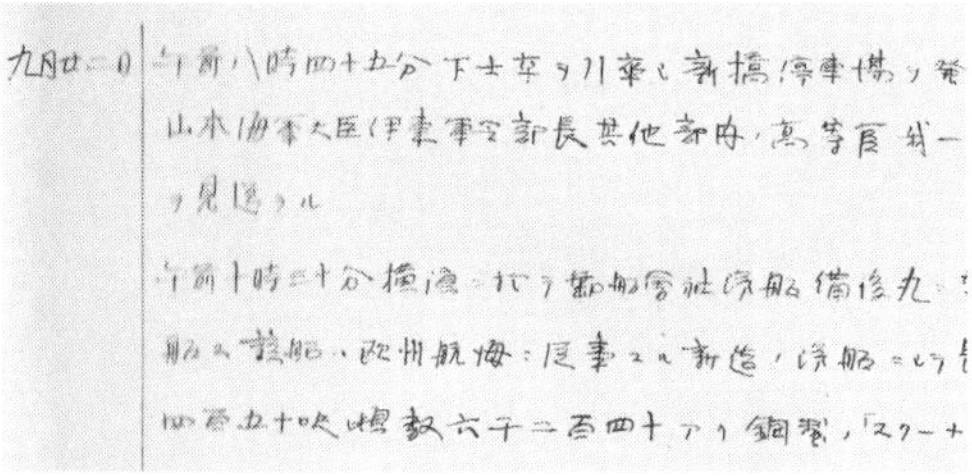
九月廿二日　午前八時四十五分下士卒ヲ引率シ新橋停車場ヲ発
山本海軍大臣伊東軍令部長其他部内ノ高等官一
ヲ見送ラル
午前十時三十分横浜ニ於テ郵船会社汽船備後丸ニ
船ハ護船ノ欧州航海ニ従事スル新造ノ汽船ニシテ
四百五十呎噸数六千二百四十アリ鋼製ノ「スクー

⑲祖父渡英日誌と遺品（筆者所蔵）

日露戦争の勃発は当時の日本には大きな懸念であり早くから不安に満ちており、明治天皇も「眠り安らかなる能わず」であった。同37年、皇后が二度にわたり夢のなかに若い武士が現れ「日本は神国だからロシアに勝つ」と予告したという。皇后が夢のなかの武士を描いてみたところ、それは坂本龍馬であることがわかった。これを宣伝したのが側近の香川敬三と田中光顕であった。これにより、当時の宮中に漂っていた対露戦への敗戦危惧が払拭されたとの話がある。そして忘れられようとしていた坂本龍馬はその時から有名になったという（司馬遼太郎『歴史の中の邂逅』その他）。田中は土佐勤王党にいて十津川郷士とも交流し、坂本龍馬の暗殺現場に香川とともに駆けつけた人物で、のち宮内大臣となった。

日本海軍が日露戦争でバルチック艦隊に大勝したことは、日本の軍事力を世界に認識させた出来事であった。戦勝の原因としては、前記した皇后の夢による心理的高揚感もあるし、東郷大将・秋山中将の戦術もある。また、下瀬雅允が開発した下瀬火薬の威力と伊集院五郎が開発した信管の優秀さもある。下瀬火薬は飛距離と爆発力でロシア艦船を震撼させるものであった。東郷元帥の三番町にあった邸宅跡は東郷記念公園となり、また近くに参謀・秋山真之も住んだ。

明治38年、陸軍大将の乃木希典が日露戦争での戦勝報告を天皇にした後、一番に駆け付けたのが高島邸である。この建物は、今の東門近くにあった和式建物で、乃木と高島夫妻が談笑する写真が残っている。乃木の上司は高島であり、大島は乃木の指揮下にあったこともあり、乃木は大島邸に住んだことがある。この地の序列で言えば、香川、高島、乃木、大島である。高島と乃木は明治9年の萩の乱で政府軍として共に参戦している（東京市史稿、宮本直和『大阪偕行社附属小学校物語』）。

乃木大将は、日露戦争で多くの味方を喪った事や西南戦争の際、敵に自陣の連隊旗を奪われた事を苦にして何度も自害を試みた。日露戦争戦勝報告に明治天皇を訪問した際にも自決の意思をもらしたが、天皇に自分が生きている間は死ぬなといわれ、明治天皇の葬儀の日に夫婦とも殉死した。

明治11年に乃木大将が結婚した時、高島は野津とともに媒酌人となった。高島は同年7月に、借家であった土地を取得している。その土地の売主は前記の野津道貫（高島の義兄）であった。高島の妹・登女子は野津道貫と結婚し、その子は野津鎮之助である。

乃木と高島と美人コンテスト

明治40年、アメリカの新聞社・シカゴ・トリビューン紙がミスワールド美人コンテストを企画。日本では日本予選として明治41年日本初の一般公募による美人コンテスト（写真判定）といわれた。その結果、上位12人のうち、4人が麹町関係者で、まさに団体優勝のようだ。1位になったのは、小倉市長・末弘直方の娘・末広ヒロ子、学習院3年の16歳であった。

ところが、いやしくも風紀の厳格な学習院の学生が応募とはもってのほか（義兄が無断で応募したのだが）として学内外から非難が集中した。困ったのは当時の乃木学長で、周囲の声に押されてやむなく彼女を退学処分とした。しかし、その代わり、乃木は日露戦争時の部下・野津道貫公爵（兄の野津鎮雄は乃木の媒酌人でもある）の長男・野津鎮之助にヒロ子を嫁がせ、自ら媒酌人をしている。野津道貫（侯爵、陸軍大将）は高島の義兄である。

しかし、野津家とヒロ子の父とは昵懇の間であったと書かれている（黒岩比佐子『明治のお嬢様』、国民新聞明治41年10月8日）。両家は警視庁の関係者である。ヒロ子の父、末広直方は当時、小倉市長であった。さかのぼって西南戦争の直前、薩摩に潜入した警察官のひとりで、捕縛され拷問を受けたが、政府軍により救出されている。従って乃木は形式上の仲人とも思える。

ヒロ子は明治26年麹町警視庁官舎生れとあるが、出産した病院は隼町の陸軍本病院か上智大学の東門先にあった警視庁第三病院ではないかと思われる（前出図版㉓）。何故かと言えば、父の末広直方は偶々同22～30年に警視庁小石川署長であった時であり、この官舎とは隼町かこの地か、どちらかであろう。そして姉の直子の夫となる山下が、道路を介して向いにある、縁戚関係のある高島邸のクルトゥルハイムを設計したとすれば奇遇である。

■上智大学の設立

大正2年（1913）、上智大学の校舎（旧1号館）が建築された。校舎のデザインとして素晴らしいものであった。設計はオーストリア＝ハンガリー帝國生まれのチェコ人ヤン・レッツェルである。彼の設計はほかにも、聖心女子学院、雙葉学園、暁星中学、上野精養軒、広島県物産陳列館がある。しかし耐震性に弱かったので、後の関東大震災でこの校舎をふくめ多くの建物が崩壊した。ただひとつ、もと広島県物産陳列館（大正4年建築）は原子爆弾で破壊され、今は原爆ドームとして有名になっている。彼は失意のうちに故国で生涯を終えた。

明治19年発布の帝国大学令は、帝国大学以外は法的には専門学校であった。明治44年に財団法人上智学院が発足し、大正2年（1913）、専問学校令による上智大学（最高の学問を授ける高等教育機関の意味）が設立された。旧大島邸を教室に、赤星邸を学生寮にした。そして大正8年大学令により早稲田や慶応等多くの専門学校は大学となったが、関東大震災の被害もあり、上智大学の設立認可は昭和3年となった。認可において樺山愛輔伯爵の紹介が役に立った。愛輔は樺山資紀（別記）の長男であるが、文化人であった。吉田茂と共に終戦工作を待った。

樺山資紀は薩摩の豪傑で、蛮勇演説（別記）で有名だが、高島とともに台湾行政を行った（別記）。高島邸買収のキーマンである。

文部省に学校設立認可を願い出たとき、文部次官に、「イエズス会は悪人であって悪い教えをひろめ、平和を乱す者であるとみんなは言う。あなたはどう思いますか」と言われたと言う。

授業は大正2年4月より開始された。同年2月高島が自信を持って推薦した隣接する女官養成所と税務署の買い取りを上智が申し出て、この時、宮内省に拒否されたが、後に鍵型に屈折していた道路は交換により現在のように東西まっすぐになった（前出図版㊿）。

南側の土地はカトリック天主公教会が２７１８坪（登記面積２６８１坪）の払い下げを受けた。この土地は昭和30年に上智に売却されている。天主公教会が払下げで取得し、それを30年に京都司教区が権利継承し、昭和31年にメリノール宣教会に寄付した。なお、小さい土地の移動もみられるが、それらの購入意図は微妙である。

メリノール宣教会は、教育や福祉を行うカトリック修道院で、１９５０年より「心のともしび運動」という、放送による平和運動を継続した。別記の通り、日米関係に貢献した。同35年に２０９坪を分筆し（6番25）、それを竹中工務店と東栄土地建物に売却した。同42年には残地２４９1坪のうち１６６０坪（6番26）を上智大学に売却し、残地は７３８坪となった。これを平成6年に５００坪（6番34）をハウス食品に売却し、メリノール宣教会の所有面積は２３７坪となった。その後、平成30年上智大学が同会土地を買収している。こうして上智の所有地は、合計1万８４３０坪となった。

新日鉄・ハウス食品・メリノール宣教会の土地合計は１４８８坪である。両者を合わせた旧尾張藩麹町屋敷の総面積は1万９９１０坪である。福田家は平成24年、上智が取得した。

上智学院（上智大学）、ハウス食品、新日鉄（紀尾井ホール）を併せた土地は四方を公道に囲まれた長方形状の大画地である。上智と教会側の土地は正確には上智学院とカトリックイエズス会の所有地が入り組んでいる。前者は運営する学校法人でこの一区画全体地の23％、後者は設立母体で同77％を所有している。昭和4年大学令により上智大学が設立され、昭和7年に新校舎が落成した。政府の靖国神社参拝方針に対し、上智大学一部学生が参拝を拒否し非難された。戦後、マッカーサー司令官から靖国神社廃止や焼却につき意見を求められたが、神父側はいずれの宗教を問わず、戦没者の英霊が平等に祀られているからと反対であると陳述した。進駐軍は靖国の扱いにつき特に丁寧であった。

なお、外濠については、明治18年、四谷御門から市ヶ谷、飯田橋、幸橋までは高知県、長崎県、小川町の士族と町民が鯉魚養殖のため拝借した。今でも釣り堀があるのはそのせいであろう。しかし、四谷から喰違御門の真田濠は江戸時代から外濠としては最も高い標高にあり、防衛上の重要拠点とされ、また貯水池として温存された。戦前は満面の水をはった外濠であり、その様子は写真に残されている。ここで釣りをして子供が溺死した事件もあり、見回りの人に叱られたと古老の人は語る。戦後になって上智の協力で戦災がれきを外濠に捨てて埋められて以後、昭和25年より上智大学総合運動場として利用されている。所有者は東京都で、7265坪である。地番は紀尾井町15、麹町6－10、元赤坂6、四谷一丁目25－1に跨がる。上智大学は、昭和24年10月、この7090坪を借地、20年ごとに契約更新となっている。

板谷家、井伊家と続いた土地に聖イグナチオ教会がある。教会の正式な名称は「カトリック麹町・聖イグナチオ教会」であるが、一般にはイグナチオ教会と呼称されている。

昭和11年六番町には建てられた聖テレジア教会があったが、空襲で焼失した。昭和24年聖イグナチオ教会が新築され懐かしむ人が多いが、平成10年に現在の教会に建て直された。

今、聖イグナチオ教会のクリスマスイブのミサには、初めてくる人も多く、荘厳ながら幸せなひとときを過ごす夜となる。国際性の故に、海外からの信者も訪日の際はミサに参列し、大統領、ボクシングチャンピオン、合唱団など多彩である。

教会の隣に聖三木図書館があることは意外と知られていない。キリスト教関係書が多く、静寂な雰囲気を保っている。大学用地としては、利便性と環境の良さを兼ね備えた土地は他大学に例をみない。

上智大学がこのような中で都心の一等地で用地を拡大できたのはどうしてであろうか。

第一の理由は、当初の取得地が中央部にあったこと。もしこれが片方からスタートしたら、他方の土地には別の所有者が入り込むと、一体地として利用する魅力がなくなる。中央を取得し、結果として南北を切り離すことができたために、両端の土地は単独では魅力が少なくなった。そこで上智としては一体利用可能なことで独自性を持った。

第二は、前記した鮎川が戦前において隣接地を購入していたことである。間口は狭く鰻の寝床のような鮎川の土地は単独では売れず、上智が購入して全部が大通りに面してこそ価値が発生するものである。隣地必買という言葉があるが、一方、鮎川所有地の買増しは駅前に面する全体地の面積が増えることであり、価値増進に大きく寄与した。でもいつでも買えるお金があるとは限らない。その時間稼ぎができたのは鮎川のおかげと思う。

第三は、もともとの土地が有力者により中画地のまま存在していたことである。小規模の土地をまとめあげるのは土地開発の経験から大変な手間となる。大きすぎても一度に負担となる。前者は紀州藩邸のあった旧プリンスホテル一帯、後者は井伊家中屋敷邸後のホテルニューオータニ一帯の例である。

第四に、人的要因として、高島のような売りニーズが高い事情があったこと、彼への協力者が纏まっていたことである。何事もこのような協力者は必要である。とりわけ辛抱強く用地買収を行った神父方の信念と先見性があったからこそだと思う。

余談だが「土地霊が呼んだ」ということ。尾張家敷地の地形はもともと、キリスト教に縁のある「魚」のようである。口は教会の入口、尻尾はホテル側にある。毎年のクリスマス、もとの厩の位置には今もキリスト誕生のデコレーションが飾られる。日本的に言えば「縁」があった土地なのだろう。

3 クルトゥルハイムの謎

この邸宅は、ネオバロック風で、1階部分は石積み風、2階部分はタイル貼り、軒下から屋根廻りは木造仕上げで、訪問した人は、その静寂さに感動を覚える。関東大震災や第二次世界大戦の空襲の際でも無傷で残った、文化財ともいえる建物である。以前は文化サロンとして使われており、クルトゥルハイム（文化の館）という名称になった。今は非公開であるが、2階はミサに使われる小さな聖堂で、落ち着いた祈りの場である。庭園には、広々として200年以上の自然をそのまま残す樹木に囲まれた静寂がある（図版⑳）。

■建築時期

クルトゥルハイムはいつ、建築されたのだろうか。これは永い間、はっきりしていなかった。当時、高島と接点のあったホフマン神父の話では、高島が大臣の頃に建てたということである。それであれば高島が大臣になったのは2回ある。最初は明治24年第1次松方内閣時の陸軍大臣の時である。

ただし、建築動機は2回目の時、即ち明治29年第2次松方内閣時の拓殖務大臣とこれに続く陸軍大臣の時である。当時、日本による台湾統治が始まり、同28年（1895）に樺山資紀を初代総督に任命した台湾総督府が開庁し、第2次世界大戦後廃止されるまでの50年間台湾統治が続いた。総督には樺山資紀・桂太郎・乃木希典・児玉源太郎と続き、樺山の時に台湾副総督という地位に高島鞆之助がいた。そこで、その中央官庁として明治29年3月に拓殖務省が設けられ、北は北海道、南は台湾の殖産事業という、植民地行政の大きな役割を持っていた。高島は周囲に乞われて、その初の大臣となったが、庁舎建設が間に合わなかったため、とりあえず紀尾井町7番の高島邸の空地に置いた（後記「施主」の項参照）。それが今日のクルトゥルハイム

⑳クルトゥハイム庭園と玄関の変容（上智大学史資料室）

の前身である。

　台湾政策で力量を発揮する絶頂期で、明治29年に建築されたと考えるのが正しいと思える。明治29年4月7日東京朝日新聞社説は拓殖務省の設置に疑問を投げ、「台湾総督府創設にあたり台湾に赴いた者には日本で立場を失った者、負債の始末に困って督促逃れの者がすこぶる多い」と述べている。同省は明治30年2月廃止され、日比谷の内務省台湾事務局に引き継がれた。

設計

　さて、この拓殖務省（クルトゥルハイム）は、誰によって設計されたのだろうか。これも物的な確証資料がないが筆者は、以下の通り山下啓次郎が設計したのではないかと推論した。

　山下啓次郎は明治・大正期の建築家である（1867～1931）。妻の直子は、日本の最初の美人コンテスト1位の末弘ヒロ子の姉で、孫にジャズピアニスト・山下洋輔氏がいる。末弘ヒロ子は、別記（乃木大将の項参照）の野津鎮之助に嫁し、その孫が皇室につながる正田家に嫁している。

　山下啓次郎は鹿児島郡西田村に、薩摩藩士の次男として生まれ、明治25年東京帝国大学建築学科を卒業した。父親は監獄の典獄（刑務所の長官）であった関係で当時の刑務所を管轄していた警視庁に入庁し、同庁技師となる。明治26年3月樺山邸設計起工、同29年警視庁調査及び移転選定委員となる。明治30年に司法省に移り、営繕を担当、欧米の監獄を視察している。建築学会の建築雑誌に、明治27年獄舎改良、明治32年市街家屋制限法、35年欧米監獄建築視察団につき記述しており、明治30年には建築学会常議員として名を連ねている（会長は辰野金吾）。前記「市街家屋制限法」では、家屋建築の規則が従来警察令でのみ行われており強窃盗対策費の倍くらい火災被害が多いことを経歴上から指摘し、家屋制限の必要性を説いている（今日の建築基準法に先立ち、市街地建築物法が公布されたのは大正8年であった）。昭和5年司法省を辞め、法政大学工業高校校長に就任した。法政大学旧第三校舎は昭和2年の作品である。司法省に勤めた関係で監獄の設計（明治40～41年のものが多い）を一手に引き受けた。薩摩藩は司法関係を掌握していたので、その流れに乗ったのであろう。ただし、監獄といっても修道院風の芸術的なものである。

帝国大学の卒業論文は耐震建築についてである。クルトゥルハイムに被害が少なく、今日でも持ちこたえているのは、辰野金吾の弟子のせいかもしれない。辰野金吾の建築はがっしりしていたので辰野「堅固」とも言われた。外国人設計による上智大学旧1号館が前述の通り、関東大震災で崩壊したのと対照的である。そして、その直前に渋谷区金王町（宮益坂上一帯）に作った自宅は無事で耐震性に自信を持っていたという。その自宅の間取りは、車寄せの玄関、マントルピースと出窓、玄関ホールと螺旋階段、応接と反対に食堂と書庫、独居性の排除、これらはクルトゥルハイムに似た様相である（前掲『ドバラダ門』）。昭和6年に売却したという。ちなみに、辰野が上京して最初に学んだのが麹町中屋敷邸跡の一角であったのも因縁深い（前記）。

大正11年建築の名古屋控訴院地方裁判所区裁判所庁舎は現・名古屋市市政資料館である。これは現存する控訴院庁舎としては最古のものであるため、国の重要文化財となっている。この設計は司法省営繕課で、山下啓次郎が工事監督で、設計監督は金刺森太郎である。また、近年話題となったのは奈良監獄（明治41年建築）である。明治の5大監獄としても、また彼の設計としても最古であり、平成29年、国重要文化財となった。

さて、拓殖務省、今のクルトゥルハイムの設計者を山下啓次郎と推論したのは下記の理由である。但し、「啓次郎履歴書」にはクルトゥルハイムの名はないと言う。公表できない理由があるか、或いは部分的関与の考えもある。他の者が入り込む余地は極めて薄い。同履歴書からはこの関係は出てこないのは、公務で行ったと考えられる。設計料の金銭的授受は僅少と思える。天井裏の木札も含め、物的証拠を残さないことにしたのであろう。

その要点は次の通りである。

① 山下啓次郎は薩摩人であり、高島ら先輩薩摩人は同郷人を引き立てた。高島も樺島も野津も出身地が同じく今の鹿児島市内で至近の距離にあるが、同時に山下の家も至近である。互いに緻密な相互関係が想定される。樺山愛輔の娘で随筆家の白洲正子は「薩摩の芋づる」と言い、「西郷さんも大久保さんも松方さんで、皆どこかでつながっていたので身内のような付合いをしていた」（『白洲正子自伝』）

事実、山下の個人的作品には、島津男爵邸、清泉女子大学校舎（旧島津邸）など薩摩関係者が多い。

② 山下の妻・直子は警視庁出身の末広直方の長女であり、妹はミス日本の末広ヒロ子で野津鎮之助と結婚した。野津家と高島鞆之助は特に深い関係である。高島は西南戦争で活躍のあと、明治4年に家族一同と上京し、今の二番町ベルギー大使館に隣接した野津道貫邸に住んだ。高島の妹は道貫の妻である。こうして野津道貫邸には薩摩から上京した3家族計18人が同居していた。同29年道貫はこの家を高島に売っている。山下家も西南戦争の直前に上京している。

③ 前記の通り、末広家と野津家と昵懇の仲であったとも言われる。道貫の長男・鎮之助が末広ヒロ子と結婚したこと、その姉が優秀な山下啓次郎と結婚したこと、もともと許嫁であったこと等を高島も当然認識していただろう。山下の孫・山下洋輔氏は前掲『ドバラダ門』で末広直子の想い出を語っている。

高島、乃木、野津、山下、末広は同郷の深い仲間である。

④ 高島は明治29年陸軍大臣で、拓殖務省大臣でもあったが、同郷の樺山資紀は拓殖務省管轄の台湾総督

で海軍大臣でもある。この樺山資紀は高島邸と道を挟み向い側の土地4280坪の半分を、同18年に払下げを受け同35年まで居住し麹町警察署を設置し、移転まで行っている（第8章）。山下は明治29年に警視庁移転調査選定委員になっているから関与した可能性がある。

⑤ クルトゥルハイムが建築したのはこの年である。樺山資紀が警視総監であった警視庁の麹町警察署が同36年に半蔵門に移転するまでの間に山下が関与しないわけがない。

⑥ この警察署の土地は幕末にはもと鳥羽稲垣信濃守の上屋敷で、明治6年沽券図では既に官庁地になっている。従って戊辰戦争後すぐに、高島・樺山が一緒にこの周辺を押えていた可能性がある。

⑦ 樺山資紀はクルトゥルハイム建築に先だって、同26年に今の永田町の参議院別館2の所に邸宅（現、参議院別館の位置）を建築した。この建物はコンドルの設計といわれてきたが、近年、山下啓次郎の設計だとわかった。明治26年12月製「清水方建築家屋撮影」には清水建設の前身の工事実績として、建物名称、竣工年、設計技師を記録している。そこに、樺山氏邸西洋館、明26年山下啓次郎、とある。明治25年に設計監督を引き受け、翌26年に落成して金時計1個を贈られたと文書に残されている。山下が26歳の時の作品で、新進気鋭の注目された建築家だった（参考、樺山資紀関係文書）。樺山資紀は高島の遠縁で盟友である。明治30年発行の『木造洋館雛形集上巻』で公開されており、山下啓次郎の設計とされている。高島の眼には樺山邸が入っていた筈である。孫の白洲正子はここに住み、その模様を懐かしんだ。後に吉田茂の所有となった。

⑧ 山下の建物意匠が、東京駅、名古屋市市政資料館に極似している。山下啓次郎の大学での先生は東京駅を設計した辰野金吾、その辰野はジョサイア・コンドルの弟子である。従って、山下はコンドルの孫弟子である。コンドルは中屋敷跡のオーストリア＝ハンガリー帝國公使館の設計をしている。

⑨ 会計検査院から拓殖務省に北海道の集治監獄の会計や山林原野の主管を委任された旨の公文書がある。山下は同25年卒業し警視庁に入ったことから管轄の監獄設計に携わり、その後司法省に入る予定の山

下が設計することを指示したのは高島と考えられる。

⑩ 台湾統治、開発事業、監獄や警察施設など一体とした治安概念が薩摩人脈にあった。（『白洲正子自伝』）

真の所有者

私は、前記したホフマン神父の話から、高島の所有権否定の根拠として、中橋と高島に金銭貸借の担保形式が原因であり、それは譲渡担保ではないかと推察した。譲渡担保とは民法にはない、判例や学説で認められている担保として今日でも中小金融で利用される担保手段である。金銭の貸借にあたり、担保不動産を抵当権設定者（担保を差し出す人）にとどめたままにする抵当権と異なり、不動産の権利を債権者に移す方法である。これは登記されないためその存在を見落とすのはやむを得ない。

抵当権と並んで、不動産に質権を設定することも可能である。しかし、最近では殆ど使われず、戦前の農地小作に伴うものが大半である。これは、債権者への占有を移し、管理することが手間だからであり、抵当権で十分だからである。不動産の譲渡担保もあまり使われないが、これは債務者からの抵抗が多いこと、登録税や不動産取得税の負担が多いことが原因である。

譲渡担保は民法制定時（明治29年）以前では一般的であった。それは所有権を認めた地券について、地所の書入れ・質入れが正式な担保手段として認められたが、一方、その際に債権者が地券を預かり、取り上げることも行われた。そうなると取り上げた不動産の価格の上下があった場合に、担保不動産の価格が債権金額を上回れば得をするし、下回れば損をする、という悲喜劇が生じた。そこで借り主の弱みにつけ込み貸付金をはるかに上回る価格の不動産を担保に取り、返せないとなるとその不動産を売却して利益を丸取りする者が多かったという。地券制度が廃止（明治22年）後も、丸取り方式が慣行化されていたようである。

さらに大正8年7月判例で清算方式が確立した法理になり、担保処分後に余りがあれば返す方式が認められ、戦後は、法制度の発展に伴い、昭和43年3月判例以来、処分清算方式が一般的となった。

中橋から高島への貸付金はこの丸取り方式の譲渡担保であったと推測する。中橋から上智への半額返しはこのようなさなかで大正2年7月に行われた。判例・法学説の進展と丸取り方式への批判が世論として浮上するなかである。

上智から支払われた代金は債権額より多かったので中橋は儲けたことになるが、あえてそれを避けた。その理由の一つは、中橋の立場があったと思える。鉱山行政については明治6年「日本抗法」があったが不完全であり、鉱山許可も担当者の裁量次第で行われていた。中橋は明治22年鉱山局の責任者として鉱業法の整備に努めた経緯がある。また、当時の中橋は大阪商船経営において台湾貿易のまっただ中にいたので行政を牛耳った高島と何らかの関係があるか否かは推測の域を出ない。しかし、ずっと前から高島は中橋の父からの経済支援を受けていたようである。

いずれにせよ、法秩序の変化と総合的取引事情、経営者としての不評回避等から、困って大正2年7月、半分戻した。それによって売買代金は半額になった。それなら残りの分は高島にゆくべきであるが、そうしなくても良い事情があったのであろう。今日でも譲渡担保をしてまでも借金をすることは中小金融で行われる手段であるが、この当時の高島はあえて中橋に譲渡担保を利用して借金したと思われる（後記）。

■晩年

高島は、晩年、借金苦と政争の失脚で意気消沈していたという。借金苦とは、鉱山開発への投資とか、クルトゥルハイムの過大な建築資金とか言われるが前者と思われる。徳富蘇峰によれば、高島は金銭への執着力が薄く、政治上の仕事をするために金銭が必要となり金山を掘る仕事に手を出したという（『蘇翁夢物語』）。この政治問題とは、周辺での権力闘争、拓殖務省の台湾統治や樟脳食塩の輸出入利権などに関わることであろう。彼が紀尾井町に邸を構えたときに、それを請け負った紳商が「いつまで経っても勘定をくれぬ」とこぼしていた。

彼は資金繰りに苦しみ、元園町の清水某（子孫のために秘す）という高利貸しに借りたのがまずかった。清水は、日済貸《ひなしがし》という江戸時代からの小口金融（高金利の利息先取り方式）で財をなした（『横山源之助全集』5、法政大学）。返済期限を延ばし続け、延滞の高金利を稼いだあとで、どうにもならなくなると毎日玄関先に督促に現れるというやりかたで、高島もこれには参ったという。猛獣の放し飼いと思わせる高利貸しのほうが天皇よりも遙かに強い明治時代の象徴であり元首のようだった（山川菊栄「おんな二代の記」）。

高島の交友関係は広いものの誰も救済できなかったのは気の毒だと言われている。借金は利子だけで月1万円、残高は元利40万円で破産寸前であった。中橋からの借金では回らなかったのであろう。同年、樺山も借金返済のため家屋を売却している。

高島の借金は40万円といわれ、また、イエズス会が支払った高島邸代金（建物込み）を31万円（第七章1の売買代金）とすると、差し引き9万円が不足する。足りない分は、大磯の別荘を中橋（前記）に売却したので工面できたのであろう。むしろ、おつりができたとの話もある。

同43年には大磯の別荘を中橋徳五郎（別記）に売却、同44年にはクルトゥルハイムとなる自宅をイエズス会に売却、同45年に麻布箪笥町に移転、大正2年に文京区関口町に移転、大正5年に逝去した。宇都宮太郎日記には、明治42年9月「高島を往訪せしに、不遇の上に負債累積、如何にも気の毒の境遇にあり」とし、大正元年10月「高島氏紀尾井邸、買い人付きしこと」、大正2年10月「小石川関口町１６２番地に新たに転宅した高島を訪い」、大正5年1月「高島氏、京都にて脳充血にて逝去」とある（宇都宮太郎関係資料研究会編『日本陸軍とアジア政策』）。晩年は、梅を植え、牡丹を栽培していたという（宮本直和『大阪偕行社付属小学校物語』）。

鉱山投資

明治44年（1911）、イエズス会プジョー師の日記。「彼は鉱山を買ったが（鉱山株を買ったともいわれる）経営に失敗し破産した。また政治問題にも関係があった。流された噂（没年の大正5年）では、彼は総理大臣に何かを売って、自分の借金を返済し、相続者にきれいなお金を残そうと思ったとのことである」（『上智大学史資料集』第一集）。この場合の総理大臣とは山縣有朋の可能性がある。

総理大臣が松方正義の時、この内閣を支えた高島と樺山（別記）は明治30年の松方辞職とともに内閣を去る。この当時について次のように記される。「二人とも蛮勇で、金銭で政党を動かし得ると信じる点で同じだが、高島は財を散じて衆と結び人を観る明を欠く。大阪の財閥等も覚束なさの理由から融通を避ける。樺島も高島に引きずられて自ら損することを望まない。松方も私財はあるが堅実である。高島はただひとり金銭にまで蛮勇を揮い信用がない」（三宅雪嶺『同時代史』）。高島は政治資金獲得の必要性から鉱山投資をして失敗したと思われる。

前述の通り、富国強兵策における殖産興業は国の重要なテーマであり、貴族社会の擁護による彼らの潤沢な手当を公共投資へ誘導したが、その失敗例も数多くあった。鉱山投資もその一つである。

五代友厚は北海道開拓事業払下げ事件で有名となったが、維新で活躍した関西の政商であり、鉱山事業で財をなした。著名な財界人（藤田伝三郎も含め）は大阪の五代邸に日参していたという。明治5年の奈良県の天和《てんな》鉱山は十津川郷における天忠組の終焉地に近いが、五代が開発した成功事例である。

明治7年の福島県伊達市の半田鉱山（福島県伊達市に保存）は「満山ことごとく銀塊、地の上に銀が吹き出ていた」といわれ、天皇も視察した。しかし水害で「禿っぺ半田山」と言われるほど荒廃した。薩摩には鉱山が集中し、島津藩主も手掛けて、農工と鉱山は国の本なりとした。

我が国は開国に伴い、殖産のもととなる鉱山開発に海外資本が流入するのをいち早く警戒し、明治5年に

「鉱山心得書」を布告した。そこには鉱物はすべて軍用であり政府の所有であること、鉱山を借金の質物としてはならない、外国人に借金のために鉱山を譲ってはならないとしている。こうして官民あげて日本人による鉱山開発が進んだ。一方、禁を犯して財をなした福岡の財閥もいた。

明治27年の日清戦争から明治37年の日露戦争まで好況と炭鉱界の発展と不況が続いたものの、出炭数は27年420万トン、37年1000万トン、44年1760万トンと増加した。高島の鉱山投資はこの間のことであろう。

前述した高利貸しの清水某は、日清戦争（明治27年）が勃発すると軍人をさっさと辞め、家政整理の事業をへて戦時ビジネスで巨利を得て、さらに茨城県友部の無煙炭鉱の特許採掘権を譲受け、100万坪の鉱区に当時類を見ない電力、水力の大規模の設備投資を行った（明治40年『京浜実業家名鑑』）。

高島に最も近い徳富蘇峰によれば、高島がしくじった鉱山とは鹿児島県の牛尾鉱山という金山だという。高島は政界に出るために鉱山経営に手を出したが、「金山があたったらと……」と柄でもないことをした。ルソー研究の先駆者中江兆民でさえ北海道の鉱山で失敗したという。

牛尾鉱山は、鹿児島県の三大鉱山のひとつで、慶長年間からの山であった。明治12年頃から金を採掘するようになり、経営は移転を繰り返した。明治37年には日本一の金山となった。明治末に水没し大正10年に産金はやめた。昭和以降の経営はラサ工業、住友金属鉱山と移転した。

「商業資料・明治29年」には、「世に鉱山業を営むものは少くない、しかし、それは一種の冒険的事業にして、十分な利潤を得るものは全く少ない」、また「古来、鉱山は危険な事業となされ、これに関係するものは山師と称せらる」と記載されている。また「山師にかかって倒れるものがある。金山の有望有利を説かれて之に投資するものあり、いずれも幽霊会社にて株金を払い込ませ、発起者は株を売って逃げる」。このように明治中期から昭和初期にわたって鉱業を危険事業で、鉱山投資を倒産の原因とする論調が多い。一方、大正初期には鉱業ブームが到来し、鉱山成金が出現し、冒険的職種と考えずに鉱山主に身を転じる者が増えた。

前述した鮎川義介が昭和3年に引き受けた久原鉱業も明暗があった。

久原房之助は大正元年久原鉱業を設立し大正7年には全国2位の産出額を出し、鉱山成金といわれた。豪邸を建て、大阪芸者をすべて借り切って朝鮮まで専用列車で運んだという。しかし、第一次世界大戦終了後、恐慌の打撃で鉱山を縮小、鮎川に事業譲渡して引退した。

そもそも鉱山経営は、巨額の投資が必要なこと、災害の危険性、労務管理の困難性、投機性、製品価格の不安定性などにより特殊な分野である。このため通常、金融上の与信対象となりにくい事業であり、事業の資金調達は通常の金融でなく、高額所得者に頼らざるを得ない側面がある。しかも、担保物とし鉱山を評価するには、高度の技術と詳細な調査が必要であり、誰にでもできるものではない。このような業種的性格にも拘らず日清・日露戦争に伴う産業促進の必要性から発展したが、戦後の生産過剰処理に伴う淘汰と集中から一部財閥への払下げと集中を通して国策化の道を辿る。

■施主

もう一つの疑問がある。

そもそもクルトゥルハイム建築を発注した施主は高島なのだろうか。

不思議なことに購入したイエズス会の保存資料には発注書、請書、設計図などがまったくないことである。そこで設計者の確認のために、専門家の協力により屋根裏に通常あるはずの木札を調査したが疎明資料が見当たらなかった。

もうひとつの疑問は、売買代金の一部を4年後の大正2年になって中橋徳五郎が戻してきたという不可思議な事実である。

そこで改めて当時の政界と台湾統治との深い関係を探ってみた（参考：前田蓮山『歴代内閣物語』、黄昭堂『台湾総督府』など）。

伊藤博文内閣は明治28年の清との講話条約と戦後処理で三国干渉を受け、遼東半島を返還し、責任を問われ辞職し、伊藤のあとに松方内閣が誕生する。松方は高島鞆之助を陸軍大臣とし、拓殖務省の大臣とした。しかし、行政整理のためにこの拓殖務省を30年9月に廃止し、内務省が台湾対策を担当することになった。

松方は明治8年の財政改革では大隈の部下であったが、ともに明治財政の担い手であった。しかし、「大隈インフレ」の後に「松方デフレ」を招き、農村の貧困を招いた。明治24年と同29年に総理大臣となった。両年とも高島が陸軍大臣であった。

明治15～18年、高島は朝鮮京城の変で、公使を助けるために朝鮮に軍事派遣されている。同17年には井上馨大使とともに軍事進駐した。同18年に大阪鎮台司令官となり、同24年松方内閣の陸軍大臣、29年伊藤博文、黒田清隆、松方内閣下で陸軍大臣を務める。

明治27年、日清戦争が始まり、日本軍が台湾の北部に上陸したのは明治28年5月である。しかし南部では全民族、女性を含め台湾人全島あげての強い抵抗があり、台湾民主国独立宣言が現地人により行われた。そこで同年8月に高島が南進司令官として上陸し、2ヶ月半で全土を平定した。動員勢力は陸軍の3分の1以上で、海軍連合艦隊の大半であった（伊藤潔『台湾』）ことから我が国の力の入れ方が分かる。

同年、台湾総督府を設け、薩摩の樺山資紀を初代総督とし、副総督を特別に設け高島鞆之助とした。ここでは序列の上下よりも副総督に高島が就いたことが重要である。高島の功績が高く評価されたのである。その日本本土における主管は拓殖務省とし明治29年3月に設置、その大臣がまた高島鞆之助であった。樺山も高島も同じ薩摩閥の昔からの仲間であり、陸の高島、海の樺山として薩摩軍事の中心といわれ、又、ともに台湾と北海道の開発を担う中枢機能を担ったのである。その後は台湾のインフラ整備に尽力した。

実務の拓殖務省次官が北垣国道で、彼は天忠組支援のために平野国臣らと共に生野の変（前記）を起し、壊滅したものの脱出し、高杉晋作ら多くの志士との交流に恵まれ、坂本龍馬らと北海道開拓を企画した（高階一一「嗚呼榧《かや》の木さん国道さん」、塵海研究会編「北垣国道日記　塵海」)。

維新後は北海道庁長官として鉄道等の開発事業に貢献し、また京都府知事として琵琶湖と京都を結ぶ疎水工事で地域貢献した。拓殖務省設置にあたり高島が次官として招いたが、総理大臣伊藤博文の台湾開発優先策に対し、北垣は内地開発を優先課題とすべきとして対立し辞職した。

一方、まず拓殖務省の庁舎をつくる必要があり、とりあえず、4月には紀尾井町7番の高島邸においたことが次の文書でわかる。

「当省廳舎確定に至るまで当分の間　東京市麹町区紀尾井町7番地に於いて事務取扱候此段申候也

明治二十九年四月九日　拓殖務大臣子爵　高島鞆之助

内閣総理大臣侯爵　伊藤博文殿」

この紀尾井町7番地には、もともと上智と高島の売買契約書にあるように高島所有の大小7棟の建物があり、前記測量原図からもその位置がわかる。しかし、個人宅を事務所に使用するのは不自然である。そこでその東側に大きな空地があったために拓殖務省の仮庁舎を設置したのである。もっともその直ぐ後に、ここも手狭になったとして西日比谷に移転（現法務省の位置）している。もともと省の新設は不要で、ポストづくりのため新設したとの説もある。

現在のクルトゥルハイムは上智側の必要から2階をミサ聖堂として、1階を三つの控え室として利用しているが、買収当時は浴室も台所もなく、居宅としての利用構造ではない。また2階は事務室として細分化され、1階をロビーとして使用したようである。当時の写真では庭向きに開放されたテラスがあり（今は壁）、玄関には車寄せの屋根（この部分のみ関東大震災で崩落）があり、あきらかに庁舎仕様である。ちなみに鹿鳴館の車寄せ部分も地震で崩落している。とはいえ政府要人らの豪華な建物と比べれば簡素な構造で間に合わせと推定されるが、本体は大震災を耐えた質実な建物である。

「高島の紀尾井邸を訪う、傍らの机上には旅順の船渠、基隆の港など幾多の写真が堆積する…」と「五十家訪問録」（坪谷善四郎編）にある。

新聞記者が高島を訪問した時、彼は1階のぶっ通し大広間でぽつんと待っていたという（当時の朝日新聞）。高島にとって居住用として建築したとは思えない。

高島を副総督にしたのは樺山総督の時期のみで、樺山のあとは桂太郎が短期間つないだが、陸軍大臣のポストを高島に取られ辞任している。このため桂内閣誕生に際し高島は陸軍大臣を辞任している。明治29年1月に高島腹心の乃木希典が総督となり、このあとに拓殖務省が発足している。

高島については、明治33年に高島を参謀総長にしようとする案、明治43年に韓国総監にする案は失敗するが、彼は台湾産業政策で采配を振るった。樺山総督、高島副総督の薩摩コンビで台湾に樟脳と食塩の専売制度を実施、日本最大の商社・鈴木商店（現、双日）や三井物産に飛躍の機会を与えた。政界では影の実力者として総理大臣の候補にもなったという。また、「彼のかつて台湾副総督たるや銅臭紛々として外に漏れたり」（山崎俊彦外「政界之五名士」）という。明治30年に凶漢が高島を襲った未遂事件があった。高島と樺山が内閣を弄んだからというのが理由であった。

しかし、全体的な人柄からは高島自身は金銭欲が少ない軍人ととらえた方が的確と思える。「台湾の風俗習慣を尊重、濡れ手に粟を摑まんとするのでなく、南方開拓の基地と考えるべき」と考えた（「樺山資英伝」の高島談）。

もっとも当時の占領政策のなかで利益を取ったのは官民あげてのようである。

台湾征討が契機となって三菱などの海運会社が繁栄し、これに対し三井系の共同運輸会社ができたが、日本郵政に一本化するものの三菱系となる。一方、中小海運会社は合同し大阪商船が明治17年に誕生し、29年に台湾航路を開設し第2位の海運会社となった。高島鞆之助も松方正義も運輸とのつきあいは古い（三好徹「政・財　腐蝕の100年」）。

さてこの時期、「高野孟矩事件」が発生した。高野孟矩《たけのり》は大木喬任（東京府知事）後援により明治29年4月台湾司法の最高ポストである高等法院長となるや、台湾官界の不正を次々と摘発し、多くを投獄した。また同年5月拓殖務省仮官舎に判官を招集し台湾の慣習法を優位とすることで樺山の同意を得たという。これに対し、高島は部下に命じて調査し、権利の乱用との報告を受け、民政局長の人事更迭も難航した。このなかで乃木希典も総督を辞したが、松方正義ら中央政府は高野を解職した。高野は三権分立の立場から裁判官の解職は憲法違反と抗議し、高島邸にて1時間の面談を行った。高島は問題意識を共有するものの台湾官僚の一斉すげ替えを行う一環であると逃げたが、高野の処分は変らなかった（水上熊吉編『高野孟矩骨譚』）。高野は以後、官を辞し、憲法擁護を説き後藤新平・田中正造など支持者も多かったが、その後は彼自身の事業不振、選挙当選の無効などがあり不遇であった。論点は、総督に司法を含めた全権限を認めたことの是非であった。高島も乃木も台湾官僚の腐敗ぶりを問題視したものの高野を非職とせざるをえなかった事情があるのだろう。高野事件の翌年、反対派の進歩党（大隈ら）などの追求により樺島ともども高島は松方内閣から退き、明治32年枢密顧問官（天皇の諮問機関）になりそのまま生涯を終えた。

松方内閣後、第3次伊藤内閣時に児玉源太郎が台湾総督となり（31年）、その下で後藤新平が民政局長を務め台湾統治に貢献した（黄昭堂『台湾統治』など）。

このなかでクルトゥルハイムが誕生した。

この建物を建築したのは、拓殖務省と推測され、高島が所有権者とはいえない。ただし、中橋への譲渡担保の対象ともなったが、形式上は高島所有であり、だからこそ上智への売買ができたのであろう。高島は拓殖務省から買ったのであろうか、その未払いがあったのだろうか、あるいは無償で貰ったのか。未払いありとすれば、その借金が高島を苦しめたのだろうか、高島は鉱山で失敗したというが、クルトゥルハイム建築費で失敗したという説もある。しかし、高島を晩年苦しめたのは後者程度ではなく、鉱山失敗説であろう。

一方、中橋徳五郎について付言したい。

中橋は、金沢藩の微禄者の倅で、幼にして中橋家に養子にやられ、苦労惨憺たるものであった（伊藤金次郎『わしが国さ』刀江書院)。東大卒業後、農商務省入りから逓信省に転じ鉄道局長となった。明治31年、日清戦争好景気の反動で困った岳父の大阪商船社長・田中市兵衛より乞われて同社社長に就任した。大阪商船は西南戦争の好景気後の反動不況のあと、明治17年に住友閥の肝煎りで船主大合同により誕生した会社である。明治29年以後台湾総督府命令航路として台湾航路の殆どを確保し、取扱量を飛躍的に拡大した。所有汽船数は明治26年50隻から同38年121隻、大正元年141隻へと増加し、中橋は政財界での実力者となった。

徳富蘇峰は、『蘇峰感銘録』で「その建築は某紳商が将軍に命じられてか、若しくは自らの発起かは知らぬが、ともかく建築したものだが将軍は支払ができず……」と言う。ここでいう紳商とは大阪商船社長の中橋徳五郎と思われ、意味深い言葉である。

しかし、高島としても空地とはいえ無償で土地を提供するのは不合理である。そこで拓殖務省が建築費を出し(底地は高島のまま)、使用権の対価として建物を高島所有名義にしたと考えるのが自然である。建築請負は大阪商船であり、建築費は建物をもらった高島が支払うことにする。建物所有権の対価は不明であるが無償交付の可能性が十分である。何故なら自分の土地を貸すのはそれなりの対価が必要である。ましてやその建物が一時使用であり、すぐ後に空き家となった建物は誰が使うのだろうか、高島しかいない。もともと高島のために建築したように見られるが、彼にとって無用の長物だったのであろう。機会あれば手放してもよいのである。この借金自体が形式だけで、施工業者への支払は拓殖務省の経理で処理されたとも考えられる。但し当時の癒着構造から表面に出さなかったとも考えられる。

ただ無償交付ともなれば、明治期において官有物の政府高官への低価譲渡が多く、社会問題になっていたのは周知のことである。先に述べた山縣有朋の官邸売買の手法と同じく、大阪商船の経営を中橋に譲った前社長田中市兵衛は政商五代友厚とともに開拓使官有物払下げのために明治14年関西貿易社を設立したが、これが表面化した事件は有名である。高島は形式的にも建築資金を大阪商船(中橋)から借り入れをし、担保として本物件を譲渡担保した。実の支払者は拓殖務省である。困惑どころか、もともと形式的なことだったのだろう。

このままであったなら、意図的な売買は問題視される可能性はあった。そこに幸いにも国内問題に関与しない海外のイエズス会がタイミング良く買収にきて、これらの問題を一挙に解決した。これら売り手の関係者は口を開けて「差し障りのない買い手」を待っていたのだ。

土地を含めた売買価格をそのまま貰うのは前記した譲渡担保制度の不安定な解釈の時代から不当利得と解釈する向きも出てくる。

高島が「外国の大学聖地だから高く売るのは日本文化の恥だから安く売ってやれ」（名村精一「追手前学院の源流」）と他人事みたいに言えたのは、この背景があるのだ。大島や赤星は高島の意向よりも国策的に売却に同意したと思われる。

ちなみに、対象地東側道路を介して崖下には大阪商船や元田肇（中橋の盟友）の土地があったのは偶然であろうか。中橋の自宅は今の六番町にあった。

いずれにせよ、中橋が売買代金の一部をイエズス会に返したのは大正2年である。不自然ながらイエズス会として「棚から牡丹餅」である。

では何故この時期に中橋は金を返したのだろうか。

中橋は学究肌であるが実務能力にも優れ広い視野を有して大阪商船の飛躍的拡大に貢献した。戦功による叙勲（明治39）後、明治45年に高島の別荘を購入している。大正2年7月には5年ぶりに政界入りに転じその準備として金沢に帰省しており、その月にイエズス会に返金している。同社は中橋社長就任時に比べ退任時では資本金は4倍、保有船舶数は2倍と飛躍していた。従って、返済原資は高島邸の利益や大阪商船を基にしている。翌年3月大阪商船は更に増資し、同年11月、大阪商船社長を辞し退職金30万円を受領、政界入りし、政友会に入党した。政界に出るために退職金をそっくり総裁の原敬に贈ったという噂があったが（前田蓮山『中橋徳五郎』）、原敬は受け取るような人ではない。前田蓮山は「彼が大財産を作り上げた手腕に敬服する。政友会入党は新勢力を付与したること大なり」と述べている（前田蓮山『政治は人格なり』）。いずれにせよ中橋が資金潤沢な頃の話である。

明治45年、衆議院議員当選後すぐに辞職したことがあり、また地元の金沢で落選したこともあったが、海外動向に精通した論客であった。以後、文部大臣、商工大臣、内務大臣を歴任している。

また、大正2～3年のシーメンス事件は関係者を震撼させた暴露事件である。国防上、戦艦建造の発注先はドイツとイギリスであった。このため商社を含め贈収賄が盛んであったが、ドイツのシーメンス社の社員がイギリス側の秘密入札書類を盗み出し、会社を恐喝したことから暴露された海軍贈収賄事件となり、民衆が国会議事堂を取り囲んだ。

中橋がこれに関与したとは言わないが、前記の譲渡担保の解釈からも、利権に係わる商社は多少なりとも世論に対し、疑惑発生を払拭しておきたい動機があったものと推測される。ましてや政界で羽ばたかんとする中橋にとり大事な要素と思われる。

ともあれ軍事、阿片、官費を巻き込んだ拓殖務省の建物が、クルトゥルハイムという文化施設として偶々転換できたことは幸いである。平和利用のシンボルとして築後126年の歴史を刻み現存している。

第八章　身近な記憶

明暦（１６５５～57）の頃、四谷にも狼が来たという（『山中共古全集』４）。四ツ谷駅開設により、駅前の地価は麹町大通りでの商業地最高地価となった。最も多くの人が行き交う四ツ谷駅周辺についての情報と災害と戦争の経験を述べる。

１　四谷界隈

■四ツ谷駅辺り

戦前の四ツ谷駅辺りの風景についてまとめてみよう。まぎらわしいが、駅名は四ツ谷、地名は四谷とするのが多い。

明治以降の四谷は往来が激しくなり、山手屈指の繁華街となった。大横町は四谷駅西から新宿通りに行き二つ目右の道路であるが今は繁華でない。かつてはこの辺りは神楽坂に匹敵するほど繁華性があり、新宿通り周辺には四谷館、荒木町辺りには四谷キネマという映画館が、外堀通り沿いには赤坂帝國館が、また寄席の「喜よし」、ビリヤード・ダンスホールがあった。

四ツ谷駅開業は明治27年（１８９４、甲武鉄道、現在の中央線）である。大正15年には駅は東に移動し、東京市公設市場（今はない）に向い合っていた。その下の壕は埋め立てられた。ホームは上下で離れた位置にあり、改札口は赤坂方面にもあった。新たな四谷見附橋には市電が通っていた。

四ツ谷駅が急行停車駅になっている理由は、戦前、永田町や半蔵門に陸軍・警察関係の関係施設が多かったからである。このため朝になると軍人の送り迎えの人馬が麹町大通りに列をなして歩き、麹町大通りには将校用の軍服屋や旅館が軒を並べたそうだ。

明治38年作曲の東京地理教育電車唱歌は、まちめぐりをする当時の愛唱歌で、その一部を紹介すると、

♪　新宿行きは更になお　衛戍病院前を過ぎ
　　半蔵門の前よりぞ　左に折れて麹町
♬　十丁目過ぎて四ツ谷門　見附を出でて大横町
　　伝馬町より塩町よ　新宿さしていそぎゆく（図版㊷）

㉛大正8年　開橋直後の四谷見附橋
（東京下町100年のアーカイブス）

明治36年鉄道旅行案内には、「市電が土橋を通って開通し、四ツ谷停車場が甲州街道の要路に当り商業最も盛んなり。芝区に往復便利なり、芝虎の門へ十丁、公衆電話取扱う」とある。赤坂区・この繁華性は関東大震災以後、大正14年の山手線新宿駅ができたため角筈方面に流れていった。

人通りが多く、大きい方の橋「四谷見附橋」は、JR四谷駅と直角に交差して跨ぐ。フランス様式のデザインで大正2年に建築され（平成3年再築）、迎賓館との調和がはかられている。美しい橋として文化財に指定された最古の鉄製橋で、一部が老朽化のため八王子に移築されている。市ヶ谷寄りの水面は昭和2年に埋められ、同24年真田濠が埋め立てられ、水の風景が消えた。市電は

同43年廃止された。その前の同34年に地下鉄丸の内線が、同49年に有楽町線が、平成8年に南北線が開通している。

東京市時代の市電は、都電となり、それも昭和42年末に廃止され、今日のようなバス路線に代わった。都電の線路に敷き詰められていた御影石は上智大学の敷地のなかに置き換えられて使われた。

■麹町側

麹町大通りは、国道20号線で、放射5号線街路事業として道路拡幅工事がなされ、半蔵門から麹町五丁目までは幅員30m、麹町六丁目から四谷までは幅員40mである。教会や大学辺りでは四谷見附橋開設時に25mから40mに拡幅されている。

大通りの南側（上智大学側）には、戦前から各業種の小店舗が20店ほど建ち並んでいた。教会近くに欧明社やエンデルレ書店などアカデミックな洋書店があり、常連客には川端康成など有名人が名を連ねたというが、昭和46~50年の道路拡張により、そぎ取られるように買収されて今はない。駅前の現在の東京消防庁スクワールの所には、昔から消防署があり、駅を降りると、これを見て四ツ谷に来たんだなぁ、と実感したものだ。

『麹町消防署百年の歩みの話』（東京消防庁麹町消防署）に、明治時代の消防夫の次の思い出がある。

「四ツ谷駅を出ると、目の前に消防署があり3台位の赤い消防車があり、明治から大正にかけては蒸気ポンプと馬が四、五頭配置されていた。火災発生となると署員がするするとスベリ棒を伝わって降りてきて馬引き蒸気ポンプの鐘をガンガン鳴らす、すると馬が足を踏ん張り、よしきた！　とばかり、ひずめを立ててもがきだしましてね、俺の出番だということがわかったんですよ」。

スクワールから半蔵門にかけて、隣に東急ビル、その隣に松尾果物店があった。成瀬横丁の入口にはビリヤード場があったというから粋なものである。

⑫明治40年の四ツ谷駅前
電車の奥の建物は雙葉学園
（日本文芸社「東京遊覧」）

⑬麹町消防署と大通り　大正2年
（国会図書館）

⑭大正13年　麹町大通り
（上智大学史資料室）

⑮四ツ谷駅　マーケット、消防署
昭和39年（新宿歴史博物館）

東門辺り

平成29年の上智大学ソフィアタワービルの建築に伴い、大学東門そばにあった野田光男さんの麹町最古の珠算塾、魚料理の魚清など、かつては大通り沿い辺りの店舗もついに姿を消した。郵便局の先を左折すると急な坂（紀尾井町通り）になる。すぐ左に社会主義の先駆者・堺利彦の家があった。

麹町大通りには、現ヤマトビルがある。江戸時代より大和屋質店として有名で、1830年の天保の飢饉の時、「仕事にあぶれたらいつでも蔵を造ってくれ」と職人達に就業機会を提供したといわれ、その蔵は天保飢饉蔵と呼ばれた。講談などに出る鼠小僧次郎吉の話にも登場する。先祖・浅古半兵衛は奈良県大和の浅古村出身（十津川郷の北隣）というが、前記した十津川郷出身の深瀬仲磨や玉置真吉、さらに末吉忠晴といい、奈良県出身者がこの地に多いのが不思議である。縁故関係で集まったのかもしれないが、詳細な全容は解明できない。

また麹町大通りを少し東に行くと、鉄道弘済会のビルがあり、その南は大規模な傾斜地である。この場所には江戸時代、鳥羽藩稲垣信濃守の屋敷があった（第二章警察制度）。「昭和10年訪問すると黒塗りの大きな冠木門があり、東方書道会その他数枚の大看板が掛けてあった。貸事務所になっているのだろう。玄関前の五葉の松だけが150年物だと門番がいう。内には古井戸や池もあるという」（攻玉社編『近藤真琴先生伝』）。

傾斜地一帯は、今では秀和ビルや森ビルがあるが、戦前の写真を見ても森が鬱蒼とした寂しい地域で、子供は親から近寄らないよう注意されたという。冒険心のある子供らには格好の遊び場だったのであろう。その後は書道団体の東方書道会も経て、大阪商船もあった。大阪商船社長に同31年、中橋徳五郎が就任している。今は大型ビルに変わった。その向かい崖上の上智大学内に前記したクルトゥルハイムがあるのは不思議な縁である。その一角に明治期に元田肇邸があった。元田は大阪商船の中橋徳五郎らと大正13年政友本党を結成し行動を共にした政治家であった。樺山、大阪商船、中橋徳五郎、元田邸と、ひとまとまりで因縁ある土地柄である。

清水谷坂下の四つ角近くには、中国語の学校「善隣書院」があったが、この学校は明治28年平河町の武家屋敷跡に創業、明治38年この地に移った（第一章参照）。

この辺りの風景について、郵便局隣に住んでいた故早川平典氏の話がある。「坂の東側には40～50㎝程の小川というか溝に軽やかな水音を立てて清水が流れ、大阪商船の曲り角では2ｍ程に溝は広くなり、水草の間に小魚が泳ぎ、子供達は魚取りに興じていた、小川は清水谷に向かい、紀尾井坂の下を潜り、尾上松緑さんの前から沸きだし弁慶橋に流れ込んだ（早川平典『麹町の今昔』）。坂下一帯の低地は江戸時代より小住宅や町会所があり、戦前も軍艦長屋という、建物密集地であった。

稲垣信濃守屋敷の東隣には松平出羽守の屋敷跡があり、明治3年には江藤新平が所有し、その死後、明治7年長男熊太郎が相続し、直ぐに黒田清綱（養嗣子が画家の黒田清輝）に転売している。

2　地震と戦争

江戸時代

元禄関東地震は、安政地震に次ぐ被害であった。「地震の夜、品川海より火の玉出る。また四谷辺へ出で候」とある（『鸚鵡籠中記』）。

安政江戸地震は、荒川河口を震源とする東京直下型のＭ７級の地震であり、死者は、深川８６８人に比べ、麹町は61人のみであった。四谷御門の破損状態が『安政見聞誌下之巻』（仮名垣魯文著、歌川国芳挿絵）に残されているが、全壊ではなく、ましな方である。桂書房『江戸期おんな考』に森田無絃（前記）など女性からの体験談（柴桂子）がある。「風俗画報」（明治23年記事）には、四谷は濠辺りで破壊ありしのみで震力弱く、麹町・牛込・麻布など標高が高い所は人家の破壊が少ない、当時の諺に「山の手地震知らず」と言われたのはこの事である。

震災

東京地震（明治27年）での麹町は、千鳥ヶ淵から一番町、善国寺坂、紀尾井坂、清水谷坂、永田町にかけての低地に沿って断裂被害が集中した。主な被災地は日本橋・京橋であった。

関東大震災の被害状況は「関東震火災視察記」（大正13年、日本建築協会）に記述されている。四谷見附で目立ったのは、竣工間もない、鉄筋3階建のカフェであった。麹町側で目立つ地震被害は、上智大学旧1号館で、建築12年、3階建てである。使用に耐えざる状況で、10月の余震で崩壊した。

被災者の困窮につけ込み高値で物を売りつける商人もいた反面、世田谷区千歳村の農民・島田勝五郎が大量の農産物を寄付したので感謝された（警視庁「大正大震火災誌・麹町警察署管内」）。

東京大学では76万冊の蔵書が焼けた。東京の火災は福島からも見え、福島県相馬市原町無線塔（当時アジア最高の建築物）から真っ先にアメリカに通信され、世界から援助が届いた。

戦争

多くの命が失われた。一国の指導者は自己主張のために、国民の命を奪ってはならない。

「私はからだが弱かったので終戦1年前に召集令状が来ましたが、三日で帰されました。家に帰ったら脱走したかとびっくりされた。町の班長に挨拶に行ったら、よかった、よかったと言われました」（筆者主宰の「結びの会」の参加者で大正4年生れの故根岸幸三郎さん談）

それでもまだ平和な時もあった。昭和7年、南太平洋に筆者の叔父である米原実海軍候補生が遠洋航海航路に出た。第三章ダンス、第七章日露戦争の項にある祖父の長男である。南洋のフィジー群島に寄港した時、現地の酋長が表敬訪問してきた。その際、酋長の娘が甲板の釘にあたり怪我をしたので、米原は咄嗟にポケットからハンカチを出して血のついた足を包み、彼女を両手で抱き上げ、そのまま艦内の医務室へと運び込んだ。その様子は、騎士的で絵のように美しかったといわれた。その翌日、酋長の使者が訪れ、「酋長が、あの青年士官を是非とも娘の花婿にと望んでいる。フィジー族酋長の後継者に」と申し出た。驚いた艦隊内では、南太平洋での平和的関係の拠点としての結婚推進派もあり大議論となったが、結局、本人が出発前に婚約していたことにしてお断りした。そこで納得したフィジー族の酋長から、その後継者に贈るしきたりの敷物をもらった。その後、叔父は、伊号第１８２潜水艦艦長として昭和18年、あのフィジー群島付近で米海軍駆逐艦の魚雷を受け戦死した。

昭和15年、ドイツは西に向け侵攻を開始し、三番町で日本の松岡洋右外務大臣は日独伊三国同盟を秘密裡に締結し、アメリカとの関係が緊張化した。

もともとアメリカとは良好な関係にあった日本は無益な戦争に入ったと思う知識人もいたし、当初には戦争回避のチャンスがあった。そのきっかけとして三国同盟の2ヶ月後、カトリックのメリノール宣教会（最近まで上智大学隣接地に立地）の神父らが来日し、上智大学神父、鮎川義介、松岡洋右らと面談し、日米諒解案を作成（同16年4月）するまでに至ったが、実現に至らなかった。このチャンスを生かしていれば戦争回避ができたかもしれない。戦災の打撃から昭和10年の国民一人当り家計支出額（実質）が元に戻ったのは、20年後の昭和30年（１９５５）であった。

長崎に原爆投下された時、中心地の山陰の自宅にいた叔母は閃光がパッと走ったとたん暫く気を失っていた。家は持ちこたえていたが、気がついて外に出ると、見知らぬ女性が倒れていた。介抱すると女性は息をふきかえし、「主人の所に行きたいからタクシーを呼んで下さい」と言ったそうだ。市内から多くの被災者が続々と坂を登ってきた。市内の親戚の個人病院に駆けつけると、居間に三つの黒い点のみが残っていた。東京大学医学部在籍の優秀な息子が帰郷し久々の親子三人での会話をしていたのである。このように市民の日常生活に、不意に残酷な非日常が襲いかかる、人々の善も、愛も、努力も、希望も、すべてなくなる。これが核戦争である。

3 戦後処理

戦後の民主化路線は、アメリカ占領政策として、新憲法の発布、財閥解体、農地解放、労働改革、教育改革などが行われた。

財閥解体では、戦前において工業化の促進では評価されたが、財閥と家族は軍事との強い関係が問題視され、例えば、三井一族は三菱本社の64%の株を所有し、岩崎一族は三菱本社の48%の株を所有していた。そこで持株会社整理委員会を設け、昭和21~22年にかけて財閥83社が解体指定、うち16社に実際の解体を実行した。

もともとSCAP（日本では略称GHQという）は占領時には財閥解体の重要性は念頭になく、解体の自発性に委ねた（昭和20年9月対日方針）。しかし占領軍将校を川奈ゴルフ場にジープで案内した時、某大手財閥社員が他の大手財閥がいかに軍事と密着していたか詳細に語ったため、将校は車を止めさせてじっくり考え込んだという。そして同20年10月のクレーマー大佐の意見、同21年1月来日したエドワーズ調査使節団団長の意見により財閥解体が具体性を帯びた。

当初、財閥への徹底的追求が行われ、なかでもハドレー女史の強硬な主張は同委員会を悩ませた。しかし間もなく中国やソ連の共産主義勢力が台頭し、その勢力阻止がより日米にとり重要な課題となった。そして日本をあまりに弱体化することを阻止するため、アメリカは占領政策を変更し、ハドレー女史のような対日強硬勢力を一掃し、財閥解体を軟化させ、日本の残存体制を共産主義からの防波堤にすることを優先課題とした。アメリカ国内でも共産化を招きかねない人物がレッドパージとされた。

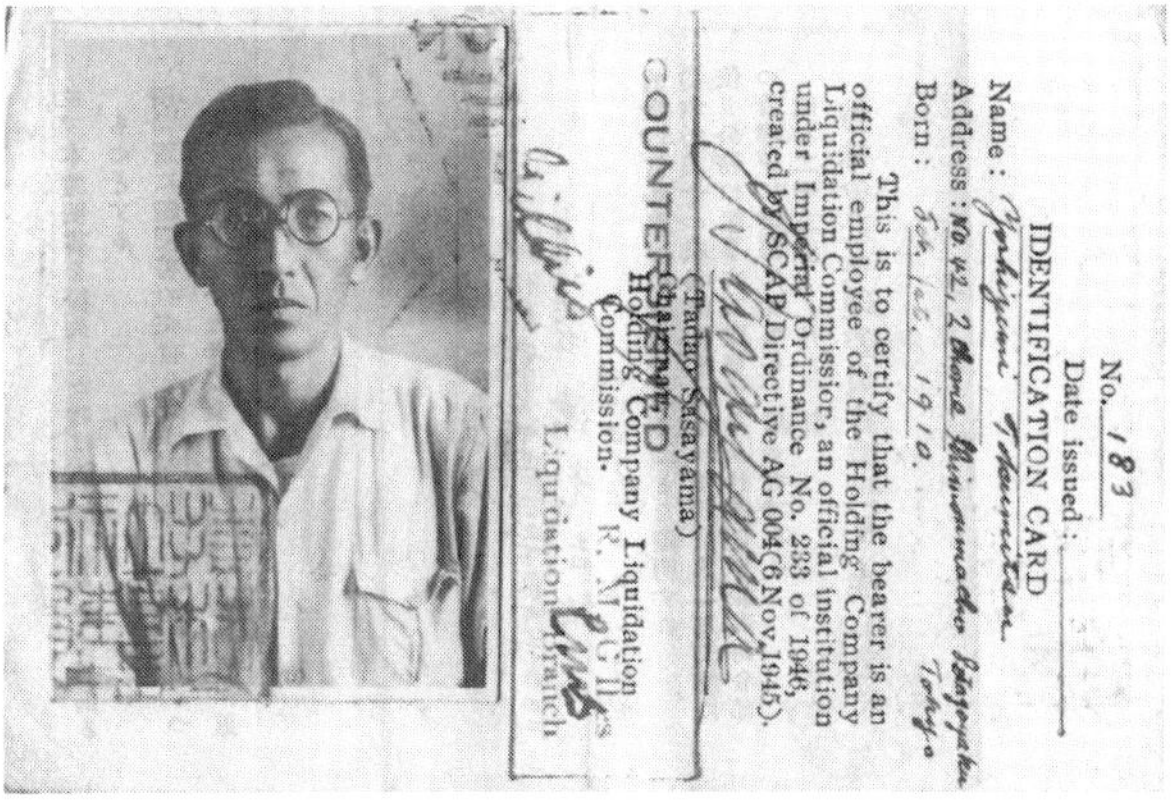
No. 183
Date issued :
IDENTIFICATION CARD
Name :
Address :
Born : Feb. 1910.
This is to certify that the bearer is an official employee of the Holding Company Liquidation Commission, an official institution under Imperial Ordinance No. 233 of 1946, created by SCAP Directive AG 004 (6 Nov. 1945).
(Tadao Sasayama)
Chairman
Holding Company Liquidation Commission.
COUNTERSIGNED
Liquidation Branch

⑯持株会社整理委員会身分証明書　昭和23年（筆者所蔵）

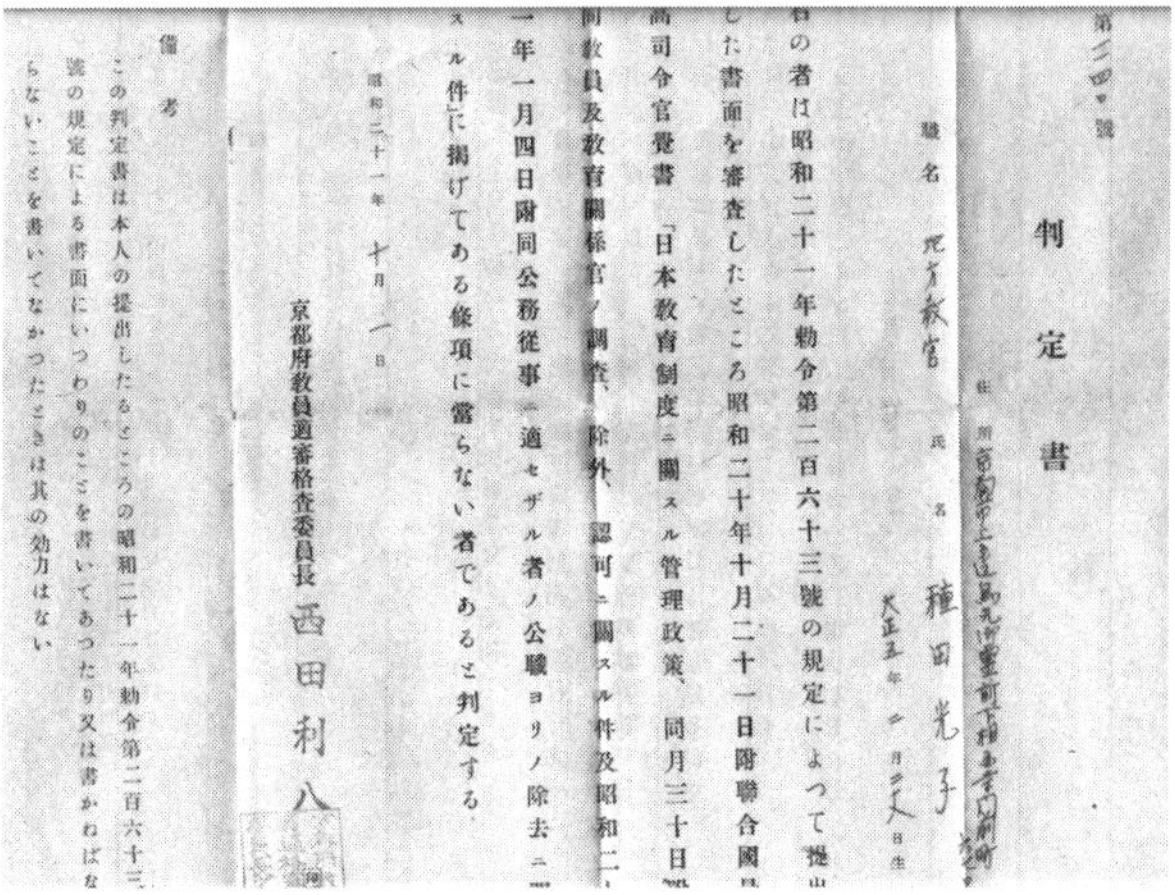
判定書
職名　教官
氏名　種田光子
大正五年　月　日生
右の者は昭和二十一年勅令第二百六十三號の規定によつて提出した書面を審査したところ昭和二十年十月二十一日附聯合國最高司令官覺書「日本教育制度ニ關スル管理政策」、同月三十日附「教員及教育關係官ノ調査、除外、認可ニ關スル件」及昭和二十一年一月四日附同「公務從事ニ適セザル者ノ公職ヨリノ除去ニ關スル件」に掲げてある條項に當らない者であると判定する。
昭和二十一年十月一日
京都府教員適格審査委員長　西田利八
備考
この判定書は本人の提出したるところの昭和二十一年勅令第二百六十三號の規定による書面にいつわりのことを書いてあつたり又は書かねばならないことを書いてなかつたときは其の効力はない

⑰昭和21年判定書　教育従事適格に関する（筆者所蔵）

財閥と軍事の関係、財閥家族の支配力並びに解体の内容は、持株会社整理委員会（昭和21年8月設立、26年7月解散）による「日本財閥とその解体」と「同資料編・別表」に残されており、筆者の父も持株会社整理委員会のメンバーとして原稿の大部分の原案を作成した（参考・ハドレー「日本財閥の解体と再編成」）。

なお、1997年より違った形での財閥編成が行われ、現在では、より広い範囲のホールディングカンパニーによる企業統治が行われている（図版⑯）。

労働改革は労働者の団結権の確立であり、労働基準法など労働三法が成立した。

農地解放では、旧地主の土地は耕作範囲内に制限され、小作人に農地が解放された。大規模農業が失くなり、山林が対象外となった。一方、都市部で与えられた小作地では貸家やマンション経営に転換した。大規模農地の喪失など拙速感があった。

教育改革では、民主的教育の徹底のため、連合国最高司令官より戦争を煽動したとされる教育者を「公務従事ニ適シナイ者」として公職追放としたが、これに該当しない場合は教育への従事を認められた（図版⑰）。

戦後体験を若干述べれば、世の中はとても貧しく、新宿駅前には傷痍軍人の姿や戦争孤児が痛々しく、地下道トンネルでは家のない家族がぎっしりと寝ていた。社会人になって自分もそのなかに居たと言う知人もいた。駅西口の改札辺りは、すり鉢の底のような広場は雨が降ると池のようになり、待ち合わせでもするとずぶ濡れになり惨めな思いだった。学校では教室が不足し、生徒は交代で教室に入った。九段下の昭和館には映像が公開されている。

戦後から昭和26年の朝鮮特需まで様々な貧困問題があったものの、昭和25年の朝鮮戦争をきっかけに経済は回復し、都市は整備され、諸外国に比し豊かな社会を享受するようになった。ハドレー女史は長寿で考えも軟化し、筆者の面談要請（平成13年）にも喜んで応じてくれ、戦後の復興を喜んでいた。

経済では戦前を超えたにもかかわらず、心の痛みは忘れられる。

世界では相変わらず戦争の狂気が迫っている。何のために？

4 世界の平和を祈る

麹町にも昭和20年、空襲によって焦土と化した。向かいの雙葉学園校舎は創設者のメール・セン・テレーズシスターが本国フランスで相続した土地を売って建築した（高嶺信子『雙葉の母』）が、惜しくも戦災で焼失し、その華麗さは今日では見られない。

上智大学の被害はわりと少なく、とくに幸運なことに上智大学構内のクルトゥルハイムの建物は無事であった。教会のある一帯、つまり、板谷商船所有の長屋群は丸焼けとなった。周囲は蔵の多い町並みであったが、蔵は上からの火に弱く、しまっていた大事な歴史的資料も全て焼失した。

戦後、上智学院側として隣接した大学の拡張計画と相まって好適な場であるので、所有者の板谷商事より昭和21年5月、土地7292坪（坪5400円）を購入した。現在の教会と大学の2、7、12号館の敷地である。格安で購入したというが、板谷商事も日清戦争以来所有した船舶を第2次世界大戦で殆ど失い、また収益源としての貸家が焼失したのだから、売り急ぎの動機があったと思われ、上智の買収に快く応じたと記されている。

国民同士の殆どは平和を望むが、指導者の点数稼ぎのために血が流れる。しかし、その指導者さえ命は短い。残されるのは国民の傷である。政治家も個人も、各自の生涯の意味を問われている。

人は皆、情報化社会の進展に伴い、情報を送る側、受ける側双方の責任が重くなる。最早、知らなかったでは済まされない、ぎりぎりの局面に直面している。

最後に筆者が世話になった亡き恩師二人の言葉を紹介しよう。

■故井伊玄太郎（早稲田大学教授）の言葉

「我々が通常『土地』と言うのは本当の意味での大地ではない。土地は大地という広大な宇宙の森羅万象、文化複合体の一部である。それを粉々に細分化して理解しているのは現代人の錯覚である。現代は機械文明の奴隷制にあり、そこに環境汚染の原因がある。略奪資源による諸外国に対し、日本は努力と勤勉により自滅のない質の高い文明を維持しなければならない」。

■故アンセルモ・マタイス神父（イエズス会・上智大学教授）の言葉。

「神の国にいろいろな住家があり、異なった意見をもつ者が仲良く共生すべきです。一番大事なことは、戦争が起こらなければ平和と必ずしも言えないということかもしれません。平和はただの戦争の不在だけではありません。同時に平和は地球の一人ひとりが人間らしく生きられる世界のことだと思います」。

また、筆者が子供の頃愛読した、ヴァン・ローン『人間の歴史の物語』（岩波少年文庫、絶版）より転載しよう。

あるローマ人医師と甥（シリアに出征している歩兵隊長）との往復文書

―医師より甥に―

「わしはパウロという病人の診察に呼ばれた。彼は教養も深く、態度も誠に感じのよい人だった。彼は裁判所に控訴されており法律に反抗して演説をしている野蛮人と聞いていたが会ってみると、もの分かりの良い正直な人だった。彼はある不思議な新しい神について説教している。わしは彼の人柄に大変うたれた。その後、彼が殺されたと聞いてとても悲しい。

そこで、お前に頼みたいことがある。あのパウロが生前言っていた、彼の先生である不思議な予言者について調べてくれないか。奴隷達はこの救世主という人にたいそう感激している。この噂の全部につき本当のことを知りたい。

―甥からの返事―

我が隊はエルサレムに派遣され行軍しています。お尋ねの件につき多くの調査しましたが、ついに、ある行商人に出会いました。彼は父と共に、ゴルゴタの丘に行き、メシア（キリスト）の死刑を見たそうです。彼はメシアの親友・ヨシュアという人の住所を教えてくれたので訪ねてみました。

ヨシュアはかなりの年寄りでしたが何でもよく憶えており、次のように語りました。

「キリストは、救われるのはユダヤ人だけでない、すべての人が救われ、神の国に入ると言った。そこで、救われるのはユダヤ人だけとする伝統的なユダヤ教長老達が彼が別の国を作ろうとしているとして気違い（原文のまま）のようになってメシアを誹謗したので、困ったローマ総督が十字架につけたそうです。

しかし、メシアはただ兄弟愛と神への愛を説いていたのです」。

話の後で私は彼に金貨を与えようとしましたが、彼は自分より貧しい人にやってくれと言って受け取りませんでした。

パウロという人はテントつくりの仕事をやめ小アジアやギリシャで話をして回り、人間はみんな神の子である、金持ちも貧乏人も正直に暮らし、悩む人や哀れな人に親切にすれば必ず幸福が訪れると聞かせていた。彼らは国家をおびやかすことはありません。にもかかわらず、この地方の人は理解できなかったのです。人々があなたの友人パウロを殺したのは残念なことでした」。

あとがき

本書は近代日本の生成過程を、自分が学び、働き、交流した麹町を舞台にして調査したものである。その結果、麹町に三つの地域的特性があることを認めた。

その一つは、武家地の歴史的意義である。江戸幕府開闢以来、戦さが無くなったものの、農業依存社会の不安定性と産業の立ち遅れのなかで経済が疲弊したままで、武家地は旧態依然として中心地に配置されてきた。その有用性が復活したのは、明治維新である。この時、空き家となった屋敷が、陸軍用地、新官僚、旧領主、公家に無償で提供されて新体制を構築するための種地となった。同時に苦境にあった財政では地租改正により武家地も有租化され、財政収入を健全化させた。武家地は明治政府にとり打出の小槌同様、富国強兵を目論む近代化の支えとなった。

二つ目は、都市軸の存在である。江戸時代では半蔵門から甲府を結ぶ甲州街道（麹町大通り）を防衛上また陸上輸送の街路とし、両側に武家屋敷を配置して、東西に伸びる伝統的な都市軸を形成してきた。次いで明治維新になると、富国強兵を急務とし陸軍等重要施設を、九段の靖国神社から竹橋・隼町・永田町まで、北から南にかけて配置する都市軸を形成した。この東西・南北の二つの都市軸が交叉する位置に皇居正面の半蔵門がある。この骨格の故に、麹町は永きにわたり常に伝統的、重層的に東京における中心性を堅持してきた。

三つ目は、教育による、未来を産む文化性である。この地域では海外文化をいちはやく習得し、蘭学、自由民権運動、社会福祉など積極的社会参加が行われてきた。さらに近年では皇居や濠のある自然的環境の良さ、鉄道等の社会資本の整備が重視され、この利便性の良さと快適性の良さを併せ持つ場としての希少性が益々高く評価されるようになっている。

20世紀建築家の巨匠ルイス・カーンの言葉「都市とは少年が未来をどのように生きたいかを悟らせる場でなければならない」。高層マンションが林立しようとする今、このまちはどのような役割を持つのだろうか。

最後に、今回調査では多くの方々のご協力を頂いた。とりわけ、イエズス会神父様方と上智大学史資料室、奈良県十津川村歴史民俗資料館副館長・吉見真理子氏、深瀬仲麿ご子孫の方々、新潟県長岡市郷土史家・長谷川一夫氏、日本債券信用銀行ＯＢ浜本茂氏、故小竹正一氏ほか麹町の皆様、新宿区史跡めぐりの会の故関根晃一氏、栃木県立博物館、宇都宮美術館、星宮神社、福島県立図書館、小平市立図書館に厚く御礼申し上げたい。

とくに本執筆は妻節子の日常の支援なくして完成できなかった。心から感謝している。

２０２３年８月20日

筆者　徳光祝治

著者略歴
徳光祝治（とくみつ　しゅくじ）
1940年生まれ。
早稲田大学政経学部経済学科卒
日本不動産銀行（後の日本債券信用銀行）勤務、融資・調査・不動産鑑定業務担当。
著書：金融財政事情研究会『不動産の見方と担保評価』『不動産の法律知識』その他著書・論文多数。共著『麹町の記憶』『世界の都市政策』（DER　STANDARD社、ウイーン）。

麹町中屋敷跡考
近代の序幕を告げる土地の記憶
2023年10月22日初版第1刷発行

著　者　徳光祝治《とくみつしゅくじ》

発行者　柴田眞利
装　丁　大津港一

発行所　株式会社西田書店
〒101-0065 東京都千代田区西神田 2-5-6 中西ビル 3F
Tel 03-3261-4509　Fax 03-3262-4643
https://nishida-shoten.co.jp
組　版　株式会社エス・アイ・ピー
印　刷　株式会社平文社
製　本　井上製本所

ISBN978-4-88866-681-7　C0023